U0588675

江苏文库

研究编

江苏历代
文化名人传

江苏文脉整理与研究工程

# 江苏历代文化名人传·翁同龢

王忠良 著

江苏人民出版社

**图书在版编目(CIP)数据**

江苏历代文化名人传.翁同龢/王忠良著.--南京:
江苏人民出版社,2021.10

(江苏文库.研究编)

ISBN 978-7-214-26469-5

Ⅰ.①江… Ⅱ.①王… Ⅲ.①文化-名人-列传-江
苏②翁同和(1830—1904)-传记 Ⅳ.①K825.4
②K827=52

中国版本图书馆 CIP 数据核字(2021)第 158842 号

| | | |
|---|---|---|
| 书　　　名 | 江苏历代文化名人传·翁同龢 |
| 著　　　者 | 王忠良 |
| 出 版 统 筹 | 张　凉 |
| 责 任 编 辑 | 朱　超 |
| 责 任 监 制 | 陈晓明 |
| 装 帧 设 计 | 姜　嵩 |
| 出 版 发 行 | 江苏人民出版社 |
| 地　　　址 | 南京市湖南路 1 号 A 楼,邮编:210009 |
| 照　　　排 | 江苏凤凰制版有限公司 |
| 印　　　刷 | 苏州市越洋印刷有限公司 |
| 开　　　本 | 718 毫米×1 000 毫米　1/16 |
| 印　　　张 | 24　插页 4 |
| 字　　　数 | 340 千字 |
| 版　　　次 | 2021 年 10 月第 1 版 |
| 印　　　次 | 2021 年 10 月第 1 次印刷 |
| 标 准 书 号 | ISBN 978-7-214-26469-5 |
| 定　　　价 | 82.00 元 |

(江苏人民出版社图书凡印装错误可向承印厂调换)

# 江苏文脉整理与研究工程

## 总主编

娄勤俭　吴政隆

## 学术指导委员会

主　任　周勋初

委　员　（按姓氏笔画排序）

冯其庸　邬书林　张岂之　茅家琦　郁贤皓

周勋初　袁行霈　蒋赞初　程毅中　戴　逸

# 编纂出版委员会

主　　编　张爱军　马　欣

副 主 编　赵金松　孙真福　樊和平　莫砺锋

编　　委　（按姓氏笔画排序）

| | | | |
|---|---|---|---|
|马　欣|王　江|王卫星|王华宝|王建朗|
|王燕文|双传学|田汉云|朱玉麒|朱庆葆|
|全　勤|刘　东|刘西忠|江庆柏|许益军|
|孙　逊|孙　敏|孙真福|李　扬|李贞强|
|李昌集|佘江涛|沈卫荣|张乃格|张伯伟|
|张爱军|武秀成|范金民|尚庆飞|罗时进|
|周　琪|周　斌|周建忠|周新国|赵生群|
|赵金松|胡发贵|胡阿祥|钟振振|姜　建|
|姜小青|贺云翱|莫砺锋|徐　俊|徐　海|
|徐之顺|徐小跃|徐兴无|陶思炎|曹玉梅|
|章寿荣|彭　林|蒋　寅|程章灿|傅康生|
|赖永海|熊月之|樊和平| | |

分卷主编　徐小跃　姜小青（书目编）
　　　　　周勋初　程章灿（文献编）
　　　　　莫砺锋　徐兴无（精华编）
　　　　　茅家琦　江庆柏（史料编）
　　　　　左健伟　张乃格（方志编）
　　　　　樊和平　张新科（研究编）

# 出版说明

江苏文化源远流长、历久弥新，文化经典与历史文献层出不穷，典藏丰富；文化巨匠代有人出、彪炳史册，在中华民族乃至整个人类文明的发展史上有着相当重要的地位。为科学把握江苏文化的内涵与特征，在新时代彰显江苏文化对中华文化的贡献，江苏省委、省政府决定组织实施"江苏文脉整理与研究工程"，以梳理江苏文脉资源，总结江苏文化发展的历史规律，再现江苏历史上的文化高地，为当代江苏构筑新的文化高地把准脉动、探明趋势、勾画蓝图。

组织编纂大型江苏历史文献总集《江苏文库》，是"江苏文脉整理与研究工程"的重要工作。《文库》以"编纂整理古今文献，梳理再现名人名作，探究追溯文化脉络，打造江苏文化名片"为宗旨，分六编集中呈现：

（一）书目编。完整著录历史上江苏籍学人的著述及其历史记录，全面反映江苏图书馆的图书典藏情况。

（二）文献编。收录历代江苏籍学人的代表性著作，集中呈现自历史开端至一九一一年的江苏文化文本，呈现江苏文化的整体景观。

（三）精华编。选取历代江苏籍学人著述中对中外文化产生重要影响、在文化学术史上具有经典性代表性的作品进行整理，并从中选取十余种，组织海外汉学家翻译成各国文字，作为江苏对外文化交流的标志性文化成果。

（四）方志编。从江苏现存各级各类旧志中选择价值较高、保存较好的志书，以充分发挥地方志资治、存史、教化等作用，保存江苏的地方文献与历史文化记忆。

（五）史料编。收录有关江苏地方史料类文献，反映江苏各地历史地理、政治经济、文化教育、宗教艺术、社会生活、风土民情等。

（六）研究编。组织、编纂当代学者研究、撰写的江苏文化研究著作。

文献、史料、方志三编属于基础文献，以影印方式出版，旨在提供原始文献，以满足学术研究需要；书目、精华、研究三编，以排印方式出版，既能满足学术研究的基本需求，又能满足全民阅读的基本需求。

"江苏文脉整理与研究工程"工作委员会

# 江苏文库·研究编编纂人员

**主　编**

樊和平　张新科

**副主编**

徐之顺　姜　建　王卫星　胡发贵　胡传胜　刘西忠

# 一脉千古成江河

## ——江苏文库·研究编序言

樊和平

"江苏文脉整理与研究工程"是江苏文化史上继往开来的一个浩大工程。与当下方兴未艾的全国性"文库热"相比,江苏文脉工程有三个基本特点:一是全面系统的整理;二是"整理"与"研究"同步;三是以"文脉"为主题。在"书目编—文献编—精华编—史料编—方志编—研究编"的体系结构中,"研究编"是十分独特的板块,因为它是试图超越"修典"而推进文化传承创新的一种学术努力。

"盛世修典"之说不知起源于何时,不过语词结构已经表明"盛世"与"修典"之间的某种互释甚至共谋,以及由此而衍生的复杂文化心态。历史已经表明,"修典"在建构巨大历史功勋的同时,也包含内在的巨大文化风险,最基本的是"入典"的选择风险。《四库全书》的文化贡献不言自明,但最终其收书的数量竟与禁书、毁书、改书的数量大致相当,还有高出近一倍的书目被宣判为无价值。"入典"可能将一个时代的局限甚至选择者个人的局限放大为历史的文化局限,也可能由此扼杀文化多样性而产生文化专断。另一个更为潜在和深刻的风险,是对待传统的文化态度。文献整理,尤其是地域典籍的整理,在理念和战略上面临的最大考验,是以何种心态对待文化传统。当今之世,无论对个体还是社会,传统已经不仅是文化根源,而且是文化和经济发展的资源甚至资本。然而一旦传统成为资源和资本,邂逅市场逻辑的推波助澜,就面临沦为消费和运作对象的风险,从而以一种消费主义和工具主义的文化态度对待文化传统和文献整理。当传统成为消费和运作的对象,其文化价值不仅可能被误读误用,而且也可能在对传统的消费中使文化坐吃山空,造就出文化上的纨绔子弟,更可能在市场运作中使文化不断被糟蹋。"江苏文脉整理与研究工程"的"整理工程"以全面系统的整理的战略应对可能存在的第一种风险,即入典选择的风险;以"研究工程"应对第二种可能的风险,即消费主义与工具主义的风险。我们不仅是既往传统的继承者,更应当是未来传统的创造者;现代人的使命,不仅是继承优秀传统,更应当创造新的优秀传统,这便是传统的创造性转化与创新性发展的真义。诚然,创造传统任重道远,需要经过坚忍不拔的卓越努力和大浪淘沙般的历史积淀,但对"江苏文脉整理与研究工程"而言,无论如何必须在"整理"的同时开启"研究"的千里之行,在研究中继承和发展传统。这便是"研究编"的价值和使命所在,也是"江苏文脉整理与研究工程"在"文库热"中于顶层设计层面的拔群之处。

## 一 倾听来自历史深处的文化脉动

20 世纪是文化大发现的世纪,20 世纪以来西方世界最重要的战略,就是文化战略。20 世纪 20 年代,德国社会学家马克斯·韦伯的《新教伦理与资本主义精神》,揭示了西方资本主义文明的文化密码,这就是"新教伦理"及其所造就的"资本主义精神",由此建构"新教伦理+资本主义"的所谓"理想类型",为西方资本主义进行了文化论证尤其是伦理论证,奠定了 20 世纪以后西方中心论的文化基础。20 世纪 70 年代,哈佛大学教授丹尼尔·贝尔的《资本主义文化矛盾》,揭示了当代资本主义最深刻的矛盾不是经济矛盾,也不是政治矛盾,而是"文化矛盾",其集中表现是宗教释放的伦理冲动与市场释放的经济冲动分离与背离,进而对现代西方文明发出文化预警。20 世纪 70 年代之后,亨廷顿的《文明的冲突与世界秩序的重建》将当今世界的一切冲突归结为文明冲突、文化冲突,将文化上升为西方世界尤其是美国国家战略的高度。以上三部曲构成西方世界尤其是美国文化帝国主义的国家文化战略,正如一些西方学者所发现的那样,时至今日,文化帝国主义被另一个概念代替——"全球化",显而易见,全球化不仅是一种浪潮,更是一种思潮,是西方世界的国家文化战略。文化虽然受经济发展制约甚至被经济发展水平所决定,但回顾从传统到现代的中国文明史,文化问题不仅逻辑地而且历史地成为文明发展的最高最难的问题,正因为如此,文化自信才成为比理论自信、道路自信、制度自信更具基础意义的最重要的自信。

在全球化背景下,文脉整理与研究具有重大的国家文化战略意义,不仅必要,而且急迫。文化遵循与经济社会不同的规律,全球化在造就广泛的全球市场并使全球成为一个"地球村"的同时,内在的最大文明风险和文化风险便是同质性。全球化催生的是一个文化上的独生子女,其可能的镜像是:一种文化风险将是整个世界的风险,一次文化失败将是整个人类的文化失败。文化的本质是什么? 梁漱溟先生说,文化就是人的生活的根本样法,文化就是"人化"。丹尼尔·贝尔指出,文化是为人的生命过程提供解释系统,以对付生存困境的一种努力。据此,文化的同质化,最终导致的将是人的同质化,将是民族文化或西方学者所说地方性知识的消解和消失;同时,由于文化是人类应对生存困境的大智慧,或治疗生活世界痼疾的抗体,它所建构的是与自然世界相对应的精神世界和意义世界,文化的同质性将导致人类在面临重大生存困境时智慧资源的贫乏和生命力的苍白,从而将整个人类文明推向空前的高风险。应对全球化的挑战和西方文化帝国主义的国家战略,"江苏文脉整理与研究工程"是整个中华民族浩大文化工程的一部分和具体落实,其战略意义决不止于保存文化记忆的自持和自赏,在这个全球化的高风险正日益逼近的时代,完整地保存地方文化物种,认同文化血脉,畅通文化命脉,不仅可以让我们在遭遇全球化的滔滔洪水之时可以于故乡文化的山脉之巅"一览众山小"地建设自己的精神家园和文化根据地,而且可以在患上全球化的文化感冒甚至某种文化瘟疫之后,不致乞求"西方药"来治"中国病",而是根据自己的文化基因和文化命理,寻找强化自身的文化抗体和文化免疫力之道,其深远意义,犹如在今天这个独生子女时代穿越时光隧道,回首当年我们的"兄弟姐妹那么多"

和父辈们儿孙满堂的那种天伦风光,不只是因为寂寞,而且是为了中华民族大家庭的文化安全和对未来文化风险的抗击能力。

"江苏文脉整理与研究工程"是以江苏这一特殊地域文化为对象的一次集体文化自觉和文化自信,与其他同类文化工程相比,其最具标识意义的是"文脉"理念。"文脉"是什么?它与"文献"和文化传统的关系到底如何?这是"文脉工程"必须解决的基本问题。

庞朴先生曾对"文化传统"与"传统文化"两个概念进行了审慎而严格的区分,认为"传统文化"可能是历史上曾经存在过的一切文化现象,而"文化传统"则是一以贯之的文化道统。在逻辑和历史两个维度,文化成为传统都必须同时具备三个条件:历史上发生的,一以贯之的,在现实生活中依然发挥作用的。传统当然发生于历史,但历史上发生的一切,从《道德经》《论语》到女人裹小脚,并不都成为传统,即便当今被考古或历史研究所不断发现的现象,也只能说是"文化遗存",文化成为传统必须在历史长河中一以贯之而成为道统或法统,孔子提供的儒家学说,老子提供的道家智慧,之所以成为传统,就是因为它们始终与中国人的生活世界和精神世界相伴随,并成为人的生命和生活的文化指引。然而,文化并不只存在于文献典籍之中,否则它只是精英们的特权,作为"人的生活的根本样法"和"对付生存困境"的解释系统,它必定存在于芸芸众生的生命和生活之中,由此才可能,也才真正成为传统。《论语》与《道德经》之所以成为传统,不只是因为它们作为经典至今还为人们所学习和研究,而且因为在中国人精神的深层结构中,即便在未读过它们的田夫村妇身上,也存在同样的文化基因。中国人在得意时是儒家,"明知不可为而偏为之";在失意时是道家,"后退一步天地宽";在绝望时是佛家,"四大皆空",从而建立了与自给自足的自然经济结构相匹合的自给自足的文化精神结构,在任何境遇下都不会丧失安身立命的精神基地,这就是传统。文化传统必须也必定是"活"的,是在现实中依然发挥作用的,是构成现代人的文化基因的生命因子。这种与人的生活和生命同在的文化传统就是"脉",就是"文脉"。

文脉以文献、典籍为载体,但又不止于文献和典籍,而是与负载它的生命及其现实生活息息相关。"文脉"是什么?"文脉"对历史而言是

"血脉"，对未来而言是"命脉"，对当下而言是"山脉"。"江苏文脉"就是江苏人的文化血脉、文化命脉、文化山脉，是历史、现在、未来江苏人特殊的文化生命、文化标识、文化家园，以及生生不息的文化记忆和文化动力。虽然它们可能以诸种文化典籍和文化传统的方式呈现和延续，但"文脉工程"致力探寻和发现的则是跃动于这些典籍和传统，也跃动于江苏人生命之中的那种文化脉动。"江苏文脉整理与研究工程"的最大特点就在于它是"文脉工程"而不是一般的"文化工程"，更不是"文库工程"。"文化工程""文库工程"可能只是一般的文化挖掘与整理，而"文脉工程"则是与地域的文化生命深切相通，贯穿地域的历史、现在与未来的生命工程。

　　"江苏文脉整理与研究工程"是"整理"与"研究"的璧合，在"研究工程"中能否、如何倾听到来自历史深处的文化脉动，关键是处理好"文献"与"文脉"的关系。"整理工程"是对文脉的客观呈现，而"研究工程"则是对文脉的自觉揭示，若想取得成功，必须学会在"文献"中倾听和发现"文脉"。"文献"如何呈现"文脉"？文献是人类文明尤其是人类文化记忆的特殊形态，也是人类信息交换和信息传播的特殊方式。回首人类文明史，到目前为止，大致经历了三种信息方式。最基本也是最原初的是口口交流的信息方式，在这种信息方式中，信息发布者和信息传播者都同时在场，它是人的生命直接和整体在场并对话的信息传播方式，是从语言到身体、情感的全息参与，是生命与生命之间的直接沟通，但具有很大的时空局限。印刷术的产生大大扩展了人类信息交换的广度和深度，不仅可以以文字的方式与不在场的对象交换信息，而且可以以文献的方式与不同时代、不同时空的人们交换信息，这便是第二种信息方式，即以印刷为媒介的信息方式或印刷信息方式。第三种信息方式便是现代社会以电子网络技术为媒介的信息方式，即电子信息方式。文献与典籍是印刷信息方式的特殊形态，它将人类文化史和文明史上具有特殊价值的信息以印刷媒介的方式保存下来，供后人学习和研究，从而积淀为传统。文字本质上是人的生命的表达符号，所谓"诗言志"便是指向生命本身。然而由于它以文字为中介，一旦成为文献，便离开原有的时空背景，并与创作它的生命个体相分离，于是便需要解读，在解读中便可能发生误读,但无论如何,解读的对象并不只是文字本身,而是文字背后的生命现象。

文献尤其是典籍是不同时代人们对于文化精华的集体记忆,它们不仅经受过不同时代人们的共同选择,而且经受过大浪淘沙的历史洗礼,因而其中不仅有创造它的那个个体或文化英雄如老子、孔子的生命表达,而且有传播和接受它的那个民族的文化脉动,是负载它的那个民族的文化生命,这种文化生命一言以蔽之便是文化传统。正因为如此,作为集体记忆的精华,文献和典籍是个体和集体的文化脉动的客观形态,关键在于,必须学会倾听和揭示来自远方的生命旋律。由于它们巨大的时空跨度,往往不能直接把脉,而需要具有一种"悬丝诊脉"的卓越倾听能力。同时,为了把握真实的文化脉动,不仅需要对文献和典籍即"文本"进行研究,而且需要对创造它们的主体包括创作的个体和传播接受的集体的生命即"人物"进行研究。正如席勒所说,每个人都是时代的产儿,那些卓越的哲学家和有抱负的文学家却可能成为一切时代的同代人。文字一旦成为文献或典籍,便意味着创作它的个体成为一切时代的同代人,但无论如何,文献和它们的创造者首先是某个时代的产儿,因而要在浩如烟海的文献和典籍中倾听到来自传统深处的文化脉动,还需要将它们还原到民族的文化生命之中,形成文化发展的"精神的历史"。由此,文本研究、人物研究、学派流派研究、历史研究,便成为"文脉研究工程"的学术构造和逻辑结构。

## 二 中国文化传统中的江苏文脉

江苏文脉是中国文化传统的一部分,二者之间的关系并不只是部分与整体的关系,借助宋明理学的话语,是"理一"与"分殊"的关系。文脉与文化传统是民族生命的文化表达和自觉体现,如果只将它们理解为部分与整体的关系,那么江苏文脉只是中国文化传统或整个中华文化脉统中的一个构造,只是中华文化生命体中的一个器官。朱熹曾以佛家的"月映万川"诠释"理一分殊"。朗月高照,江河湖泊中水月熠熠,此番景象的哲学本真便是"一月普现一切水,一切水月一月摄"。天空中的"一月"与江河中的"一切水月"之间的关系是"分享"关系,不是分享了"一月"的某一部分,而是全部。江苏文脉与中国文化传统之间的关系便是"理一分殊",中国文化传统是"理一",江苏文脉是"分殊",正因为如此,关于江苏文脉的研究必须在与整个中国文化传统的关系中整体性地把握和展开。其中,文化与地域的关系、江苏文化在中华文化发展中的贡献和地位,是两个基本课题。

到目前为止的一切人类文明的大格局基本上都是由以山河为标志的地理环境造就的,从轴心文明时代的四大文明古国,到"五大洲四大洋"的地理区隔,再到中国山东—山西、广东—广西、河南—河北,江苏的苏南—苏北的文化与经济差异,山河在其中具有基础性意义。在这个意义上,可以将在此以前的一切文明称为"山河文明"。如今,科技经济发展迎来一个"高"时代:高铁、高速公路、电子高速公路……正在并将继续推倒由山河造就的一切文明界碑,即将造就甚至正在造就一个"后山河时代"。"后山河时代"的最后一道屏障,"山河时代"遗赠给"后山河时代"的最宝贵的文明资源,便是地域文化。在这个意义上,江苏文脉的整理与研究,不仅可以为经过全球化席卷之后的同质化世界留下弥足珍贵的"文化大熊猫",而且可以在未来的芸芸众生饱尝"独上高楼,望尽天涯路"的孤独之后,缔造一个"蓦然回首"的文化故乡,从中可以鸟瞰文化与世界关系的真谛。江苏独特的地域环境与江苏文化、江苏文脉之间的关系,已经不是所谓"一方水土一方人"所能表达,可以说,地脉、水脉、山脉与江苏文脉之间的关系,已经是一脉相承。

我们通过考察和反思发现,水系,地势,山势,大海,是对江苏文脉尤其是文化性格产生重大影响的地理因素。露水不显山,大江大河入大海,低平而辽阔,黄河改道,这一切的一切与其说是自然画卷和自然事件,不如说是江苏文脉的大地摇篮和文化宿命的历史必然,它们孕生和哺育了江苏文明,延绵了江苏文脉。历史学家发现,江苏是中国唯一同时拥有大海、大江、大湖、大平原的省份,有全国第一大河长江,第二大河黄河(故道),第三大河淮河,世界第一大人工河大运河,全国第三大淡水湖太湖,全国第四大淡水湖洪泽湖。江苏也是全国地势最低平的一个省区，绝大部分地区在海拔 50 米以下，少量低山丘陵大多分布于省际边缘，最高峰即连云港云台山的玉女峰也只有 625 米。丰沛而开放的水系和低平而辽阔的地势馈赠给江苏的不只是得天独厚的宜居，更沉潜、更深刻的是独特的文化性格和文脉传统，它们是对江苏地域文化产生重大影响的两个基本自然元素。

不少学者指证江苏文化具有水文化特性，而在众多水系中又具长江文化的特性。"水"的文化特性是什么？"老聃贵柔"，老子尚水，以水演绎世界真谛和人生大智慧。"天下莫柔弱于水，而攻坚强者莫之能胜。"柔弱胜刚强，是水的品质和力量。西方文明史上第一个哲学家和科学家泰勒斯向全世界宣告的第一个大智慧便是：水是万物的始基。辽阔的平原在中国也许还有很多，却没有像江苏这样"处下"。老子也曾以大海揭示"处下"的智慧："江海所以能为百谷王者，以其善下之，故能为百谷王。"历史上江苏的文化作品、江苏人的文化性格，相当程度上演绎了这种"水性"与"处下"的气质与智慧。历史上相当时期黄河曾经从江苏入海，然而黄河改道、黄河夺淮，几番自然力量或人力所为，最终黄河在江苏留下的只是一个"故道"的背影。黄河在江苏的改道当然是一个自然事件或历史事件，但我们也可能甚至毋宁将它当作一个文化事件，数次改道，偶然之中有必然，从中可以发现和佐证江苏文脉的"长江"守望和江南气质。不仅江苏的地脉"露水不显山"，而且江苏的文化作品，江苏人的文化性格，一句话，江苏文脉，也是"露水不显山"，虽不是"壁立千仞"，却是"有容乃大"。一般说来，充沛的水系，广阔的平原，往往造就自给自足的自我封闭，然而，江苏东临大海，无论长江、淮河，还是历史上的黄河，都从这里入大海，归大海，不只昭示江苏的开放，而且演绎江苏文化、江苏文脉、江苏人海纳百川的博大和静水深流的仁厚。

黄河与长江好似中华文脉的动脉与静脉，也好似人的身体中的任督二脉，以长江文化为基色的江苏文化在中华文脉的缔造和绵延中作出了杰出贡献。有学者指出，在中国文明史上，长江文化每每在黄河文化衰弱之后承担起"救亡图存"的重任。人们常说南京古都不少为小朝廷，其实这正是"救亡图存"的反证，"天下兴亡，匹夫有责"的口号首先由江苏人顾炎武喊出,偶然之中有必然。学界关于江苏文化有三次高峰或三次大贡献,与两次大贡献之说。第一次高峰是开启于秦汉之际的汉文化,第二次高峰是六朝文化,第三次高峰是明清文化。人们已对六朝文化与明清文化两大高峰对中国文化的贡献基本达成共识,但江苏的汉文化高峰及其贡献也应当得到承认,而且三次文化高峰都发生于中国社会的大转折时期,对中国文化的承续作出了重大贡献。在秦汉之际的大变革和大一统国家的建构中,不仅在江苏大地上曾经演绎了波澜壮阔的对后来中国文明产生深远影响的历史史诗,而且演绎这些历史史诗的主角刘邦、项羽、韩信等都是江苏人,他们虽然自身不是文化人,但无疑对中国文化产生了深远影响。董仲舒提出"罢黜百家,独尊儒术"的主张,奠定了大一统的思想和文化基础,他本人虽不是江苏人,却在江苏留下印迹十多年。江苏的汉文化高峰对中国文化的最大贡献,一言概之即"大一统",包括政治上的大一统和思想文化上的大一统。六朝被公认为中国文化发展的高峰,不少学者将它与古罗马文明相提并论,而六朝文化的中心在江苏、在南京。以南京为核心的六朝文化发生于三国之后的大动乱,它接纳大量流入南方的北方士族,使南北方文化合流,为保存和发展中国文化作出了杰出贡献。明朝是中国历史上第一次在南京,也是第一次在江苏建立统一的帝国都城,江苏的经济文化在全国处于举足轻重的地位,扬州学派、泰州学派、常州学派,形成明清时代中国文化的江苏气象,形成江苏文化对中国文化的第三次重大贡献。三大高峰是江苏的文化贡献,在重大历史转折关头或者民族国家危难之际挺身而出,海纳百川,则是江苏文化的精神和品质,这就是江苏文脉。也正因为如此,江苏文化和江苏文脉在"匹夫有责"的担当精神中总是透逸出某种深沉的忧患意识。

江苏文脉对中国文化的独特贡献及其特殊精神气质在文化经典中得到充分体现。中国四大文学名著,其中三大名著的作者都来自江苏,这就是《西游记》《红楼梦》《水浒》,其实《三国演义》也与江苏深切相关,虽然罗贯中不是江苏人,但却以江苏为重要的时空背景之一。四大名著中不仅有明显的江苏文化的元素,甚至有深刻的江苏地域文化的基因。《西游记》到底是悲剧还是喜剧?仔细反思便会发现,《西游记》就是文学版的《清明上河图》。《清明上河图》表面呈现一幅盛世生活画卷,实际却是一幅"盛世危情图",空虚的城防,懈怠的守城士兵……被繁华遗忘的是正在悄悄到来的深刻危机。《西游记》以唐僧西天取经渲染大唐的繁盛和开放,然而在经济的极盛之巅,中国人的精神世界却空前贫乏,贫乏得需要派一个和尚不远万里,请来印度的佛教,坐上中国意识形态的宝座,入主中国人的精神世界。口袋富了,脑袋空了,这是不折不扣的悲剧。然而,《西游记》的智慧,江苏文化的智慧,是将悲剧当作喜剧写,在喜剧的形式中潜隐悲剧的主题,就像《清明上河图》将空虚的城防和懈怠的士兵淹没于繁华的海洋一样。《西游记》喜剧与悲剧的二重性,隐喻了江苏文脉的忧患意识,而在对大唐盛世,对唐僧取经的一片颂歌中,深藏悲剧的潜主题,正是江苏文脉"匹夫有责"的担当精神和文化智慧的体现。鲁迅说,悲剧将人生的有价值的东西毁灭给人看。《西游记》是在喜剧形式的背后撕碎了大唐时代人的精神世界的深刻悲剧。把悲剧当作喜剧写,喜剧当作悲剧读,正是江苏文化、江苏文脉的大智慧和特殊气质所在,也是当今江苏文脉转化发展的重要创新点所在。正因为如此,"江苏文脉研究"必须以深刻的哲学洞察力和深厚的文化功力,倾听来自历史深处的江苏文化的脉动,读懂江苏,触摸江苏文脉。

## 三 通血脉,知命脉,仰望山脉

江苏文化的巨大魅力和强大生命力,是在数千年发展中已经形成一种传统、一种脉动,不仅是一种客观呈现的文化,而且是一种深植个体生命和集体记忆的生生不息的文脉。这种文化和文脉不仅成为共同的价值认同,而且已经成为一种地域文化胎记。在精神领域,在文化领域,江苏不仅有灿若星河的文学家,而且有彪炳史册的思想家、学问家,更有数不尽的才子骚客。长江在这片土地上流连,黄河在这片土地上改道,淮河在这片土地上滋润,太湖在这片土地上一展胸怀。一代代中国人,一代代江苏人,在这里缔造了文化长江、文化黄河、文化淮河、文化太湖,演绎了波澜壮阔的历史诗篇,这便是江苏文脉。

为了在全球化时代完整地保存江苏文脉这一独特地域文化的集体记忆,以在"后山河时代"为人类缔造精神家园提供根源与资源,为了继承弘扬并创造性转化、创新性发展中国优秀传统文化,2016年江苏启动了"江苏文脉整理与研究工程"。根据"文脉"的理念,我们将研究工程或"研究编"的顶层设计以一句话表达:"通血脉,知命脉,仰望山脉。"由此将整个工程分为五个结构:江苏文化通史,江苏历代文化名人传,江苏文化专门史,江苏地方文化史,江苏文化史专题。

"江苏文化通史"的要义是"通血脉",关键词是"通"。"通"的要义,首先是江苏文化与中国文明的息息相通,与人类文明的息息相通,由此才能有民族感或"中国感",也才有世界眼光,因而必须进行关于"中国文化传统中的江苏文脉"的整体性研究;其次是江苏文脉中诸文化结构之间的"通",由此才是"江苏",才有"江苏味";再次是历史上各个重要历史时期文化发展之间的"通",由此才能构成"史",才有历史感;最后是与江苏人的生命与生活的"通",由此"江苏文脉"才能真正成为江苏人的文化血脉、文化命脉和文化山脉。达到以上"四通","江苏文化通史"才是真正的"通"史。

"江苏文化专门史"和"江苏文化史专题"的要义是"知命脉",关键词是"专",即"专门"与"专题"。"江苏文化专门史"在框架上分为物质文化史、精神文化史、制度文化史、特色文化史等,深入研究各类专门史,总体思路是系统研究和特色研究相结合,系统研究整体性地呈现江苏历史上的重要文化史,如哲学史、文学史、艺术史等,为了保证基本的完整性,我们根据国务院学科分类目录进行选择;特色研究着力研究历史上具有江苏特色的历史,如民间工艺史、昆曲史等。"江苏文化史专题"着力研究江苏历史上具有全国性影响的各种学派、流派,如扬州学派、泰州学派、常州学派等。

"江苏地方文化史"的要义是"血脉延伸和勾连",关键词是"地方"。"江苏地方文化史"以现省辖市区域划分为界,13市各市一卷。每卷上编为地方文化通史,讲述地方整体历史脉络中的文化历史分期演化和内在结构流变,注重把握文化运动规律和发展脉络,定位于地方文化总体性研究；下编为地方文化专题史，按照科学技术、教育科举、文学语言、宗教文化等专题划分，以一定逻辑结构聚焦对地方文化板块加以具体呈现，定位于凸显文化专题特色。每卷都是对一个地方文化的总结和梳理，这是江苏文化血脉的伸展和渗入，是江苏文化多样性、丰富性的生动呈现和重要载体。

"江苏历代文化名人传"的要义是"仰望山脉"，关键词是"文化"。它不是一般性地为江苏历朝历代的"名人"作传，而只是为文化意义上的名人作传。为此，传主或者自身就是文化人并为中国文化的发展、为江苏文脉的积累积淀作出了重要贡献；或者虽然自身主要不是文化人而是政治家、社会活动家等，但对中国文化发展具有重大影响。如何对历史人物进行文化倾听、文化诠释、文化理解，是"文化名人传"的最大难点，也是其最有意义的方面。江苏历史上的文化名人汗牛充栋，"文化名人传"计划为 100 位江苏文化名人作传，为呈现江苏文化名人的整体画卷，同时编辑出版一部"江苏文化名人辞典"，集中介绍历史上的江苏文化名人 1000 位左右。

一脉千古成江河，"茫茫九派流中国"。江苏文脉研究的千里之行已经迈出第一步，历史馈赠我们一次千载难逢的宝贵机遇，让我们巡天遥看，一览江苏数千年文化银河的无限风光，对创造江苏文化、缔造江苏文脉的先行者们献上心灵的鞠躬。面对奔涌如黄河、悠远如长江的江苏文脉，我们惟有以跋涉探索之心，怵惕敬畏之情，且行且进，循着爱因斯坦的"引力波"，不断走近并播放来自江苏文脉深处的或澎湃，或激越，或温婉静穆的天籁之音。

我们一直在努力；

我们将一直努力！

# 目　录

# 第一章　海虞翁氏

## 第一节　翁家巷门

一条曲径通幽的古街巷，往往标识着一座城市的历史积淀和文化脉络，见证并深藏着风霜岁月的故事。

历史文化名城常熟，就有这么一条古朴幽静的小巷。位于南泾堂历史街区的书院街，由原书院弄拓建而成，是贯穿古城区南北交通的要道。在喧嚣的书院街中段，马路东侧是一大片粉墙黛瓦的古建筑群，入口处，竖立了一块未必起眼的路牌标识——翁家巷门。

翁家巷门，东起南市里，西至书院街，因寄居巷内的常熟翁姓大族而得名。从巷头至巷尾，小巷长五十多米，宽不足四米，不过寻常的一条狭窄小巷而已。由巷口驻足抬望，耸立着牌坊一座，刻有醒目的"状元坊"三个金字，坊柱镌刻联语云："此中出叔侄大魁，昆弟抚相，画栋雕梁，门第海虞称冠代；何必数榜眼感旧，会元有坊，华篇胜迹，声名琴水让高山。"

名为状元坊，当然离不开蟾宫折桂、金榜题名的典故。一句点睛之联语，道出了小巷的非比寻常。青藤老墙竹影斜，岁月迎来又送往。渐行渐入，一路探寻，处处印刻了历史的痕迹，诉说着一个历久绵延的家族记忆。

"翁庞杨季是豪门，归言屈蒋有名声。"这是至今广泛流传于常熟的一句民谚。谚语何处出典，何时传开，世人可以耳熟，也未必能详了。

不过,透过民谚的背后,却映照了一个个可圈可点的江南望族,传递着一段段可感可温的人文故事,无论个体还是群体,其中的恩怨得失、兴衰荣辱,若隐若现,耐人寻味。

历史上,江南大体以太湖流域为中心,地跨了今天的江苏常州、苏州、无锡,浙江杭州、嘉兴、湖州以及上海市。江南,不仅是一个地理概念,也是一个经济的区域,更是文化鼎盛的区域,素以悠久深厚的人文资源而著称。唐宋以来,随着江南的大规模开发及中国经济重心的不断南移,成为覆盖中国经济与文化最重要的一个单元。

常熟是吴文化的发祥地之一,素称学道名邦,明清二代,这里出现了众多家学渊源深厚、文化系统承续,并为地方所认同的世家大族,如明代章氏、桑氏、周氏、徐氏、钱氏、孙氏、严氏;又如上述翁氏、庞氏、杨氏、季氏、归氏、言氏、屈氏、蒋氏;还有曾氏、瞿氏、张氏、宗氏、邵氏、毛氏、俞氏等著姓望族。他们中大体由耕读起家,经年累月中读书立品,崇德做人,立身砺志,开拓进取,乐善好施,扶贫济困,或以诗书传家,或以藏书为业,或以绘事著称,甚至多重复合,前后相望,代有传人,堪称令人瞩目的区域文化景观,也引领着一方水土的文化风尚。作为穿越漫长历史岁月的精神传承,文化家族彰显着江南的个性魅力,成为中华文化版图上一道引人注目的独特地域风景。

其中,以两朝宰相、两代帝师、两位状元、兄弟巡抚、三子公卿、四世翰林而显赫于世的翁氏家族,无疑被推为了"八大家"之首,最具瓜瓞绵绵、普被四海的隽永留香。

翁氏故居:状元第匾

今天，走进翁家巷门，坐落着一座明清时期典型的江南名门望族宅第建筑群，映入眼帘的是简朴的石库门前赫然镌刻的"翁氏故居"门额。遵循传统官绅住宅的形制，宅院设计布局规整，重门叠户，主落居中，纵向轴线明确，分东、中、西三部分有序排列。由大门进入，沿中轴线依次为七进。一进门厅，厅内屏门上方悬有一块龙凤呈祥的"状元第"真金描绘的匾，历时已近一个半世纪，仍光泽如新。二进轿厅，穿过为来客歇轿、备茶之用的三开间平屋，一方天井，花岗青石板铺地，背面间跨门楼一座，门楼兜肚和上下枋多为砖雕装饰，中枋嵌书"源远流长"四字的长方形横联，两边的透雕方框①配以"辞亲赴考"、"衣锦还乡"为题材的图案，下枋透雕一组"八鹿游春"的带状画，以鹿的谐音来象征禄爵和富贵；迎面是作为接待宾客和日常议事场所的三进主厅綵衣堂，一幢面积235 平方米、拥有包袱锦彩画116 幅，集雕、塑、绘于一体的明代遗构，饰有织锦纹、浮云、游龙、仙鹤、松梅等图案，以喜上眉梢、鹤鹿松枝、莲池鸳鸯、松鹤延年、狮子滚绣球等为内容，堪称江南民间彩绘的代表作。虽历经沧桑，原物已有剥蚀褪色，但雕梁画栋，神韵生动如初，显示出宅主当年恢宏华丽的气象。大堂有"綵衣堂"三字匾额高悬，正中挂有一幅《富贵长春牡丹图》，两旁是"绵世泽莫如为善，振家声还是读书"的一副巨幅对联，案几上摆放着寄寓"平静"之义的东瓶、西镜，清一色的红木家具，格调典雅，与主体建筑环境和谐相称。

与正厅所在院落相对应，东西两侧各以备弄分隔，东侧入内，有一栋名为"知止斋"的书斋，楼上藏书，楼下供宾主吟诗论文、品书赏画，且与向南的玉兰轩稍有小院间隔，又联为一体。西侧循通道步往，有思永堂、晋阳书屋、柏古轩、明厅等建筑，其中又分前后二院，前院晋阳书屋，内设《二十四史》的古朴书柜、松竹梅岁寒三友图轴、正壁联语"入我室皆端人正士，升此堂多古画奇书"一副。后院南的思永堂，录《尚书》"慎厥身，修思永"之句取名，有十八扇雕花落地长窗开合；北有柏古轩，以庭中原植有两棵古柏而得名，西北有小南园与綵衣堂一墙之隔，内有桂花、柿子等百年古树，有太湖石叠成的假山，花草树木，曲径回廊，环境

---

① 江南民间俗称"兜肚"。

第一章 海虞翁氏

幽静雅致,不失园林情趣。左右横向拓展的空间布局,既规整严谨,更是凸出了正轴线的地位。

翁氏故居:翁心存书房知止斋

綵衣堂之后第四进后堂楼,是一座二层硬山式结构的五开间两厢楼宇,院墙与左右两侧封火墙围合,构成了一个四合院式的封闭院落,原是宅主和家人生活起居的内宅,现今辟为"两朝帝师翁同龢"展厅。第五进双桂轩同样是简朴的五开间平房,因院中有两株金银桂树而名,陈列了翁氏一门数代传承的书法作品,翰墨清香扑面来。至于原来供侍者所用的第六进,以及用来祭祀的最后第七进,占地450平方米,经过修缮一新,已作为翁氏家风传习馆对外开放。馆内设六大功能区,展示了海虞翁氏兴家绵世的家风、家教、家训、家学等家族精神遗产,提供了弘扬和践行中华优秀传统文化的课堂。

庭院深深深几许。

整而不散、如此景观纵深的深宅大院,就此表征在三千多年的历史文化名城中,看似不过一处的物化古建筑遗存,却无处不负载、集聚、洋溢着精神的内核,弥散于故居的每一个角落。品味那些厅、堂、楼、阁、轩、斋及其匾额、楹联,还有种种家什陈设、湖石花木,处处内涵了宅主不同寻常的文化涵养和志趣抱负,传递着绵长而厚实的文化气象和人文底蕴,无愧为一座城市历久弥香的个性化文化名片。

本书传主翁同龢,就是从翁家巷门走出的一位著名历史人物。重温翁同龢的人生轨迹、心路历程,犹如穿越时空的隧道,可以追寻一个人的荣辱沉浮,一个家族的前世今生,乃至一个时代的风云变幻。

# 第二节　科第仕进

据《海虞翁氏族谱》[①]记载:翁氏之先出自姬姓,因周昭王的庶子封于翁山,以地名为姓。后有翁弘始居梁原城,后封任楚国左丞,被后人尊为翁氏立姓始祖。西晋末年(公元317年起),北方少数民族逐鹿中原,战火纷飞,时局动荡,大量士民纷纷南迁。当时,翁弘第27世孙翁鞠渡江南下,先至浙西再转浙东,后代散居在今杭嘉湖地区的钱塘、仁和、海盐、余姚、慈溪、永嘉一带。岁月流转,世代相承。1082年(北宋元丰五年),钱塘翁氏的一支翁景文授常州无锡县尉,随任迁至江苏平江(治今苏州),成为吴郡翁氏始祖。景文之子翁敏中,官赠右奉议郎,1145年(南宋绍兴十五年),敏中次子翁翊臣中进士,官至刑部尚书郎中。1199年(宋宁宗庆元五年),翊臣四子翁嶙考中进士,授刑部郎中。不过,在经历了一番从政为官的显达时期后,吴郡翁氏子孙渐趋衰落,族人基本上以力田务农为业,一直寄居姑苏相城里(治苏州相城区)。

迟至明代永乐年间,翁嶙次子翁斗南的六世孙翁寿一有子三人,幼子翁景阳从相城来到常熟,在西南乡四十九都庙桥璇洲里村(治今练塘

---

① 《海虞翁氏族谱》,翁心存编订、翁同龢重修,清同治十三年(1874年)刊本,常熟市图书馆藏。

张家桥村)①入赘寓居,成为常熟翁氏始迁祖。

以入赘为婿的身份落户常熟,翁景阳难免了世俗眼里卑微的生活处境,如何立足谋生,需要承担更大的责任,付出更多的努力。由于史料的阙失,后人已无从揣测。不过循其族谱世系,翁氏子孙从此繁衍生息、一脉传续,在艰苦创业的历程中,不难寻绎其"耕读传家"的脉络。

在小农经济和科举制度基础上形成的耕读文化,是中国传统农业社会由来已久的生存形态。"耕"为生存之本,耕田可事稼穑,丰五谷,养家糊口,以立性命;"读"乃进身之阶,读书可知诗书,达礼义,修身养性,立志立德。"耕读传家"以村落社区为地域空间,以家族为单元,民间耕读结合的教育传统与文化习俗,与乡民的日常生活融为一体,重视儒家传统伦常的宣扬,强调以孝悌仁义维护家族的和谐,营造族中子孙崇文向学、尊师重教的人居环境,并从中耳濡目染,从而实现文化的濡化过程。这一传统观念,在乡土社会中普遍受到推崇,无疑成为乡村农家努力追求的一种理想生活愿景。

隋唐以来,随着科举制度的确立并逐渐完备,历朝历代为选拔官吏、士子进阶的定制,绵延千年,惟有科举入仕为正途的价值观念普被全社会。在官本位意识浓厚的传统中国人看来,读书为官,跻身仕途,成为无数士人痴迷追求的理想人生。江南向为人文渊薮,从秀才、举人到进士的科举晋级,竞争异常激烈。对于渴望出人头地的家族来说,只有鼓励族中子弟读书登第,金榜题名,才能光宗耀祖,跻身望族之列。明清江南著姓,大多依靠科举入仕的努力奋斗,最终得以争取和维持其望族身份和社会地位。

翁家迁居的明朝初期,正当常熟区域社会经济、文化发展的蓬勃上升期。植根于江南风物清嘉的自然地理环境和相对安稳的社会环境,更有两宋以后经济发展的良好态势,历宋元明清数百年间,常熟一地兴学崇教,人才辈出,以文化之邦称誉四方,形成了以文化为精神趋向和

---

① 庙桥为区名。志书记载:四十九都分两区,八十二区为庙桥,八十三区为宛山。四十九都中有十个村。详见常熟市地方志编纂委员会办公室标校:《重修常昭合志》(上)卷二,疆域志,上海社会科学院出版社 2002 年版,第 46 页。《海虞翁氏族谱》记:四世思隐公葬横塘率字圩,五世翁臣葬横塘父茔昭穴。横塘今称横河,位于张家桥村西。

生活方式的独特文化型社会。以虞山起名和标识的文化艺术创造，如文学、书画、音律、藏书、金石等领域，交相辉映，开拓创新中自成流派，构成了一幅代相传续的人文图像。明代嘉靖年间的《常熟县儒学义田碑记》称："惟兹常熟，入国朝为畿辅之邑，号称多士。文章德业，彬彬然与上国齿。"①即便偏居乡镇的人们，也不无"山明水秀诚卓绝，邑遗文学先贤风"②的文化自豪感，崇文尚教，诗书传家，几乎是当地百姓家传户诵的社会风气。乡邦文化的深厚积淀，对于生于斯、长于斯的寻常农家自有熏染与影响，翁氏族人概不例外。正是孕育在这一深厚地域文化土壤上，经过家族数代人的力耕勤俭、自强不息，最终跨入了历史的新阶段。

从始迁祖景阳公一代起，海虞翁氏以"读书之得失"殷殷寄望子孙后代刻苦好学。二世祖世珍、世宝两兄弟"子孙务农"，力田务本的耕耘，也为读书提供了基本的生活条件。至世宝之子翁廷秀起开始"力田读书"，躬耕于农田，一洼青菜，半亩麦香，日出而作，暮色晚归。

族谱记载，翁氏"四传至思隐公，以力田起家，族以滋大。"③明嘉靖初年，四世祖翁瑞（思隐）膝下有子三人，即翁臣（西江）、翁卿（子名）、翁相（子良），翁氏家族因此分为老大房、老二房、老三房三支。此后，除了老三房"子孙多务农"外，老大房、老二房耕读起家，先后在科举路上绽放出了夺目的光耀。

最先跨出第一步的，是万历年间老二房翁卿一支。璇洲里北有翁家庄村④，是翁氏老二房的最初居住地。翁卿（1507—1562）"屡试不第，力田治本"，传子翁拱极（1536—1580），有蕙祥、宪祥、懋祥、应祥、愈祥五个儿子。万历十六年（1588 年），五子翁愈祥考中了举人，开了常熟翁氏一脉科举中式的先河。随后，二子翁宪祥、四子翁应祥、三子翁懋祥，相继考中万历辛卯科（1591 年）、庚子科（1600 年）、乙卯科（1615

① 江苏省博物馆编：《江苏省明清以来碑刻资料选集》，三联书店 1959 年版。
② 顾镇编辑，周昂增订：《支溪小志》卷六，沈秋农等主编：《常熟乡镇旧志集成》，广陵书社 2007 年版，第 259 页。
③ 《翁心存·书族谱后》，张剑辑校：《翁心存诗文集》（下），凤凰出版社 2013 年版，第 911 页。
④ 翁家庄，又名翁庄，相传原有俞姓居多。自明末翁卿之子翁拱极来此娶俞女为妻，翁氏老二房科考显达后，渐成市集，故名。

年)举人。1592年(万历二十年),翁宪祥考中了壬辰科进士,1598年(万历二十六年)翁愈祥又考中了戊戌科进士。一门五兄弟,4人中举、2人进士,为翁氏家族增添了荣耀,提高了地方声望。

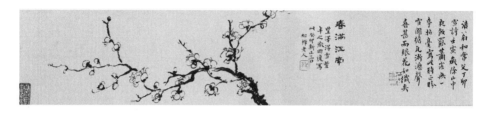

翁同龢《春满江南》书画手卷

翁宪祥(1554—1617),初任浙江鄞县知县,充乡试同考官,礼科给事中。后典福建乡试,迁吏户刑三科都左右给事中,寻掌吏垣,后官至太常寺少卿,历数年请假归里。又被廷推为湖广巡抚,命下时已卒。指陈时弊,亢直敢谏,一时朝政缺失,皆能抗章论驳。翁懋祥(1559—1630),初为浙江淳安知县,后任山东滨州知州,未赴任。在任五年后因病告归。翁应祥(1565—1641),初授无锡县儒学教谕,与顾宪成、高攀龙等当地的东林党人折节定交,以谙熟经史著称。后迁福建光泽知县,再升山西朔州知州。翁愈祥(1567—1610),先后授邹平、会稽、清丰知县,三度知县任上政绩显著,后升稽勋司郎中。此后,翁宪祥之子翁汉麐(1604—1656),崇祯举人,天启年间朝政昏暗,流寇四起,曾奋笔上疏请革弊端。明清鼎革之际一度归隐乡里,筑“东田书屋”吟诗作赋,后授江西南安府推官等职。翁蕙祥之孙翁需(1615—1661),顺治举人,受职和州学政,后任浙江上杭知县。翁晋之子翁与之(1635—1688),康熙进士,官至广东澄海知县。翁懋祥之孙翁嗣圣(1607—1672),顺治举人,任无锡教谕。

继之而起的佼佼者,是翁宪祥之孙翁叔元。翁叔元(1633—1701)字宝林,1672年(康熙十一年)中举,四年后殿试以一甲第三名进士探花及第,授翰林院编修。之后朝廷馆试获第一名,深得康熙帝的赞赏,奉命任山东乡试主考官,又参与《明史》编纂。此后历官国子监祭酒,吏部侍郎,工部、刑部尚书。翁叔元的长子翁是撰(1690—1749),授山东沂州知州;次子翁是平(1694—1755),历任安徽无为、四川广安知州以及刑部浙江司员外郎。翁是撰次子翁悦祖(1732—1764),安徽桐城县丞,历署太平、桐城知县。翁是平长子翁企祖(1710—1741),广东盐运司知事;次子翁缵祖,历任四川、浙江知县。翁企祖之子翁建基(1726—1781),四川广元、湖北嘉鱼等地巡检。翁叔元从子翁是龙(1659—?),广西怀集知县。翁汉麐之孙翁振翼(1660—1718),康熙举人,官内阁中书。"溯当康熙中叶盛,尚书清望人门尊。别茶翩翩佳公子,四海名士缟纻敦。"[1]可见,至明末清初,翁氏家族历经六七代人孜孜以求、兢兢业业的努力,无疑成了当地有地位、有影响的新兴科宦家族。

较之老二房的科甲蝉联,本传的主人公翁同龢,归属老大房翁臣一支,一度"独潜德勿耀"[2]。族谱载,九世祖翁拱辰(?—1582),"喜清谈,不治生计"。八世祖翁万春(1555—1626),号芳庵,"攻苦积学",无奈垂老不遇,无缘功名。老大房一支的振兴,开拓之功当推七世祖翁长庸。

翁长庸(1616—1683),初字子虚,一字玉于,号山愚,顺治进士,授户部山东司主事,督理芜湖钞关。出为山东盐运使运同,后充任山东乡试同考官,迁长芦转运使司运,又擢河南布政使参政,分守河南道。族谱所示,翁长庸本姓邹氏,为海虞东始庄(治今常熟莫城境内)邹达所次子,生下不久就因父亲病故而出继翁后,由有女无子的翁万春抱养。也许,后来的邹家因长子早殇而无人续后,又不能不引以为憾。此后,出自老大房的翁氏后裔,始终与邹氏族裔保持了世代相好的亲密交往。"璇洲旧德启高门,还向东庄溯本源。岂特通家称孔李,故应同出自丁桓"[3],正是表达了翁家后人的无限感激之情。

---

① 《迁伯公别茶小像题付侄曾孙之善》,朱育礼、朱汝稷校点:《翁同龢诗集》,上海古籍出版社 2009 年版,第 205 页。

② 李元度:《清朝先正事略》卷一,《名臣·翁心存》,引自张剑整理:《翁心存日记》第四册,中华书局 2011 年版,第 1875 页。

③ 《题邹芷汀文沅遗照》,诗有小注:"吾七世祖参政公,以邹氏继翁后。"朱育礼、朱汝稷校点:《翁同龢诗集》,上海古籍出版社 2009 年版,第 263 页。

第一章　海虞翁氏

009

堂号作为一个姓氏的特殊标识,是家族文化重要的组成部分,用以弘扬祖德、敦宗睦族的符号标志。历史上的名门望族,往往多有悬挂厅堂壁间的家族"堂号"匾。翁氏老大房的"乐志堂",史载由翁长庸所创建,匾额为当时名播海内的诗人、书画家宋珏题写①。宋珏(1576—1632),字比玉,福建莆田人,一生漫游吴越三十多年,与顾梦游、钟惺、谭元春、程嘉燧、李流芳等结为挚友,晚年与钱谦益、黄道周交好,擅长书法,精于绘事,为明代吴门画派的重要人物,人品才学为士林所赏识。名士时贤书其堂额,也显示了翁长庸扩展的友朋交际网络。"乐志"典出仲长统《乐志论》"欲卜居清旷,以乐其志",隐含了翁长庸劝诚训勉后代子孙愉悦心志的深意。

第九世翁大中(1638—1706),字林一,为翁长庸的长子。1677年(康熙十六年)中举,授内阁中书,四年后考取进士,赐二甲出身,选授福建上杭县知县,后充任福建乡试同考官。

不过,此后从第十世至十二世的老大房一支,偏离了原来的生活轨迹,未见子孙科名著录,仕进为官更是后继乏人,家道一度颇显沉寂,数代中衰不振。九世祖翁大中有子翁骞、翁伟、翁俵、翁俸。其中,翁俸无子,以翁俵第三子翁汝明嗣其后。翁汝明也无子,又以其长兄翁汝弼次子翁谦为后。至翁谦所生翁咸封、翁泰封、翁颖封三子,总算又见起色。《族谱后序》所说"吾大房支自参政公(按:翁长庸)父子,仍世清宦,其后不绝如发。"②翁氏乐志堂一支的再度复苏,起于第十三世的翁咸封及其子翁心存,也即翁同龢的祖父和父亲,才迎来了家道的中兴期。

翁咸封(1750—1810),字子晋,号紫书,晚号潜虚,1783年(乾隆四十八年)举人,1798年(嘉庆三年)任海州(治今连云港)学正。在任十二年,眼看当地连年旱涝,民生艰难,致力赈济灾民。为倡导利民善事,还捐出八年俸银。为振兴海州落后的文教事业,协助知州唐仲冕四处奔波,向地方士绅募资,在当地创建了有清以来的第一所州学石室书

---

① 翁同书等《先文端公年谱》,张剑整理:《翁心存日记》,第四册,中华书局 2011 年版,第 1850 页。
② 翁同龢:《海虞璇洲里翁氏族谱后序》,载翁心存编订,翁同龢重修:《海虞翁氏族谱》,清同治十三年(1874 年)刊本,常熟市图书馆藏,亦见翁同龢著,翁之憙整理:《瓶庐丛稿》卷一,商务印书馆 1935 刊本。

院。此外主持修建文庙，参编《嘉庆海州直隶州志》，后因积劳成疾，卒于任所。地方百姓缅怀其道德功绩，将他公举入祀海州名宦祠。但按当时清代律例，作为教职官吏的学正不能列入，多次请求均被驳回。后经百姓的坚持呈报，1813年（道光十三年）由两江总督陶澍、江苏巡抚林则徐、江苏学政廖鸿荃联名奏请，获准入祀，可见翁咸封在当地的声望。

翁同龢《海虞翁氏族谱后序》

翁心存（1791—1862），字二铭，号邃庵。1822年（道光二年）进士，改庶吉士，授编修。早年任上书房总师傅，是咸丰帝、恭亲王奕䜣、惠郡王绵愉的师傅。晚年入值弘德殿，侍读同治帝，历任工部、刑部、兵部、吏部、户部等部尚书、体仁阁大学士。因病乞休后又复起,以大学士衔管工部。赠太保,谥文端。为官以躬行为本,以天下安危为欣戚,尤以启沃君心为己责,处事不忘体恤民生,有"廉正传四海"[1]之誉,深得百姓爱戴。

至翁心存、翁同龢父子入阁拜相,同为帝师;叔侄联魁,状元及第;三子公卿,四世翰苑。门第之鼎盛显贵,更是蔚为奇观。

## 第三节　书香绵延

宋明以来,祠堂、义田和族谱,作为"敬宗收族"的三大要素,是构成传统世家望族共同体的普遍模式。翁氏家族通过科举跻身仕宦之途后,同样把建祠堂、设义田、修族谱视作家族生活自治保障的基本要务。

祠堂是报本思源的传统家族象征,明确子姓世系之递承,激发族人对祖先的敬重,对长辈的孝敬,产生同宗共祖的荣誉感和自豪感,为强大宗族力量起到促进作用。据志书记载,翁氏祠堂创始于 1607 年(万历三十五年)[2],由时任朔州太守翁应祥(昇宇公)在虞山石梅之麓购地所建,设五楹亭堂,祠门揭"弈叶簪缨"四字,簪缨是古代显贵者的冠饰,用来把冠固着在头上,比喻高官显宦,寄寓族人保持世代诗书富贵之家的传统延续。后经翁嗣圣(克凡公)、翁叔元(铁庵公)、翁是平(秋允公)、翁谦(赘庵公)、翁颖封(耕梅公)、翁人镜(朗若公)、翁同福(云樵公)历代经营,1860 年(咸丰十年)兵乱战火后夷为焦土。1872 年(同治十一年)起由翁同爵(玉甫公)次第扩建落成。

义庄是以义田为依托,以赡养贫困族人为宗旨的宗族共同体。自北宋范仲淹在家乡苏州首创全国最早的范氏义庄起,对后世产生了广

---

① 翁万戈编,翁以钧校订:《翁同龢日记》第七卷,中西书局 2012 年版,第 3166 页。

② 常熟市地方志编纂委员会办公室标校:《重修常昭合志》(上)卷十一,祠祀志,上海社会科学院出版社 2002 年版,第 363 页。另,翁同龢 1903 年 11 月作《石梅先祠记》称:"翁氏世恩祠在石梅之麓,带山揽湖,俯瞰万瓦,明朔州太守昇宇公所建也。是为嘉靖三十五年丁未据地。"(翁同龢著,翁之憙整理:《瓶庐丛稿》卷六,商务印书馆 1935 刊本。)经核查,翁应祥生于 1565 年,嘉靖三十五年系 1556 年,丁未年则是嘉靖二十六年(1547 年)。所记时间显然有误。

泛而深远的影响。有清一代,江南各地义庄数量之多,规模之大,几乎独步全国。同治年间,由翁同爵克承先志,在常熟阜成门外开设翁氏义庄,置田一千余亩,赈济族内贫困,至 1891 年(光绪十七年)奉旨颁以"谊周族党"额。①

家谱又称族谱,是缕述以血缘关系为主体的世系源流的历史图籍。作为一个家族的生命史,家谱不仅记录其来源及迁徙的轨迹,还包括族员生息、繁衍、婚姻、族规、家约等内容,具有敦宗睦族、凝聚血亲的作用。翁氏族谱大概从翁叔元辑《翁氏广系族谱》开始,至乾隆年间翁缵祖"推本先世力耕勤俭之积",编纂了《重修翁氏族谱》。现存的《海虞翁氏族谱》一册,由翁心存 1843 年(道光二十三年)编订,1874 年(同治十三年)翁同龢重修完成,主要介绍世系族员姓名、行第、字号、生卒、科名、仕宦、姻娅等情况,以期子姓后代慎终追远,加强家族认同与情感皈依。

与几乎同时期纂修的海虞庞氏家谱总二十卷相比,翁氏家谱缺少了庞谱收录的族规家约、人物传略等资料,内容未免过于简单。不过在翁氏看来,显然有比祠堂、义田、族谱等有形载体更为见重的日常家庭教育。中国古代缺乏真正的公共教育体系,家庭教育和以家族教育为核心的私塾教育尤为重要。以儒家的道德伦理学说为中心,以诗书立门户、以孝悌为根本的家教,重视对子孙后代的教育和培养,并且身体力行,在行动上做出榜样,堪称翁氏家族的优良传统。

不难看到,翁氏族人居家多孝子孝孙,贤妻良母;为政则克己廉洁,多清官良吏。

当初老二房翁宪祥等四兄弟的科考仕进,就离不开长兄翁蕙祥的无私奉献。翁蕙祥(1556—1622),年少丧父,生活艰难。为了能让诸弟安心读书,他以长兄为父的责任自觉,治家孝亲,倾力而为,甘心肩负起大家庭的重担。翁宪祥身后多遭家难变故,孙翁叔元六岁时父亲病故,十九岁又丧母,在族叔的培养和资助下一路成长,为此以"叔"字命名,

---

① 常熟市地方志编纂委员会办公室标校:《重修常昭合志》(上)卷八,善举志,上海社会科学院出版社 2002 年版,第 286 页。

以志铭记叔父的养育恩情。翁谦家境困苦,读书不辍,经常饮麦汤填腹度日,还以割肉熬汤、吮吸疮内毒汁,为祖母和母亲疗治疾病。翁心存长兄翁人镜(1774—1845),践履笃实,孝友勤俭,"常诵先人遗训以教子孙,俾毋忘旧德"①,虽然未能取得功名,但能悉心指导乃弟读《尚书》,长兄的恩情始终温润在翁心存的心底。

鞠育含辛的母教,历来是中国的优良传统。在翁氏一路艰辛的创业过程中,不乏族内女性平凡而感人的劳苦身影。

老二房翁卿之妻薛氏,与儿媳王氏艰难困苦,相持四十年,亲见诸孙连翩擢科第。翁叔元六岁时,身处"家贫岁祲,糠覈不饱"的困境,母亲赵氏仍"教子不倦"②。翁俸继室王氏,在丈夫过世后的六十年里,整肃治家,苦辛操持,更要求子孙贫而不滥,取之有道,束躬修行,读书为善。王氏与其孙翁谦的夫人钱氏在贫寒中相与慰勉,勤苦持家。钱氏就是翁咸封的母亲,"夏夜不摇扇,苦蚊则衣袷衣御之,冬夜对灯拥絮,寒气刺骨,夜深劳甚,中热口燥,更噙冰解之,漏四下乃止,鸡三唱即起以为常。"③两位女性"克持门户"的努力,使困顿破败中的翁氏有了"我田有畔,我屋有荣,长君课读,季子课耕,诸孙林立,头角嶙嶒,门庭聚顺,家道以成"④的新气象。至翁咸封夫人张氏、翁心存夫人许氏,都是足可称道的贤内助。在儿子翁心存出为广东学政后,张氏"勖以清慎,毋负国恩,以贻祖、父羞"。许氏原籍昭文⑤,为江西高安知县许秋涛之女,幼通诗易,尤好史书。嫁给翁心存后,虽有数亩薄田,但不足以养家糊口,许氏为贴补家用,白天操持家务,晚上灯下刺绣,还帮丈夫为人抄书。子孙相继登第,"恒以盈满为戒,每迁一阶,家人不敢以贺。"⑥平生

---

① 《先兄太学君行实》,张剑辑校:《翁心存诗文集》(下),凤凰出版社2013年版,第1056—1057页。

② 常熟市地方志编纂委员会办公室标校:《重修常昭合志》(下)卷二十一,列女志,上海社会科学院出版社2002年版,第1428页。

③ 《钱太孺人行略》,翁咸封著,翁心存辑:《潜虚文钞》卷一,清道光二十七年(1847)刻本,第31—32页,常熟市图书馆藏。

④ 《祭钱节母王孺人文》,翁咸封著,翁心存辑:《潜虚文钞》卷四,清道光二十七年(1847)刻本,第26页,常熟市图书馆藏。

⑤ 清雍正四年(1726年),析常熟县东境置昭文县,两县同城而治,宣统三年(1911年)合并为常熟县。

⑥ 常熟市地方志编纂委员会办公室标校:《重修常昭合志》(下)卷二十一,列女志,上海社会科学院出版社2002年版,第1430页。

"不宝一珠,不蓄一锦,珍异之物不挂一眼,布衣粗粝,终身恬然。"①以一句"汝但行好事,做好人"②的临终遗言留给子孙。

前辈的榜样力量,时时触动着后辈的温情缅怀。无怪乎,在先有翁咸封取孔子"困而学之"之义的"困学斋";在后有翁心存取《老子》"知足不辱,知止不殆,可以久长"之意的"知止斋",父子俩无不表达了穷且益坚之志、感恩知足之心。"一饭艰难世岂知,当年豆屑杂麸皮。孤儿有泪无从咽,不见爷娘吃粥时。"③后代沐浴母教鞠育浇沃之惠,艰难困苦中保持着奋发向上的精神。翁氏大家族内,因此不乏敬老爱幼、兄友弟恭、饮水思源、知恩图报的道德风尚。

翁氏家族对后代的教育,除了做人品行的熏陶引导,还有身教重于言传的为官之道。

翁应祥官至朔州知州,清正廉明,人皆敬畏。当时朔州地处西陲,过城戍边之兵不断,但州民从未受到骚扰。翁愈祥通籍数年,家中依旧萧然四壁,有自撰门联一副:"苞苴未许谁人到,清节由来此户知。"④翁长庸任河南布政使参政,为官清正,视民如子。在芜湖负责收关税,盈余税银四万两,全部归公;两次管理盐司,严禁私贩,疏通正引。为河南卢氏县数百顷石田申请勘荒,免除赋税,被中州百姓呼为"翁佛子"⑤。翁大中在任上杭五年,秉承父亲遗风,为政洁清自矢,除加派,实仓谷,立义学,禁溺女,洁己恤民,德教洋溢。卒后,上杭县民为其集资归葬并请列祀于名宦祠。海州学正翁咸封为避免贪官中饱私囊,保证赈灾钱粮如数发到灾民手中,多次乘舟出没于风浪,深入灾区察看民情。先辈树立的做人为官作风及其人格魅力,无疑成为翁氏后世的典范。入阁拜相、贵为帝师的翁心存,更是秉承父志,以身作则,用他的话说:"一世显宦,必至三世幕僚,盖世家子弟往往不能安贫,不安贫则亟营微禄以自效,甚则客四方谋衣食,以客游为事。当此之时,即欲求为农夫、布衣

---

① 《先母行述》,翁同龢著,翁之熹整理:《瓶庐丛稿》卷五,商务印书馆 1935 刊本。
② 翁万戈编,翁以钧校订:《翁同龢日记》第一卷,中西书局 2012 年版,第 930 页。
③ 《咏菜糊涂》,朱育礼、朱汝稷校点:《翁同龢诗集》,上海古籍出版社 2009 年版,第 133 页。
④ 常熟市地方志编纂委员会办公室标校:《重修常昭合志》(下)卷二十,人物志,上海社会科学院出版社 2002 年版,第 1035 页。
⑤ 《先大参公小像画册跋》,张剑辑校:《翁心存诗文集》(下),凤凰出版社 2013 年版,第 887 页。

之士而不可得,乌在其能自立乎?"①出自翁心存"为语汝曹须自立,家风清白守仪型"②的日常教诲,以其承先启后的家风潜移默化着子孙后代的一生。其子翁同龢写于1870年(同治九年)的一页扇面题字,最能表达后代子孙恪守的家风:

> 联以长少,正其心术,端其趋向,约其放纵,抑其骄蹇,策其惰慢,教以立身行己之法,迪以济世安民之要,使居乡则为端人正士,出仕则为良吏忠臣。一言而乡党相传,一行而家邦所法,不愧俊秀之才,足为社稷之重。③

翁氏家族并不仅仅追求外在的功名利禄,而是始终不忘追求书香门第的文化定位,追求尊重人文教化的内在精神凝聚,以诗书礼义累世相传,由此保持了家族持久延续的发展后劲。翁氏家族的文化教育呈现多元化形态,不仅重视科举制艺的训练,并且强调文学艺术素养的培植,族谱载,翁蕙祥长子翁毓英(1581—1601),"诗歌古文,斐然有作者意"。次子翁毓华(1584—1649),沉潜好学,扶困济贫。翁应祥长子翁毓奇(1587—1636)与从兄翁毓英并称"翁氏二才子"。翁蕙祥之孙翁晋(1613—1685),善草书,诗词出口立就,落拓不拘。翁是平聪敏博学,精于琴理,工画花木,与兄翁是揆"俱有俊才,能诗善画,荫藉高华,而乐亲风雅,所交多素士。"④翁泰封次子翁心传(1788—1817),生性倜傥不羁,制义敏妙,冠绝一时。翁咸封之孙翁同福(1809—1862),古文有义法,时文简淡,不徇流俗,以善书名于时。

秉持崇尚读书的好学精神,翁氏家族在整体上凸显了鲜明的文化型特质,涌现出一批卓有成就的文化学者。据《江苏艺文志》常熟卷⑤的梳理,翁氏族人留下的著述可谓代代不息,这里不妨将有关典籍文本稍示开列:

① 翁心存:《常熟璇洲里翁氏族谱序》,翁心存编订,翁同龢重修:《海虞翁氏族谱》,清同治十三年(1874年)刊本,常熟市图书馆藏。
② 翁心存:《知止斋诗集》卷十六,清光绪三年(1877)常熟毛文彬刻本,常熟市图书馆藏。
③ 翁同龢:《翁常熟扇集第一集》,商务印书馆1934年影印本。
④ 常熟市地方志编纂委员会办公室标校:《重修常昭合志》(下)卷二十,人物志,上海社会科学院出版社2002年版,第1048页。
⑤ 南京师范大学古文献整理研究所编著:《江苏艺文志》苏州卷第4册,江苏人民出版社1996年版。

翁宪祥著《平倭录》《掖垣疏草》《翁宪祥奏疏》，翁应祥著《杭州集》《云朔集》《苜蓿斋集》《归田集》《醒余自序》等，翁汉麐著《春秋备要》，翁毓澄著《函三小术》，翁孺安著《素兰集》《娱花集》，翁晋著《碧栖吟稿》，翁需著《乡约讲旨》，翁与之著《翁曰可诗稿》，翁嗣圣著《明伦堂述言》，翁叔元著《铁庵文稿》《梵园诗集》等，翁是揆著《寄参集》，翁希祖著《吟谷集》，翁悦祖著《诵清集》，翁企祖著《雍试草》，翁缵祖著《昌游越游记》《逸巢诗集》等，翁是尹著《颍上吟》，翁旋吉著《素庵集》，翁振翼著《论书近言》、翁长庸《宏农告夜录》《春秋宝筏》《蓼野自订年谱》《蓼野集》等，翁然著《洛中杂诗》，翁咸封著《虞山壶史》《潜虚诗钞》，翁心传著《碧梧紫竹山房诗》、翁心存著《文瑞奏议》《知止斋文集》《知止斋文集》，翁同书著《𤏳轩杂记》《药房诗文集》，翁同爵著《皇朝兵制考》，翁同龢著《瓶庐诗稿》，等等。

以上所列翁氏族人的各类艺文著述，不仅涉及传统经史领域，也有大量诗词创作、书法篆刻等结集。如翁汉麐精研《春秋》，钩微纂要，功力深厚，他的《春秋备要》就收录于《四库全书总目提要》。翁振翼工诗文、艺术，靡不精究，书法入晋、唐堂奥，所著《论书近言》一书，指陈书坛时弊，纵论书家优劣，多有精要论述，备受士人敬重，与汪士铉、何焯并称吴中三书家。咸封长孙翁同福，虽十余次省试均未中式，但其经艺词赋为时人所重，尤善古文辞及各体书法，工篆刻，以邓石如为基础，兼取宋元法则，独辟蹊径，促使虞山派印人作风为之一变，不少邑中碑刻之文出自其手，还自刻印谱传世。翁宪祥之女翁孺安是明代才情旷达的女诗人、画家，少小以诗著名，长而不得意，为《沤子》十六篇以明志，生平追求晋人风度，种兰啸歌，放舟吴越，所著《素兰集》流传士林。翁心存从姊翁光珠，性耽诗，兼擅花鸟，著《玉华阁诗集》；翁心存之女翁端恩，工诗词，精骈体文，有《簪花阁诗集》；翁同福之女翁玉荪也有《萝轩集》行世。

这些内容丰富的文化实践和创造，使翁氏家族世传儒雅，代有闻人，自明清以来始终保持了自身不变的文化本色，从而形成了源远流长的家族文化链，也为丰富乡邦文献乃至中华文化留下了弥足珍贵的精神财富。

学者研究表明,传统文化世族的基本特征在于:一是以实现家族的文化性为自己的追求目标;二是家族成员具有强烈的文化意识,他们从事的职业也以文化型为主或具有文化特征;三是具有良好的文化环境和文化习惯,充满浓厚的文化气氛;四是具有相当的文化积累,并有一定的文献储存;五是家族内有着广泛的文化交流。① 以此对照,翁氏一直坚守了这样一种家族文化精神的认同与追求。可以说,较之历史上显赫的政治、经济家族,翁氏不以追求权势、财富为目的,而以读书力学、著书立说为职志,透过家学、家教、家风等因素,重视自身的文化积累与建设,凸显家族的品行修养与文化传承。尽管不少人位居显赫,但翁氏后人始终秉承了"富贵不足保,而诗书忠厚之泽可及于无穷"的祖训,积聚并传承了清廉自律、志在报国的优良家风。由此经年累月,终于在江南大地上坐实了一个颇具社会资望的文化型望族,并且由成型而兴盛。

从乡里到城镇,从家乡常熟到北国京都,"学而优则仕"的海虞翁氏,历经数代人的发脉播衍,不仅在原生地发展壮大,更在渐行渐远中拓展了自己的生存空间。科考成名的社会风气,书香起家的良好家教,催生着一代新人的茁长成长。

---

① 江庆柏著:《明清苏南望族文化研究》,南京师范大学出版社 1999 年版,第 39 页。

# 第二章　少壮才名

## 第一节　儿时青灯

1830年5月19日(道光十年四月二十七日),翁同龢出生在北京石驸马街罗圈胡同寓所。字声甫,号叔平,别署韵斋、瓶生、瓶笙等,别号天放闲人,晚号松禅、瓶庐居士,因隶属江苏常熟,时人有称之为"翁常熟"。

翁同龢出生的时候,上有三兄二姊。大哥翁同书[①],生于1810年(嘉庆十五年),字祖庚,号药房,又号巽斋,道光二十年庚子科进士,博览群书,尤长于史学,曾任翰林院编修、国史馆协修、贵州学政、内阁学士,官至安徽巡抚,死后谥"文勤"。二哥音保,生于1812年(嘉庆十七年),五岁因病早殇。三哥翁同爵[②],1814年(嘉庆十九年)出生,字玉甫,号侠君,幼时出嗣给曾叔祖翁颖封之子翁庆贻。以二品荫生授兵部主事,历任湖南按察使、湖南布政使、陕西巡抚、湖北巡抚,署理湖广总督,撰有《皇朝兵备考》。大姐翁寿珠,1821年(道光元年)生,字绛龄,自幼聪敏,喜读书,七八岁时诵唐人元稹、白居易诗如流水,"楷书端谨,写古人诗矻矻不倦"[③]。二姐翁璇华,1826年(道光六年)生,字纫卿,又名端恩,能诗擅画,著《簪花阁诗集》传世。

---

① 以翁氏十五世咸封孙同字辈,排行第三,翁同龢称其为三兄。以下均据此表述。
② 以翁氏十五世咸封孙同字辈,排行第五,翁同龢称其为五兄。以下均据此表述。
③《俞氏姊哀词》,翁同龢著,翁之憙整理;《瓶庐丛稿》卷六,商务印书馆1935刊本。

在六个兄弟姐妹中，翁同龢排行最小，因此被父亲呼为"六儿"，备受家人的疼爱。

翁同龢从小和祖母、母亲还有两位姐姐一起生活。四岁那年，因父亲翁心存外放署任江西学政，祖母张太夫人率家眷先行回常熟。半年过后，随母亲许氏和兄姊一起前往南昌，直至入冬才返回老家。

父亲翁心存通籍之后，"岁饥屑豆和粥以食"①的家境比从前有了明显好转，但知书达理的母亲依旧布衣蔬食，既为照顾堂上婆母日夜操劳，又要苦辛抚育子女的成长。在母亲和大姐寿珠的辅导下，翁同龢阅读了《三字经》《千家诗》《幼学琼林》《增广贤文》之类的童蒙读物，还能背诵数十首唐诗宋词。年长九岁的大姐寿珠，更是如影随形，给了他不失慈母般的关怀。据说翁同龢出生后，因母亲缺少奶水，辄夜啼哭，姐姐每天用新米煨汁哺养。六岁入塾前，早晚也由大姐辅导功课；入塾后，"所读书必先一夕习诵，次日入塾乃复之"②，《四书》（《大学》《中庸》《论语》《孟子》）、《五经》（诗、书、易、礼和春秋）之类课程，基本上都是大姐口授，"从姊读必至夜分，比塾师授书则实已成诵矣。"③此后，翁同龢对母亲、姐姐的感情也就特别地深厚。

童蒙养正，以识字为先。1835 年（道光十五年），五岁的翁同龢被送往父亲表兄朱启宇开设在城内的家馆，正式开始了启蒙的私塾教育，教学内容多为孝悌忠信、礼义廉耻的儒家伦理道德。十二岁师从李元瑛（惺园）课读学写诗，一年后粗略读完五经、古文，接着学试帖诗。试帖诗作为清代应试文体之一，多为五言六韵或八韵排律，以古人诗句或成语为题，冠以"赋得"二字，并限韵脚，内容必须切题。十四岁起学写制艺时文，文章就四书五经取题，由破题、承题、起讲、入手、起股、中股、后股、束股八部分，组成固定的程文格式，因此称为八股文。早期的开蒙训练，为翁同龢后来的科举应试打下了坚实基础。十三岁作《赋得元夜张宴夺昆仑关》五言八韵诗，塾师在首句"第一回圆月，奇功第一人"

---

① 翁同爵、翁同龢：《先母事略》，翁同龢著，翁之熹整理：《瓶庐丛稿》卷五，商务印书馆 1935 刊本。

② 《适俞氏姊墓志》，翁同龢著，翁之熹整理：《瓶庐丛稿》卷六，商务印书馆 1935 刊本。

③ 《俞氏姊哀词》，翁同龢著，翁之熹整理：《瓶庐丛稿》卷六，商务印书馆 1935 刊本。

上眉批曰："起笔别有思致"①。回首当年所写试帖诗,翁同龢清晰记得:"诗有佳句,屡为吾父、三兄所称赏。"②"第一回圆月,奇功第一人"之句更是"颇为朋辈所传。"③

为了六儿的未来,年过不惑的翁心存显然所望者深,所教者严。就说最初给孩子取名"同龢",大概就不无其深意所在。《国语》云:"其始也,冀上德让而敬百姓。其中也,恭俭信宽,帅归于宁。其广厚其心,以固龢之。"父亲眼里,寄望着儿子明其德、厚其心的和合人生。据翁同龢记述,与母亲回乡前的一天,父子俩在庭院一起牵手散步,父亲仰望月色清辉,不禁抚着他的头问:"儿知吾有所思乎?"对曰:"知之。"曰:"何思?"对曰:"岂非以祖母年老,不能即归耶?"吾父嗟叹流涕曰:"是儿可喜。"④1835年深秋,翁心存利用主持浙江乡试之机便道探亲,回籍小住半月,临行还以"黄河远上白云间"、"渭城朝雨浥轻尘"的唐诗绝句,送了他一面书扇。⑤

1838年(道光十八年)夏天,为孝养八十高龄的母亲,翁心存从大理寺少卿任上辞官返乡。从此,翁同龢九岁起的学习生活,得以亲炙父爱,聆教而向学,切问而近思,更多地受益于父亲的精心督导。

1840年4月前后,翁心存日记里接连数日留下了因塾师未到而亲自"权课"的记录。4月1日记:"仍权课,六儿始读《王制篇》。"⑥《王制篇》是以儒家礼论为主的论文汇编《礼记》中的一部分,与《周礼》内容大致相仿,主要讲的是"掌建邦之六典,以佐王治邦国"的国家官职机构,包括"以经邦国,以治官府,以纪万民"的治典、"以安邦国,以教官府,以抚万民"的教典、"以和邦国,以统百官,以谐万民"的礼典、"以平邦国,以正百官,以均万民"的政典、"以诘邦国,以刑百官,以纠万民"的刑典、"以富邦国,以任百官,以生万民"的事典等六部,官职以六卿为首,将天

① 翁同龢著,李红英点校:《笙华书屋试帖稿》,广陵书社2020年版,第66页。《笙华书屋试帖稿》为翁同龢少年时期诗作,收录十二岁至十九岁所写四百多首试帖诗,五篇赋文等。
② 《自订年谱》,翁万戈编,翁以钧校订:《翁同龢日记》第八卷,中西书局2012年版,第3818页。
③ 翁万戈编,翁以钧校订:《翁同龢日记》第七卷,中西书局2012年版,第3302页。
④ 《自订年谱》,翁万戈编,翁以钧校订:《翁同龢日记》第八卷,中西书局2012年版,第3817页。
⑤ 张剑整理:《翁心存日记》第一册,中华书局2011年版,第178页。
⑥ 张剑整理:《翁心存日记》第一册,中华书局2011年版,第355页。

地、四时和太宰、大司徒、大宗伯、大司马、大司寇、大司空的六大官属相对应,共同构成治理国家的一整套行政体系。在父亲的指导下,翁同龢接触了这部由先秦秦汉儒家学者解释《仪礼》的文章选集,少小年纪虽然未必深得其中要义,但也见出了父亲的一片苦心。

十三岁那年,父亲又给翁同龢推荐了一册刘宗周所著《人谱》。刘宗周又称蕺山先生,是明末著名儒学大师,被视为王守仁后宋明儒学自成系统的一位学者。《人谱》分正篇、续编,先列《人极图》,第二篇为《证人要旨》,第三篇为《纪过格》,最后附以《讼过法》《静坐法》《改过说》。作者认为,佛教谈因果、道教谈感应的功利思想,以及儒者所传《功过格》同样难免的功利现象,都无助于真正成就圣贤人格,为此撰写《人谱》一书,统贯性命德性之理,推寻古人各种嘉言懿行,诠释"证人要旨",所谓"学以学为人,则必证其所以为人。证其所以为人,证其所以为心而已。"①作为一本试图重建并践行正统儒家道德精神的著作,翁同龢"日夕读之,懔懔恐失坠"②,对圣贤书才表现出了既亲切又敬畏的心情。

当然,对少年翁同龢来说,父亲对他的影响不仅有耳提面命的言传,更多身体力行的垂范教育。

就说家居的綵衣堂,原名"森桂堂",为明代成化、弘治年间常熟大族桑侃所建,后来数易其主。至1833年(道光十三年)翁心存以自己多年的积蓄,从仲氏兄弟手里买下后扩建修缮,作孝养母亲的居所。传说春秋时期楚国隐士老莱子,非常孝顺父母,行年七十还穿着五色斑斓的彩衣,像幼儿一样跌卧戏耍,以博双亲开怀大笑。翁心存为此取了二十四孝中老莱子"彩衣娱亲"的典故,将堂名改为"綵衣堂"。二年后奉命典试浙江,翁心存请旨回故乡庆祝母亲75岁寿辰。路经苏州时,正赶上巡抚衙门在为道光帝生母纽祜禄氏六十寿庆举行庆祝宴会,大小官员身穿彩服贺寿五日。翁心存思母心切,触景生情,为此请江苏巡抚陈銮题写了"綵衣堂"匾额,回家后悬于大堂上方。"百善孝为先"作为儒

---

① (明)刘宗周著,吴光主编,何俊点校:《刘宗周全集》第三册(语类),浙江古籍出版社2007年版,第4页。

②《自订年谱》,翁万戈编,翁以钧校订:《翁同龢日记》第八卷,中西书局2012年版,第3818页。

家伦理思想的核心,一直是中华民族倡导的传统美德。如此善举,对翁同龢少小养成尊老尽孝的品质,无疑有着重要的感召力。

翁氏故居綵衣堂

　　父亲乡居期间,在綵衣堂的东侧辟了一座藏书楼,有"知止斋"题额,既为书画自娱,也秉持了唯有崇尚诗书方能惠泽后代的祖训,为子孙提供了一处图书环列的书香天地。此后图籍愈积愈富,遂成大观,最早的翁氏家藏就始于翁心存的用心。在日后《题瞿濬之〈虹月归来图〉》一文中,翁同龢清晰记得:"昔我先公好聚书,凡俸入悉以购书,甚至摽岁谷以易之。寒夜篝灯火手自粘补,而吾母加线缉治焉。故吾家图籍虽杂庋架阁中,自龢视之,较然识为翁氏书也。"①一段时间里,父子俩一起在知止斋诵读清代中叶著名学者、本邑诗人陈祖范的诗集,"知止斋

①《题瞿濬之〈虹月归来图〉》,翁同龢著,翁之憙整理:《瓶庐丛稿》卷五,商务印书馆 1935 刊本。

里听讲时,儿能执笔父哦诗"①的诗句,刻画了一幅父子沉醉书斋的生动场景。

1847年(道光二十七年)农历八月初一,由父亲历经五年编成的先世手泽,即祖父翁咸封的《潜虚文钞》《潜虚诗钞》等文集,一样不失为翁心存精心安排的教育良机。其中的《文钞》四卷,前三卷分付翁同福、翁同书、翁同爵校字,卷四责成翁同龢校对完成,"谨志颠末,垂示子孙,庶扬石室之清芬,勿替桐乡之遗爱。"②通过家族子弟参与先人文献的整理,旨在强化家族情感的集体认同,并弘扬祖先"清芬"、"遗爱"的品德感染。

所有这一切,对翁同龢年少的心灵有着潜移默化的影响,助成了他今后立身行事的基本底色。

与其年少相伴的,还有兄长的学业拼搏。翁同龢三岁时,三兄同书中式举人,八年后又中进士,授编修,随之典试广东,继任贵州学政。翁同书从小阅读史书,专心注疏考证;又好鉴藏,有藏书处双桂轩,又名巽斋,收藏各类经史子集、诗书字画。后来翁同龢喜爱聚书、鉴藏字画碑帖,与父兄不无一脉相承的关系。至于五兄翁同爵,虽不如三兄那样前程顺畅,也终日矻矻于科名奋斗。还有在这期间一起成长的小伙伴,除同年同塾的大侄曾文(1830年生),也有曾源(1834年生)、曾纯(1834年生)、曾荣(1836年生)、曾桂(1837年生)、曾翰(1837年生)等侄子,彼此年龄相近,难免形影不离的"踉跳嬉戏"③,更多了锐意进取的较劲。

## 第二节　游文书院

按明清二代规制,为了取得正式科举考试的资格,先要参加童生试,包括县试、府试、院试三阶段,考试合格入县学、州学、府学学习,通称生员,俗称秀才,这是读书士子的进身起点。设在地方县一级的学校

① 《题陈司业祖范诗册》,朱育礼、朱汝稷校点:《翁同龢诗集》,上海古籍出版社2009年版,第90页。
② 翁心存:《〈潜虚诗钞跋〉》,翁咸封撰:《潜虚诗钞》,清道光二十七年(1847年)刻本,常熟图书馆藏。
③ 《俞氏姊哀词》,翁同龢著,翁之憙整理:《瓶庐丛稿》卷六,商务印书馆1935刊本。

称为县学。1843年,翁同龢应县试,正案名列二十之外,进入县学游文书院学习。

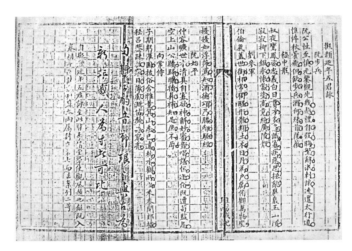

翁同龢在游文书院所作功课

书院是中国古代介于私学与官学之间的一种独特文化教育组织,始于唐,兴盛于宋,普及于明清,历经一千年之久的历史衍变,形成了一整套独具特色的办学形式、教育原则、管理制度、教学方法。有清一代,从顺治朝的抑制到雍正十一年(1733年)颁布上谕,支持各级地方官员建立书院,认为"择一省文行兼优之士,读书其中,使之朝夕讲诵,整躬励行,有所成就,俾远近士子观感奋发,亦兴贤育才之一道也。"①书院由此呈现了盛况空前的局面。不过,地处虞山东麓昭明太子读书台西南的游文书院,还要早先一步。

1725年(雍正三年),由督粮道杨本植捐资,在康熙朝所筑蹑云山房基础上加以修缮,创建常熟、昭文两县课士场所,并将山房正式额名为"游文书院","盖取《汉书》所谓游文六经之中,而又合于先贤子游之文学"②。1743年(乾隆八年),署苏松粮道知府雅尔哈善重修。乾隆十一年,督粮道程光炬在院后辟园圃建"卓尔亭",西石壁间有清泉涌出,

① 清高宗敕撰:《清朝文献通考》卷70,《学校八》,商务印书馆1936年版。
② 常熟市地方志编纂委员会办公室标校:《重修常昭合志》(上)卷九,学校志,上海社会科学院出版社2002年版,第305页。

名曰"蒙泉"。乾隆四十二年,邑人言如泗等集资增建照墙,辟学山园门通达桂花厅,厅南又建巫公祠三楹,以祀巫咸、巫贤父子。1838年(道光十八年)又在巫公祠西建白居易、苏轼祠。书院坐北朝南,景色清幽,前后依山顺势分为三进,一进为"桂花厅",大厅梁柱悬挂着常熟名家汪应铨所题"游文书院"匾。厅中立有一座重修石梅游文书院碑记的石碑。二进是书院教室,室内摆放书桌,四面开窗,窗棂雕着精致的岁寒三友图。教室前有置放石桌石凳的凉亭,为学子课余休憩的场所。循此而上第三进,则是书院的后院,两侧厢房为山长和学师的书斋和起居室;再向上是书院的藏书楼,楼北至山顶外围墙为界。游文书院纵深递进的建筑布局,把讲学、藏书和祭祠三大部分连贯一体。

清代的书院讲学,大体分为三类:一是以讲习理学为主,一是以科举考课为主,一是以博习经史词章为主。书院的主持山长多选用明经饱学之士充任,学师以兼职为多。课程设置以四书五经为主,辅以宋明理学家的讲义、语录和注疏,分小学、大学两类,小学为文字、训诂、音韵等基础训练;大学讲授"三纲"(明德、亲民、止于至善)、"八目"(格物、致知、诚意、正心、修身、齐家、治国、平天下)。随着书院日益官学化的趋向,科场"试律"(试帖诗)、"制艺"(八股文)习以为常,游文书院的考课因此重在制艺和诗赋,月课以时文为主,课赋包括经义、咏史、景物、记事、拟古、唐诗等题材,士子的课卷之作,多由山长、学师批阅点评。

据《重修常昭合志》称,自游文书院开办后,"数十年来,鸿儒硕彦多出其中,是虞山固毓才地,而书院又储材薮也。"①当时,受聘掌教的书院学师,多为地方知名学者。翁同龢在读前后,明确见载于邑志的书院讲席者,就有言朝标、许廷诰、陶贵鉴、庞大堃、邵渊耀等人。

言朝标(1755—1837),字皋云,以诸生召试赐举人,授内阁中书。考中进士后改刑部湖广司主事,升员外郎;继又典试广东,升郎中,后官至夔州、柳州知府。嗜古好学,擅词赋,兼工篆隶,有《孟晋斋诗集》。许廷诰(1765—?),字八兼,号伯缄,诸生,以史馆誊录议叙授都昌丞。工

---

① 常熟市地方志编纂委员会办公室标校:《重修常昭合志》(上)卷九,学校志,上海社会科学院出版社2002年版,第305页。

汉隶,尤善诗词,"诗学眉山,得其神髓,绝去粗豪佻巧之习"[1],有《说文汇粹》《硕宽堂诗草》《荷锄亭乐府》等著述。陶贵鉴(1777—1855),字静涵,号香轮,嘉庆举人,授望江教谕,后署镇江教授。好为沉博绝丽之文,于经史子集无不研究,尤熟于本朝掌故、乡邦旧闻,有《知稼轩札记》《乐循理斋诗钞》。庞大堃(1787—1858),字厚甫,号子方,嘉庆举人,官至国子监学录,因父病故辞归,博通群经,以治经世传其家风,著《易例辑略》《周礼》《仪礼》《注疏节要》《四书异同考》《职方地理考》《恒星考》,晚年究心音韵之学,为江南士林所推崇,有《形声辑略》《等韵辑略》、《唐韵辑略》《古音辑略》等。邵渊耀(1788—1858),字充有,号环林,别号盅友,嘉庆举人,官国子监学录,著有《二十四史纂要》《金粟山楼诗集》《小石城山房文集》等。[2]

游文书院的名师乡儒,不仅学问有成就,而且爱护学生,克尽教书育人的职责。陶贵鉴爱才若渴,对于贫寒学子多有奖拔,平时立品端方,和蔼可亲,从不呵斥学子,师生关系平等融洽。庞大堃里居二十年,足迹不入官府,与人言辞形如木讷,所持是非标准则非常严格,以经学提倡后进,鼓励学子不以名利而奔命,要在讲求经世致用。邵渊耀教授经史百家,勉以真积力行,倡导践履务实的学风,认为学者只有脚踏实地,才能积极向上。就在翁同龢入学后不久,告养归里的父亲恰好应聘担任游文书院主讲。翁心存历来提倡"论学以躬行为本,平居以天下安危为欣戚"[3],要求把崇尚道学和经邦济世结合起来,反对空谈心性,这无疑有助于以史经世、学以致用的品格养成,对包括翁同龢在内的莘莘学子有着重要的启迪。

再说,以翁心存的地位和声望,所交朋友多为当时当地的学者名家。此间,除了上述几位主讲学师,不少时贤名流经常出入翁府,如以《履园丛话》传世的钱泳;以善诗词、精考据称誉,对乡里文献深有研究

---

①《题许伯缄廷诰硕宽堂诗集》,张剑辑校:《翁心存诗文集》(下),凤凰出版社2013年版,第897页。

② 此处有关人物生平事略,均据常熟市地方志编纂委员会办公室标校:《重修常昭合志》(下)卷二十,人物志,上海社会科学院出版社2002年版。

③ 常熟市地方志编纂委员会办公室标校:《重修常昭合志》(下)卷二十,人物志,上海社会科学院出版社2002年版,第1082页。

游文书院

的黄廷鉴；著名诗人孙原湘之子、以《礼姜馆诗词集》行世的孙文枞；著名学者吴蔚光之子吴宪澄，考证金石渊源，临摹秦碑汉碣，与许廷诰并称一时，著《金石续编》《炳烛轩经测》《一得斋所知录》；历任浙江慈溪和山东博兴、荣成、诸城、长清知县等职、究心地方利病的周壬福；道光进士、历官刑部主事、河南京畿道御史、礼科给事中的王宪成；官至四川潼川和广东惠州知府、归田后以文字自娱的杨希铨；绝意仕进、手不释卷的杨希钰等等。在翁心存的日记里，保留了与他们之间时相过从的大量记录。与父执辈师友的结识，对于形成翁同龢此后的人际交游圈，自是不能低估。

书院不仅是前辈名流讲经论道之所，也是后辈年少锋芒初露之地。

置身于新的求知空间,通过共同的机遇和共同的角色,新的知识与人际网络就此逐步形成并且聚合。

当年,游文书院的学生,都从常、昭两县生员中择优录取而来。在这里,翁同龢和曾日章、潘欲仁、赵宗德、赵宗建、杨沂孙、杨泗孙、庞钟璐、吴鸿纶、吴庆增等,都是相当交好的同学,不少人还是他私交终身的挚友。出生书香世家的曾日章,敏学能文,气雄才高,与翁同书同举乡试,惜乎早逝,遗有《紫薇仙馆稿》。乡试副贡生潘欲仁,为文取法有方,"其制义简洁,能发明圣贤之道,其制行绝特孤峭,其临事明而能断,邑中从游者众。"①翁同龢对此深所服膺。因父亲早年在城北赵家坐馆教书三年,赵氏以收藏古籍、书画、碑帖数万卷的旧山楼驰名,翁同龢从小与赵宗德、赵宗建兄弟过往密切,也就成了旧山楼的常客。杨沂孙,道光举人,少时从李兆洛治周秦诸子,擅书法,尤好篆籀之学,中举后官至凤阳知府。乃弟杨泗孙从小遍览群书,秉性笃诚,咸丰殿试一甲二名(榜眼),授编修,入值南书房,先后主持湖南、福建、山东等省乡试,又两充会试考官,官至太常寺少卿。庞钟璐是学师庞大堃之子,道光朝殿试一甲三名,探花及第,先后任翰林院侍讲学士、国子监祭酒、内阁学士兼礼部侍郎、江南团练大臣、工部尚书、刑部尚书。温和孝友的吴鸿纶,弱冠有文名,家有藏书楼"壶隐园"。吴庆增为吴鸿纶堂叔,道光举人,颇著文誉,有《芬兰书屋诗集》。此外,还有徐元达、钱彦华、张瑛、姚福奎、宗廷辅等人,皆为一时交好之友。

在翁同龢少年时代笃行好学的朋友圈中,关系最亲密、志趣最投合的,莫过于姐夫俞大文。俞大文(1815—1858),字仲乙,号荔峰,廪生。八岁丧父,事母至孝,做人规行矩步,严义利之辨,又勇于从善;作文句梳字栉,极具理趣。在后来所写《清故优贡生诏举孝廉方正俞君墓表》里,翁同龢坦言:"龢之所敬者,尤在于内行不欺。盖其为学,自一言一动,推而极之,意之所未起,默自检摄,炯然不昧于其心。"②十三岁时,大姐嫁给了俞大文。姐夫诚信笃实的言行,最让翁同龢敬佩无已。追忆

---

① 《笃行传》,翁同龢著,翁之憙整理:《瓶庐丛稿》卷五,商务印书馆 1935 刊本。
② 翁同龢著,翁之憙整理:《瓶庐丛稿》卷六,商务印书馆 1935 刊本。

自己当初好发议论,翁同龢认为:"周公、孔子之道必可行于今日,同学之人皆迁而笑之。君独引申其说,愕眙累欷,以为志趣之合,未有如我两人者。"①

"十里青山半入城"的虞山东麓,书院旁有相传南朝梁昭明太子的读书台,园内古木参天,景点错落,有焦尾轩、雅集亭、巫公祠等胜迹;往北有仲雍墓、"南方夫子"②的题字,传诵着先贤谦和礼让、佩道南归的人文佳话。从"小三台"③至仲雍墓南侧,多正、草、隶、篆的摩崖石刻群等文物。课余节假,翁同龢和同学悠游于书院的周边胜迹,墓道通幽处,弯弯山路间,看山听泉,读书会友,颇富诗情画意。在这期间,他与曾日章等创办"诗文之社",效慕前贤,赋诗吟文;又与王宪中、屈茂曾、刘雨寰等擅书名家研习书艺。当时,三人与堂兄翁同福被称为邑内"四书家"。屈茂曾虽年长不小,却视之独厚,其子屈家珍也成了翁同龢少小时的书友。这一早期的书艺圈交流,对培植翁同龢的书法学养有着重要影响,直至晚年,他还为此撰写了《吾友三书家传》④。

二十多年后,表兄以许廷诰昔日重游泮宫图册见示,翁同龢瞻拜先师遗像,"剪灯摩眼,书之不觉泪眦双莹",题诗三首,有句曰:"恻恻西风上客裳,掩篷重炷影前香。黉宫弟子垂垂老,早被人呼白头郎"⑤。游文书院的求学经历,放飞了翁同龢力学励志的年少梦想。

---

① 《清故优贡生诏举孝廉方正俞君墓表》,翁同龢著,翁之憙整理:《瓶庐丛稿》卷六,商务印书馆 1935 刊本。

② 仲雍(生卒年不详),又称虞仲、吴仲、执哉,商末周族领袖古公亶父(后称周太王)之次子。古公亶父生有三子,因钟爱幼子季历之子昌(即后来的周文王),意欲传位于季历后立昌,仲雍与兄太伯善解父意,主动避位,从渭水之滨(今陕西岐山)来到今无锡、常熟一带,断发文身,与民同耕,当地民众拥戴太伯为勾吴之主。太伯身后无子,仲雍继位。仲雍殁,葬于虞山。言子(前506—前443),名偃,字子游,江苏常熟人。春秋时孔子三千弟子中唯一的南方人,擅长文学(历史文献)。26 岁出仕鲁国武城宰,提倡以礼乐为教。早年在中原培育儒学人才,晚年返回江南,道启东南,文开吴会,从游者众。后人出于尊敬,称为"言子"。清雍正间,布政使鄂尔泰建"南方夫子坊"于言子墓前。

③ 小三台,位于言子墓南麓,乱石如群羊,有巨石刻"初平石"三字,石上印有酒盏痕八,谓八仙曾饮酒于此。又有三石鼎峙,故名。

④ 翁同龢著,翁之憙整理:《瓶庐丛稿》卷五,商务印书馆 1935 刊本。

⑤ 《题许伯缄丈重游泮宫图册》,朱育礼、朱汝稷校点:《翁同龢诗集》,上海古籍出版社 2009 年版,第 12 页。

## 第三节　世事离乱

每个人的生活和命运,往往与所处的时代紧密相连。1840 年爆发的第一次鸦片战争,使翁同龢年少时的读书生涯显得颇不平静。

当年六月,英军由广东沿海北上,进犯长江门户吴淞口要塞,随着战事的不断扩大,沿海、沿江一时震动,翁心存在日记里记录了当时传言纷纷、民心惶恐的真实情形:①

7 月 14 日:江浙兵力柔脆,加以承平日久,纪律未娴,更恐沿海饥民从而附和,奸人从而勾结,则隐忧方大矣。

7 月 15 日:内忧外患,沓至纷来,吾邑江口又无重兵控扼,此省城门户也,大吏似尚未筹及,何耶。

7 月 17 日:承平日久,民不知兵,吴越土风复轻扬浮动,讹传寇警,言人人殊,多过其实,然汉奸混迹,诚不可不防也。

7 月 20 日:传闻上海外洋实有夷船游奕,由崇明饥民滋闹,城门昼闭,风鹤时惊,真难臆度也。

7 月 21 日:清晨客来者络绎不绝,缘讹传日甚,亲友谓予必知确信,群来探问,实则予从何知之耶,亦烦闷甚矣。

援引日记可见,寇逼乡关的惊恐之下,濒江百姓纷纷举家迁避,不少常熟城内居民也多避走他乡。念及一家老小安全,加上祖母染病亟待就医,父亲随后不得不将家人暂且安排去苏州木渎灵岩山西南,住在那里的蒋氏丙舍。

蒋氏丙舍的前身是灵岩山馆,为清代乾隆年间名儒重臣毕沅所建。毕沅(1730—1797),字秋帆,自号灵岩山人,江苏太仓人,乾隆状元。历任翰林院修撰、陕西按察使、布政使,陕西、河南、山东巡抚,湖广总督等,学问渊博,堪称一代大家。毕沅少时师从著名诗人、学者沈德潜就读于木渎,晚年在任湖广总督时构园筑馆,历五年而成,可

---

① 此处引文,分别见张剑整理:《翁心存日记》第一册,中华书局 2011 年版,第 379、379、380、381、381 页。

惜生前终未一见。占地三十亩的山馆，头门悬挂"灵岩山馆"匾额，有主人自书联语："花草旧香溪，卜兆千年如待我；湖山新画障，卧游终古定何处。"二门匾"钟秀灵峰"并联云："莲嶂千重，此日已成云出岫；松风十里，他年应待鹤归巢。"入门盘曲而上，长松夹道至御书楼，藏御赐书籍字画。折而往东有九曲廊，廊后是题有"澄怀观"的小亭，路侧有"画船云壑"三楹，前有一池，水流清冽，游鱼出没，池上有"砚石山房"精舍。再往前行通往灵岩山，山上有玩花池、吴王井、西施洞等吴越春秋遗踪，以及灵岩古寺、清泉奇石等胜景。时人梁章钜有记游灵岩山馆一文，留下"灵岩亭馆出烟霞，占尽中吴景物嘉"①的咏叹。1816 年（嘉庆二十一年），山馆为虞山蒋廷锡之孙继焕所得，亦名"蒋园"，后来成为蒋氏丙舍。1824 年钱泳过访此地，写有"卖去灵岩一角山，园门已付老僧关。林泉也自遭磨折，笑我重来鬓亦斑"②的诗句，可见门庭已非昔比了。

那段日子里，军纪之涣散，吏治之败坏，官府赈灾乏力，无行之徒又趁火打劫。乡居的翁心存感同身受，不胜"可恨"、"可慨"之叹。作为当地最具政治和文化影响力的官绅，他始终关注着战事的进展，与地方官府和朝廷官员随时保持联系。为常、昭两县防守事宜，他与县衙动员众绅士集议劝捐，以备赈济军需且安抚民心。家眷避居后，翁心存更多的时候还是留守常熟。

九月下旬，翁同龢随家人转往阊门吉庆寺弄赁屋而居。不过，翁心存在 9 月 23 日的日记里写道："是日清晨，城中风鹤喧传，人情惶惑。薄暮，警报愈急，福山城闭，民皆罢市，纷纷走避，小舟来城外者首尾相接。……余独与内子、六儿在家彻夜危坐，忧心如捣。"③看来，父母念翁同龢年少，一度把他带在身边照应。次年元月全家返乡团聚，翁同龢继续课读。

无奈，仅仅不到一年，平静的生活再次被战火打破。

1842 年，英国军舰继续侵扰沿海城市，守军溃散，百姓四散逃离。

---

① 梁章钜：《浪迹丛谈、续谈、三谈》，浪迹续谈卷一，上海古籍出版社 2012 年版，第 220 页。
② 钱泳：《灵岩山馆》，详见《履园丛话》，丛话二十，园林，中华书局 1979 年版，第 528 页。
③ 张剑整理：《翁心存日记》第一册，中华书局 2011 年版，第 399 页。

因通信工具的落后,造成外敌入侵的信息滞后,各种传闻尘嚣一时,证诸翁心存日记,6月24日:"闻城中迁避者愈多,有被劫夺者,人情愈皇骇,城居已半空,益岌岌乎其殆矣。郡垣戒严,三乡设栅,松太两属难民纷纷逃窜,真信益少,讹言繁兴,列城皆望风披靡。"6月27日:"郡中自十四日始,迁避者络绎载道,十六日尤甚,充塞衢路,以后不知如何。"7月1日:"城中居民纷纷逃窜,扶老携幼,盈巷塞途,城门彻夜不能闭,市肆皆罢。"①当时,常熟及其周边的社会现状和民众心态令人触目惊心。

在这之前几日,除三兄翁同书在家留守之外,翁家已分二路避居,由五兄翁同爵奉祖母、弟侄等去常熟西南乡钓渚渡(治今练塘镇张桥),母亲随姐夫俞大文暂避宜兴。翁心存在6月23日的日记写道:"自初十日闻宝山失守之信,念灾切剥肤,即欲奉慈亲暂避,而托足无方,且城中迁徙纷纷,人心皇惑,不得不示安静以镇之,而移居者仍纷如乱麻,至今晨不得不行矣。"②

钓渚渡与无锡的甘露、羊尖二镇接壤,位于两地三镇交界之处,历来为避难、隐居的首选之地。传说钓渚渡所在的卫浜村,又名卫家浜,起自南宋庆元年间(1195—1200),工部尚书卫泾因当朝大臣韩侂胄专权遭到陷害,被迫匿居昆山石浦,他的部分后裔则迁至钓渚渡,聚成村落,卫家浜因此得名。至清乾隆至咸丰初年,卫氏历五代努力创建义庄,置有义田千余亩。钓渚渡虽然地处偏僻,居民不足五百户,但这里崇尚教学,人才辈出,远近闻名。如明末清初著名史地学家顾祖禹(1631—1692),因遭明朝灭亡之痛,随父从无锡移居钓渚渡,不求名于时,不求禄于世,历时三十年专事著述,编著成130卷的《读史方舆纪要》。著名学者钱泳(1759—1844),字立群,号梅溪,1802年(嘉庆七年)由无锡金匮(治今锡山区)始迁钓渚渡,在此寓居十二年,后迁至练塘翁家庄,建写经楼,仿汉蔡邕写经刻石,置于郡学;此后往来于城乡,藏所刻汉唐诸碑于虞山石室。在此期间,年过八旬的钱泳与翁心存时有往还,缔结"忘年交"。1840年2月21日翁心存日记载:"未刻钱梅溪

---

① 以上几处引文,分别见张剑整理:《翁心存日记》第二册,中华书局2011年版,第521、522、523页。
② 张剑整理:《翁心存日记》第二册,中华书局2011年版,第520—521页。

自翁家庄入城来访,以所刊《古虞石室记》、《海外新书》二帙见赠,并以《梅花溪图》两卷子属题";不久又遣人送上新刻拓本,还以《履园丛话》中的《图赈》一卷见示①。二年后,翁心存的异母兄翁人镜之子翁同福,将其小女儿嫁给钱泳之子,翁、钱二家就此联姻。至钱泳86岁去世后,也是翁心存为之撰写了墓志铭。②

当时,翁氏一家租住的卫氏义庄诵芬堂,是钱泳曾经居住过的寓所。堂屋因为闲置已久,空无一人,多狐兔出没,自翁家人住的四个月中,竟然寂无声息。时值夏日大雨,破落的居室连日暗湿,"如陷泥淖中"。1842年中秋(9月19日),翁心存在日记里写道:"僻处穷乡,意致萧索,老亲愁闷,病妻呻吟,儿辈复多不在此,只与小儿女相对中秋令节,未有凄绝如今年矣。"③但是,身在这样的困境中,翁同龢每天还是读书不辍,从未荒废时日。时隔三十多年后感念旧事,他还记忆犹新:"其年龢十三,卫氏屋多鬼,有小楼幽然而黑,龢读书其下,其北通内室,先公支绳床当门,每作字燕泥涴纸笔,至今忆及,犹若儿嬉几案旁也。"④

1842年8月,清政府在英军的逼迫下签定了丧权辱国的《中英南京条约》,战争硝烟散去。随着英军从长江撤出,翁同龢一家也在当年十月回到常熟,结束了颠沛流离的战乱生活。

因史料缺失,此间翁同龢随家人多处避居的具体生活情景,已无从佐证。不过,无论是荟萃山水之美、集锦人文之秀的灵岩山胜景,还是钓渚渡、诵芬堂的乡间生活,处处留下过他童年的印记。当年租住阊门寓所,就由父亲的新门生汪藻就近安排。汪藻(1814—1861),字翰辉,号鉴斋,又号小珊,浙江杭州府庠生,归籍吴县,道光进士,历官工部屯田司郎中、候选道,有《静怡轩诗钞》。汪藻年长翁同龢十六岁,少不了一起陪伴,游玩山水,寻访古迹。⑤ 此间游伴的情形,从二姐璇华的词作

---

① 此处引文,分别见张剑整理:《翁心存日记》第一册,中华书局2011年版,第345、353、407页。

② 《钱梅溪先生墓志铭》,翁心存著,张剑辑校:《翁心存诗文集》(下),凤凰出版社2013年版,第1033页。

③ 张剑整理:《翁心存日记》第二册,中华书局2011年版,第547页。

④ 《追念亡姊旧事》,翁同龢撰,翁之熹整理:《瓶庐丛稿》卷三,商务印书馆1935刊本。

⑤ 据翁氏日记1897年10月10日:"小珊名藻,先公乙未浙江取士,辛丑进士,工部郎,世居苏州,道光壬寅余家避地至苏,汪氏为之主,余兄弟与小珊伯仲往来最密,小珊之兄号秉斋,诸生。"见翁万戈编,翁以钧校订:《翁同龢日记》第七卷,中西书局2012年版,第3092页。

里不难窥见:"卅里湖边路。带长堤、红桥曲折,绿杨无数。云隔烟迷人迹远,只有青山当户。曾系艇,鸥波深处。渌水粼粼浓似染,最销魂,几阵疏疏雨。萍万点,散还聚。酒痕记取襟前句,看新诗,袖中一卷,吴歈初谱。多少长洲荒苑柳,依旧春风眉妩。可还似,西冷烟树。佳境莫生分别想,证前修,一例天堂住。软尘影,漫回顾。"①当然,家人的流离失所,更有父亲心忧国事乡情的凝重身影,都给翁同龢烙下了刻骨铭心的记忆。

直到 1883 年(光绪九年),翁同龢旧地重游,面对"断桥败壁"的灵岩山馆,追忆往事,书以志慨:②

> 胥江南去接横塘,乔木虽留草已荒。一样大观楼畔月,暂时分筑读书堂。

> 万事乘除岂可期?君看双相蒋家祠。慈乌别有辛勤意,不论新巢与故枝。

> 风雨全家寄一舟,灵岩山馆我曾游。儿嬉奉母前生事,秉烛秋堂涕泪流。

少小时代,对于遭受西方列强侵犯的国家命运和民族苦难,翁同龢虽说谈不上有深刻的理性认识,但世事离乱的这段经历,却有助于家国忧患意识的孕育与滋生。

在此之后,翁家不幸之变故接踵而来。先是 1843 年深秋,大姐寿珠因难产而卒,接着二嫂杨氏、伯父翁人镜谢世;1845 年,祖母张太夫人又病逝。大姐去世时,翁同龢正在苏州应府试,噩耗传来,他当即放弃复试回家,手足离别,伤痛难抑,"欲呼不敢,欲泣又不忍,吞声呜咽,遂以成疾"③,为此卧病四十多天,抑郁寡言,第二年再度应试,未能如愿考取秀才,也在情理之中了。不过,纵然悲哀郁结心头,翁同龢在学业上却从未因此懈怠。

---

① 翁瑞恩:《金缕曲·题汪小珊水部〈六桥烟雨图〉》,朱新华、陈丹整理:《海虞翁氏女诗人集三种》,广陵书社 2020 年版,第 62—63 页。
② 《题朱保之〈枫江感旧图〉》,朱育礼、朱汝稷校点:《翁同龢诗集》,上海古籍出版社 2009 年版,第 112—113 页。
③ 《俞氏姊哀词》,翁同龢著,翁之憙整理:《瓶庐丛稿》卷六,商务印书馆 1935 刊本。

1845年9月,江苏学政张苚责成苏太两属组织院试。16岁的翁同龢前往昆山考试,初场诗赋:"兄之齿雁行赋,以父兄之教,子弟之率为韵",诗题:"娟娟缺月隐云雾,得歌字"、"阙党童子、互乡童子论"。复试赋题:"捆屦织席赋,以愿受一廛而为氓为韵",诗题:"秋声七律二首,限秋声二字"①,翁同龢最终名列第八。② 十月由学政主持复试,题为"声色之于以化民"、"彼其之子邦之司直"、"赋得夜雨长溪痕,得痕字"③。翁同龢拔入府学第四名,就此进入紫阳书院就读。

紫阳书院位于苏州府学尊经阁后,由江苏巡抚张伯行(1651—1725)创设于康熙五十二年(1713年),是清代苏州规模最大、层次最高的书院,院址源于北宋景祐元年(1034年)范仲淹主持兴建的文庙,前堂设朱子神位,中建讲堂,后建大楼,两旁建书舍。当时康熙帝提倡朱熹之学,钦定《紫阳全书》以教天下。朱熹号紫阳,书院因此取名,旨在秉承宋明遗风,以紫阳为宗,选派高才生肄业其中,传授朱子之道。落成之初,张伯行撰《紫阳书院碑记》一文以志缘起,并阐明用意之所在:

> 夫所谓道者,在人伦日用之间,体之以心,践之以身,蕴之为德行,发之为事业,非徒以为工文辞取科第之资已也。诸士子勉旃,勿务华而离其实,亦勿求精而入于虚,他日学成名立,出而大有为于天下,庶无负不佞养贤报国之志云。④

为端正士习,讲求正学,张伯行亲订《紫阳书院示诸生》,以"为政莫急于贤才,致治必先乎教化"开宗明义,明确八项规则:一是每日清晨读

---

① 张剑整理:《翁心存日记》第二册,中华书局2011年版,第578页。
② 据翁同龢自订年谱,有"五月,应府试,名列第三"之说。证诸翁心存1845年9月30日记:"昨日已发招覆案,六儿取列第八,拨府。"10月10日记:"一等及新进名次复试后,前后颇多更动者,诗古覆案同龢第八。"见张剑整理:《翁心存日记》第二册,中华书局2011年版,第579、581页。
③ 张剑整理:《翁心存日记》第二册,中华书局2011年版,第580页。
④ 《紫阳书院碑记》,张伯行:《正谊堂文集》卷九,商务印书馆1936年影印本。

四书五经各一二章,务求身心体验;二要通读自编历代先儒语录、文集;三是每月一、六日齐集明伦堂会讲,互相咨访,毋执己见,毋徇俗说;四是留心世务,淹贯博通,务在有裨实用,以期坐言起行;五是每月三、八日作时艺、讲义各一篇,各抒心得,畅所欲言,并择优刊印流布以资鼓励。六是将心有所触即以笔记,录以呈阅;七是除月朔归家省亲外,一般不能出院,以免耽误学业;八是讲求人品素养,要求"毋友不如己者","取益而弃其损"①。以上规定,将读书目的、态度到做人道理作了全面要求。一份《紫阳书院读书日程》,从"经书发明"、"谈史论断"、"古今文"、"杂著"等四方面,对每日功课作出具体要求,规定每两月考试一次,鼓励学子"濬经史之精英,为太平之黼黻,发程子之秘钥,成一代之硕儒"。书院课生从全省各地举人、生员中选拔,严格考核后入院。课生分内、外两课,内课40名、外课80名,课程设置大体以经文为主,算术、舆地、说文、经术、金石、史学为辅。十年过后,江苏布政使鄂尔泰加以整葺,书院学风也由心性讲求转变为稽古考文,开启了由经史起步、以兴复古学相策励的学术路径。

苏州是清代省会,素以富庶的经济实力和悠久深厚的文化积累,堪称包孕吴越的人文渊薮。翁同龢由县学而府学,从常熟到苏州,在紫阳书院就读的三年里,无论是知识内存的扩容、思想个性的磨炼,还是道德品行的升华,无疑获致了一个更大的平台。

恰同学少年,风华正茂。开学的第一天,翁同龢就别有一番非同寻常的举动。

明、清两代,州、县考试新进生员须入学宫拜谒孔子,因称入学为入泮。当时吴中风俗,凡新生拜师行礼过后必须"疾趋而出",谓之"先出学门"。11月30日入泮之日,翁同龢礼毕后,却不按成例地迈着从容的步子退出。这一反常之举,引来了年逾八十的书院学师冯树榖的赞许,以"他日大器"之辞给予肯定和激励。②

当时的紫阳书院,先有康熙帝亲书"学道还淳",后有乾隆帝亲笔题

---

① 《紫阳书院示诸生》,张伯行:《正谊堂文集》卷十二,商务印书馆1936年影印本。
② 《自订年谱》,翁万戈编,翁以钧校订:《翁同龢日记》第八卷,中西书局2012年版,第3819页。翁同龢《自订年谱》写作"冯树尊",概为笔误,此据《翁心存日记》纠正。

匾"白鹿遗规",以示褒扬的御碑,串起了书院的历史长廊,见证着书院深厚的文化积淀。赖以优良的办学传统、行之有效的办学经验和措施,书院雄踞东南,名扬天下,成为跻身全国一流的学府。

当然,紫阳书院的称盛于世,除了朝廷及地方大吏的倡导与扶持,根本上说端赖于历任院长传道、授业、解惑的努力。

据统计,从1713年创建,到1905年(光绪三十一年)结束的近二百年里,书院前后膺任院长27人,其中两位状元,两位榜眼,一位会元,其他都是清一色的进士出身。据同治朝纂修的《苏州府志》所列掌院题名,历任者有冯晟、朱启昆、韩孝基、陈祖范、吴大受、王峻、沈德潜、廖鸿章、韩彦曾、彭启丰、蒋元益、钱大昕、冯培、吴省兰、吴鼐、吴俊、石韫玉、朱珔、翁心存、董国华、赵振祚、俞樾、程庭桂、夏同善、潘遵祁等,皆为素孚众望的博学鸿儒。他们中,有的耽于经术,有的擅长诗赋,有的融贯经史,也有兼众学之长,注重精研经史的学问根底、强调实事求是的思想取向,为年轻一辈树立起了经世致用的学者典范。其中,主持书院讲席长达16年之久的著名史学家钱大昕,更是承前启后的关键人物。研究表明①,钱大昕早年受业于此、晚年主讲并终老于此,其通经史、讲古学的丰富教学实践,对于书院人才之陶铸,后进之奖掖,友朋之辩难,成效显著,名闻朝野,影响尤为深远。至道光十年(1831年)陶澍巡抚江苏时,书院肄业生已达千余人,内、外课生人数增至100名。此间所揭《书院告示》,以"行己有耻,可以为士"为立志学问之要,明确倡导"真"、"正"、"高"的思想品行。

至十余年后翁同龢在此游学,切身感受着书院别具一格的教学新风。

紫阳书院的教学内容,不囿于应付科举,更有博习经史词章、自然科学的知识界面拓宽。教学方式采取院长或教授主讲经义,兼有学生论辩,课后学生自我钻研,培养自学能力。功课之外,生徒各备日录一本,每天记录行何事、接何人、存何念、读何书等,便于院长检查赏罚,登

---

① 有关论述,参阅林存阳:《苏州紫阳书院与清代学术变迁——以钱大昕为研究视角》,《中国史研究》2005年第4期。

记考核。院考每月两次，一次为官府考课，一次为学师课试，每年还由巡抚或院长主持一次大考，考试内容除时文试帖外，也有经文、策问、论议、表启等政论文、应用文写作。此外，书院还有经常性的"讲会"，以期学子通过听讲经术辩论，从中交流受益。教学相长的实践中得到了较为充分的贯彻。在以上所列掌院名单中，截取翁同龢在读时段并结合翁心存日记所涉人事，除1847年受聘的父亲之外，主要有朱琦、董国华、赵振祚、程庭桂、潘遵祁。

朱琦（1769—1850），安徽泾县人，嘉庆进士，授编修，擢至侍读，入直上书房，又升右春坊右赞善。朱琦学有本原，授课以通经学古为先，著《说文假借义证》《经文广异》《文选集释》《小万卷斋诗文集》等，辑有《国朝古文汇钞》《诂经文钞》，汇编清代名家说经之文，依次标题，篇幅完善，以此引导后学。董国华（1773—1850），江苏吴县（治今苏州）人，嘉庆进士，官至广东雷琼道。曾在紫阳书院受业于钱大昕，工诗文，词尤婉约，任上厘定书院学规教条，严格训导学子课式，有《云寿堂文集》《云寿堂诗集》《云寿堂词钞》《绿溪笔谈》《海南笔记》等。赵振祚是今文经学常州学派奠基者刘逢禄的外甥，江苏阳湖（治今常州）人，道光进士，授编修，后迁詹事府赞善，在京曾与何绍基、魏源等祭祀顾炎武，慷慨议政，为座师穆彰阿所不喜，十年不迁，丁母忧归，遂不复出，善诗、古文词，精汉学，有《明堂考》及诗文集若干卷。潘遵祁（1808—1892），江苏吴县人，潘奕隽孙，潘世璜子。道光进士，供职翰林院，后归隐家乡筑香雪草堂，著《西圃集》。程庭桂，道光翰林。至于父亲翁心存的面授教泽，更多了一路陪伴的相启共发。翁心存每月往返于游文、紫阳之间，或与诸生讲习，或评阅课卷。有时让他结识一些自己的及门弟子，有空还会带他游览苏州西郊支硎山（又名报恩山）、天平山等山水形胜。

事实上，兼任讲席及课督生徒的学师肯定远不止于此。有专家认为，翁同龢入院学习期间，俞樾、俞正燮、李兆洛、冯桂芬、刘熙载等来院讲过学。这一说法虽无史料确证，但有意思的是，在翁心存1846—1848年间的日记里，可以见到冯桂芬十多次见访晤谈的身影。至于翁同龢是否听过其间类似一两次讲座式的授课,后人不得而知①,但冯桂芬、刘熙载等学者力倡通经致用的社会改革思想,显然成了他努力的人生标杆。

1847年,翁同龢经学师保举优行,奖以"品端学敏"之赞语,肄业紫阳书院。所写诗赋为学政李煟赏识,岁试取列一等第七,正场列二等十三名。② 第二年十月,参加贡监科考,在这场生员入国子监读书的考试中,翁同龢获得"选拔第一,科试正案亦列第一"的优异成绩。③ 事后回忆当年情形,已过不惑的翁同龢还不乏"少壮才名第一流"的自信。④ 紫阳书院作为传承学问精神、塑造文化人格的驿站,给予他的熏陶和养育,那是一笔汲取不尽的精神财富。

如上所述,翁同龢虽生在京城,但从小在崇文尚教的江南成长。从五岁到二十岁前的人生段,正是形成学养、兴趣和爱好的重要接受时期,更是知识体系、价值系统,包括文化品格、道德修养、个性特质日趋成型的重要时期。期间,他既通过私塾、书院的求学生涯,饱读经史典籍,系统接受了儒家传统文化,熏染了通经致用、因时而化的吴地人文风尚;也在充满离乱的民族危机中渐渐觉悟了时代责任的担当;还有始于家族乡里,经读书应试、父辈提携,也为自己逐步构成并拓展出一个关乎地缘、业缘的师友交际网络。

这些年少的生活经历,充分而深刻地影响了翁同龢此后的为人、处世,乃至从政历宦的理念、态度和策略。从孺子学童到青年才俊,故乡滋养并见证了翁同龢雏鹰展翅的足迹与心迹。

---

① 详见谢俊美著:《翁同龢传》,中华书局2000年版,第29页。据学者撰文考证,冯桂芬自1864年(同治三年)秋返回苏州后,应李鸿章之聘出任重建后的正谊书院山长,此前并未主讲紫阳书院。由此或可推断他入主紫阳的具体时间,应该是回苏州后,至1865年紫阳、正谊二书院分设。参见王卫平等:《冯桂芬书院教育实践及其教育改革思想》,《江苏大学学报》2009年第1期。另按:俞樾在为冯桂芬《显志堂稿》序中称:"同治中,余寓吴下主讲紫阳,先生亦主正谊讲席,时相过从。"可见俞樾担任紫阳书院主讲,也在1865年之后。

② 《自订年谱》,翁万戈编,翁以钧校订:《翁同龢日记》第八卷,中西书局2012年版,第3819页。《自订年谱》将"李煟"误为"李煌"。李煟(1792—1848),字栒堂,一作郁堂,云南昆明人,嘉庆进士,授编修,历任詹事府少詹事、内阁学士、兼礼部侍郎、户部侍郎等职。1846年(道光二十六年)任江苏学政。

③ 《自订年谱》,翁万戈编,翁以钧校订:《翁同龢日记》第八卷,中西书局2012年版,第3819页。

④ 《通州和壁间韵》,1875年12月28日,朱育礼、朱汝稷校点:《翁同龢诗集》,上海古籍出版社2009年版,第80页。

# 第三章　状元及第

## 第一节　翁汤联姻

1849 年（道光二十九年），翁同龢年方弱冠。当年早春，因为家居十年的翁心存奉召回京任职，他也就此随父母和二姐璇华一起入都。

沿运河北上途中，翁同龢与父亲不时诗兴唱和。4 月 1 日行至山东阴平，翁同龢有《晓发小山，和家大人韵》五言诗一首题壁，其中有句：

> 王制首恤荒，周官重岁会。即今春盎盎，行见禾旆旆。倘幸遇绥丰，犹可起癃瘵。我读地志书，兼访农人话。凫绎鲁南鄙，海邦慎守隘。浮云连芒砀，志士发长喟。愧乏长沙才，年华日以迈。尝闻古圣言，靖内乃驭外。[①]

三天后夜宿兖州，他又赋诗抒怀："少皞遗墟旧，东方此翰屏。畴滋春雨绿，城倚岳云青。郅治怀三代，高文在六经。南楼闲眺望，喜得日趋庭。"[②]诗作引经据典，由古及今，抱负宏大，清新矫健，无不抒发着立志经世的初生牛犊之豪情。

这一年的翁府，先嫁女再娶媳，喜事接连不断。先是 4 月 26 日，24

---

① 此处引诗，载张剑整理：《翁心存日记》第二册，中华书局 2011 年版，第 707 页，也见于《翁同龢日记》第一卷，第 6 页，稍有字句差异。这里，"王制首恤荒"句，作"王制重恒荒"；"海邦慎守隘"句，"海"作"鲁"；"尝闻古圣言，靖内乃驭外"句，作"怀哉古圣言，靖内乃御外"。
② 《次兖州》，张剑整理：《翁心存日记》第二册，中华书局 2011 年版，第 707 页。

岁的二姐璇华嫁给了翰林院编修、浙江归安(治今湖州)钱振伦。接着5月19日,也就是翁同龢20岁生日的这一天,翁家儿、孙两桩婚姻同时并举,既有翁同龢的喜结良缘,也为翁曾文迎娶媳妇的吉期,称得上是真正的"双喜临门","叔侄二人同入泮,同完婚,洵是佳话。"①

翁同龢夫人汤松,字孟淑,1829年(道光九年)生,浙江萧山人。祖父汤金钊(1772—1856),字敦甫,一字勷兹。嘉庆进士,历任国史馆总纂、上书房行走、国子监祭酒、内阁学士;道光年间官至协办大学士、吏部尚书。父亲汤修,字敏斋,道光举人,内阁中书,官至太常寺卿。

翁汤联姻缘起于一段师生恩谊。1816年(嘉庆二十一年)翁心存参加金陵乡试,担任主考官的是内阁学士汤金钊、刑部员外郎陆言等人。当时,因试卷被誊录生抄错一字,考卷被遗弃一旁。试后陆言搜查考场落卷时意外发现,与汤金钊激赏之下复审,定为第三名。科场座师的超擢际遇,让翁心存感恩在心。六年后,翁心存参加顺天会试,汤金钊又任副主考,承蒙恩师关注,会试、复试、朝考均名列前茅,终以二甲第三名考中进士,踏上仕途,从此由翰林院编修,升任武英殿总纂,继而典乡试,任学政,入值上书房授读,地位之显赫,引人瞩目,时有过从的师生感情也就更加亲密了。作为林则徐的门生,汤金钊学以治经为务,讲究经世之道,清操俭德,刚直敢言,面对道光朝猖獗的鸦片走私,力主抗英禁烟,其为人品格为翁心存所敬重。至于和座师长子汤宽、次子汤修,也结下了深厚的兄弟友谊,言必以"大世兄"、"二世兄"相称。

有了这层特殊的关系,给孩子定亲成婚的事也就顺理成章了。

由翁心存日记记述,早在1837年(道光十七年)汤金钊就有意把孙女许配给翁家六儿,为此多次催促换帖订婚。是年12月25日记:"是日为余幼子同龢与敦甫师之长孙女,敏斋二世兄修之长女联姻。"②听说翁同龢14岁进书院读书,汤金钊还以端砚一方赠勉他用心读书。来京之前,得知翁同龢拔贡试名列第一的喜讯,老人当即写了信去致贺。当时,七十多岁的汤金钊因林则徐充军新疆而牵连,以

---

① 张剑整理:《翁心存日记》第二册,中华书局2011年版,第715页。

② 张剑整理:《翁心存日记》第一册,中华书局2011年版,第297页。

年迈为由辞职,闲居北京东单牌楼头条胡同。翁家入都后租住兵马司中街的一处四合院,两家就此得以常来常往。久别重逢,当初的童蒙孩儿长成了如今的年青英俊,翁同龢谦恭孝亲的品行、出类拔萃的才学,汤金钊自有说不出的喜悦,老人显然看好了他的未来前景。翁同龢也经常随父亲前去拜望,成了汤家的常客,年轻人之间更多了一份相识相知的了解。

既如此,该是儿女谈婚论嫁的时候了。经翁汤两家商议,男女双方各请吏部左侍郎李菡、侍御史蔡赓飏作媒,婚礼仪式尽管从俭简约,依旧难免约定俗成的程序。新人拜堂完婚后,翁府借所在烂缦胡同的常昭会馆,宴请了京城的至亲友好和同乡故旧。

"父母之命,媒妁之言。"一段传统的包办姻缘,却是才子佳人,门当又户对,且有两家世交之谊,其乐也融融,其意更卿卿。

婚后,夫妇俩诗文唱和,琴瑟和谐。汤松系出名门,贤而有才,从小在祖父的开蒙授读下聪慧好学,读书能得其义,擅长画兰,格调清雅,用笔简淡;爱诵唐宋长调,诗词、才情非一般闺阁女子所能比。嫁入翁家之后,婉静寡言的汤松,料理家务样样勤快,非常讨得公婆喜爱,把她当作自己的亲闺女一样。可惜,两人结婚九年一直无子女生育。在"不孝有三、无后为大"的传统社会里,夫人难免被流俗妇女之见所囿,为此多有自责愁绪。不过,伉俪情笃依旧,夫妇俩或临摹碑帖,或品赏字画,剪烛长谈,共吟诗篇,彼此相敬如宾。那几年里,翁同龢正为应试科考继续用功苦读。1855 年(咸丰五年)的早春,天气乍暖还寒,因为书窗夜读,牙龈红肿,疼痛溢脓,左面颊肿胀持续了二十多天,夫人遵医嘱"以蒜灸之,敷以药,痛少止",①也即为他采用艾炷隔蒜灸的民间中药偏方,将蒜泥放在接近穴位的上方,再以点燃的艾条熏灸,熏灸到感觉温热又不致灼伤皮肤为止,每次穴灸需要十分钟左右,数百次不厌其烦地帮他疗治,才把牙痛医好。翁同龢生性急躁,夫人每每耐心随伺左右,"一言之善,令人愧汗,闺阁中待之如友生。"②对于夫人的善解人意,恩爱贤

① 张剑整理:《翁心存日记》第三册,中华书局 2011 年版,第 1014 页。
②《亡妻汤夫人墓志铭》,翁同龢著,翁之憙整理:《瓶庐丛稿》卷六,商务印书馆 1935 刊本。

能,翁同龢曾有深情追忆:"孝养我父母,躬洒扫烹饪之事。勉余善而规余过,闺门中如畏友。"①

汤夫人画兰花小品

# 第二节　蟾宫折桂

洞房花烛夜,金榜又题名。

在翁同龢的生命履历中,1856年(咸丰六年)有着分水岭的意义。在应科举、求功名的漫漫征途中,历经多年的艰辛拼搏,从起初的生员考试,转而由乡试到会试到殿试的一步步走过,终于在这一年里摘取状元桂冠,从而抵达了科举取士梦寐以求的巅峰。

婚事结束后不久,翁同龢依旧悉心致力于读书应考。1849年7月,为选拔生例应江苏督抚学政会考,翁同龢独自南行返乡,四个月后与五兄翁同爵、长侄曾文一起前往省城南京,参加所在秦淮河畔、毗邻夫子庙的江南贡院乡试。二姐端恩有诗赠行:"雁影涵秋趁晓风,壮游难得一门同。已欣佳句如灵运,更喜清谈有阿戎。万里江涛归赋笔,六朝山

①《亡妻葬志》,翁同龢著,翁之憙整理:《瓶庐丛稿》卷六,商务印书馆1935刊本。

色入诗筒。攀香蟾窟家声旧,会看三株灿月中。"①

**翁同龢画汤夫人遗像**

乡试是中国古代科举考试中的地方考试。明清两代在各省省城和京城举行,三年一次,考期一般在子、午、卯、酉年的秋季,又称秋闱。遇新君登极、寿诞、庆典,加科为恩科。试《四书》《五经》、策问、八股文等科目。乡试场所称为"贡院",考中者称为举人,第一名称解元。考试每次三场,每场三日。也许准备并不充分,翁同龢答题不佳,试后未能中举。当时常昭二邑仅有二人中了副榜,其中有他的少小同学潘欲仁。

1850年7月,翁同龢参加礼部主持的拔贡生考试,②初试取录江苏一等第五名,复试名列第一。八月由咸丰帝引见后,以七品小京官分发刑部,在江西司行走(司员)。刑部当时有18个清吏司分管各省刑狱,江西司负责复议审核本省上报的重大案件。据翁同龢自述:"初入署治事,见行仗急起避之,同人皆笑";"是时年少锐于治狱,每日矜其能,王丈实左右余,其不至为小人之归者,王丈之力也。"③可见当初年轻气盛,

① 翁端恩:《送玉甫兄叔平弟偕绂卿侄应试金陵》,朱新华、陈丹点校:《海虞翁氏女诗人集三种》,广陵书社2020年版,第62—63页。

② 明清二代,挑选府、州、县生员(习称秀才)中成绩或资格优异者,升入京师国子监读书,称为贡生。明代有岁贡、选贡、恩贡和细贡;清代有恩贡、拔贡、副贡、岁贡、优贡和例贡。拔贡生作为五贡之一,不算正式功名,相当于一种保送生或推荐生的身份。拔贡生的选取,清初每六年一次选拔,乾隆年间定为每十二年一次,由各省学政取后保送入京,经朝考合格,即可授予小京官、知县或教职。

③《自订年谱》,翁万戈编,翁以钧校订:《翁同龢日记》第八卷,中西书局2012年版,第3820、3821页。

办案执着，不免自矜其能而得罪人。好在有乡前辈、刑部主事王宪成处处关心，指点补救。一首"法曹七载连车骑，手检爱书共咨义。一语能推佛海波，万金难抵云天谊"的诗句，诗下有"龢为刑官时，尝治狱失平，君救正之"①小注，就记取了这份呵护之情。

1852年（咸丰二年）又逢乡试之年，当年九月翁同龢参加了顺天府乡试。头场考题为"子曰中庸之为德也，其至矣乎"一节、"诚者物之终始不诚无物"、"敢问何谓浩然之气曰难言也"、"赋得业广惟勤，得修字。"二场考题："知崇礼卑"三句、"归马于华山之阳"二句、"其军三单"、"郑人来渝平"、"射乡食飨"二句。② 翁同龢中式第二十七名，复试取列二等四名，经艺卷还赢得了吕贤基、鳞魁、朱凤标等正副考官的赞赏。中举后的他取得了会试的资格，科考路上就此迈出了一大步。

会试是由礼部主持的中央考试。在乡试后第二年的春天，各地举人汇集京城应试，因此又称"礼闱"、"春闱"。每三年一科，逢丑、未、辰、戌年举行；遇乡试恩科，翌年会试即为会试恩科。会试与乡试基本相同，也分三场举行，三日一场，第一场在农历三月初九，第二场在十二日，第三场在十五日，先一日入场，后一日出场。考试内容为四书文、五言八韵诗、五经文以及策问。考中者称"贡士"，取得"贡士"资格后参加殿试。1853年（咸丰三年）是癸丑年，恰遇会试之年。翁同龢抓住机会跃跃欲试，还与当年游文书院的至交吴修来一起，考前暂住闱场附近的水磨胡同。会试头场题："子曰：听讼"至"使无讼乎"、"君子义以为质"、"孟子道性善"一节、"赋得自喜轩窗无俗韵，得森字"。③ 二场经题："刚健笃实辉光日新其德"、"日月星辰"至"絺绣"、"瑟彼玉瓒"二句、"蛾子时术之"。④ 翁同龢的试卷先由同考官文格批阅，然后推荐，最后却被副考官邵灿摈除。初次会试受挫，难免情绪上的低落，但在父、兄的鼓励下，他还是坚定了蓄积待发的信心。

翁同龢在供职刑部的七年里，还兼任过实录馆详校官，后经考核给

---

① 《送王蓉洲丈观察闽中》，朱育礼、朱汝稷校点：《翁同龢诗集》，上海古籍出版社2009年版，第9页。
② 以上引文，见张剑整理：《翁心存日记》第三册，中华书局2011年版，第907、908页。
③ 张剑整理：《翁心存日记》第三册，中华书局2011年版，第959页。
④ 张剑整理：《翁心存日记》第三册，中华书局2011年版，第960页。

予优叙,作实缺小京官之用。公务忙碌之余,他依旧每天坚持温习书卷,自订年谱在1855年(咸丰五年)下这样描述:

> 馆事益繁,每日赴馆赴署,几不暇给。归侍大人,秉烛理案牍,漏三下,乃入室披书,或课一文,或习书,久而安之,不以为倦也。①

"漏三下"是指逼近凌晨天快亮的时候,用心苦修之程度可想而知。由于劳累过度,身体的免疫力下降,翁同龢年内一度牙疼面肿,直到延医后夫人施以艾炙法治愈。

1856年又届会试年。此次会试简派的正考官为协办大学士工部尚书彭蕴章,副考官有工部尚书全庆、都察院左都御史许乃普、内阁学士刘昆。此外,殷兆镛、陆增祥、贡瑢、张桐、潘祖荫、孙衣言、吴凤藻等十八名担任同考官。会试在4月13日如期举行。头场三题,分别为"告诸往而知来者,洋洋乎发育万物"一节、"莫如为仁"一句、"游麟萃灵沼,得灵字"。② 4月16日第二场试题为"弧矢之利"三句、"若纲在网"四句、"仓庚喈喈,采蘩祁祁"四句、"夏公会齐侯于夹谷"、"外事用刚日"二句。③ 4月19日第三场策论,是结合时政问题加以论说并向朝廷献策的文章,涉及了易经、史学、诗学以及弥盗、钱法等论题。

5月12日会试结果揭晓,翁同龢中式第六十三名。这,当然不是他愿意看到的成绩,之前就告假一月静心备考,可惜第一场考试不无失态表现。《四书》本来是他最能驾轻就熟的考题,未想事出有因:入场前得知三兄奉守的扬州江北大营被太平军攻陷,翁同龢心系兄长安危,竟接连两夜未能休息好,甚至想放弃考试。后经五兄劝慰,勉强入场,随之"头场病痢,草草交卷而出",④状态不佳,结果也可想而知了。好在稍事休整,情绪逐渐稳定,其余二场均能认真应考。初试不如人愿,但毕竟有了复试资格。5月17正大光明殿复试,诗题为"泠泠修竹待王归,得园字",出自杜甫诗作;文题出自《大学》"古之欲明明德于天下者"一

① 翁万戈编,翁以钧校订:《翁同龢日记》第八卷,中西书局2012年版,第3821页。
② 张剑整理:《翁心存日记》第三册,中华书局2011年版,第1104页。
③ 张剑整理:《翁心存日记》第三册,中华书局2011年版,第1105页。
④《自订年谱》,翁万戈编,翁以钧校订:《翁同龢日记》第八卷,中西书局2012年版,第1103页。

节。① 二天后榜发,翁同龢以取列一等第二名的成绩进入殿试。

作为最高层次的科举考试,殿试又称御试、廷试,由皇帝亲临考试,合格后即可取得进士名分,被视为"抡才大典"。5月24日在保和殿举行的殿试,只考策问一道,由裕诚、贾桢、朱凤标、全庆、何彤云、车克慎、杜翰、景廉八位读卷官初拟试题,送皇帝钦定圈出。翁同龢和其他应试者自黎明入场,经点名、散卷、赞拜、行礼等礼节后发题答卷。策文不限长短,一般二千字左右,起收及中间书写均有一定格式及字数限制,并且强调楷法,要求以方正、光园、乌黑、体大的正体字书写,书法不好的考生难取优等。某种意义上说,试卷书法比文章更为见重。这一规制,对于从小擅长书法的翁同龢自是极为有利。殿试一天,日暮交卷后封存。翌日,全部试卷交由读卷官,先每人一桌各自阅卷,然后轮流传阅,各加"〇"、"△"、"\"、"丨"、"×"的五种记号,最终核定成绩,得"〇"最多者为佳卷,27日向皇帝进呈前十本并公布引见,称小传胪;28日由皇帝在太和殿公布全部名次,称传胪。殿试的名次排列分为三甲,一甲共三名,第一名称状元,第二名称榜眼,第三名称探花,赐进士及第,又称"三鼎甲";二甲若干名,赐进士出身;三甲若干名,赐同进士出身。

欣喜的是,在读卷官进呈皇帝钦定名次的前十本中,翁同龢的试卷在列。最终发榜的殿试成绩,他以一甲第一名夺魁。殿试传胪后的5月31日举行进士朝考,用以选拔翰林院庶吉士,称馆选。内容为论疏、诗赋等形式,题为"二子之心非夫子孰能知之"、"论经正民兴疏",至于"赋得雨催陂稻绿初齐,得翁字"的诗赋考题,语出陆游《湖上晓行》。成绩分一、二、三等择优录取,但"三鼎甲"的试卷可以不入等第。朝考第二天颁发上谕,翁同龢被正式授予翰林院修撰,委派改充实录馆协修,署纂修官。

紧随其后,在太和殿外广场举行状元服殿试传胪的隆重典礼,翁同龢迎来了科举时代读书人最风光的时刻。

当天清晨,紫禁城午门缓缓开启,王公大臣、文武百官各着朝服分立汉白玉铺就的御街两侧,新科进士身穿红袍,头戴三枝九叶顶

---

① 张剑整理:《翁心存日记》第三册,中华书局 2011 年版,第 1115 页。

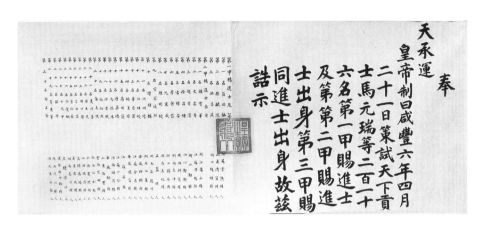

中国第一历史档案馆藏翁同龢状元及第大金榜

冠,按名次次第站立殿前东西台阶之末,檐下有称为卤簿法驾的宫廷乐队。典礼时到,咸丰帝礼服乘舆,由礼部堂官引入太和殿升座。随后,由大学士进殿取出黄榜交给礼部尚书,陈于殿内正中的黄案之上,再由鸿胪寺官员引新科进士就位,宣读制诰:"某年某月某日策试天下贡士,第一甲赐进士及第,第二甲赐进士出身,第三甲赐同进士出身。"唱名结束,百官及新进士再行三跪九叩大礼,整个仪式先后起奏隆平、庆平、显平三大乐章。待礼毕皇帝还宫后,礼部尚书奉黄榜置于彩亭中,在礼乐仪仗下出太和中门至东长安门外,在长安街张挂三日。

那一天的荣耀,注定要被新科状元翁同龢一人独享。只见吏部、礼部官员捧着圣旨鸣锣开道,一甲三人骑着高头骏马,在原本只有皇上可以踩践的御街骑马行进,接受万民道贺,享此"御街夸官"的隆遇。那一刻,翁同龢心潮澎湃,忠君爱国之情油然而生。年谱自述:

> 余卷本列第二,裕相国诚复视,拔第一卷入。上谕读卷官曰:"今科所取甚允洽。"及拆封,奏龢名,上喜动颜色曰:"此翁某之子,深知其才。"奏第二名孙毓汶,上曰:"好,其父孙瑞珍与翁某皆上书房师傅,诚佳话也。"是日引见,上注视良久……①

① 翁万戈编,翁以钧校订:《翁同龢日记》第八卷,中西书局 2012 年版,第 3821 页。

借此细节可窥，一是翁同龢最初的试卷列一甲第二名，后经读卷官裕诚复查后拔为第一名；二是咸丰帝不仅对此次新科取士非常满意，更有传胪官拆封后读到"第一甲第一名翁同龢"时的喜形于色。在咸丰帝看来，今次所取状元、榜眼同为上书房师傅之子，不失为一段佳话。在翁同龢心里，皇上引见时"注视良久"的目光触碰，让他读到了褒扬与推许的浩浩皇恩。

与翁同龢同榜、取列一甲第二名的孙毓汶，坊间当时有所谓争状元的内幕传言。孙毓汶，字莱山，山东济宁人，尚书孙瑞珍之子。翁、孙两家均为清要显宦，且是世交。据传当时舆论认为，翁同龢、孙毓汶两人各以善书能文为人所称道，当年殿试状元非翁即孙。按照定例，殿试前夕考生应住在殿廷附近。因翁家稍远，靠近皇城的孙家当晚请翁同龢来府中吃饭住宿，晚饭后孙瑞珍以长辈身份和他畅谈，直到深夜才休息，而孙毓汶早已酣然入梦。哪知道，正当翁同龢身心疲倦地刚刚躺下睡觉，住所周围忽然又传来了阵阵爆竹声，而且彻夜不断，让他始终未能合眼。及至入场浑身乏力，提不起精神书写答卷。翁同龢以为这次考试自己无希望夺魁了，状元已非孙毓汶莫属。猛然间，他想起了随身所带的两枝人参，马上含在嘴里咀嚼，感觉一下子神清气爽，于是振笔直书，一气呵成，通篇无一败笔，写完后展卷细看，甚是得意。事后翁同龢意识到，当日孙家先是热情延饭，随后深谈至夜、爆竹终宵，其所作所为莫非就是故意要让自己疲倦之极，以便殿试时影响自己的水平发挥？好在人参提神救急，结果还是在孙毓汶之上，孙家枉费了心机。此事传出后，有人认为孙瑞珍出此下策，实在不是君子所为之事，也有人就把翁同龢称为"人参状元"，孙、翁两家从此心存隔阂。这一标以"爆竹声中争状元"的掌故，见诸于近人刘成禺所撰笔记《世载堂杂忆》①，要说孙家是否真得为争状元而暗箱操作，因无当事人留下的史料佐证，不妨视为野史轶闻，未必信以为真。在此插叙一笔，也可见出当时明争暗斗的科场角逐。

自翁同龢夺得大魁，他的侄子曾源后来同样状元及第。翁曾源

---

① 参阅刘成禺著：《世载堂杂忆》，中华书局1960年版，第43—44页。

(1834—1887),字仲渊,号寔斋,翁同书次子。在 1863 年(同治二年)举行的朝廷恩科考试中,殿试一甲第一名,授翰林院修撰,可惜因患癫痫,从政不久便引退乡里,并无作为可言。不过,叔侄状元,一时传为海内佳话。

再说翁同龢的高中状元,不仅为自己为家族添彩,也为故乡争了光。[①] 依俗常情理,也该皆大欢喜地庆贺一番。暂不说登第前一周,因岳祖父汤金钊的去世,让亲家双方沉浸在无限悲哀的气氛中。就以母亲许太夫人历来奉守的家规传统:"子孙相继登第,恒以盈满为戒,每迁一阶,家人不敢以贺。"宴请亲友之事也就无从谈起了。

实际上,来自父亲及时的叮咛与教诲,不失深长意味。当时,翁心存管理户部三库事务,并署翰林院掌院学士,正在河北易县查勘慕东陵[②]工程。儿子应考之际,远在外地,翁心存随时探询并关注着每一场考试。5 月 24 日:"今日殿试,未知六儿何时交卷,颇深系念。"27 日:"今日殿试前十本进呈引见,未知三鼎甲何人,有能副霖雨苍生之望者否,殊深企望也。"得知儿子状元及第后的当天,翁心存"感念天恩祖德,惭悚交深,喜极出涕"[③]。6 月 6 日有寄家书并赋诗两首以示勉励,其中一首:[④]

> 贞松慈竹色常青,明发长怀咏鹡鸰。
> 官冷朐阳时灭竈,堂开石室忆传经。
> 三秋鹗荐抽身避,万户鸿嗸掩泪听。
> 愿比晨杷无点辱,家风清白守仪型。
> 句胪三唱极峥嵘,若论科名胜父兄。
> 敢说文章能报国,莫因温饱负平生。
> 休征先喜施霖雨,泰运还占洗甲兵。

---

① 自唐至清,常熟先后出过 8 位状元。除翁同龢、翁曾源,还有:陆器,840 年(唐开成五年)。周虎,1196 年(南宋庆元二年)武状元。孙承恩,1658 年(清顺治十五年)。归允肃,1679 年(康熙十八年)。汪绎,1700 年(康熙三十九年)。汪应铨,1718 年(康熙五十七年)。

② 此指道光帝孝静成皇后的陵寝。

③ 以上引文,分别见张剑整理:《翁心存日记》第三册,中华书局 2011 年版,第 1117、1117、1118 页。

④ 《得家书,知儿子同龢应廷对,蒙恩赐第一甲第一名及第,赋诗纪恩志喜,即以勖之》,张剑辑校:《翁心存诗文集》(上),凤凰出版社 2013 年版,第 657 页。

樱笋厨开荣锡宴,捷书应奏广陵城。

诗里夹注可表,从康熙朝登第的族叔翁叔元,到为绵延世泽而苦辛浇沃的节母,再到保荐知县而力辞不就的家父,以及拒金助廉而甘以豆粥麦饭糊口的母亲,翁心存追忆往昔,感慨系之,借以温存家族几经磨难的创业历程,谆谆告诫儿子务必在今后的人生路上恪守祖传家训,秉承清白家风,自立而为,报效君国,辅佐朝廷安定四海,造福民生。在第二天端午的回信中,翁同龢当即表示:

前日传胪,男名幸列第一,此皆仰赖天恩祖德及两大人福荫,得以致此。喜及滋惭,感深图报。昨读谕函,备言旧德之艰难,远溯深仁之积累。敬聆之下,兢惕益深。惟有保啬精神为守身之本,敦崇品学为报国之原,不特夸志不敢萌,并喜念亦不敢有也。①

家国殷忧,得意切莫忘形。日后的宦海生涯证明,翁同龢始终尽职尽守,没有辜负父亲的嘱望。


# 第三节　乡试考官

1858年(咸丰八年),称得上是翁同龢悲喜莫名的一年。

前述翁、汤新婚燕尔,可惜好景不长。1856年5月22日,汤金钊病故。汤松三岁丧母,自小随祖父母生活,倍受老人宠爱。祖父过世,正当翁同龢状元登第之际。虽因祖父之丧,夫人忧伤过度,涕泣掩面,但有前来上门道贺的亲友,还能勉力笑迎,不失大家闺秀之礼仪。可惜,此后整天独坐,抑郁成疾,"自是疾日以剧,其疾肝伤咯血,而喜怒无定。……兀坐三年,胁不贴席,最后呕血一瓯而绝。"②期间虽经医治,"百药不效,究不识为何病也"③,1858年4月病情恶化,临终前以"臣当忠,子当孝"执手相勉,5月1日不幸撒手人寰,年仅30岁。

---

① 《禀父母亲》(1956年5月29日),李红英著:《翁同龢书札系年考》,黄山书社2014年版,第6页。
② 《亡妻汤夫人墓志铭》,翁同龢著,翁之意整理:《瓶庐丛稿》卷六,商务印书馆1935刊本。
③ 张剑整理:《翁心存日记》第三册,中华书局2011年版,第1310页。

夫人病逝后，翁同龢肝肠寸断，历历往事，如梦幻一般萦绕脑际。正如后来《题亡室汤夫人画册》诗二首一抒衷曲：[①]

> 语苦诗难尽，愁长梦转稀。锧残煎过药，箧黯嫁时衣。会合知前定，分张感昔非。临终留一偈，了了岂禅机？

> 竟死嗟何益？浮生只自怜。营斋谁是佛？卜墓又无田。孙解瞻遗桂，姬能剪纸钱。老夫归直晚，展画一潸然。

夫人的临终遗言，让翁同龢铭心不忘，不知涕之何从。当时正处太平天国战火纷飞的年代，时局动荡，又远离故乡，翁同龢不得不将汤氏灵柩暂时安置西城报国寺。为告慰九泉下的儿媳，翁心存还虚拟了一个"翁曾望"的孙名。[②] 几年过后，五兄翁同爵将幼子曾翰（1837—1878）过继给翁同龢作嗣子。

再说 1858 年春天，因丧妻之痛而极度悲恸的翁同龢，7 月 31 日被朝廷任命为乡试副考官，奉旨典试陕西。当时，他在翰林院庶吉士学习，按规定要在庶常馆学习三年，经散馆考试才能授以相应官职。以尚未散馆之翰林，就如此破格委任考差，此是有清以来罕见的恩遇。

如此悲喜两重天，翁同龢心里有着说不出的悲欣交集。

主持乡试的正、副主考官由朝廷选派。此次与翁同龢同时授命的正考官是他的好友、内阁学士潘祖荫。潘祖荫（1830—1890），字东镛，号伯寅，出身苏州世代显赫的潘氏望族，祖父潘世恩为乾隆状元，官封太傅及武英殿大学士；父亲潘曾绶官至侍读。潘祖荫自幼好学，精通经史，涉猎百家。1852 年殿试一甲三名进士，授编修，迁侍读，入值南书房，任日讲起居注官。因为从小生长在北京，与翁同龢相伴为友，彼此引为"总角"之交。

1858 年 8 月 14 日，京城日色殷红，云气蒙蒙。临行前，父亲念其初次外放试差，已把有关乡试阅卷及录取职责、注意事项等给他一一作了讲解和吩咐，还为他置备行装，精心安排好轿头和随从。上午九点一刻，翁同龢与前来送行的亲友叩辞起程，在京城西南古镇长新店与潘祖

---

① 朱育礼、朱汝稷校点：《翁同龢诗集》，上海古籍出版社 2009 年版，第 20 页。
② 张剑整理：《翁心存日记》第三册，中华书局 2011 年版，第 1310 页。

荫会合,然后一同踏上西行的旅途,开始了自己的官宦生涯。

当时,京城通往西部的官道,经保定、正定西折,由井陉入山西,经平定、寿阳、榆次折南,再经太谷、祁县、平遥、介休、灵石、霍县、洪洞、临汾、闻喜、永济至潼关,继而通往陕西、甘肃等地。证诸翁同龢一行,由直隶顺天府所辖良乡始发,入涿州定兴县,大体就是循着这一线路迤逦而行。时至暑气逼人、闷热难耐的盛夏季节,为了如期到达考点,有时不得不借着月色星光,或者秉烛夜行,赶在凌晨一二点或三四点就上路,更多的时候则是黎明时分出发,每天行程数十里,有时甚至一天行进一百二十里,一路涉险滩,渡旧关,走陡涧,越崖岸,星夜兼程。

由诗作可知,一路颠簸,一路行吟的崎岖与艰辛。《北河遇雨》有句:①

> 沮洳官道半成泥,禾黍丛高路易迷。
> 争渡村民余劲习,乱流驿马惯长嘶。

地处盂县西南七十里外的芹泉驿,明洪武初年在此置驿,山势高悬,溪壑风高。《由芹泉驿行遇大雷雨》句云:②

> 霹雳惊霆左右飞,上山牟力一丝微。
> 泥深马滑泉争道,壑转龙来雨合围。
> 村老未能遮短笠,行人何惜透征衣。
> 山灵作剧非无意,留取秋晴送汝归。

将近一个月的车马劳顿后,翁同龢一行终于赶在9月9日抵达陕西省城西安。

清代陕西贡院位于西安西门内北侧,贡院大门高挂联语一副:"门对南山,看太乙峰高,华国雄文争气象;恩迎北阙,值长庚星朗,作人雅化颂庞淇。"由嘉庆年间曾任西安知府的邓廷桢(1775—1846)题写。衡鉴堂居中,同样有邓廷桢所撰"典重求贤,篿节分持宣汉诏;堂开籲俊,輶轩亲到采秦风"的联语。东西相向的文衡门,为正副主考的居所。翁

---

① 朱育礼、朱汝稷校点:《翁同龢诗集》,上海古籍出版社2009年版,第371页。
② 朱育礼、朱汝稷校点:《翁同龢诗集》,上海古籍出版社2009年版,第371页。

同龢入住的西文衡为三居室,庭院内植有柏树两棵,衡鉴堂后是十座考房,西文衡后为内监试。

初到贡院,院内阅卷众考官因久闻他的书名,早已备好缃素纷纷索书,一时几不暇给。不过,翁同龢很快投入了紧张的考务工作。经与潘祖荫商议,9月14日首先拟定乡试考题。头题:"子使漆雕开仕。对曰:吾斯之未能信";次题:"子曰父母其顺矣乎";三题:"有安社稷臣者"两节。诗题:"水面月出蓝田关,得陂字"。① 随后请监试、房考监视题卷印制并交监考官。三天后拟五经试题,分别为语出《易经》的"搏酒篘二用缶"、《尚书·禹贡》的"导河积石至于龙门"、《诗·秦风·小戎》的"文茵畅毂",还有《春秋公羊传》的"冬介葛卢来。僖公二十有九年"、《礼记·乐记》的"君子听鼓鼙之声则思将帅之臣",②考题涉及兵制、水利与金石等范围。

开考后不久,翁同龢右脚浮肿,一时寒热并作,卧病不能起,持续了半个月,经诊脉、服药后还是痛不可忍,害得整夜无法入眠。在脚不能站立的情况下,他不得不依枕床头阅卷,平均每天二十多本,直至三场考试结束,才能下床稍微走动,随后又搜落卷,又定发榜,以致足病复发。乡试基本顺利,倒也不无插曲可叙。发榜后,有人揭发第三名举人张懋绩的头篇四书文抄袭了本朝顾元熙所写的《兰修馆》,经查实当即奏请礼部加以斥革除名。事后,已过花甲的张懋绩还来信求他设法帮助,翁同龢虽有一丝同情,也是无能为力。有感于作弊成风的科场,他也别添一份由衷的责任。

考差结束后,潘祖荫启程回京,翁同龢却欲归不能。因为乡试期间接礼部咨文,授命他担任陕甘③学政。不过这一督学陕甘之命,其实没让他喜出望外,反倒一度彻夜难眠,更添归思心切。究其本源,初次羁旅在外,此刻不仅为足疾所困,也一定有他郁闷中别样的心志所求,因此更多了与家人早日团聚的心情。当初与潘祖荫相伴而来,意气相合,

① 翁万戈编,翁以钧校订:《翁同龢日记》第一卷,中西书局 2012 年版,第 36 页。
② 翁万戈编,翁以钧校订:《翁同龢日记》第一卷,中西书局 2012 年版,第 37 页。
③ 清代光绪朝前陕、甘合闱。经时任陕甘总督左宗棠奏请甘肃乡试与陕西分闱,1875 年(光绪元年)得到清廷批准。

极文字之乐,知己如兄弟。而今一去一留,未免徒增孤寂之感。挚友临行前夕,两人愁眉而视,对床夜话。第二天凌晨执手送别,望着潘祖荫渐行渐远的背影,翁同龢茫然若失,黯然无语。

当年11月9日,整装带病的翁同龢到达西安三原县就任学政,从拜访同城文武到接学政印,几天后举行拜印仪式,身着朝服的他在大成殿阶下行三跪九叩礼,随谒文庙,礼毕至明伦堂,听学官宣读朝廷谕旨,然后掣签讲书,拜发到任奏折,由此开始了学政新职的履行。

清代雍正年间始设的学政,系"提督学政"的简称,习称"学台",是中央派驻各省管理教育事务的最高长官。按定例,学政一般由翰林院或进士出身的京官选派,三年一任,职掌一省学校、士习、文风政令,基本任务一是负责巡视各府、州、县儒学生徒的考课、黜陟事务;二是主持岁考、科考和院试,考查生童学业、文才和品行,以岁考决定生员的升降等级,以科考决定生员的乡试资格,以院试决定童生的生员资格;并考核所属各级学官。作为朝廷钦定使节,学政任上独立行使管理权,地位与本省总督、巡抚平等。

到任三原后,翁同龢先按常规去了城北的宏道书院举行"观风试"。所谓"观风",就是拟出与当地民俗、吏治、学风等有关的经解、策论、诗赋等题卷,传考生童,以便及时了解情况,作为整顿学风、检察士子品行和学业的依据。宏道书院建于明弘治年间,是陕西关中明清四大书院之一。自清雍正年间陕西学台从西安迁至三原办公后,慕名而来的学子远及甘肃、宁夏等地,历任学政均予大力支持,书院因此成为陕、甘两省学士深造的地方。这里还有创于元延祐年间,后屡经兴废,历史更为悠久的学古书院,一样是西北士林所景仰的肄业之所。鉴此,翁同龢又拜访了学古书院主讲支少鹤,虚心听取前辈意见。

随后,从三原出发西渡泾水,翁同龢经咸阳、兴平、武功、扶风、郿县、岐山等县一路巡视,12月7日抵达凤翔府,月底又转赴乾州,半个月后重返三原衙署。每到一地,先谒文庙讲书,阅围墙放告①,然后组织岁考,包括廪生、增生、附生在内的生员和童生的诗古考试,也考教官;同

---

① 放告:旧时,州县衙门每月定期挂牌,受理百姓控告不法文武生员等的申诉状。

时还有生童的武科骑射、步箭考试。前后试考生童,涉及陇、郿、鳞、乾、邠等州县。按临凤翔考试的半个月内,翁同龢从凌晨1—3时点名起,终日坐堂,跬步不离;收卷后监视邮戳盖印、料理公文、披阅试卷,几无片刻空暇。连日阅视武科考试,更是困顿不可支了。巡视乾州时,发现贡院承差房与大堂之间仅以席隔断,不甚严密,他随即责成木版加固并黏贴封皮,还即令修理文庙破损的围墙。此后,他又组织了关中书院等观风考,对宏道书院加以一系列整顿,如修订课期章程、作书院经费记,卸任前还写了一篇书院碑记。

可贵的,还在于翁同龢接济贫寒、识拔人才的用心,兹引日记一二,"管生涝来见,隽才也,寒甚,助以十金";"汉阴举人何贵高、宁夏举人晁炳来谒,何秀而薄,晁伟而野,何为佳也";"甘肃举人郭凤鸣、方扬祖、任其昌来,郭年少英发,方亦笃实";"蒋善薷贫甚,不能赴会试,来见,助以廿金";"谌筠苏有书来,复助以十金,余却囊无一钱矣"①。陕西孝义的陆襄钺,系当年乡试正卷考试外附加录取的举人,与翁同龢相差三岁,却深得他的欣赏,两人携碑品评,结伴游华山,从此结下了亦师亦友的情谊。此后翁同龢惜才、爱才,于此已见端倪。

对谙熟经史的翁同龢来说,因考差外放而遍及八百里秦川的这些足迹,不失为一次中华文化发祥地的访古行旅。

位于关中腹地、泾河与渭河之交的咸阳原,地势平坦,沃野宽广,绵延数百里。这里集结着以西汉皇陵为主体,兼有周秦以后不同历史时期的古墓葬。其中因有汉高祖的长陵、汉惠帝的安陵、汉景帝的阳陵、汉武帝的茂陵、汉昭帝的平陵等五陵曾设邑建县,故名"五陵塬"。一块墓碑尘封着一段惊心动魄的故事,一组陵丘浓缩着一部兴盛衰亡的历史画卷。唐人李白一句"西风残照、汉家陵阙"的兴叹,勾勒了西汉皇陵音尘绝迹、凄凉荒冷的景致。古道尽头,一方苍穹辽阔,过武则天侄子武三思墓,绕道西南,翁同龢凭吊了周文王、武王、康王等陵墓,后西行至兴平马嵬坡,路经杨贵妃墓,观赏了王士祯、毕沅、林则徐等所题诗

---

① 以上引文,分别见翁万戈编,翁以钧校订:《翁同龢日记》第一卷,中西书局2012年版,第40、50、50、53、54页。

刻;又在武功看过姜嫄墓和后稷祠。转至东汉经学家马融、史学家班彪和班固父子的故乡扶风镇,拜谒了东汉名将、世称伏波将军的马援墓。夕阳斜照下,面对山峦起伏,野草离离萋萋,伴着秋风黄叶漫卷,眼前似乎鼓挟起曾经金戈铁马的雄风和霸气,让他无不触景生情,思之叹之。凤翔视学之余,他还游览了宋代文豪苏东坡在此为官时疏浚的东湖,瞻拜了亭榭曲折、位置疏秀的苏公祠。至第二年春起程回途的西岳华山游,由华岳庙逶迤而西,循玉泉院、五里关、青柯坪、毛女洞、回心石、千尺幢、百尺峡螺旋行进,坐对南峰,奇秀万状,尽收晴翠美景。"此游两日,仅及山半,不足言游,亦不可谓不游,他日重来,誓登绝顶。"①一路走马观花,还有本性自在的剔辨古碑、摩挲唐石,日记不失有余兴未尽的生动记录。

翁同龢一路迂回,疲惫中经历着磨炼,视野里积聚着人文,透彻地说,那是在回望与展望中润泽内化的情怀。

在翁同龢西行陇上的日记里,"家书"是个常见的字眼。"客路暂迟留,邮亭幽更幽。"②这是他在《定兴客馆》一诗中的旅途抒怀。从始发后第二天夜宿涿州起,翁同龢与家人之间,一直保持着报问、报达平安的书信联系:"夜作家书"、"作书寄都"、"作家书寄都"、"作家书寄省"、"作家书寄京"、"作家书交县递京"、"作家书寄定远"、"作家书交摺差带京"、"作家书托楣生递京"等字样频频见于日记。据以可知,投递方式不同,投递对象大概多为父母,也有侄子曾翰、曾源,还有安徽定远的三兄翁同书。"谢摺回,未得家书,闷甚"③的三二言,久盼音讯不至的迫切心情跃然纸上。有几天,因得知母亲感冒咳嗽、源侄旧病复发,一时"盼家信甚切"④。接家书后,"知母亲外感已愈,胃口未开,仲渊已平复矣。二千里外,意甚悬悬。"⑤

梦里不知身是客,居人思客客思家。千里迢迢,关山阻隔,隔不断

① 翁万戈编,翁以钧校订:《翁同龢日记》第一卷,中西书局 2012 年版,第 60 页。
② 朱育礼、朱汝稷校点:《翁同龢诗集》,上海古籍出版社 2009 年版,第 371 页。
③ 翁万戈编,翁以钧校订:《翁同龢日记》第一卷,中西书局 2012 年版,第 40 页。
④ 翁万戈编,翁以钧校订:《翁同龢日记》第一卷,中西书局 2012 年版,第 56 页。
⑤ 翁万戈编,翁以钧校订:《翁同龢日记》第一卷,中西书局 2012 年版,第 56 页。

的是浓浓亲情。远在京城的父亲,对于羁旅在外的六儿一样多有挂念。留意翁心存日记,自1858年8月中旬轿夫从涿州带回儿子始发的第一封家书后,伴着翁同龢愈行愈远的路途,身为体仁阁大学士的父亲,公务缠身之余,始终牵挂着游子的行程:

9月11日:"夜,作与六儿书。"10月5日:"又作寄六儿书。凡六纸。"10月8日:"作寄六儿书,签初三日。"10月10日:"以寄六儿书交庆云浦方伯携去。"10月13日:"六儿授学政于闱中,发谢恩折今日到,想有陕抚折差在此,亦草一纸寄去。"11月3日:"夜,草家书与六儿,托文瑞圃观察寄去。"11月9日:"夜,作寄六儿书,六纸,次日又草四纸,交曾中丞折差去。"11月20日:"得六儿书,尚是九月十八日者。……复得九月书,知足疾大剧而愈,已可步履,定于十月朔赴三原,七日接篆视事矣,慰甚,灯下作书五纸复之,次日交折差去。"12月28日:"夜作寄六儿书八纸。"①

少则寥寥数行,多则洋洋八页的家书,父亲集牵挂、惦念、忧思、嘱托于白纸墨迹,直达游子心底。

艰难的日子,家书温暖、宽慰着翁同龢的生活。隆冬季节,父亲不仅捎去了一身狐裘御寒,还有思想上的开导,宽慰着年轻人骚动不安的心灵。在接到督学陕甘之命后,翁同龢"竟夕不寐,归志甚决"②、"连日归思填臆,肝郁不抒"③,父亲随后就有苦心孤诣的来信传递。据翁同龢11月22日记:"得……家书,读严谕数四,进退维谷,至署周览室宇,夜不寐。"④于迷茫的十字路口手捧家书,一如回到了父亲身边,聆听着严慈有加的父爱教诲。为了让儿子尽快熟悉并适应学政职责,翁心存特意寄去了一部十多本的《学政全书》,该书包括了学宫事宜、学校条规、颁发书籍、崇尚实学、厘正文体、书坊禁例、学政事宜、考试场规、生童试卷、考试题目、阅卷关防、考核教官、优恤士子、整饬士习等各方面内容,

① 以上引文,分别见张剑整理:《翁心存日记》第三册,中华书局2011年版,第1343、1351、1352、1353、1354、1361、1362—1363、1366、1377页。
② 翁万戈编,翁以钧校订:《翁同龢日记》第一卷,中西书局2012年版,第37页。
③ 翁万戈编,翁以钧校订:《翁同龢日记》第一卷,中西书局2012年版,第40页。
④ 翁万戈编,翁以钧校订:《翁同龢日记》第一卷,中西书局2012年版,第43页。

便于他遵章从事,做好本职工作。

一页旧式的竖栏信笺,一手漂亮的蝇头小楷,翁同龢与亲人之间的一封封家书,无不真切地表达了彼此的思念与牵挂。终其一生,无论何时何地,家书成了翁同龢及其家族成员日常生活的重要组成。

漫漫西行路上,抹不去的还有对亡妻的绵绵哀思。1858 年的农历七月初七,传为牛郎织女天河相会之日,是中国传统的"七夕节"。今夕何夕,阴阳两隔。途经定兴道中,翁同龢遥看星夜空阔,感念妻棺浮厝暂寄,一时悲从中来:①

> 燕台回首树冥冥,尚见西山未了青。
> 薄醉岂能消积痗,远游终是逐浮名。
> 凤低蝉翼知成梦,雨枕凫灯唤不醒。
> 人事变更谁料得,涿州城下看双星。

**当年除夕之夜,翁同龢填《金缕曲》一阕:**②

> 历历珠玑冷,是何人清词细楷,者般道紧? 费尽剡藤摩不出,却似薄云横岭。又新月娟娟弄影。玉碎香销千古恨,想泪痕,暗与苔花并。曾照见,夜装靓。

> 潘郎伤逝空悲哽,最难禁烛花如豆,夜寒人静。玉镜台前明月里,博得团团俄顷。偏客梦、无端又醒。三十年华明日是,剩天涯、飘泊孤鸾影。铭镜语,问谁省?

《金缕曲》又名《贺新郎》,凡贺人婚娶,多选此调。不过,翁同龢此作绝非欢喜之调,他以"冷"字调启首,笔底下寄托着对亡妻的缠绵之情,此曲有题识:

> 此余儿童时依仿鲍叔野先生点本。亡妻爱诵唐宋长调,因以畀之,病中犹咿唔不辍也。顷来秦中,携以自随。除夕客去,官斋如水,取案头画行笔点读一过,俯仰旧事,慨然而叹。是日购一铜

①《定兴道中七夕同潘郑盦作》,朱育礼、朱汝稷校点:《翁同龢诗集》,上海古籍出版社 2009 年版,第 3 页。
②朱育礼、朱汝稷校点:《翁同龢诗集》,上海古籍出版社 2009 年版,第 393 页。

镜,背铭三十二字,有"曾双比目,经舞孤鸾"之语,因题一词,以抒余悲。戊午除夕漏三下,识于陕西学使考署后堂。

那些天里,翁同龢身在三原学政官斋,看着几案上的夫人遗物,倍觉伤神,辗转凄恻之余,权且借词消愁。他在除夕夜的日记中写道:

> 山城岑寂,爆竹之声绝少,客中情景,凄冷万状。题唐镜铭,作一词,有'三十年华明日是,剩天涯、飘泊孤鸾影'之句。余岂真有儿女之念哉!死生契阔,未能忘情,念彼黄垆,当亦形影相吊,潸然出涕耳。①

1859年2月10日记:"夜梦亡妻,言笑如平生。入关来数十梦矣。"②2月17日记:"夜梦亡妻,嘱余置箧室,一恸而醒。"③冬夜孤影寒如许,翁同龢不敢轻易睡去,与夫人相爱相知的过往点滴日夜缠绕心底。

寒夜辞旧岁。留意同样出自翁同龢的除夕日记,还有这么一段文字:"北望京华,东瞻淮甸,南顾吴门,一日九回,寸衷千里,甚矣,游子之不可为也。"④此时此刻,"北望"着在京父母,"东瞻"着时任安徽巡抚的手足兄长,"南顾"着战火漫延的家乡常熟。身为游子,翁同龢满是忧思缕缕的至亲眷念。

1859年1月17日,适患严重足疾的他奏请开缺现职,回京调理。在等待了差不多一个月之后接到恩准谕旨,翁同龢禁不止"漫卷诗书喜欲狂"⑤的心情。办理交差手续后起程,几近整整一个月的奔波,5月6日回到京城,翁同龢终与家人团聚。

———————————

① 翁万戈编,翁以钧校订:《翁同龢日记》第一卷,中西书局2012年版,第50页。
② 翁万戈编,翁以钧校订:《翁同龢日记》第一卷,中西书局2012年版,第53页。
③ 翁万戈编,翁以钧校订:《翁同龢日记》第一卷,中西书局2012年版,第53页。
④ 翁万戈编,翁以钧校订:《翁同龢日记》第一卷,中西书局2012年版,第50页。
⑤ 翁万戈编,翁以钧校订:《翁同龢日记》第一卷,中西书局2012年版,第53页。

# 第四章  乡关何处

## 第一节  国难家愁

　　1859 年(咸丰九年),翁同龢从陕西回到京城。鉴于庶常馆的学习期未满,依例要去学馆续修学业。由于告病待治,翁同龢只能居家边休养边用功,有时帮父亲缮抄奏折,亦访师友,顺便逛琉璃厂观览字画。第二年五月补散馆考试,列一等第二名留馆,派翰林院分教庶吉士。1860 年(咸丰十年)的春天,翁家迁移新居,从原来逼仄的南横街搬到了兵马司中街。

　　时值清王朝内忧外患日益煎迫的非常时期,身为权贵显要之家的他,对于接踵而至的一连串国仇家难,有着不同寻常的切肤之痛。

　　继第一次鸦片战争之后,1851 年(道光三十年)广西爆发了太平天国起义,不久进军湖南、湖北,1853 年(咸丰三年)2 月太平军由武昌帆幔蔽江,挟千里席卷之势浩荡东下,沿江州邑莫不望风披靡。3 月 20 日攻克南京并定都,建造"人间小天堂",占领东南半壁,与大清几成分庭抗礼之势。此后 10 多年里,太平军继续西征、北伐和东进,与北方捻军起义遥相呼应,如火如荼,烽烟燃遍大江南北。与内乱风暴相应,西方列强为了进一步打开中国市场,扩大在华特权和利益,蓄意发起了新一轮挑战,在多次提出所谓"修约"①的要求遭清政府拒绝后,1856—1860

---

① 指修改第一次鸦片战争时期所订条约。

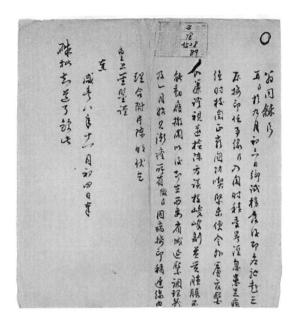

中国第一历史档案馆藏《陕甘学政翁同龢奏报因病
接印稍迟折》

年,英、法在俄、美支持下制造事端,联合发动了一场新的侵华战争。兵荒马乱、内外交困的时局,表明了道光、咸丰年间的清政府已面临着岌岌可危的处境。

1860 年频频引发的家国事端,让翁同龢一家陷入了惨云愁雾的境地。

先是户部兑换官票案。1853 年,清廷为应对战事造成的国库财匮困境,决定由户部设立宝钞处和官钱总局,发行宝钞,钞分五百文、一千文、一千五百文、二千文四种,称"长号"零钞;两年后又增发五千、十千、五十千、一百千数种,称"短号"整钞,规定整钞用来发放外省,京师只许以零钞换整钞,不准以外省整钞易换京师零钞。但由于零钞的市面价值高于整钞,官票所官员往往违规营私,套取其中差额,不法商人也一样借此牟利。当时有"乾"字编号的钱局四处,"宇"字编号为宇谦、宇升、宇丰、宇益、宇泰五处。1859 年 9 月肃顺调任户部尚书,风闻此事后派人追查,发现前二年以短号整钞换长号零钞就有八十余万串,次年三月奏请将经手兑换的忠麟、王熙震等人听候刑部传讯。审讯中,忠麟、

第四章 乡关何处

王熙震为推卸责任,供称官票兑换之事征得过当时户部尚书翁心存、侍郎杜翱的同意。一月之内,咸丰帝两次诏令当事人据实回奏。但翁心存认为"虽时隔数年,再四回思,实无该司员等回堂之事",①为此遵旨具疏:"盖各部院公事非一二人所能专政,该司员若果回堂,亦必遍回各堂以为可行,方始议准,若如所供,仅称回过两堂,则只凭数语立谈,遂得更改旧章,自来部院办事,断无如是悬虚影响之理。"②多次明白回奏,反复审讯后也无确凿证据,但肃顺及怡亲王载垣等仍要求"旨饬下翁心存、杜翱再行明白回奏,抑或革去顶戴、听候传讯之处"③。4月10日,咸丰帝谕以忠麟、王熙震不得以"影响之词,意存透过",着翁、杜两人"先行交部议处,无庸再行回奏,亦毋庸传讯。"④

不过,事情远没有到此为止。当年七月起,肃顺、载垣等又以"宇"字五号局欠款和官钱总局的账面不符,存在滥支经费、营私舞弊行为,借此大做文章,罗织罪名,发起了打击范围更广、波及数百人的五宇奏销案,一大批官员和商民被查抄入狱。翁心存再度被牵涉,终以防范不严的失察之过,加以革职留任论处。

肃顺等人之所以追究不放,祸起于守正不阿的翁心存与他们之间的政见不合。早在1859年2月,时任户部尚书肃顺等主张开禁鸦片,以洋药名义征税进口,翁心存毅然表示反对,认为"若然,何以见先皇帝于地下"⑤。由此遭来肃顺的忌恨和打压。此时,虽说翁心存已奏请开缺体仁阁大学士,在家退闲养疾,政敌意欲陷害之心却昭然若揭。

翁同龢对父亲的清介自守坚信不疑。记得1856年底父亲被任命为户部尚书时,念及"度支匮乏,军饷浩繁,无源可开,无流可节,都中大

---

① 《前任大学士臣翁心存跪奏爲遵旨明白回奏事》,张剑辑校:《翁心存诗文集》(下),凤凰出版社 2013 年版,第 1315 页。

② 《(咸丰十年三月)臣翁心存跪奏爲遵旨再行明白回奏仰祈圣鉴事》,张剑辑校:《翁心存诗文集》(下),凤凰出版社 2013 年版,第 1321 页。

③ 《附一:臣载垣等谨奏爲遵旨覆讯官票所司员所供回堂情形据实奏请旨事》,张剑辑校:《翁心存诗文集》(下),凤凰出版社 2013 年版,第 1322 页。

④ 《附二:咸丰十年三月二十日内阁奉上谕》,张剑辑校:《翁心存诗文集》(下),凤凰出版社 2013 年版,第 1323 页。

⑤ 翁同书等撰:《先文端公年谱》,张剑整理:《翁心存日记》第四册,中华书局 2011 年版,第 1861 页。

钱壅滞，物价日昂"的社会经济危局，一度食不下咽，不胜"悚惕"①之感。事发后，连日讹言纷起，翁心存告慰家人："吾之忠悃，天实鉴之，汝等无为流言所惑。"②话虽如是说，但这一期间如坐针毡的心情可想而知。1860年4月的两次递交明白回奏折，翁心存已有"遥望松楸，不胜凄怆，未知它日能归骨故山否也"③的隐忧；在明知皇上有意庇护保全后，更是"伏地叩头，感恩流涕"④。

有一天晚上，南横街宅后的大树被大风连根拔起，也让翁心存似有不祥的预感。7月2日七十寿辰，老人以"时事多艰，不准称祝"。⑤ 当月父亲缮写的一份回奏，准备交五兄二天后递呈，因次日感觉折内"尚有未妥，即行改削"，又责成他重新缮抄，并火速通知五兄务勿将前折递上。7月16日由他赶早递奏，第二天的日记里留下"未出门，回横街"⑥的寥寥一笔。那段时间，日记里多有案件进展的记录，他相信此案事出有因，在这前夕拜访内阁学士兼礼部侍郎沈兆霖，也有"回奏摺内详述商人月费不得不加之故，缘先后银价物价迥殊"⑦的知心之语。闷热的夏夜，盘桓在心的刻骨忧愁无法缓和内心的阴寒，此刻只有与父亲一起并肩担当，急其之所急，忧其之所忧，直至风波最终平息。

随后不久，因第二次鸦片战争而遭遇的国耻大难，更是翁同龢触目惊心的民族屈辱。

1860年8月，英法联军攻陷天津后北上。9月22日咸丰帝狼狈逃亡热河，为了安抚廷臣，掩人耳目，又美其名曰"以巡幸之豫备作亲征之举"。英法侵略军接着进犯北京，洗劫并焚毁了有"万园之园"之称的圆明园。代表清政府留京议和的恭亲王奕䜣，与英、法、俄签订《北京条约》，并批准了中英、中法《天津条约》，城下之盟后联军退出京城。

咸丰帝出逃的当天，京城九座城门关闭，城内外交通断绝。一片恐

① 张剑整理：《翁心存日记》第三册，中华书局2011年版，第1178页。
② 翁万戈编，翁以钧校订：《翁同龢日记》第一卷，中西书局2012年版，第77页。
③ 张剑整理：《翁心存日记》第四册，中华书局2011年版，第1502页。
④ 张剑整理：《翁心存日记》第四册，中华书局2011年版，第1504页。
⑤ 翁万戈编，翁以钧校订：《翁同龢日记》第一卷，中西书局2012年版，第85页。
⑥ 翁万戈编，翁以钧校订：《翁同龢日记》第一卷，中西书局2012年版，第87页。
⑦ 翁万戈编，翁以钧校订：《翁同龢日记》第一卷，中西书局2012年版，第86页。

慌之中，翁同龢一家也不得不四处离散，父母以古稀衰病之身先避至房山吕村一处朱氏丙舍，随即转入房山城内东门大街庆余堂；大嫂及曾源侄等也是先避居密云县康格庄，再迁到房山城内马家胡同，嗣子曾翰夫妇在昌平州周家巷暂避，后移至房山西门内赵家胡同。在随后去卢沟桥探听消息的路上，翁同龢眼里到处是络绎不绝的难民、逃兵。那些天，他大多往来于京城和房山之间，早出晚归省亲探望，既给父亲通报入城所见情状，更多地每天带些书画碑帖，为老病缠身的父亲减去一些寂寥的心情，难怪父亲在日记里留下一笔："病中无可消遣，六儿日取法书旧帖供阅，聊以度日，亦不忍诃止也"①。烽火里的闲情不减，既是一份痴心雅好所致，也包含着孝子一片用心。

1861年8月，咸丰帝病死于热河，六岁皇子载淳继位，遗命载垣、端华、肃顺等八人为辅政大臣，定次年改元"祺祥"。11月初，慈禧太后与恭亲王奕䜣合谋发动宫廷政变，处死肃顺等人，宣布"垂帘听政"，以奕䜣为议政王，改年号为同治，史称北京政变，又称"辛酉政变"或"祺祥政变"。这场由清朝最高统治层内权力斗争而演变成的宫廷政变，在政局没有发生重大动荡的情况下完成了权力移交，两宫临朝称制于上，恭亲王总揽全局于下，实权则掌控在慈禧太后手里。政变第二天起，两宫历数肃顺等朋比为奸、专横跋扈的种种罪行，逐日颁发的谕旨，都被翁同龢和父亲抄录在了各自的日记中，心里不仅为政敌罪有应得的下场而欣慰，也充满了对皇恩的感激。不久，少詹事许彭寿奏请将"五宇奏销案"尽早结案，并给无辜株连者昭雪。在奕䜣主持下，轰动全国的大案得以结案，一批被肃顺迫害打击的官员随后得以重新起复。很快，父亲被朝廷以"守正不阿，学问渊博"②之褒，开复革职留任处分，命以大学士衔管工部事务，并免派一切差使。惊心动魄的政局更迭，驱散了笼罩在父亲和家人心头的阴云；也警戒着初涉政坛的翁同龢，依违之间更要多一份谨小慎微。

几乎在同一时期，陷于太平军战火冲击下的常熟亲友，一样牵绊着

---

① 张剑整理：《翁心存日记》第四册，中华书局2011年版，第1565页。
② 张剑整理：《翁心存日记》第四册，中华书局2011年版，第1664页。

翁同龢的忧心。

1860年春太平军攻破江南大营后，直下苏南地区，声势所及，庐舍为墟，遍地瓦砾，一时成了人烟寥落之地。当年6月攻克苏州，设立太平天国苏福省，以苏州为省会，辖有常州、松江、太仓和苏州四郡。9月16日占领常、昭两县，大多仕宦世家劫运难逃，不仅财产尽归乌有，更有被杀被逮，无奈之下抛家弃室，纷纷逃往江北或流寓上海。"此际富绅多受厄，难民逃遁似禽飞"①的诗句，正是当地士人目睹的具实描述。时人笔下，当年两县衙门官舍仅存头门，文庙大成殿、崇圣祠被拆为平地，仅存明伦堂、尊经阁及斋房。游文书院已是一片瓦砾，忠孝祠、杨公祠、范公祠、安济堂也被毁无存了，至于城内城外的庵观寺院，"毁坏甚多，间有存者，唯破屋数间而已。"②当时经管两县赋租的曾彬文、丁云瑞是翁同龢熟识的乡友，城破后被斥以数十年来养尊处优，以"恶贯满盈"而擒杀，前者"开膛破肚"，后者"身首异处"③。少小同学吴鸿纶父子被抓后幸得逃脱，忘年书友屈茂曾却在战乱中被害……

中国第一历史档案馆藏《著翁心存在弘德殿授皇帝读书懿旨》

---

① 归庆□：《让斋诗稿》"八月杂咏"，南京图书馆藏稿本。
② 曾含章：《避难记略》，见董蔡时主编：《太平天国史料专辑》，上海古籍出版社1979年版，第67页。
③ 柯悟迟：《漏网喁鱼记》（清代史料笔记），中华书局1959年版，第47页。

故土遥望,乡愁无以释怀。这些发生在家乡的事态传闻,纠结在翁同龢的心底。由署理江苏巡抚薛焕以及驻节常熟的江南督办团练大臣庞钟璐一份份加急奏报,由同乡之间家书报达的相互传告,更有侄儿曾荣转辗寄来的一封封家信,让他在焦虑中有所了解。6月29日,得知眷属已逃亡四乡分住,二姐流离到了七十里外的江阴长泾,只有两个侄儿留守老宅。10月16日,确认常、昭失守的消息,一时"南望乡关,不禁魂断。"①11月8日,获悉綵衣堂已被太平军守将占据,但家人已渡江北上。后来据告侄孙都已平安到达兴化,二姐全家则滞留在了泰州。入冬后,在京入仕的同乡照例借消寒会宴集。12月中旬与前辈王宪成、同年杨泗孙、赵价人等挚友围炉吟诗,原本消寒的雅聚,更添了他"眷怀桑梓,雪涕不已"②的愁绪。

在1860年的除夕日记里,翁心存写道:"翠华未回,都城萧索,乡关沦陷,骨肉流离,寿春伏莽时时欲发,山左情形跳梁日众,大军亦不甚得力,对此茫茫,百端交集,度岁之艰难,未有如今年者也。"③同样的除夕之夜,翁同龢在日记里也有难以平复的心情:

> 岁已暮矣,总计此年中风波震撼,可骇可愕,曾未操心虑患,曾益所不能,徒令志气颠倒,处事不当,而孝弟之念益衰,是可惧也。④

1862年(同治元年)12月8日,翁同龢记有一梦:

> 夜梦至家乡后层书屋,方踌躇间,窗棂洞开,恍惚见一人曰:"予项子京也,爱君家古籍,故来就耳。"因论图书散佚,日已日少,惟被劫火者,冥中有流传本,若水渍断烂,则此书遂不传矣。又云日日阅邸钞,与人间无异,即不平事天上亦有之也。又一小楼,不知何处,子京之侄居焉。谈次蘧然而悟。⑤

迷梦里的"子京",乃是翁同龢的好友周原祁(1832—1897),江苏赣榆

① 翁万戈编,翁以钧校订:《翁同龢日记》第一卷,中西书局2012年版,第104页。
② 翁万戈编,翁以钧校订:《翁同龢日记》第一卷,中西书局2012年版,第114页。
③ 张剑整理:《翁心存日记》第四册,中华书局2011年版,第1579页。
④ 翁万戈编,翁以钧校订:《翁同龢日记》第一卷,中西书局2012年版,第120页。
⑤ 翁万戈编,翁以钧校订:《翁同龢日记》第一卷,中西书局2012年版,第273页。

人,父亲周定溥道光至咸丰年间在刑部为官,家藏书画古籍颇多。两家有世交渊源,周原祁后来到翁家做了西席,成为莫逆之交。恍惚如梦至此,也可见他当时的揪心了。到了1863年秋天,据说西山祖茔的树株尽被砍伐,綵衣堂后几层已不堪入目,书帙字画更是零落遍地,翁同龢为之惜叹。后来,曾荣几经艰辛抵京团聚,相见一瞬间,叔侄俩禁不住"涕泗横集"①。

## 第二节　手足分离

就在惊心动魄的辛酉政变刚刚过去三个月,三兄翁同书的入狱监禁,让翁同龢又一次陷于难言的苦痛之中。

翁同书自1853年卸任贵州学政,被派往扬州江北大营供职。不久从太平军手中收复江苏、安徽两省的一些城市,1858年授安徽巡抚,驻节泰州。任上因遭太平军与捻军的合击,先失定远,退守寿州;又跟参与过地方镇压捻军、后来割据一方的苗沛霖不和,苗转而围攻寿州,导致寿州陷落。此事平息后,翁同书被召回京,于1862年2月14日回到京城。正当家人沉浸在阔别重逢的喜悦之中,没想到灾祸骤然降临。仅仅过了几天,两江总督兼督办江南军务的曾国藩即上奏参劾,指责翁同书对苗沛霖处理不当、弃城而逃、谎报军情等数条罪状,要求朝廷严惩,奏折说:

> 军兴以来,督抚失守逃遁者皆获重谴。翁同书于定远、寿州两次失守,又酿成苗逆之祸,岂宜逍遥法外?应请旨即将翁同书革职拿问,敕下王大臣九卿会同刑部议罪,以肃军纪,而昭炯戒。臣职分所在,例应纠参,不敢以翁同书之门第鼎盛,瞻顾迁就。是否有当,伏乞皇上圣鉴训示。②

① 翁万戈编,翁以钧校订:《翁同龢日记》第一卷,中西书局2012年版,第363页。
② 《参翁同书片》(正月初十日),(清)曾国藩撰:《曾国藩全集》(修订版),奏稿之四,岳麓书社2011年版,第26—27页。学界就曾国藩疏劾翁同书一事,长期以来多有疑义。据台湾庄练所著《中国近代史上的关键人物》,援引近人徐一士所撰《凌霄一士随笔》,持李鸿章代笔之说,以此佐证翁同龢与李鸿章政坛交恶的缘起。但有学者考辨认为,此说并无确凿证据,不足为信。详见翁飞:《翁同龢、李鸿章关系探源》,《安徽史学》1994年第4期。

对翁家来说,此折一出,简直是晴天霹雳。翁同书看上去却是谈笑自若,"但言局外人不知其难耳"①。在接刑部传票后的第二天,翁同龢陪三兄赴西长安门刑部安徽司递交申诉状,走进刑部所在北监,不免生出"自古贤人君子,忠臣义士蒙难受辱于丛棘中者多矣"②的浩叹。有关寿州事件,他未必知其实情,但从"邸抄"③的追踪阅读中,也大概得知事情的一些原委,1861 年 10 月 30 日,翁同龢在日记里写道:"苗练之跋扈久矣,驭之无术,发之太骤,以至于是,窃恐寿州之围愈急耳,终夜怦怦不能寐。"④面对一时传闻迭起,翁同龢不能不利用自己的人脉关系四处奔波,期间频频过从的师友,既有大理寺卿朱学勤、光禄寺少卿程恭寿、户部主事何国琛、侍讲杨泗孙、内阁学士徐致祥、工部侍郎宋晋等人,也求助于几位声名显赫的父执前辈,如两度出任咸丰朝首席军机大臣、人称"寿阳相国"的祁寯藻,以大学士兼管刑部的周祖培。能否赖以营救暂且不说,借以探听案情进展,至少也是尽一份守望相助的心力。

在此当口,朝廷就如何回应曾国藩的奏折严劾,委实煞费苦心:一为借助地方团练镇压太平军而崛起的湘军统帅,不能不倚重的南方实力派人物;一为耆硕重望的三朝元老之子,也不能没有眷顾之意。两难权衡之后,先是 2 月 22 日照例将翁同书革职拿问,着交刑部按律定罪,以免落人之口实。3 月 2 日又有两宫颁谕,以"品学端方,耆年硕望"之褒,委派翁心存在弘德殿授读同治帝,以示抚慰;至 3 月 6 日内阁会议公议后判翁同书斩监侯的同一天,翁同爵以京察一等引见,记名以道府用;不久后翁同龢两充考差,先被命为会试同考官,补詹事府右赞善;后又充任山西乡试正考官。此番安排,委婉释放了朝廷有意安抚体恤、无意置其重处死罪的信息。

就在父亲受命帝师的当夜,翁同龢焚香占卦,先得"小畜之巽",后得"大有之鼎"⑤,前后卦象似乎暗示着他,在难免的困厄面前必须沉稳

---

① 翁万戈编,翁以钧校订:《翁同龢日记》第一卷,中西书局 2012 年版,第 212 页。

② 翁万戈编,翁以钧校订:《翁同龢日记》第一卷,中西书局 2012 年版,第 213 页。

③ 即邸报。

④ 翁万戈编,翁以钧校订:《翁同龢日记》第一卷,中西书局 2012 年版,第 173 页。

⑤ 翁万戈编,翁以钧校订:《翁同龢日记》第一卷,中西书局 2012 年版,第 214 页。

应对,只要慎重行事,终能逢凶化吉。春寒料峭夜的祈求,冥冥之中觉得似有神灵保佑,"意甚悬悬"的心头未免有了些宽慰。

　　此后,除了1862年4月4日至5月7日充任会试同考官的一个月,8月15日至10月31日充任乡试正考官出行二个半月外,翁同龢几乎每月多次,要去三兄那里看望,5月27日:"晨诣三兄,午饭后归。"6月2日:"诣三兄,谈良久。"7月19日:"辰巳间诣三兄处,竟日讲《易》,颇获异闻,薄暮归寺。"7月25日:"到三兄处讲《易》,皆得未曾有。"①兄弟二人论易说禅,一谈就是半天。

　　为了排解三兄身陷囹圄的郁闷,翁同龢还将三槐堂书坊买回的字画,如据说钟繇《荐季直表》墨迹、王石谷画轴,先后带去请三兄鉴别真伪。山西考差结束的10月中旬,已是"归心似箭",接连几天"魂梦皆在京邸,恨不奋飞。"②至月底回京城的第二天,就急着赶去探望。直到当年12月下旬父亲病危,三兄被特旨暂行释放,回家侍奉汤药。可刚一到家,病榻前的父亲已是气若游丝,口不能语。父兄俩终于见上一面,彼此泪光涔然,未想转眼生死永隔,翁同龢心酸泪涌,痛何如哉!之后,恩准三兄依礼守丧,百日期满再行监禁。

　　好在,侄儿曾源不久后状元及第,叔侄联魁,多少化解了翁同龢凄苦悲凉的心结。那二年,身患癫痫的翁曾源因祖上庇荫,先赐举人后赏贡士,不必入闱,就直接参加了1863年的恩科殿试。但应试阶段病症是否复发,状态能否稳定,身为叔父的他深为担忧。5月18日记:"源侄至庙中习字,忽发旧病,扶憩良久,乘车回横街即卧,此次四十五六日未发,方冀其痊而仍未能除,可虑也。"试前还拜访了自己的会试座师全庆,以期有所照应。6月7日殿试当晚日记:"谒全师,全师充读卷官……待源侄不出,殊焦急,五兄、筹侄于戌初一刻去,三刻余源侄出场,身体甚好,亦无讹字,为之欣慰。"6月8日记:"源侄近年为病所苦,深虑不能成名。今邀先人余荫得与廷试,从容挥洒而出,意者其有天佑乎?"6月10日钦定源侄得一甲第一名,翁同龢"悲喜交集,涕泪满衣。"

① 以上引文,分别见翁万戈编,翁以钧校订:《翁同龢日记》第一卷,中西书局2012年版,第234、235、242、243页。

② 翁万戈编,翁以钧校订:《翁同龢日记》第一卷,中西书局2012年版,第259页。

当天日记写道："源侄得此科名，庶足仰答先人未竟之志，稍伸吾兄不白之冤乎。"①

　　喜出又望外，绝处还逢生。1864年（同治三年）2月，三兄被免去死罪，改戍新疆，告假一月后赴命。默念三兄此行远去，白发孤臣困守边境，翁同龢愤懑之心溢于言表，"此情此状，其何以堪，恨不沥血抒词，叩九阍而上诉也。"4月26日，眼看三兄启行在即，翁同龢已是"别期渐近不堪闻"的离绪充溢。他不仅手摹了一幅新疆地图，还特意给当时由直隶布政使调任山西布政使的友人王榕吉写信，拜托他在三兄所经山西、陕西、甘肃等沿途多加照应。5月1日启程，兄弟临别依依，相对无语。行至太原，亏得山西巡抚沈桂芬和督办甘肃军务的西安将军都兴阿从中相助，由都兴阿奏请允准翁同书赴营效力，协助围剿回民起义。消息传来，翁同龢"举家感泣"。6月21日："数日来专盼三兄处信，得五月初九太原书，为之一快。"10月9日接三兄来信，"洒洒千言，如读《西征赋》"②。在三兄远戍边塞的日子里，弟兄俩通过信局和提塘③带信，家书频传，见字如面。

　　1864年除夕又至，翁同龢在日记里写道："夜展先像，痛念音容，血泪满衣矣。综计今年学未进而志加惰，气渐弱而发多白。嘻！其衰矣。西望陇塞，南瞻宛雒，徒思远人，切切不已也。"④《诗经》有"无思远人，劳心切切"之句，可在翁同龢别添了"徒思远人，切切不已"的焦虑，内心挥不去的，终是至亲人的离别忧愁。

## 第三节　变故迭起

　　南宋著名理学家朱熹著《论语集注》有言："善事父母为孝，善事兄

---

① 以上引文，分别见翁万戈编，翁以钧校订：《翁同龢日记》第一卷，中西书局2012年版，第294、298—299、299、299页。
② 以上引文，分别见翁万戈编，翁以钧校订：《翁同龢日记》第一卷，中西书局2012年版，第334、349、357、358、378页。
③ 提塘：清代官名，驻于京城，三年一代，负责投递本省与京师各官署往来文书，称提塘官。
④ 翁万戈编，翁以钧校订：《翁同龢日记》第一卷，中西书局2012年版，第394页。

长为弟。"翁同龢从小孝顺父母,敬爱兄长,是以孝悌名闻的世家子弟。从 1862 年至 1872 年(同治十一年)的十年间,伴着父亲、三兄、母亲的相继离世,让他饱尝了泣血焚心的人间苦痛。

先是父亲的去世。前有肃顺陷害,后有寿州事发,父亲显已饱受身心折磨。危难之际受命弘德殿授读,后又充实录馆监修总裁,老人深知内有两宫太后的眷念隆恩。此后,他不顾年迈之身,每天寅时入值,申时①回家,恪尽职守。为了就近供职,还把家搬到西华门静默寺。进入六月炎夏季节,虽有谕旨弘德殿放假,三伏后继续,却又坚持和祁寯藻轮班入值;转入秋冬,照常顶风冒雪,从不误时。翁同龢发觉,父亲有几天常说起"肢体气血不和,故手指甚寒,胸中忡忡,每日冲寒入直,不能不虑也。"②十二月中旬不幸病倒,神志不清多日,于 12 月 27 日凌晨去世。

鉴于当时南方战事没有结束,不能护送父亲的灵柩回乡。翁同龢和五兄先在京城郊外昌平山下相度墓地,由会试同年延树南出让所置新庄核桃园一方,暂时下葬。依古人庐墓守孝之礼,随后奉灵暂安,居山中一个月后回京。

继则三兄的病逝。自 1864 年中秋翁同书抵达都兴阿军中报到,随后总办营务,兼职粮饷督催,接统直晋官军,驻扎陕西定边县花马池军营。1865 年因连战告捷,先后赏赐五品、四品顶戴,不料入秋后因痢疾不起,于 12 月 14 日病逝,年仅 56 岁。噩耗传来,正当翁同龢授命弘德殿行走不到十天,惊闻之下肝肠欲裂。据 1866 年 1 月 11 日记:翁同书临终前四天,还有七、八页的家书寄出,"略言死生事小,忠孝事大……谕弟以善事老母而已。"③手捧三兄字迹端正有力的遗书,翁同龢满是"呻吟达旦"的心痛。直至晚年自订年谱,此情依旧耿耿不释:"吾兄弟相聚之日少,计三十六年中相处者才十一二年,小时诗文兄实启之,近年来乃从狱中问读书法,犹冀他日白首相随之乐,今竟已矣。"④

---

① 寅时,早晨四点左右;申时,下午五点左右。
② 翁万戈编,翁以钧校订:《翁同龢日记》第一卷,中西书局 2012 年版,第 266 页。
③ 翁万戈编,翁以钧校订:《翁同龢日记》第一卷,中西书局 2012 年版,第 461 页。
④ 《自订年谱》,翁万戈编,翁以钧校订:《翁同龢日记》第八卷,中西书局 2012 年版,第 3825 页。

三兄病故时,五兄放官在外,母亲正卧病。怕老人受不了丧子之痛,翁同龢只得暂时瞒而不报。随之,督办葬仪,托人探询恤典,租赁停厝场所,无一不落在了他的身上,为此不得不请假半月料理。次年二月三兄灵柩到京,暂厝城外天宁寺开吊,此后获旨开复原官,又遣使致祭,并追谥"文勤"。在"感深刻骨"之余,翁同龢更多地祈祷着三兄蒙冤之魂的慰藉。1866年9月9日书房入值后的日记,还记取了十一岁的同治帝给予的恻隐关切:

> 是日龢侍读时,上忽忆先臣,因问卒年几何,居何官,今葬何地,则具以对,不自知涕泪循衣而下,上为恻然;又问汝兄某是翰林耶,具对长兄系翰林;亦问年齿官爵,并云去年腊月汝有兄服,非以此耶?①

三兄过世后的日子里,翁同龢既要入宫授读,又要照应母亲,源侄又连日发病,忙里忙外,几无分身无术,心力之交瘁可想而知。来自圣恩的垂询眷顾,又让他禁不住泪满衣襟。

此前几年里,亡妻汤松灵柩因战乱一直未能归葬入土,1860年8月,翁同龢在西城报国寺大悲坛的北墙下筑厝室,将灵柩安于室中。此后凡遇亡妻农历六月十七日的生日、忌日,他几乎年年或去报国寺设奠,或在横街寓所祭供。1866年5月2日记:"归为亡妻设奠于寝,距其没已九年矣。曩时犹数数梦见之,近乃不复梦,即梦亦模糊,岂爱根已断耶,抑渐远渐忘耳?独坐凄然。"6月10日记:"检旧箧,得亡妻画笔,为之黯然。"1867年4月22日记:"亡妻忌日,晨起拜之于寝,午奠未能亲也,退直后至报国寺视其厝室"。7月18日记:"亡妻生日,设奠时未能与祭,清晨焚香告之,荏苒十年,能无一喟!"②

落叶归根,入土为安。转至1868年,随着南方太平军和北方捻军战火的熄灭,京杭大运河恢复开通。是年4月,翁同龢致五兄信中说:"先人窀穸一日不安,则龢等之中怀一日不释,真天壤间之罪人,清夜自

---

① 翁万戈编,翁以钧校订:《翁同龢日记》第二卷,中西书局2012年版,第509页。
② 以上引文,分别见翁万戈编,翁以钧校订:《翁同龢日记》第二卷,中西书局2012年版,第483、492、556、574页。

艾,至于失声。"①九月奏请回籍葬亲,旨令准假三个月,命沿途地方官妥为照料。从9月18日启殡入舟始发,至11月4日抵达常熟,五天后将父、兄灵柩先后葬于虞山西门外鹁鸽峰翁氏墓园,亡妻汤松灵柩同时安葬在虞山北麓兴福祖墓②。千里奔波,往返匆匆,让已逝的至亲魂归故里,翁同龢方能心有宽慰。在给表兄许诚夫的诗中有句:"嗟我何为者?偈然此独行。父兄双椁重,天地一舟轻。朝宁蒙恩礼,关津问姓名。长途最栖屑,赖子慰亲情。"③

时隔不到四年,82岁高龄的母亲去世,最是翁同龢痛不欲生的离别。

父亲、三兄相继去世后,母亲的生活起居一直在他的极度关注中。三兄病逝后的一段时间里,翁同龢为了不让老人经受骤然的打击,出入之间强颜欢笑,如他后来所说:"先是母亲吐血,卧不能起,赴至不敢告,出则素衣,入则强笑,呜呼,酷矣"④。直到"断七"祭祀日,念母亲身体基本恢复,"以三兄病急转达母亲,惊怖已不堪矣,奈何奈何!"⑤二天后将噩耗如实泣陈,又怕母亲有什么意外,"夜移榻伴母宿,彻夜呻吟,未尝合眼"⑥。

那几年里,母子俩少不了嘘寒问暖的关心。1870年1月24日,"慈亲八十寿辰,合家称庆。"翁同龢有时陪母亲赏月看雪,或出游散心,1870年4月26日记:"是日借安徽会馆演剧,为慈亲称祝,宾客来者二百余人,自午初至子正,演剧凡二十余出。"只要母亲心情愉悦,最是孝子如他莫大的安慰了。哪天只要母亲稍有头痛发热,伤风感冒,日记里总会留下延医诊脉的记录,1871年9月9日记:"慈亲渐愈,惟头目不清,饮食未能照常。饭半碗,粥亦然。"⑦其中的一则补笔,足证了他的细微孝心。

① 《致翁同爵函》(1868年4月6日),李红英著:《翁同龢书札系年考》,黄山社2014年版,第11页。
② 汤松灵柩后迁鹁鸽峰翁氏墓园。
③ 《送许诚夫表兄还豫章》,朱育礼、朱汝稷校点:《翁同龢诗集》,上海古籍出版社2009年版,第13页。
④ 《自订年谱》,翁万戈编,翁以钧校订:《翁同龢日记》第八卷,中西书局2012年版,第3825页。
⑤ 翁万戈编,翁以钧校订:《翁同龢日记》第一卷,中西书局2012年版,第463页。
⑥ 翁万戈编,翁以钧校订:《翁同龢日记》第一卷,中西书局2012年版,第464页。
⑦ 翁万戈编,翁以钧校订:《翁同龢日记》第二卷,中西书局2012年版,第770、794、903页。

1871 年 12 月，又一个萧瑟寒冬，母亲病情加剧，翁同龢"中怀辗转，不得其解，彷徨竟夕，未曾交睫。"随后请假五天，续假十天，后又赏假半月。此间近五十天的日记，几乎全是侍奉汤药、寸步不离的详尽笔录。眼看病情每况愈下，次年 1 月 28 日不得不递呈开缺养亲奏折，下旨准假两月但毋庸开缺，还留下"书房不添人，曰待翁某出来，且曰盼翁某早出"的传话，言下之意让他静心伺候。二天后母亲已近弥留，临终时，翁同龢含泪守望老人遗言嘱托，母亲说："汝但行好事，做好人，吾何嘱。"①

1872 年 2 月 2 日慈亲离世后，翁同龢奏请开缺，回籍守制。恭亲王代两宫太后专程致意，希望他守孝百日后及早回宫授读。2 月 19 日记："恭邸来，辞其拜不获，述上向用之意，并书房正吃紧之时，对以三年后再勉力图报。问葬毕回京，对以庐墓视封树。"②此番禀报，翁同龢心里不是没有踌躇，但此刻所想的只是循丁忧之例，将暂置观音院的母亲灵柩送回家乡，为慈亲服丧尽孝。经奏准后，翁同龢与五兄同爵偕侄儿曾源等一家眷属，于 1872 年 5 月 27 日扶柩南下，沿运河连舟而行，历经二个月后再度踏上故土，将母亲与父亲合葬。

南行前夕，翁同龢续撰完成了三兄的《巽斋自订年谱》，又将三兄西行期间与自己的往来信函合编一卷。归里后，他与五兄寻访石梅先祠遗迹，将"榛荆塞路，颓垣尚在"③的翁氏祠堂加以重建；接着在鹁鸪峰前建翁氏丙舍（停放灵柩之所），作为祭拜先人墓庐之所。二年后"遵先公遗命，于遗产中拨二百亩"作祭田之用④。同时，他为父亲编校了遗集，还写了《先母事略》《先母行述》《兄子曾文述》《适俞氏姊墓志》《亡妻汤夫人墓志铭》《清故优贡生诏举孝廉方正俞君墓表》等篇章。此外，为进一步纂补《海虞翁氏族谱》，又先后走访了先世曾经生活过的翁家湾、黄泥桥、卫家浜、洞泾桥等村落，寻访族中后裔，重绘家谱支系图。

从编订先父文集及缕述眷属事略，到建丙舍、置祠堂、设义田、修族

---

① 以上引文，分别见翁万戈编，翁以钧校订：《翁同龢日记》第二卷，中西书局 2012 年版，第 917、929、930 页。

② 翁万戈编，翁以钧校订：《翁同龢日记》第二卷，中西书局 2012 年版，第 934 页。

③ 翁万戈编，翁以钧校订：《翁同龢日记》第二卷，中西书局 2012 年版，第 965 页。

④ 翁万戈编，翁以钧校订：《翁同龢日记》第三卷，中西书局 2012 年版，第 1066 页。

谱,翁同龢此次南归的忙碌,不失为对翁氏家族文献,更为家族形象作了一次系统的整创。正如他在 1874 年 4 月所写《族谱后序》一文中说:

> 先公事君则忠,事亲则孝,身居宰辅,刻苦甚于儒生。尝曰:"一世显宦,必至三世僚幕,盖世家子弟,往往不能安贫,不安贫则亟营微禄以自效,甚则走四方谋衣食以客游为事,当此之时,即欲求为农夫布衣之士而不可得,乌在其能自立乎? 夫富贵不足保,而诗书忠厚之泽可及于无穷。"故谨著先训以示子孙,以告我族之人,俾世世永以为式。①

这一系列的举措,告诫着族中子弟不仅要尽哀尽礼地治丧,尽敬尽诚地祭祀,更要以自身的德行善举坚守"慎终追远"的信仰,强化家族的向心力和凝聚心。

翁同龢母亲生前每日诵经念佛,认为:"吾诵佛非求福也,静观吾心而已;其诵劝戒诸书也,吾常循省焉。其善者固力而行之,其恶者必返之于心而无是念,然后即安。"②居丧期间,为了寄托对母亲的哀思,翁同龢曾手书《法华经》一部。《法华经》全名《妙法莲华经》,以"开权显实,会三归一"为核心教义,倡声闻乘、缘觉乘、菩萨乘同归一佛乘,主张一切众生皆有佛性,成为南北朝之后中国佛教走向以大乘佛教为主流的重要经典依据。早在十年前,翁同龢就在厂肆以十二金觅得唐人写《法华经》三卷真迹,母亲去世不久开始看《法华经》。3 月 24 日读彭绍升著《一行集》,有"忆母如忆佛,忆母不如念佛,以谓大慈摄受,同归净土"之言。在他看来:"余谓念佛不如念母,惟愿生生世世不离母侧,不愿往生净土也。"③始于 1872 年 12 月 1 日起手书,至 1873 年 2 月 10 日写毕,前后共七卷,期间自拟一联曰:"现在岂知来世佛,大意还是小人儒。"

不过,正如他三十年后坦言:"龢于佛法无所悟,其写经也,寄焉而已。"在他的理念里:"吾乡丧乱之际,礼制缺坏,有丧者之居处言笑无异平人。龢滋惧焉,乃借写经以谢宾客,断酒食,日写数十行或数行,比

---

① 翁同龢著,翁之憙整理:《瓶庐丛稿》卷一,商务印书馆 1935 刊本。
②《先母事略》,翁同龢著,翁之憙整理:《瓶庐丛稿》卷五,商务印书馆 1935 刊本。
③ 翁万戈编,翁以钧校订:《翁同龢日记》第二卷,中西书局 2012 年版,第 938 页。

毕,则距祥禫①不远矣。此涕泪之所积,梦寐之所通也,后之人勿作写经观可也。"②可见翁同龢写经,实质并非以儒摄佛或援佛入儒的用意,主要在于"痛吾母之日远,哀吾生之无涯"的悲伤中寻求一种心灵的慰藉和精神的解脱,也借以祭奠期间谢客戒酒。

"慈亲不忍诀,昆弟默相顾。"出自唐人崔湜的诗句,贴切地烘托了翁同龢的人生况味。当初母亲归葬,手足还相伴,随着 1877 年(光绪三年)五兄翁同爵病逝,兄弟仨也就剩下他孑然一身了。

五兄从小出嗣叔祖翁颖封,三兄弟中可谓大器晚成,38 岁以荫生资格供职兵部,十年后升为兵部武选司员外郎,之后被擢湖南盐法长宝道,继授四川臬台、陕西藩台③,1871 年擢为陕西巡抚,跻身为封疆大吏之列。翁氏以孝悌传家,兄友弟恭,手足情深。翁同龢进宫授读后不久,远在长沙的五兄就有《寄叔平弟》的家书,信中言辞恳切地写道:④

> 吾弟蒙恩在弘德殿行走,此固儒生非分之荣,且日侍圣学,可成先人未竟之志。吾弟宜尽心竭力,以图报称。待人须谦恭,处世须和平,礼节须谨慎,言语须缄默。盖其地贵近,日与枢廷及御前诸贵人相周旋,凡一举一动不可忽略,侍从宦官,亦宜待以礼貌。至年节所费,更不可少。吾弟素性近于亢厉,须时时自持之,切勿太过为嘱。

随后殷殷嘱咐:

> 吾弟平素衣服本不讲究,虽是俭德,然既当此差,则不能不添置数件。凡棉夹、单衫、袍褂,皆须齐全,单衫者必须要新旧两副(旧者阴雨天穿)。蟒袍、青褂等单纱者,亦不可无,袍子大小、长短要称身。在御前讲书,袍须略短,起跪方便。一切应添应改者,可随时添改,切勿惜费将就。家人倘不敷用,必须再添,万不宜过于省俭也。至嘱,至嘱。

---

① 祥禫:丧祭名。语出《礼记·杂记下》:"期之丧,十一月而练,十三月而祥,十五月而禫。"
②《手书〈法华经〉书后》,翁同龢著,翁之熹整理:《瓶庐丛稿》卷二,商务印书馆 1935 刊本。
③ 臬台为按察使,管司法监察。藩台为布政使,管行政财政。清宣统三年(1911),改称提法使。
④ 翁同爵:《寄叔平弟》(1866 年 2 月 20 日),李红英著:《翁同爵家书系年考》,凤凰出版社 2015 年版,第 95 页。

此后,伴着自己由国子监祭酒、太仆寺卿到内阁学士的职务升迁,如何言行如何处事,如何善自珍摄,无不凝聚着五兄随时的告诫与慰勉。1872年兄弟俩丁忧南归,度过了难得朝夕相处的一段时光。至1874年7月五兄期满起行,奉旨补授湖北巡抚,任上整治水利、规复淮盐引地、支持开办洋务新政企业。1877年9月7日汗喘交作而逝。当年八月下旬翁同龢获假回乡修墓,临行前与五兄有约,准备借回京前取道武昌见上一面。如今突然接到死讯,又一次不胜"肝胆皆裂"的悲恸。次日由上海赶赴武昌,将五兄灵柩接回葬于兴福祖茔。

与至亲骨肉的一次次离别,翁同龢深感"百念已灰,此身一叶"①的悲凉与心痛。不过,泪洒后生活依旧需要继续,就如他在致友人周原祁的信中感慨的那样,年近半百,孤行北游,从此不得不担负起"南北诸事并集一肩"②的重任了。

## 第四节　天涯故园

因十多年里迭遭家庭变故,翁同龢先后三度扶枢南归,就此拉近了游子与乡音乡情的距离。除了1868年葬亲、1877年修墓来去匆迫的二次回籍,少有余暇赋闲。撷取1872年丁忧服衰的三年岁月,倒也不无从容回旋的余地:出外游览、读书校诗、省亲访友、鉴赏书画,依旧不失有鲜活生趣的书生秉性,与时倍增地裹挟着江南风情、文化视野的滋长与漫延。

日记所示,1873年2月下旬,因年前去世的岳父汤修灵柩安葬事宜,翁同龢先去了一次浙江萧山,又瞻拜了岳祖父墓。随后坐乌篷船前往绍兴,参观了兰亭旧址③及禹王庙。到了杭州后泛舟西湖,由三潭印月西行,登岸拜岳庙,又循苏堤向东登孤山;过平湖秋月,循断桥眺望湖山景色。移舟嘉兴南湖,夜访烟雨楼,但见波光粼粼,渔火星光交相掩

---

① 翁万戈编,翁以钧校订:《翁同龢日记》第三卷,中西书局2012年版,第1342页。
② 《致周原祁函》(1878年9月5日),《翁松禅墨迹》第三集,商务印书馆1917年影印本。
③ 东晋著名书法家王羲之故居,因其书法名作《兰亭集序》而闻名。

映。三月中旬出嘉兴后第一次来到上海,先去城内醉六堂书坊见过《皇甫碑》《道因碑》等明拓本,与书商议价未成;随后和上海道台沈仲复的拜晤中"听谈外国事"①。留住三天,不仅游览了黄浦江畔风帆如织、洋楼如云的"夷场"景观,还租坐马车闲游了徐家汇法国花园。虽说走马观花,但对这座开埠通商三十多年的城市留下了初步的感观印象。第二年的早春,他又偕五兄、庞钟璐、赵宗建等有苏州邓尉探梅之行,一路足登木渎天平、灵岩山,凭吊了范仲淹、韩世忠墓;过光福镇香雪海赏梅,又至司徒庙里观赏了"清、奇、古、怪"的千年古柏。归途中,顺道经过三十年前一度避难的蒋氏丙舍,满眼石桥半圮、枝髡树秃的旧园,让他顿生物是人非的兴叹。

与这类短期的出游相比,更多的当然是翁同龢与在籍官绅友人之间的日常雅集。

在这些人中,除前述少小好友赵宗德、赵宗建、吴鸿纶、杨沂孙、庞钟璐、潘欲仁、姚福奎、张仁卿、宗廷辅,还有庞钟琳、李芝绶、曾观文、季念诒、曾之撰、吴儁、姚福增、徐藻、钱绥卿、杨书成、钱仲谦、陆叔文以及堂兄翁同祜、三峰寺住持药龛等等。看梅、赏菊之招,看画、访书之约,乃至冬至消寒之会,三五好友往往你呼我应,隔三岔五地相邀聚集,或

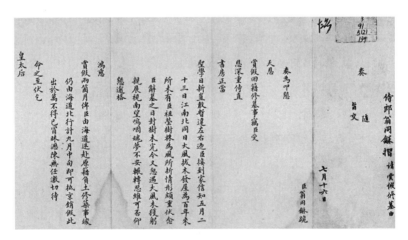

中国第一历史档案馆藏《翁同龢奏请赏假回籍修墓折》

---

① 翁万戈编,翁以钧校订:《翁同龢日记》第三卷,中西书局 2012 年版,第 1001 页。

结伴而行,至兴福寺茶话,去慧日寺探访断碑;或往虞山北麓桃源涧,列坐石阶,听泉烹茶;或步访古玩书肆,有时就夜宿三峰寺,观赏药龛所藏书画。

最瞩目的聚会,无疑是旧山楼雅集。

旧山楼位于虞山北门报慈桥畔,为赵宗建所筑藏书楼名。乾隆年间,赵氏曾祖赵同仁在此购得明代吴讷别业"思庵郊居"和魏浣初"乐宾堂"两处遗址建宅;祖父赵元恺经义典籍,名噪一时,购有明代瞿式耜的"东皋草堂";父亲赵奎昌于道光年间在宅东辟地建"半亩园"。三世皆以重风仪、善诗文名闻乡里,门庭相传,蔚然成风,邑称报慈里赵家。赵宗建,字次侯,号次公,又号非昔居士,咸丰时官至太常寺博士,因无心仕途,罢归不出。时值江南战事纷乱,书画典籍散佚严重,他广购博收,所藏日益繁富。同治年间,赵宗建和兄长赵宗德将旧宅重加修葺,建三楹"旧山楼"为藏书处,楼前白松红豆,楼后小山窈窕,园内有总宜山房、古椿书屋、拜诗龛、过酒台、非昔轩等景观,并植梅数百株,暗香疏影,池台竹石,极具园林幽胜。

追溯翁同龢和赵氏兄弟的关系,前有父亲坐馆课读的先世交情,继为书院学习的同窗故旧,后有在京时经常切磋鉴藏、出入琉璃厂搜寻古本秘籍的同道志趣。如今居忧还乡,自有更加密切的过从厚谊了。在他眼里,宗德工于画,宗建精鉴赏,两兄弟不仅喜宾客,善饮酒,更是家富珍藏,通经博闻,又轻财好施,志节可感,风仪可重,因而相知最深,被他视为"吾邑魁奇磊落之士,亦余东阡北陌往来朋从之故人也。"[1]个中情谊,如他当时所言:"故登赵氏之堂,盎然有古趣,虽偏僻如余者,每旬日辄思过二赵语也。"[2]日记里处处留下了彼此往来的踪影,其中最具声色的几次聚会:[3]

> 1873年4月4日:"诣赵价人昆弟,桃花正开,风景秀丽,饮于旧山楼,李升兰、季君梅、庞昆圃、夏范卿价人亲家。皆在座。日落

① 《清故太常寺博士赵君墓志铭》,翁同龢著,翁之憙整理:《瓶庐丛稿》卷六,商务印书馆1935刊本。
② 《赵曼华画扇卷》,翁同龢著,翁之憙整理:《瓶庐丛稿》卷三,商务印书馆1935刊本。
③ 此处引文,分别见翁万戈编,翁以钧校订:《翁同龢日记》第三卷,中西书局2012年版,第1004、1030、1067页。

时徘徊花下,抵家曛黑矣。"

1873 年 10 月 14 日:"晨从兄泛舟报慈桥,应赵价人昆仲之招,庞昆圃、宝生、季君梅、曾伯文皆在。看石谷画帖十二幅、廉州《虞山十景》册。饮半乘兴坐竹兜游三峰,坐良久,复诣赵氏晚饭,同散,抵家曛黑。"

1874 年 4 月 29 日:"晨从兄泛舟北郭。是日宝生尚书移樽赵氏为别,昆圃、君梅、赵氏昆弟,主客七人,盆兰正盛,牡丹亦开,饭罢久坐。"

此类雅集的具体情节,限于资料欠缺,我们无意妄加猜测。但留意翁同龢《题赵次侯藏石谷画帧后》诗一首,以近乎白描的手法,逼真地再现了当初纵论书画之艺的光影片断:

> 清秋落叶,言访赵子。叩门入室,繙弄图史。次公语我,有石谷画,一十二帧,合南北派。我时惊叹,夸为绝独。次公中悇,示我六轴。平生谈话,麓台是宗;石谷过密,渔山太浓。然于石谷,固当别论,晚年自运,老笔最健。或疑此画,是蔡是杨。我曰不然,中有古光。春江掀天,万樯如马,京口一阁,与波上下。是时耕烟,年八十三,心腾千古,眼空江南。笔势所向,纸墨不受。烟云吐吞,水石奔走。古春之堂,素壁如雪,一幅已满,何况重叠。次公藏之,同龢题之。客有疑者,来观此辞。①

三五知己携壶到访,待楼主焚一炷檀香,烹一盏新茗,宾主毕凑,闲庭有香雪成海,楼外有山色清远,眼前有金石图书展卷共赏,席间茶去酒来,留饮放谈,觥筹交错,俯仰畅怀,好一派恍如隔世的场景。直至十余年后假归省墓,惊悉杨泗孙已离世几天,回想当年事,翁同龢不免吟诗咏叹:"呜呼我与君,交情同漆黍。我气盛如云,君虑密于丝。持此两相济,亦用相箴规。君为文章伯,出入凤凰池。至今禁扁字,照耀三殿楣。"②与赵氏兄弟夜宿共话,还有"旧山楼下萧萧雨,七十年前古桂香。

---

① 朱育礼、朱汝稷校点:《翁同龢诗集》,上海古籍出版社 2009 年版,第 30—31 页。

② 《滨石杨先生,余执友也。己丑七月,余假归省墓,比至里而先生殁已七日,拜瞻遗像,诗以哭之》,朱育礼、朱汝稷校点:《翁同龢诗集》,上海古籍出版社 2009 年版,第 152 页。

相与披图溯遗迹,更无人识乐宾堂"①的喟叹。

丁忧期间,翁同龢既赴他人之请,也不乏做东之约。1874 年 3 月
22 日:"邀吴冠英儁来写真……价人、君梅先后来。夜招杨咏春、书成、
庞氏昆仲、吴儒卿及冠英饮,冠英亦讲金石,而咏春深于籀古,剧谈甚
快。"②4 月 23 日:"晚招咏春、书城、昆圃、宝[生]、申兰、君梅、次侯饮,
为咏春洗尘也。"③有一次出游江阴的路上,也是坐论今古,"历数朋侪菀
枯显晦之迹"④。较之一般人的附庸风雅之举,这些独特的文人雅集方
式,无不折射了相互吸纳提升的底蕴。翁同龢后来能形成碑帖兼融的
书学思想和书法艺术,与这些旨在文化切磋的聚会密不可分。时人杨
守敬称"松禅学颜平原,老苍之至无一稚笔,同光间推为第一。"⑤徐珂也
认为翁同龢书法"不拘一格,为乾嘉后一人,晚年造诣实远出覃溪、南园
之上。论国朝书家,刘石庵外当无其匹,非过论也。禅居静悦无意求
工,而超逸更甚。"⑥可见世人对翁氏书法的推崇。

这一时期,与瞿氏敦裕堂藏书楼(今铁琴铜剑楼前身)结下的不解
书缘,同样颇足留意。敦裕堂建于乾隆末年,由常熟古里瞿绍基所建,
原名恬裕斋,与山东聊城杨氏海源阁、浙江钱塘丁氏八千卷楼、浙江归
安陆氏䲭宋楼合称为清代后期四大私家藏书楼。传至第三代瞿秉渊
(镜之)、秉清(澄之)兄弟承继世业,旁搜博采,所藏更多宋元佳刻旧抄
精品。1873 年初秋的一天,翁同龢和庞钟璐一起前往拜访,"得见所藏
宋椠诸本",顿生"如游群玉,目不给览"⑦之惊叹,欣羡之下还跟瞿氏兄
弟戏言:"假我二十年目力,当老于君家书库中矣。"次年早春,他又独自
造访了瞿氏兄弟,借此见藏宋刻本《老子》《传灯录》及五十余种汉碑等
珍本。1873 年 12 月 29 日有《题瞿澄之〈虹月归来图〉记》一文写道:

---

① 《己丑八月,宿次公北墅,重观〈乐宾堂图〉,因题截句》,朱育礼、朱汝稷校点:《翁同龢诗集》,上海古
籍出版社 2009 年版,第 153 页。

② 翁万戈编,翁以钧校订:《翁同龢日记》第三卷,中西书局 2012 年版,第 1060 页。

③ 翁万戈编,翁以钧校订:《翁同龢日记》第三卷,中西书局 2012 年版,第 1066 页。

④ 《题王石谷〈江干七树图〉》,翁同龢著,翁之熹整理:《瓶庐丛稿》卷三,商务印书馆 1935 刊本。

⑤ 杨守敬:《学书迩言》,文物出版社 1982 年版,第 106—107 页。

⑥ 《翁叔平书超逸》,见徐珂编撰:《清稗类钞》第九册,艺术类,中华书局 2010 年版,第 4068—4069 页。

⑦ 翁万戈编,翁以钧校订:《翁同龢日记》第三卷,中西书局 2012 年版,第 1027 页。

……信乎稽古之士，不以性命易所宝，而其爱护先泽又发于仁孝之诚，故散而复聚，造物者若隐为之相也。龢既获交于镜之、濬之，泛舟罟里村，得略窥其所蓄。濬之出图属题，私窃叹羡君家兄弟好古而不骛名，大异于世俗浮之习，又自伤薄祜，违父兄之训，中年废学，头发尽白，虽欲强自振厉而末由也，乃书此于纸尾。①

《虹月归来图》记述了太平军战乱时期瞿秉渊、秉清护书避难的感人事迹。从1860年到1863年的四年里，瞿氏兄弟为保护家藏古籍，不得不将藏书四处分藏，前后播迁七次之多，直到战乱平息后才安然运回原址，1866年秋瞿氏兄弟请画家吴俊绘图志幸。题记表达了翁同龢对瞿氏苦辛藏书的崇敬之情。

还要一提的是翁同龢为好友曾之撰题写的《明瑟山庄课读图》。明瑟山庄（今虚廓园前身）地处常熟城西山塘泾岸，原系明万历间御史钱岱所筑"小辋川"部分遗址。1845年（道光二十五年）起由曾之撰的父亲曾熙文在遗址上拓地构造，历时八年建成后作其致仕归隐、课子自娱之所，并请画家吴隽绘《山庄课读图》一帧，遍邀当世名流题诗成一长卷。曾翁两家为累世之交，早逝的曾日章是曾之撰兄长，也是少小翁同龢交好的同学。曾之撰以文才著誉于乡邦，丁忧期间两人多有招邀相聚，应之撰示图所嘱，翁同龢在1874年5月北上前夕为之题记，题文有云："台树似富贵，森木似名节，人世何一足恃，惟诗书忠厚之泽可以及于无穷，若君者其可谓有子也已。"②把卷品题，"诗书忠厚之泽"依旧是他最为见重的回味。

大概因为南归后的生活感悟，翁同龢难免萌生了真实的"归田"梦想。1877年初夏，他在致五兄家书中表白："归田以后，固不必觅好园林，似宜有疏野之趣。……若得五亩种竹，杂莳花药，亦足乐也。"③当年回京后，还有诗表露心迹："寂寞空山久索居，三年长闭鸽峰庐。买田拟种千竿竹，引水才分一寸鱼。誓墓不成常恻恻，挂冠未忍故徐徐。浮生

① 翁同龢著，翁之熹整理：《瓶庐丛稿》卷二，商务印书馆1935刊本。
②《曾叔岩〈明瑟山庄课读图〉》，翁同龢著，翁之熹整理：《瓶庐丛稿》卷三，商务印书馆1935刊本。
③《致翁同爵函》，赵平整理：《翁同龢家书诠释》，凤凰出版社2017年版，第41页。

只合江湖老,惆怅扁舟白发余。"①笔下道出的,正是"孤舟一系故园心"的游子情怀。

但是,伴其仕途的不断升迁、政务的日益纷繁,翁同龢其实明白身不由己的处境:"吾方次第作归田想,今乃维絷至此,计此身无复至鸽庐之日矣。"②除了1889年(光绪十五年)再度告假回籍修墓二个月后,故乡也越来越成了他心系梦萦的背影。

于此连缀成章的跳跃式叙事,多为骨肉至亲的生离死别,未必与政治密切关联,却能从中见出传主弥久弥深的书生意气和游子情怀。

以1859年至1878年的时段切入,大清政局已由同治朝转为光绪朝,翁同龢也由弘德殿行走继而入值毓庆宫,身有两朝帝师的显贵。但如他在写给翁同祜的信中坦言:"一入宦海,正如百斛之舟,随波上下也。"③介于此间波谲云诡的朝局政坛,翁同龢又表现出了怎样的身影姿态呢?

---

① 《六月二十六日乾清宫恭祝万寿,退从邵汴生前辈、祁子禾世丈、夏子松同年,赴彰义门外南淀观荷,快雨既足,禾黍蔚然,次韵四首》,朱育礼、朱汝稷校点:《翁同龢诗集》,上海古籍出版社2009年版,第84页。
② 《致翁曾荣函》,1876年1月10日,赵平整理:《翁同龢家书诠释》,凤凰出版社2017年版,第82页。
③ 《致翁同祜函》,1869年3月23日,翁永孙辑校:《瓶庐文钞》卷六,1923年刊本。

# 第五章　宦海风潮

## 第一节　同文馆风波

从 1856 年(咸丰六年)状元及第后步入政坛,翁同龢不仅先后身膺同治、光绪两朝帝师,而且历任国子祭酒及管理国子监事务大臣,多次出任学政、考官、阅卷大臣。授擢内阁学士、都察院御史,又先后任刑部、工部、户部尚书,加太子少保衔,两授军机及总理各国事务衙门大臣,凡同、光年间的内政外交重大朝政活动,无不参与其事。以帝师之尊、宰相之位,位居中枢,这样的仕途经历,为有清一代所罕见。

与上述几章循着传主其人生轨迹的纵向铺叙有所不同,接下来不妨结合翁同龢置身在同治、光绪朝的官宦生涯作横切面的考察,在一个多元立体的历史空间中追寻他的思想脉络及其进路。

翁同龢进入仕途之际,正是洋务运动兴起之时。在此先来看看他在洋务派与守旧派思想交锋中的真实心迹。

19 世纪 60 年代,经过第二次鸦片战争后的清政府,在与西方列强的武力厮杀、谈判交涉中,越来越深感外交活动的日益频繁。1861 年,奕䜣奏请设立总理各国事务衙门,简称总理衙门,别称总署、译署。除主要负责外交外,总理衙门还逐渐总揽了财政、军事、教育、矿务、交通等大权,成为决策与管理一切涉及洋务的中枢机构,架起了沟通中西方的一座桥梁。随后,朝中以奕䜣、文祥等亲贵大臣为代表,地方以曾国藩、李鸿章、左宗棠、沈葆桢、丁日昌等封疆大吏为代表,联手将事,共同推进了先后以"自强"、"求富"为目标、长达三十年之久的洋务运动,也跨出了中国近代化艰难的第一步。

1862年(同治元年),为应对外交和翻译人才的现实需要,清政府设立了京师同文馆。1866年12月,奕䜣与曾国藩、左宗棠、李鸿章等商议后,奏请在同文馆增设天文算学馆,延聘西人教习,招取科甲正途出身的京外官员,包括进士、翰林院成员和有名望的编修投考入学,教授西方推算、格致、制器等科学技术。但正如奕䜣最初所预料的:"论者不察,必有以臣等此举为不急之务者,必有以舍中法而从西人为非者,甚且有以中国之人师法西人为深可耻者。"①这一要求改革传统教育和文官体制的主张,很快触动了保守派势力的神经。守旧派意识到,华夏文化礼义之邦正受夷狄威胁,西学正在侵染天朝臣子,必须申明"内夏外夷"的界限。随之,清帝国的权力最高层内部,不可避免地引起了新旧思想观念的激烈冲突。

翁同龢日记里,记下了当时流传于京城的各类嘲讽联语。1867年3月18日记:

> 同文馆之役,谣言甚多,有对联云:"鬼计本多端,使小朝廷设同文之馆;军机无远略,诱佳子弟拜异类为师。"②

3月29日记云:

> 京(语)[师]口语藉藉,或粘纸于前门以俚语笑骂,"胡闹胡闹,教人都从了天主教!"云云。或作对句:"未同而言,斯文将丧",又曰"孔门弟子,鬼谷先生"。③

一时间,士大夫清议汹汹,反对声浪喧嚣四起。1867年3月5日,山东道监察御史张盛藻率先递折发难,奏称:"朝廷命官必用科甲正途者,为其读孔孟之书,学尧舜之道,明体达用,规模宏远也,何必令其习为机巧,专明制造轮船、洋枪之理乎?"④也就是说,科甲正途者惟有读孔

① 宝鋆等编:《筹办夷务始末》(同治朝)卷46,总第8册,中华书局2008年版,第1945页。
② 翁万戈编,翁以钧校订:《翁同龢日记》第二卷,中西书局2012年版,第548页。
③ 翁万戈编,翁以钧校订:《翁同龢日记》第二卷,中西书局2012年版,第551页。
④ 宝鋆等编:《筹办夷务始末》(同治朝)卷47,总第8册,中华书局2008年版,第4540页。

孟之书,学尧舜之道,才是明体达用之才。如果让科甲出身的正途士人去学习此等"机巧"之事,且以仕途、银两赏赐来诱惑,这样重名利而轻气节的做法,必将把"读孔孟之书,学尧舜之道"的正途士人引向歧途。此论颇得弘德殿行走首席、大学士倭仁的倾心称赏。

倭仁(1804—1871),字艮峰,蒙古正红旗人,道光进士,授翰林院编修,历任侍读、侍讲、大理寺卿等职。同治初年起授都察院左都御史,调工部尚书,擢协办大学士,与李鸿藻、翁心存一起充同治帝师傅,兼翰林院掌院学士,后授文渊阁大学士。倭仁对宋代程朱理学素有精深研究,倾倒了包括翁同龢、董文涣、游百川等当时一批新进的学士和门生,堪称咸、同两朝著名的理学家,成为清王朝的内阁揆首和最高理论权威。

3月20日,倭仁亲自出马,上奏竭力驳斥。在他看来:"立国之道,尚礼义不尚权谋;根本之图,在人心不在技艺。今求之一艺之末,而又奉夷人为师,无论夷人诡谲未必传其精巧,即使教者诚教,学者诚学,所成就者不过术数之士,古今来未闻有恃术数而能起衰振弱者也。"接着断言:"天下之大,不患无才。如以天文、算学必须讲习,博采旁求,必有精其术者,何必夷人,何必师事夷人?"①奏折明确反对正途人员师事夷人,学习天问算学。

就此骤起的舆论争执,翁同龢保持了密切的关注。3月5日的日记笔录:"是日御史张盛藻递封奏,言同文馆不宜咨取正途出身人员,奉旨毋庸议。"②在倭仁上奏的当天,翁同龢在日记里写道:"今日倭相有封事,力言同文馆不宜设。巳初与倭、徐两公同召见于东暖阁,始询同文馆事,倭相对未能悉畅。"③鉴于倭仁在士林中的影响力,两宫召对谈话又未能达成共识,慈禧模棱两可地将奏折交给总理衙门评议。

4月6日,奕䜣随即上奏批驳,同时附上曾国藩、左宗棠、李鸿章等洋务大臣的奏稿信函。奏中痛心疾首地说:

今阅倭仁所奏,似以此举断不可行。该大学士久著理学盛名,

① 宝鋆等编:《筹办夷务始末》(同治朝)卷47,总第8册,中华书局2008年版,第4457—4458页。
② 翁万戈编,翁以钧校订:《翁同龢日记》第二卷,中西书局2012年版,第545页。
③ 翁万戈编,翁以钧校订:《翁同龢日记》第二卷,中西书局2012年版,第548—549页。

此论出而学士大夫从而和之者必众。臣等反复思维,洋人敢入中国肆行无忌者,缘其处心积虑在数十年以前,凡中国语言文字、形势虚实,一言一动,无不周知。而彼族之举动,我则一无所知,徒以道义空谈,纷争不已。

奕䜣指出,大学士倭仁既然认为此举断不可行,想必自有御侮自强之良策。不然,"仅以忠信为甲胄,礼义为干橹等词,谓可折冲樽俎,足以制敌之命,臣等实未敢信。"①在第二天的日记中,翁同龢为此写道:

> 军机文、汪两公至懋勤殿传旨,将总理衙门复奏同文馆事折交倭相阅看,并各督抚折奏及信函均交阅。复奏折语多姗笑,大略侈陈咸丰十年保全大局之切,并详陈不得已苦衷,而力诋学士大夫之好为空言,视国事漠然,并以忠信礼义为迂谈,而以正途人员为必能,习其算法而不为所用云云,约二千言。督抚折信中惟李鸿章四次信函推许西士竟同圣贤,可叹可叹。②

4月12日倭仁复奏,不但坚持己见,又反唇相讥,认为"延聘夷人教习正途一事,上亏国体,下失人心","今以诵习诗书者而奉夷为师,其志行已可概见,无论所学必不能精,即使能精,又安望其存心正大,尽心报国乎? 恐不为夷人用者鲜矣。"③4月23日奕䜣又复奏,针对倭仁前折所谓"不患无才"、"何必夷人"的空言论调,故意"将"其一"军",请旨饬令倭仁"酌保数员",并另行择地设馆,由他督办讲求,与同文馆"互相砥砺,共收实效"④。此招可谓击中要害。当天上谕允准发抄,倭仁无言以对。翁氏4月24日日记:

> 荫轩三日未入直,与艮峰相国至报房,并至其家商略文字。昨日有旨,倭某既称中国之人必有讲求天文算法者,著即酌保数员,另行择地设馆,由倭某督饬办理,与同文馆互相砥砺等因,总理衙

---

① 宝鋆等编:《筹办夷务始末》(同治朝)卷48,总第8册,中华书局2008年版,第4584—4585页。
② 翁万戈编,翁以钧校订:《翁同龢日记》第二卷,中西书局2012年版,第553页。
③ 宝鋆等编:《筹办夷务始末》(同治朝)卷48,总第8册,中华书局2008年版,第4598—4599页。
④ 宝鋆等编:《筹办夷务始末》(同治朝)卷48,总第8册,中华书局2008年版,第4607—4608页。

门所请也。朝堂水火，专以口舌相争，非细故也。访兰生，点定数语。①

随后几天内，翁同龢与李鸿藻（兰孙）等相互串联"商略文字"，斟酌奏折。4月25日，倭仁不得不奏称自己"意中并无精于天文算学之人，不敢妄保"，恳求朝廷撤回前奏。但奕䜣并未就此罢休，还奏请太后准许倭仁在总理各国事务衙门行走，让一个对洋务一窍不通的理学家去当总署大臣，无非要他出洋相。此举急得倭仁雪上加霜，极显窘态，赶忙找来徐桐（荫轩）、翁同龢商议辞折。据随后几天的翁氏日记记录，4月25日："甫出东华门，倭相邀余同至荫轩处，知今日递折，有旨一道，令随时采访精于算法之人，又有旨，倭仁著在总理各国事务衙门行走，与商辞折。出城，访兰生长谈。"4月26日："午未间传脱外褂，还坐兵部朝房，与倭相议论，辞折未允也。"4月27日："出偕倭、徐坐报房商前事，酉初还家。"4月28日："汪泉生、史勘斋、王芷汀约同人法源寺素饭，良久始坐，即辞归。遇艮翁于途，因邀至家，谈许久，知今日仍不准，与邸语几至拂衣而起。有顷兰荪来邀，艮翁在座，商酌无善策。噫！去则去矣，何疑焉。"4月29日："是日倭相请面对，即日召见，恭邸带起，以语挤之，倭相无辞，遂受命而出。倭相授书时有感于中，潸焉出涕，而上不知也，骇愕不怡良久。访兰生。"4月30日："艮老云占之得讼之初六，履之初九，去志决矣，相对黯然。"②

尽管倭仁屡疏恳辞，但每次力辞不准，无奈之下，4月29日只得含泪上任。三天后因"中途故坠马"，遂以足疾为由请假，决意辞职。此间，翁同龢日记既记述了倭仁的无奈窘境，也记录了他在随后一次次探望倭仁的行迹。5月3日："卯正三刻入内，饭后巳初二到。上到书斋，艮峰先生未到，读尚勤，惟精神不足耳，未初三刻退。闻艮峰先生是日站班后上马眩晕，遂归，未识何如也。……访阎梦岩、张少民两同年。两君真学人哉，张尤邃于程朱之学，于平湖尤有得，可敬可敬！"5月4

① 翁万戈编，翁以钧校订：《翁同龢日记》第二卷，中西书局2012年版，第557页。

② 以上引文，分别见翁万戈编、翁以钧校订：《翁同龢日记》第二卷，中西书局2012年版，第557、557、558、558、558、558页。

日:"问艮峰先生疾,先生昨日上马几坠,类痰厥不语,借它人椅轿舁至家,疾势甚重也。访兰荪长谈。"5月5日:"遣人问艮峰先生疾,稍愈矣。"5月13日:"谒倭艮翁,未见,疾稍愈矣。"5月15日:"倭中堂续假十日。"5月21日:"问倭相疾,晤之。颜色憔悴,饮食甚少,相与唏嘘。"6月6日:"入城至恭邸处,谒倭相国,贺各同乡。"6月9日:"晚谒艮峰相国,相国拟十二日请开缺。"6月13日:"倭相请开缺,旨赏假一月,安心调理。"7月13日倭仁再请开缺,慈禧"准开一切差使,仍以大学士在弘德殿行走。"听到这一消息,翁同龢不由得为之"额手"①。

至此,持续半年之久的清廷高层正面冲突得以平息,但同文馆风波却并没有因此结束。以"夷夏大防"作防身符的守旧派士大夫,内呼外应,共证同心,终使招考者惶惶不安,报考者寥寥无几,或一省中并无一人愿考,或一省中仅有一二人愿考。偶有其人,则为同乡同列所不齿。在强大的社会舆论压力下,洋务派旨在通过同文馆培养一批精通西学的人才计划因此严重受挫。

毋庸讳言,在这场同文馆增设算学馆的争论中,翁同龢尽管并没有卷入论战的核心,但与徐桐等同僚积极帮助倭仁修改奏稿,极尽密谋策划之心力,可见他站在守旧派一方,表现出的是固守中国传统的思想立场。从翁氏日记之一二,看似并无明确的态度表白,却能窥其思想倾向。5月1日日记:"章采南来长谈,言轮船、算法亦不可不学,而持论总以人心、廉耻、纪纲、法度为本,又言宁波人往往买轮船破家。盖无此资本,终为所给耳。"②5月12日的一则日记同样值得留意:

> 还汪慕杜《不得已》两卷。《不得已》两卷,国初歙人杨光先撰。光先世家子,让世职弗居,曾劾温体仁被廷杖,入本朝以布衣伏阙,争西洋算法,痛诋汤若望,著书斥天主教之妖妄。康熙初授钦天监监副,五疏辞,旋擢监正,后以置闰错误落职,中途为西人毒死。此书先有刊本,西人购而焚之,流传者鲜,此抄本后竹汀先生、黄荛圃

① 以上引文,分别见翁万戈编,翁以钧校订:《翁同龢日记》第二卷,中西书局 2012 年版,第 559、559、559、561、561、562、565、566、567、573、573 页。
② 翁万戈编,翁以钧校订:《翁同龢日记》第二卷,中西书局 2012 年版,第 558—559 页。

有跋。①

这里所说的杨光先（1597—1669），字长公，安徽歙县人，明末清初学者。清顺治年间，任用德国汤若望、比利时南怀仁等来华传教士改订历法，废明《大统历》，采用"西洋新法"制定《时宪历》。杨光先以《辟邪论》等文章加以驳斥，并屡次上书指控汤若望等以修历法为名图谋不轨，1665年（康熙四年）上疏，在鳌拜的支持下得到审议，最终导致汤若望下狱，南怀仁等流放，史称"康熙历狱"。不懂历法的杨光先却因此升任钦天监监正之职，后来编纂《不得已》一书以自明心志，留下了"宁可使中夏无好历法，不可使中夏有西洋人"的传世之言。事实表明，自明万历年间利玛窦等第一批传教士来华，拉开东西方文化交流的序幕，中西文化之争自此未曾停止过。无论是康熙朝的杨光先风波，还是同治朝的同文馆风波，均为实质性的中西会通早期发生的冲撞与交锋。此间日记表明，身为局内人的翁同龢借阅杨光先的《不得已》，体现了他疑惧、排拒外人与外来文化的心理。

学者认为，翁同龢当时之所以支持附和倭仁，也有出于自身地位不高，资望还浅，因此在政治上还有依附于他人的思虑。② 实际上，翁同龢自1865年受命在弘德殿授读同治帝，第二年任翰林院侍讲，赏加四品衔，相当一段时期与倭仁相处共事，过从甚密，有如师生交谊。

证其日记，言必称倭仁为"先生"、"艮翁"、"艮老"。1866年7月17日："艮峰先生赠《孝弟图说》一本，《弟子规》两本。"10月19日："艮峰相国以日记二册见示"。1867年1月6日："看艮峰先生日记毕，竟有着落。"1月7日："读艮翁日录，先生刻苦自厉，字字从肝鬲中流出，异于空谈无实之学。"1868年1月24日："回环一年事如醉如梦，大率理欲交乘，明昧杂出，如此为学，何时得成耶，书以自儆。"1869年4月24日："艮老欲建言大婚礼仪宜从节俭，又弹中官之无状者，风节可钦，余等不及。"③

---

① 翁万戈编，翁以钧校订：《翁同龢日记》第二卷，中西书局2012年版，第561页。
② 谢俊美著：《翁同龢传》，中华书局2000年版，第96页。
③ 以上引文，分别见翁万戈编，翁以钧校订：《翁同龢日记》第二卷，中西书局2012年版，第499、517、531、531、607、714页。

缘于咸丰、同治年间的社会动荡局势,面临灭顶之灾的清政府,为挽救封建治统和道统的危机,迫切需要一大批读诗书、明义理、效忠于王朝的人才,因此迎来了程朱理学复兴的时期。翁同龢崇信理学,仁、义、礼、智、信的儒家道德伦理陶冶了他的思想情操,成为他安身立命之本、道德修养之源、待人处事之基。这一时期,翁同龢敬重和取法理学名臣倭仁,每日反省着自己的思想和行为,内涵着"内圣外王"的宗旨,日记里不乏"读《理学正宗》"、"读《续理学正宗》,稍有得"①、"看《理学宗传》,顿觉身心有归宿"②的心得笔录,倭仁躬行践履儒家文化的道德操守,让翁同龢极表倾心向慕之情。1871年5月22日:"闻艮翁疾加甚,舌强痰涌,患处流水,奈何奈何! 终日郁郁,人事之可忧者多矣。"③6月8日倭仁病逝,翁同龢哀叹道:"呜呼! 哲人云亡,此国家之不幸,岂独后学之士失所仰哉!"④

由此,当倭仁在风波中披挂登场,翁同龢应声附和也在情理之中。只可惜,纵然人品高洁,但倭仁及其麾下追随者保守的思想投影表明,面对晚清社会所处内忧外患的现实挑战,当时的主流知识分子从自己所接受的知识基础和价值观出发,出于对儒家传统价值体系的维护,加上对外部世界的隔膜无知,依旧固执地坚守着"夷夏之辩"的心理防线,沉醉在"天朝上国"的传统精神世界里。

一场同文馆的风波,生动地刻画出了一个时代普遍虚骄自大的士子群像。


# 第二节　立嗣危机

事隔近十年后发生的清廷立嗣危机,以及随之引发的继统之争,可见翁同龢在波谲云诡的同光朝局中已然显跃的心态姿影。

---

① 翁万戈编,翁以钧校订:《翁同龢日记》第二卷,中西书局 2012 年版,第 502 页。
② 翁万戈编,翁以钧校订:《翁同龢日记》第三卷,中西书局 2012 年版,第 1102 页。
③ 翁万戈编,翁以钧校订:《翁同龢日记》第三卷,中西书局 2012 年版,第 879 页。
④ 翁万戈编,翁以钧校订:《翁同龢日记》第三卷,中西书局 2012 年版,第 884 页。

1874年12月16日，因穆宗同治帝身患天花，病情日趋加重，两宫太后在同治帝御榻前召见军机、御前大臣。当时之场景，可见翁同龢日记笔录："已正叫起，先至养心殿东暖阁。先于中间供佛处向上叩首，入见又三叩首，两宫皇太后俱在御榻上持烛，令诸臣上前瞻仰，上舒臂令观，微语曰：'谁来此伏见？'天颜温晬，偃卧向外，花极稠密，目光微露。"在目睹同治帝病情后，王大臣随即退下。过后，两宫太后又传旨请诸臣再入，"宜谕数日来圣心焦虑，论及奏折等事，裁决披览，上既未能躬亲，尔等当思办法，当有公论。"①要求在场众臣就奏折的披览裁决出谋策划。翁氏日记写道：

> 皇太后调护过勤，焦忧过甚，不免流涕，前后凡四刻退。未退时诸王奏言，圣躬正值喜事，一切章奏及必应请旨之事，拟请两宫太后权时训谕，俾有遵循。命诸臣具折奏请。

根据慈禧旨意，王大臣随即草拟折稿。结果刚刚散去，又有第三次召见，"趋入，待齐入见于西暖阁，皇太后谕，此事体大，尔等当先奏明皇帝，不可径请。"②示意诸臣先奏报同治帝，不必把奏折直接递呈她们。

12月17日，由翁同龢、李鸿藻等共同拟定奏稿并诸大臣签名，希望两宫太后尽快垂帘训政，来年3月18日再由同治帝亲理朝政。据当天的翁氏日记载：在两宫皇太后再度召见军机、御前大臣时，"上首谕恭亲王：'吾语甚多，天下事不可一日稍懈，拟求太后代阅折报，一切折件俟百日之喜余即照常，好生办事。'并谕恭亲王当敬事如一，不得蹈去年故习，语简而厉。太后谕略如昨，并言昨西暖阁一起乃出臣工之请，本恐烦皇帝心虑，故未告知，今当诸大臣即告皇帝勿烦急，已允诸臣所请矣。"③第二天，同治帝颁发上谕："所有内外各衙门陈奏事件，呈请披览裁定，仰荷慈怀曲体，俯允权宜办理。"④这一请求两宫太后权且训政的奏折，让慈禧堂而皇之地重新走上了政治的前台。

---

① 翁万戈编，翁以钧校订：《翁同龢日记》第三卷，中西书局2012年版，第1112、1113页。

② 翁万戈编，翁以钧校订：《翁同龢日记》第三卷，中西书局2012年版，第1113页。

③ 翁万戈编，翁以钧校订：《翁同龢日记》第三卷，中西书局2012年版，第1113—1114页。

④ 翁万戈编，翁以钧校订：《翁同龢日记》第三卷，中西书局2012年版，第1114页。

1875年1月12日,同治帝不治崩逝,因身后无嗣,清廷第一次面临必须从皇帝子嗣外寻找皇位继承人的严重局面。帝嗣的选立,不仅事关皇脉之延续,更关乎国家之命运。"有子立嫡,无子立后"是宗祧继承的原则。按照清代的祖宗家法,应从皇族近支中选一位晚辈作为嗣子接续帝统。同治帝系"载"字辈,他的下一辈为"溥"字辈。但为了独揽皇权,慈禧坚决要求立"载"字辈继位,否则她就成了"虽尊而疏"的太皇太后,没有任何理由再行垂帘听政。出于维护自身的专权私欲,慈禧决意立其妹夫醇亲王奕譞之子载湉为帝,即光绪帝,以弟继兄,以便用皇太后名义继续保持垂帘听政的格局。

就在同治帝去世的当天,两宫太后在养心殿召集皇亲贵戚、满朝文武重臣,议立嗣君,翁同龢在当天的日记里记述了亲历选嗣的过程:

> 太后召诸臣入,谕云此后垂帘如何? 枢臣中有言宗社为重,请择贤而立,然后恳乞垂帘。谕曰,文宗无次子,今遭此变,若承嗣年长者实不愿,须幼者乃可教育,现在一语即定,永无更移,我二人同一心,汝等敬听,则即宣曰某。维时醇郡王惊遽敬唯碰头痛哭,昏迷伏地,掖之不能起。①

日记接着写道:

> 诸臣承懿旨后,即下至军机处拟旨,潘伯寅意必宣明书为文宗嗣,余意必应书为嗣皇帝,庶不负大行托付,遂参用两人说定议。②

根据翁同龢与潘祖荫的建言,以醇亲王之子入承大统,明定"俟嗣皇帝生有皇子,即承继大行皇帝为嗣",继嗣同时继统,得旨允行。载湉当晚从醇王府被迎入宫,1月15日允准垂帘旨,16日宣布次年(1875年)改元光绪。慈禧太后二度垂帘的局面正式形成。

论者认为③,迎醇亲王之子入宫的上谕,潘祖荫"意必宣明书为文宗嗣",翁同龢"意必应书为嗣皇帝"。前者用意"在隔断醇王与光绪的父

① 翁万戈编,翁以钧校订:《翁同龢日记》第三卷,中西书局2012年版,第1123页。
② 翁万戈编,翁以钧校订:《翁同龢日记》第三卷,中西书局2012年版,第1123页。
③ 参见高阳著:《翁同龢传》,黄山书社2008年版,第47页。

子关系";后者用意"在继穆宗之统绪,非别立一君",排除将来废立的可能性,从而为光绪立嗣寻求合乎情理的解释。由此,翁同龢得到了醇亲王的极大好感,得以成为光绪帝师,也为此后的青云直上奠定了基础。

耐人寻味的是,因为光绪帝为醇亲王之子,1875 年 1 月 14 日,醇亲王"请开一切差使",次日内阁集议。翁同龢日记写道:

> 恭邸曰,宜开去差使,又数条,大略朝会不与之类。请予亲王世袭罔替。万礼部曰:醇亲王之称如何。恭邸曰,但愿千百年永永是此名号。余参酌数语,唯唯否否,良久始罢。……与荣仲华、潘伯寅论此事,余曰礼隆于缵绪则义绝于所生,与伯寅合。又曰他缺皆开,惟神机营重镇不可离,与仲华合。①

从这次的廷议可见,奕䜣认为宜如所请,但保留醇亲王的永久名号,防止因其为皇帝生父而操控政权的可能。翁同龢则主张醇亲王的其他差缺均可开去,"惟神机营重镇不可离"。

清代神机营于 1861 年创建,是清廷在内忧外患逼迫下以西方近代武器装备训练的禁卫军,选拔八旗精锐为营伍,寄予步武祖宗神勇、重振八旗雄风的重任,由醇亲王亲自掌管。如今作为嗣君生父的特殊身份,不便主持其事。翁同龢出此正中下怀的想法,来自他对醇亲王的倾心敬重。始于父亲翁心存入值弘德殿期间,醇亲王在书房专司照料督责,两人就此相识交往。翁心存去世后,翁同龢承继父志,受命为同治帝师,也是得力于醇亲王和恭亲王的推荐,授读期间更是备受其关心和帮助,此后时相往来,建立了笃深的友谊。1870 年 5 月 27 日的《次韵题醇邸小像》诗作,②可见翁同龢内心的感恩隐衷,句曰:

> 亮直端严大体持,万民所赖四方维。
> 殊恩久已隆三锡,累疏犹闻徵十思。
> 试展画图知有志,等闲诗句亦无欺。
> 俗工岂识丹青妙,会向麒麟阁上移。

---

① 翁万戈编,翁以钧校订:《翁同龢日记》第三卷,中西书局 2012 年版,第 1124 页。
② 朱育礼、朱汝稷校点:《翁同龢诗集》上海古籍出版社 2009 年版,第 21 页。

从来德业贵操持,抑抑常严礼仪维。

学到反求方是学,思如不合且深思。

先朝彝训求无忝,入告嘉谟矢勿欺。

更愿贤王调玉体,忧时容鬂已潜移。

时任户部侍郎、内务府大臣荣禄(仲华),是在醇亲王的赏识培植下,由神机营"充翼长,兼专操大臣"而起家。翁、荣结识,也是由醇亲王从中撮合。此次翁同龢主张为奕譞保留"神机营差使",与荣禄心思可谓同心契合。翁氏 1875 年 1 月 17 日日记:

> 议醇亲王折,已具稿矣,略言该王公忠体国,宜允所请,一切差使概行开去,以节劳勚,又每年派往东、西陵一次,又朝会无庸入班,又大政事则备顾问,有应奏者准其陈奏,皆空语也。余具疏责以大义,并请留神机营差使以资弹压。同人中知之者徐荫轩、殷谱经、黄恕〈皆〉,皆愿联衔。①

翁同龢的奏议,一时得到了同为弘德殿行走的徐桐、礼部侍郎殷兆镛、礼部侍郎黄倬等人的附和,表示"皆愿联衔"。但随后二天里,黄倬、徐桐又不愿列名,先后退出。正当翁同龢"未喻其故"时,同治皇后之父、吏部右侍郎崇绮前来长谈,以神机营"章程之谬,人才之杂",劝他"不必请留醇邸"。② 在"然耶? 否耶?"的纠结中,翁同龢一夜未眠,思量再三,还是决定第二天单衔上奏"请酌留神机营差使"一折。据 1 月 19 日翁氏日记,递折后奉懿旨:"照王大臣等所请,其神机营应行一切事宜与管营王大臣随时商酌,派伯彦诺谟祜、景寿管神机营事务。"③也就是说,神机营的差事,改由僧格林沁之子伯彦诺谟祜,工部尚书博启图之子、奕䜣的妹婿景寿管理,但旨令还有"与管营王大臣随时商酌"一句,意味着为醇亲王适时干预留了余地。

这次翁同龢的单衔密折,虽未能被慈禧采纳,留中未发,却让他赢得了醇亲王和荣禄的称许,也为日后进阶枢廷重臣,积累了不可或缺的

---

① 翁万戈编,翁以钧校订:《翁同龢日记》第三卷,中西书局 2012 年版,第 1125 页。

② 翁万戈编,翁以钧校订:《翁同龢日记》第三卷,中西书局 2012 年版,第 1125 页。

③ 翁万戈编,翁以钧校订:《翁同龢日记》第三卷,中西书局 2012 年版,第 1126 页。

第五章 宦海风潮

097

人脉。在此折上奏的第二天,翁同龢又奉懿旨,着派偕恭亲王、醇亲王、荣禄,以及时任都察院左都御史、内务府大臣魁龄一起,办理查勘同治帝惠陵陵基事宜。自1875年(光绪元年)2月18日启程至3月22日回京,在前往惠陵相度地势、督修陵工的短短一个月内,翁同龢与醇亲王、荣禄相伴而行,相从密切,彼此赋诗酬唱,其中大部分又是与醇亲王的唱和之作,可见关系之亲密,已非同寻常了。

再说在选储立嗣的重大问题上,由于慈禧打破了皇位传统继序的成例,无疑牵涉到了祖制恪守与继嗣继统间的复杂矛盾。如何理顺同治、光绪两帝之间的平衡,虽有翁同龢、潘祖荫的意见定议,但皇嗣继承危机带来的政统不畅,依然令那些秉持儒家道统的官绅士子忧心,不少人认为,慈禧不为穆宗立嗣,终是朝廷的一大隐患。

就在光绪帝即位后不久,围绕继嗣继统一事,风潮随之骤起。

1875年2月20日,先是内阁侍读学士广安旧事重提,奏请太后将立嗣时所称“皇上将来生有皇子,自必承继大行皇帝为嗣,接承统绪”的内容“颁立铁券,用作奕世良模。”①言下之意,就是要求把既定的承诺用刻铁券的方式固定下来。慈禧看过奏章后大怒,传旨斥责了一番。3月27日,因不堪忍受慈禧心狠手辣的折磨与凌辱,年仅22岁的同治帝皇后阿鲁特氏服毒自杀。翁氏1876年6月17日日记:“是日御史潘敦俨奏开去醇亲王一切差,旨以为未识朝廷之意;又奏请易孝哲皇后谥,懿旨斥其以无据之词率登奏牍,实属谬妄,交部严议。”②结果被罢免了官职。慑于慈禧的大权在握,满朝文武无不起戒慎恐惧之心,非议虽多却不敢谏言。

未料四年之后,震惊海内的吏部主事吴可读尸谏事件,使一度沉寂的继统之争再度成了热门话题。

吴可读(1812—1879),字柳堂,甘肃皋兰(治今兰州)人,道光进士,授刑部主事,晋员外郎。1861年丁母忧,归讲兰山书院,之后入都补原官。1872年补河南道监察御史。在任御史时,吴可读以直言敢谏而名

---

① 朱寿朋编:《光绪朝东华录》(一),中华书局1958年点校本,第22页。
② 翁万戈编,翁以钧校订:《翁同龢日记》第三卷,中西书局2012年版,第1247页。

动朝野,其中,最为时人传颂的两疏:一是上任不久疏请免各国使节觐见皇帝所行的跪拜之礼,主张随各国礼俗以示宽大,不必斤斤计较于礼节争论而损害国家利益。二是1874年上疏弹劾滥杀无辜的乌鲁木齐提督成禄。当时,成禄诬良为匪,妄杀百姓又虚报战功,被陕甘总督左宗棠奏劾后撤职查办,初议为"斩立决",后因朝中有意偏袒成禄,改为"斩监候"。吴可读认为判罪太轻,怒不可遏地上疏争辩,奏求皇上"请斩成禄以谢甘民,再斩臣以谢成禄。"结果因戆直的言辞触怒了权臣,也令皇帝不快,反被连降三级,回家乡重掌兰山书院。1876年起复为吏部主事。

1879年4月11日,吴可读借同治帝及其皇后归葬惠陵之机,请命随扈而行。在葬礼结束后的返京途中,他住进了蓟州(治今河北蓟县)马伸桥三义庙,先写好密折封存,遗书嘱为转呈吏部代递;并在白绫上书写"九重懿德双慈圣,千古忠魂一惠陵"一联后,服毒自尽,以尸谏的行为抗议慈禧不为同治帝立嗣。遗疏中说:①

> 罪臣涕泣跪诵,反复思维,窃以为两宫皇太后一误再误,为文宗显皇帝立子,不为我大行皇帝立嗣。既不为我大行皇帝立嗣,则今日嗣皇帝所承大统,乃奉我两宫皇太后之命,受之于文宗显皇帝,非受之于我大行皇帝也,而将来大统之承,亦未奉有明文,必归之承继之子。

吴可读在遗疏里将慈禧强立载湉为帝指责为"一误再误"之举,进而驳斥:

> 懿旨内有承继为嗣一语,则大统之仍归继子,自不待言。罪臣窃以为未然。……名位已定者如此,况在未定。不得已于一误再误中而求一归于不误之策。惟有仰乞我两宫皇太后再行明白降一谕旨,将来大统仍归承继大行皇帝嗣子。嗣皇帝虽百斯男,中外及左右臣工均不得以异言进,正名定分,预绝纷纭。

5月7日,吏部将吴可读遗折代奏呈上,部分廷臣当天已看到遗折

① 朱寿朋编:《光绪朝东华录》(一),中华书局1958年点校本,第725—726页。

第五章 宦海风潮

内容。当天的翁氏日记称：

> 是日奉两宫懿旨，吏部主事吴可读伏毒自尽，遗有密折一件，请议立穆宗毅皇帝承嗣大统。①

由于吴可读以死规谏之举，关系到帝国继统的大事，遗疏言辞又如此激烈，事发后，尸谏一疏都门传诵，朝野议论沸沸扬扬。慈禧接上奏后当即下旨："吏部奏主事吴可读服毒自尽，遗有密折，代为呈递，折内所称请明降懿旨，预定将来大统之归等语，前于同治十三年十二月初五日(按：1874 年 1 月 12 日)降旨，嗣后皇帝生有皇子，即承继大行皇帝为嗣。此次吴可读所奏，前降旨时即是此意。著王大臣、大学士、六部九卿、翰詹科道将吴可读原折会同妥议具奏。"言下之意，立嗣继统问题在原先的上谕里已经解决，遗折所请纯属老调重弹。众议纷纭面前，慈禧虽自知理亏，却并未就此简单压制，而是先定下上谕基调，再因势利导地要求群臣奏疏讨论，看似广开言路，实质暗示借众人之口为自己辩护。5 月 9 日，遗疏先在小范围传阅，翁同龢就在当天"始见吴御史密折"②。5 月 15 日日记：

> 是日召见东暖阁，……次问吴可读折，具以古今典礼、本朝不建储之说对。上意踌躇良久，则又以大统所归即大宗所系，次第详陈，仰蒙首肯再三。③

日记所示，翁同龢在召对商讨继统事时的回答，显然得到了慈禧太后的鼓励。为此，他和时任礼部尚书徐桐、刑部尚书潘祖荫联名起草奏折，成稿后又是多人商议，5 月 19 日："访荫轩未值，拟折稿送之。"④次日众人"斟酌议稿"，"绍彭、伯寅(按：即潘祖荫)俱从余议，同事孙、张二君亦同。"5 月 21 日内阁集议，将所拟折底交恭亲王等征求意见，"恭邸意以为不然，而不加驳诘，枢廷但唯唯而已，惇亲则谓阅之坠泪。"⑤入奏

① 翁万戈编，翁以钧校订：《翁同龢日记》第四卷，中西书局 2012 年版，第 1454—1455 页。
② 翁万戈编，翁以钧校订：《翁同龢日记》第四卷，中西书局 2012 年版，第 1455 页。
③ 翁万戈编，翁以钧校订：《翁同龢日记》第四卷，中西书局 2012 年版，第 1456 页。
④ 翁万戈编，翁以钧校订：《翁同龢日记》第四卷，中西书局 2012 年版，第 1457 页。
⑤ 翁万戈编，翁以钧校订：《翁同龢日记》第四卷，中西书局 2012 年版，第 1459 页。

前,翁同龢又专访汉军机领衔沈桂芬,"以所拟底交之,彼甚以为是也。"预定大统之归,即为变相的建储,兹事体大,翁同龢等为此煞费周章,格外谨慎,"往还颇费辞矣,两至馆上斟酌折头。"①几经折冲之后,直到月底递奏。

在翁同龢等联衔折的基础上,由内阁大学士、军机大臣递呈的《遵议预定大统疏》,针对建储与立嗣之间的矛盾,折中提出了"绍膺大宝之元良,即为承继穆宗毅皇帝之圣子"②的处理方案,也即确立先建储、后立嗣的思路,换句话说,先解决继统,继统者就是同治之嗣。在翁同龢5月30日的日记里,因感念懿旨中"将来绍膺大统者,即承嗣穆宗毅皇帝之子"之句,就出自他和徐桐、潘祖荫的联衔"折中语",内心不无"感涕交集"③的激动。

此间,翰林院侍读学士宝廷、翰林院编修黄体芳、御史李端棻等大臣各上一疏,更有出自国子监司业、清流健将张之洞之手的长篇奏疏,明确提出了"将来缵承大统者,即承继穆宗为嗣"的继嗣与继统合并解决的办法,与翁同龢等人的见解不谋而合。最后,由礼亲王世铎领衔具疏,奏称"吴可读以大统所归,请旨预定,似于我朝家法未能深知,而于皇太后前此所降之旨,亦尚未能细心仰体,臣等公同酌议,应请毋庸置议。"④次日颁下懿旨:

> 皇帝受穆宗毅皇帝托付之重,将来诞生皇子,自能慎选元良,缵承统绪,其继大统者,为穆宗毅皇帝嗣子,守祖宗之成宪,示天下以无私,皇帝亦必能善体此意也。⑤

懿旨还责成将吴可读原折及王公大臣等会议折,翁同龢与徐桐、潘祖荫的联衔折,以及宝廷、张之洞等奏折、有关谕旨,另录一份存毓庆宫,以便将来查考遵行。对"以死建言"的吴可读,最后以"孤忠可悯"之语加以褒奖,并著交吏部照五品官例议恤,尸谏风波就此平息。

① 翁万戈编,翁以钧校订:《翁同龢日记》第四卷,中西书局2012年版,第1457页。
② 朱寿朋编:《光绪朝东华录》(一),中华书局1958年点校本,第742页。
③ 翁万戈编,翁以钧校订:《翁同龢日记》第四卷,中西书局2012年版,第1459页。
④ 朱寿朋编:《光绪朝东华录》(一),中华书局1958年点校本,第741页。
⑤ 朱寿朋编:《光绪朝东华录》(一),中华书局1958年点校本,第749页。

学者研究指出①：光绪朝的继统之争，恰好反映出清朝最高权力结构中的某些变态，说明在最高统治权的承接上，制度外的因素（垂帘听政）是如何破坏既成制度，固守定制者又是如何擎着"祖宗之法"的神圣旗号来力图维护制度。吴可读以命相抗后，终以集思广益的形式基本解决了摇动朝局数年的大统问题，使此前不明不白的继统立嗣关系得以理顺，使前朝、当下、未来找到了平衡点，使政局得以稳定，意见得以统一，慈禧的垂帘听政和光绪的继位传绪有了"合理合法"的解释，也使朝野官绅的心结有所释怀。当然还要看到，吴可读尸谏尽管未能阻止慈禧的垂帘干政，却开创了晚清京官不避权贵、直言敢谏的风尚。值此扑朔迷离的同光政局，为立嗣风波提出解决之道的翁同龢、张之洞等人，无不以经世匡时为己任，标榜风节，屡上封事，由此集结起被时人称为"清流党"的政治派别。

就事论事地说，置身于这场继统之争中的翁同龢，较之内阁集议时不少臣僚"不敢参议，不得擅请，不能预拟"的表态，不仅敢于任事，而且办法得体，显然愈加得到了慈禧的信任和器重。时隔仅二十天，立嗣风波中联袂而起的翁同龢、潘祖荫，分别调补工部、刑部尚书，就是一个明显的例证。

## 第三节　铁路论战

学界研究表明，从同治初年开始的二十多年间，清廷就是否兴办铁路的问题有过多次激烈的争论，直到 1889 年（光绪十五年）宣告结束。

在同光之际的政治风波中，身为朝廷重臣的翁同龢又有怎样的表现呢？

追溯近代中国关于修建铁路的思想转变，同治年间经历了从坚决排拒到广泛讨论，至后来少数有识者呼吁从速兴办的过程，但一直未见施行。19 世纪 70 年代中叶，由于日本入侵台湾等事件的发生，一批洋

---

① 参见郭卫东：《论光绪朝的继统之争》，《清史研究》2009 年第 1 期。

务派人士痛感强邻环伺、外警纷起的边疆危机,主张在不丧失国家主权的前提下自筑铁路,但也少有同声相求的呼应。1876 年(光绪二年),英商未经清廷同意而修建的吴淞铁路建成通车,遭到朝野多数官绅的反对,后因火车"压毙人命之事"而暂停,由清政府赎回并拆毁了事。1880 年(光绪六年),中俄关于伊犁问题的交涉日趋紧张,俄国出动陆海军进行威胁,中俄之间大规模的军事冲突一触即发。随之,由前直隶提督刘铭传的一份奏折,又将铁路建设问题提到了议事日程,也引发了筹修铁路的第一次大辩论。

刘铭传(1836—1896),字省三,安徽合肥人。淮军将领,洋务派骨干,1880 年 12 月 2 日奉诏进京,筹商备战防务对策。在李鸿章的授意下,第二天递奏《筹造铁路以图自强折》,认为"自强之道,练兵造器固宜次第举行。然其机括则在急造铁路。铁路之利于漕务、赈务、商务、矿务、厘捐、行旅者,不可殚述。而于用兵一道,尤为紧不可缓之图",阐述了铁路作为"裕国便民之道"①的重要意义。折中提议修筑由清江浦②经山东到北京、由汉口经河南到北京、由北京东至奉天和西通甘肃的四条铁路。因工程浩繁,考虑借外资先修清江浦至北京一路。奏折呈上后,上谕批示直隶总督兼北洋大臣李鸿章、两江总督兼南洋大臣刘坤一妥议具奏。可未等二人复奏,很快引起朝野一片哗然。

时隔不久,翰林院侍读学士张家骧率先上奏反对。张家骧(1827—1885),字子腾,浙江鄞县(治今宁波)人,时为光绪帝师傅,被翁同龢视为"同志同值"的好友。翁氏 12 月 22 日记:"是日张子腾封奏,闻是力争铁路不可设,却未见稿也。"③折中力陈开造铁路之"三弊":一是恐洋人藉铁路之便,借端生事;二是恐伤及田园庐墓,滋生扰民;三是恐修路耗资太大,影响船运利益。因此吁请"未可轻议开造铁路"。④ 12 月 31日李鸿章递呈《妥筹铁路事宜折》,不但明确支持刘铭传的观点,并就张

---

① 朱寿朋编:《光绪朝东华录》(一),中华书局 1958 年点校本,第 1000—1001 页。
② 清江浦,位于江苏淮安府,为漕运总督驻地。
③ 翁万戈编,翁以钧校订:《翁同龢日记》第四卷,中西书局 2012 年版,第 1566 页。
④ 中国史学会主编:中国近代史资料丛刊,《洋务运动》(六),上海人民出版社 1961 年版,第 139—140 页。

家骧所言铁路"三弊"说予以驳斥。在李鸿章看来,铁路有利于国计、军谋、京师、民生、转运、邮政、矿务、招商等九大好处,铁路作为"利国利民、可大可久之事",①朝廷应决计创办;同时建议任命刘铭传督办铁路公司事宜。这一奏折无疑触怒了守旧势力。

就此,一场围绕要不要兴办铁路的论战,在洋务派与守旧派双方不甘示弱的阵势下引发。

1881 年 1 月 17 日,顺天府府丞王家璧上奏,指责李鸿章、刘铭传"筹划措置之迹,似为外国谋,非为我朝廷谋也。"②随后,奉命具奏的刘坤一又在递折中认为,修与不修各有利弊,建议总理衙门"参酌异同,权衡轻重"③。态度暧昧,模棱两可。不久,翰林院侍读周德润、通政使司参议刘锡鸿等纷纷上奏责难,把问题提高到要不要维护中国文化的基本信念或立国基础的层面,极尽耸人听闻之能事。其中,2 月 14 日刘锡鸿递呈的《罢议铁路折》最具代表性和影响力。

刘锡鸿(? —1891),字云生,广东番禺人。之前曾出使英、德两国,有《英轺私记》记述见闻。他在折中指出:铁路"不可行者八、无力者九、有害者九",概而言之,就是反驳铁路利于巩固国防、充裕国库、察访民情、利民生计的观点,认为铁路会导致人心奢侈、财产虚糜、民心作乱,甚至还会带来"山川之神不安,即旱潦之灾易召"的严重后果,最后断言修建铁路无利有害,势不可行。④ 以出使西方的切身经历加入守旧阵营,刘锡鸿的意见大大增强了反对派的权重。

眼看守旧派推波助澜,群起而攻之,反对声浪明显占据上风。清廷在刘锡鸿上奏的同一天下旨:

> 铁路火车为外洋所盛行,若以创办,无论利少害多,且需费至数千万,安得有此巨款? 若借用洋款,流弊尤多。叠据廷臣陈奏,

---

① 李鸿章撰,吴汝纶编:《李文忠公全集》奏稿卷三十九,清光绪三十一年(1905 年)刊本,第 28 页。

② 中国史学会主编:中国近代史资料丛刊,《洋务运动》(六),上海人民出版社 1961 年版,第 139—150 页。

③ 中国史学会主编:中国近代史资料丛刊,《洋务运动》(六),上海人民出版社 1961 年版,第 151—152 页。

④ 中国史学会主编:中国近代史资料丛刊,《洋务运动》(六),上海人民出版社 1961 年版,第 154—166 页。

金以铁路断不宜开,不为无见。刘铭传所奏,著无庸议。①

这次争论,最终以洋务派的失败戛然而止。

留意翁同龢日记的有关片段记录,面对朝野各方甚嚣尘上的修路争议,此间他似乎并无明确表态,不过三言两语之间,还是隐含了他因循守旧的立场与观点。

早在 1876 年(光绪二年)2 月 7 日,即将出任驻英公使的郭嵩焘(筠仙)前往翁府拜访,大谈经世抱负。翁氏日记留下谈话的要点:"其意欲遍天下皆开煤铁,又欲中国皆铁路。又言方今洞悉洋务者止三人:李相国、沈葆桢、丁日昌也。"②2 月 25 日记:

> 适郭筠仙来,遂论洋务,其云:滇事将来必至大费大辱者是也。其以电信、铁路为必行,及洋税加倍,厘金尽撤者谬也。至援引古书,伸其妄辩,直是失心狂走矣。③

之前,如果说日记仅有谈话实录而无片言评语,那么,此处落下"至援引古书,伸其妄辩,直是失心狂走矣"的感叹,可见对于郭嵩焘的高谈阔论,翁同龢相当厌感。

当 1880 年 12 月 3 日刘铭传奏呈之时,在任工部尚书的翁同龢正奉旨与惇亲王、恭亲王、醇亲王等处理伊犁交涉事宜。这一天的日记里写道:"刘省三铭传来,初见也,伊封奏言开铁路事。"④次日,刘铭传赠其稀世国宝虢季子盘拓本并诗一册,翁同龢感言:"此武人中名士也"。⑤12 月 11 日:"刘省三有赠,力却之。"⑥虽说刘铭传一定给他留下深刻印象,此后更是保持了时相往来的私人友谊,但这并不意味着刘铭传请修铁路的奏折引起了他的思想共鸣。

当初,李鸿章为修筑铁路事给醇王奕譞写信,以求沟通支持,醇王为此一度与翁同龢询商。1881 年 1 月 19 日翁氏日记:"朴庵(按:即奕

① 宓汝成编:《中国近代铁路史资料(1863—1911)》(第一册),中华书局 1963 年版,第 102—103 页。
② 翁万戈编,翁以钧校订:《翁同龢日记》第三卷,中西书局 2012 年版,第 1219 页。
③ 翁万戈编,翁以钧校订:《翁同龢日记》第三卷,中西书局 2012 年版,第 1222 页。
④ 翁万戈编,翁以钧校订:《翁同龢日记》第四卷,中西书局 2012 年版,第 1562 页。
⑤ 翁万戈编,翁以钧校订:《翁同龢日记》第四卷,中西书局 2012 年版,第 1562 页。
⑥ 翁万戈编,翁以钧校订:《翁同龢日记》第四卷,中西书局 2012 年版,第 1563 页。

譓)来函询铁路事";21 日:"诣醇邸长谈";22 日:"晨起为醇邸拟复李相信稿,极论铁路一事,凡数百言。"①2 月 4 日:

> 醇邸以李相复信见示,立驳去信,仍委婉以为一时难办,窥其意不过为刘铭传圆此一谎耳。②

据此可见,翁同龢为奕譓拟定了复函,认为铁路运销煤、铁,实有厚利,其他百货,不能保其销路之加多;田庐可徙,坟墓不可徙;铁路可试行于煤铁之矿、开垦之地及一二处屯军设防的口岸。质言之,就是不同意刘铭传优先修筑清江至京师的铁路。从后来的日记中还可以印证,翁氏对当年刘锡鸿的奏折颇为赞赏。1888 年(光绪十四年)6 月 8 日记:"看刘云生锡鸿奏铁路不可修状,言言中肯,此折在光绪七八年上,额裕如有抄本,借得之。"③第二天他又将奏折送交总理衙门大臣庆王奕劻。

围绕修建铁路的第一次纷争,以清廷上谕发布"刘铭传所奏,著无庸议"而告一段落,但论战并未偃旗息鼓。

1881 年,李鸿章授意轮船招商局总办唐廷枢,以开滦煤矿运送烟煤为由,修建了从唐山到胥各庄的一段铁路,成为中国正式自建铁路的肇端。1884 年中法战争爆发后,清政府重新检讨既有战略,逐渐认识到修筑铁路、巩固国防,已是当务之急。趁此时机,李鸿章等又一次向朝廷提议筹建铁路。1885 年成立的海军衙门兼管铁路事务,以醇亲王为总理,李鸿章为会办。在李鸿章的游说下,醇亲王这一期间的思想认识有了很大转变,从原先坚决站在守旧派一方,一跃成为修建铁路的有力后援。1887 年 3 月,奕譓在《请准建津沽铁路折》陈言:"窃查铁路之议,历有年所。毁誉纷纷,莫衷一是。臣奕譓向亦习闻陈言,尝持偏论。自经前岁战事,复亲历北洋海口,始悉局外空谈与局中实际,判然两途。"④1888 年 10 月,李鸿章奏呈海军衙门,正式提出将铁路修到京城

① 翁万戈编,翁以钧校订:《翁同龢日记》第四卷,中西书局 2012 年版,第 1572 页。
② 翁万戈编,翁以钧校订:《翁同龢日记》第四卷,中西书局 2012 年版,第 1577 页。
③ 翁万戈编,翁以钧校订:《翁同龢日记》第五卷,中西书局 2012 年版,第 2241 页。
④ 中国史学会主编:中国近代史资料丛刊,《洋务运动》(六),上海人民出版社 1961 年版,第 186 页。

附近的请求,即兴建津通铁路。11 月 30 日,清政府允准已建唐胥铁路由阎庄接修至大沽,并延长到天津和山海关,批准将原有开平铁路公司易名为中国铁路公司。12 月 8 日,李鸿章又以六火轮车进呈朝廷。翁同龢当天日记笔录:"今紫光阁铁路已成,未知可试否也,是为权舆,记之。"①此时,有人声称海军衙门假报效之名滥售实缺,有人指责李鸿章进奉小铁路是以西洋淫巧诱惑皇上,守旧声紧随而来。

通州位于京城之东,属京畿重地,向来被视作北京的屏障。修筑津通铁路的消息传出后,很快激怒了盈廷内外的反对派。围绕开建津通铁路的新一轮争辩再次引发轩然大波。

继御史余联沅首先发难后,御史屠仁守、吴兆泰会奏,御史张炳琳、林步青和给事中洪良品会奏,御史徐会澧、王文锦、李培元、曹鸿勋、王仁堪、高钊中会奏,礼部尚书奎润与九卿言官等 21 人会奏。随后又有仓场侍郎游百川、内阁学士文治、大学士恩承、尚书徐桐、侍郎孙毓汶等人劾疏。守旧派以"夺民生计"论、"有碍庐墓"论、"开门揖盗"论等种种理由群起攻击,一时弹章蜂拥而至,大有压倒一切的气势。

不过,与 1880 年不甚明朗的姿态相比,翁同龢这次直接参与了论战。1889 年 1 月 21 日,他与同值帝师、侍郎孙家鼐就铁路事商议联衔上奏,反复斟酌后递呈的奏折认为,天津至通州的津通铁路一旦开建,必将惊民扰众,导致沿线二百多里水陆两路的水手、船夫、客店主等民众纷纷破产失业,影响社会治安。奏称:

> 查泰西之法,电线与铁路相为表里,电线既行,铁路势必举办。然此法可试行于边地,而不可遽行于腹地。边地有运兵之利,无扰民之害;腹地则坏田庐、平坟墓,民间哗然,未收其利,先见其害矣。②

折中强调施政"以顺民心为要",建议津通铁路暂缓开办,"俟边远通行,民间习见,然后斟酌形势,徐议及此,庶事有序而患不生。"

针对翁同龢等人的观点,李鸿章很快给予了批驳,认为"所贵铁路

---

① 翁万戈编,翁以钧校订:《翁同龢日记》第五卷,中西书局 2012 年版,第 2277 页。
② 中国史学会主编:中国近代史资料丛刊,《洋务运动》(六),上海人民出版社 1961 年版,第 213 页。

者,贵其由腹之边耳,若将铁路设于边地,其腹地之兵与饷仍望尘莫及。且铁路设于腹地,有事则运兵,无事则贸迁,经费方能措办。若设于荒凉寂寞之区,专待运兵之用,造路之费几何?养路之费几何?无论中国外国焉得此不竭之财以供铁路之用耶!"①措辞之激烈可见一斑。不可否认,当时适逢郑州黄河决堤,光绪帝大婚在即,还有迫在眉睫的颐和园工程,执掌户部的翁同龢深知"各省空虚,民力凋敝"的现实困境,实在无力再承受修路的庞大支出。1888年6月12日,时年72岁的户部尚书阎敬铭来函论铁路事,翁同龢读后叹为"忠恳不可及"。② 两人对于兴建铁路问题之所以均持保守意见,委实不无在职司农的苦心。不过,正如随后由海军衙门、军机处会奏中将反对派的意见归纳为"资敌、扰民及夺民生计"等三端,③翁同龢力主缓修津通铁路的立论根基,端的在此。

透彻地说,洋务派之立足"利益"层面,与守旧派之固守"道德"层面,当是后人理解论战背后的关键切入点。

此后,翁氏日记里还有不少铁路事的记录:1889年1月16日:"在朝房晤奎星斋,言铁路事,欲邀余连衔抗疏,婉辞之。然民情恼恼,诚以不办为宜。"1月23日:"晨入,庆邸邀余至月华门,云醇邸致意铁议可停,并托转告同人。……醇邸函来,言已电止勘路,浮言当息云云,颇怪上斋连衔,目为灌夫,意可知矣。"1月24日:"得汤伯述函,备言办铁路者之荒谬,借洋债。"时至岁末,翁同龢更是不无惜叹。1月30日记:

> 火轮驰骛于昆湖,铁轨纵横于西苑,电灯照耀于禁林,而津通开路之议廷论哗然,朱邸之意渐回,北洋之议未改。历观时局,忧心忡忡,忝为大臣,能无愧恨!

在他看来,轮船、铁路、电灯等新事物的出现,都是他身为廷臣的失

---

① 李鸿章:《致总署函》,宓汝成编:《中国近代铁路史资料(1863—1911)》(第一册),中华书局1963年版,第4页。
② 翁万戈编,翁以钧校订:《翁同龢日记》第五卷,中西书局2012年版,第2242页。
③ 中国史学会主编:中国近代史资料丛刊,《洋务运动》(六),上海人民出版社1961年版,第229页。

职,为此不尽"愧恨"之意。2月4日记:"铁路议仍不得罢"。2月5日:"得伯述函,合肥(按:指李鸿章)以铁事颇讪诮,余置之不足道矣。"①内心之纠结依旧耿耿不释。

至1889年2月14日,慈禧太后发布懿旨,明令海军衙门会同军机处就修建铁路事宜妥议具奏。5月5日上谕宣称铁路为"自强要策",必应通筹天下全局,"但冀有益于国,无损于民,定一至当不易之策,即可毅然兴办,毋庸筑室道谋。"②自此以后,兴建铁路成为官方政策。

一场由廷臣形诸无数章奏、函牍,持续长达二十多年之久、空前激烈的铁路大辩论,就此画上了句号。在冲破重重阻力之后,中国的铁路建设开启了近代化的缓慢进程。

# 第四节　潜移默化

综上所述同文馆风波、筹建铁路论战,追踪翁同龢身处同治、光绪之际的立身行事,不难看出他的思想言行多有墨守成规的守旧心理。

类似这样的心态投影,还有不少内化于心、外践于行的表证。比如说对中国第一个跨出国门的使臣斌椿的看法。1866年(同治五年),在时任海关总税务司、英国人赫德的建议下,总理衙门派遣斌椿父子率领同文馆学生张德彝等人,前往欧洲各国游历考察。斌椿此行记事抒情,逐日叙述了亲历法国、英国、荷兰、丹麦、瑞典、芬兰、俄国、普鲁士、比利时等十多国的见闻,后题作《乘槎笔记》刊行。翁氏1869(同治八年)4月22日记:

> 斌椿者,总理衙门当差也,前数年尝乘海舶游历西洋各国,归而著书一册,盛称彼中繁华奇巧,称其酋曰君主,称其官曰某公某侯某大臣。盖甘为鬼奴耳。③

---

① 以上引文,分别见翁万戈编,翁以钧校订:《翁同龢日记》第五卷,中西书局2012年版,第2285—2286、2288、2288、2290、2293、2293页。

② 宓汝成编:《中国近代铁路史资料(1863—1911)》(第一册),中华书局1963年版,第170—171页。

③ 翁万戈编,翁以钧校订:《翁同龢日记》第二卷,中西书局2012年版,第713页。

可见,对斌椿津津乐道于西方的言行,翁同龢颇为反感。

在后来参与总理衙门会见各国使节的活动中,同样不难看出他当时处理对外事务中的心迹。如 1876 年(光绪二年)2 月 4 日的日记里,记述了与外国使节见面的情景:"凡八国,而来者不止八人,有参赞,有翻译官也。每国不过一二刻,后者至则前者避去,就中威妥玛最沉鸷,赫德最狡桀,余皆庸材也。……余等两旁坐,终日未交一言,未沾一滴一脔,饥寒交迫。相见时一一通姓名,崇、成君主之。拱手而已。"①同年年底,与总署同僚随恭邸赴各国使馆拜年,"先法国,次日国,次美国,次德国,次英国,次日本,凡六处,皆下车入室饮酒进果饵,侏离钩辀,不一而足,吾颜之厚不堪以对仆隶,况朝班乎?"②

1886 年(光绪十二年)2 月 11 日,翁同龢仍把前来参加总理衙门新年团拜的各国公使称之为"一群鹅鸭杂遝而已"。③ 直至 1895 年(光绪二十一年)7 月,恭亲王奏请他入总署行走,翁同龢执意不肯,日记留有激辩的场景:"余力辞,今日乃责余畏难,余与辩论,不觉其词之激。仲华亦与邸相首尾,余并斥之。"④8 月 6 日受命后不得不入署办事,仍在日记里写下"前此固尝一辞再辞,语已罄竭,无可说也"⑤的微词,字里行间流露了不屑与洋人打交道、勉而为之的矜持心理。

类似这些言论举止,不仅有翁同龢对西方列强给中国造成的丧权辱国所怀的民族义愤,实际上也隐含了在"华夷之辨"的传统等级秩序下表露出的华夏中心主义情结。

滥觞于远古的夷夏观念一直是华夏民族的重要传统。《易》曰:"族类辩物",《书·尧典》称:"蛮夷猾夏",《孟子》所谓"吾闻用夏变夷者,未闻变于夷者",后经《春秋公羊传》加以引申和发挥,衍化成"内其国而外诸夏,内诸侯而外夷狄"的原则。这一基于文化内蕴而不仅限于种族地域来划分夷夏观念,意味着文明和野蛮的区别,强化了中国人对周边民

---

① 翁万戈编,翁以钧校订:《翁同龢日记》第三卷,中西书局 2012 年版,第 1217 页。
② 翁万戈编,翁以钧校订:《翁同龢日记》第三卷,中西书局 2012 年版,第 1289 页。
③ 翁万戈编,翁以钧校订:《翁同龢日记》第五卷,中西书局 2012 年版,第 2033 页。
④ 翁万戈编,翁以钧校订:《翁同龢日记》第六卷,中西书局 2012 年版,第 2866 页。
⑤ 翁万戈编,翁以钧校订:《翁同龢日记》第六卷,中西书局 2012 年版,第 2868 页。

族或地区的文化优越感,助长了中国人的自我中心意识和"夷夏大防"观念。"用夏变夷"、"尊夏攘夷",严格夷夏之别,经过千百年的脉绪流程,被纳入儒家"礼一仁"思想体系,成为全社会必须接受、信奉的准则,凝化为代代相沿的士大夫传统思维定势,支配着他们的价值评判尺度及其行为选择。正是这份民族文化的自尊与优越感,使翁同龢在面对近代西力东侵日显紧逼的情况下,在与洋人交往和对外事务交涉中,坚守"夷夏之防",一时难以真正改变对西方的传统看法。

在翁同龢有关第二次鸦片战争的日记笔下,经常以"夷兵"、"夷人"、"夷酋"等字样描述西方列强的军队与将领,英、法、美、俄等国的称谓前均添有"口"旁,一些洋人也多加"口"旁或"犭"旁。① 签订《北京条约》时,目睹在京城"盘旋不绝"的法军骑兵,翁同龢发出了"何物腥膻,污我城郭"②的喟叹;对于西方宗教的渗入,更是让他深感"仁义衰息,礼教寝微,而豺狼横于毂下矣,可胜叹耶!"③"蛮夷"作为传统中国人对"匪我族类"的通称,包含了野蛮、不开化的意思。在鸦片战争前后的文人绅士著作中,在道光、咸丰朝各封疆大吏的奏折里,"夷性犬羊,难保不生事端"的言论几乎随处皆是,所涉此等名称几乎大多加有虫、犬类的兽字部首标记。不难看出,支撑当时翁同龢的内在精神养料,无疑有着将西方人鄙视为禽兽的观念,流露着他对西方国家与西方文化的蔑视心态。

作为传统士大夫的典型代表,深受儒家文化熏陶的翁同龢,内心深处更有根深蒂固的圣学本位思想。尧舜周孔孟之道是亘古不变的大经大法,圣人之学是放之四海皆准的终极真理。判断、评价事物的规范和尺度,无不从圣学本位的法则中衍生而出。面临外患频仍、内忧纷起的危局以及洋务"师夷"思潮的兴起,包括翁同龢在内身为恪守圣道的正统士大夫,在随之一系列的议事论战中显然有了充分的理由强化传统道德秩序,挽救人心以固邦本,成为他们自觉的道义担当。

就此而言,纵然急剧变化的时势引起了不同社会阶层的心理震动,

① 翁万戈编,翁以钧校订:《翁同龢日记》第一卷,中西书局2012年版,第104页。
② 翁万戈编,翁以钧校订:《翁同龢日记》第一卷,中西书局2012年版,第107页。
③ 翁万戈编,翁以钧校订:《翁同龢日记》第一卷,中西书局2012年版,第122页。

第五章 宦海风潮

旧有价值观念、心理秩序、道德标准和行为规范随之产生不同程度的因时转变。但问题又远非如此简单。同光之际守旧氛围的弥漫，依旧是当时社会的主流语境。其实，守旧原本也是一种社会常态，未必一定就是贬义。但守旧作为保持社会稳定、维系世道人心的必然选择，又必须与推动社会进步与发展的革新相谐并行。就近代中国的社会大环境而论，在遭遇中西方文化前所未有的冲突面前，因循守旧意味着落后和愚昧，与时更新是势所必然的时代要求。对于当时倡议与反对增设算学馆、筹办铁路建设的论战各方，怎样化危机为转机，怎样趋利避害、取长补短，才是他们应有的明智之举。可惜在利弊兼存的新生事物面前，守旧派动辄站在道德的制高点，未免把不利因素绝对化并扩大化了，因此未免因噎废食，与时违逆。

这一思想姿态，也应该是翁同龢在此期间呈现的真实心迹。

不过，无论是社会群体还是个体生命，思想观念的转型作为一种整体性的心理结构变迁，很大程度上是一个持续性的调整变动过程，并且更多地体现为量变的积聚过程，又难免表现出新旧交替的错杂与艰难。迹象表明，伴随近代社会思潮的递相流转，翁同龢的思想交织了一个从固守传统向倾向革新转变的心路演化。本章揭示他本真的守旧心迹之同时，又绝不意味着把他归属于深闭固拒、一成不变的顽固派行列。

那么，翁同龢何以而变，又何时而变呢？

翁同龢生活的时代，正当鸦片战争起民族危机日趋严重、中国传统社会面临"数千年来未有之变局"的历史转型期。1844年（道光二十四年），扬州黄钧宰最先提出"变局"观念，指出当时国人"初不知洋人何伏，英法何方也。乃自中华西北，环海而至东南，梯琛航赆，中外一家，亦古今之变局哉？"①稍后，郭嵩焘、王韬、马建忠、郑观应等也随之提出"古今之变局"的观点，类似的看法在时人诗文中屡见不鲜。1874年（同治十三年）李鸿章在递呈朝廷的《筹议海防折》中，更明确表述了"数千年来未有之变局"和"数千年来未有之强敌"②的著名命题。前所未有

---

① 黄钧宰：《金壶七墨》，中国史学会主编：中国近代史资料丛刊，《鸦片战争》(2)，神州国光社1954年版，第623—624页。
② 唐小轩主编：《李鸿章全集》第二册，奏稿，时代文艺出版社1998年版，第1063页。

的变局观,作为一种较为普遍的心理感应和舆论导向,成为越来越多的知觉在先者共同的认识。外患迫临的变局面前,如何应付? 如何处变? 不可避免地成为他们满怀忧患,迫切思考的时代新课题。翁同龢自不例外。

除了急遽嬗变的时代因素外,儒家经世传统的承继与厚实,当是促使翁同龢思想转变的重要学术动因。创自春秋战国时期的儒家文化学说,经历代阐发和弘扬,传衍出一整套明道救世的经世致用理论,包含着忧患、变易等关注民族生命与文化生命的思想动力,成为激发人们匡时济世的人文精神和目标追求。以"修齐治平"的入世精神为取向,以关涉国计民生的实学为依托的经世传统,一俟民族面临内忧外患的危机时,就会产生革新社会的愿望。翁同龢从小在素有浓厚儒家经世传统的江南长大。明清之际顾炎武提倡经世务实学风,历经数百年的熏陶习染,丰厚了江南文化的特质。鸦片战争前后的龚自珍和魏源,深得《公羊春秋》的启发,又别开新境地开创了经世之学的时代风尚。这对他经世思想的滋润与养成影响深远。随后,苏州之王韬、冯桂芬,无锡之薛福成等洋务派思想精英,敏感地体认着时代变局,将经世思想的触角切近了严峻的社会现实课题,成为倡导维新改革的先行者。循着早年经世传统一脉相承的学术路向与精神,更有对先哲前贤的经世品格推崇备至,助成了翁同龢与时更化的思想进路。

结合翁同龢日记,考其同、光年间阅读的部分书籍,1869 年读《龚定庵新集》,1875 年读林则徐《畿辅营田水利议》、郭嵩焘《瀛海论》、汉译西书数种,1878 年读《林则徐全集》,1880 年读魏源《海国图志》。其中对他日后形成变法思想影响最大的,是冯桂芬的《校邠庐抗议》。

如前所及,翁同龢与冯桂芬相识已久。但真正接触其著述是在1865 年。当年 7 月中旬,翁同龢拜访殷谱经前辈,看到过冯桂芬针对漕务问题代人致曾国藩的建议书。1861 年成书的《校邠庐抗议》,主张"以中国之伦常名教为原本,辅以诸国富强之术","采西学"、"制洋器",发展军事工业及其他事业,善驭夷而自强救亡。与当时一般洋务派著作不同的是,《校邠庐抗议》以"改革当先从内政始"的言论倡导,说出了李鸿章不敢说的话,也启发了翁同龢的变法思想。1880 年 1 月 21 日,慈禧在东暖阁与枢臣会商时务,他就明确奏对:"二十年来所谓自强者安在,要从朝廷起,振刷精神,尤须定以限制,日有课月有程,方好。"①1889年2月5日,翁同龢授读时"敬以义利之辨陈说,大略谓圣贤之治迹不必尽同,而治法不可无所本,今日急务也。"②托人寄来《校邠庐抗议》十本后送呈光绪帝。在2月21日帝后召见时论及洋务事宜时,翁同龢表示:"此第一急务,上宜讲求,臣前日所进冯桂芬《抗议》,内有谈驭夷数条,正是此意。"③在认真阅读过后,翁同龢认为此书"最切时事",④12月25日将其中汰冗员、许自陈、省则例、改科举、采西学、善驭夷等六篇挑选抄录,装订成册,以备光绪帝置于案几,浏览研读。1898年致张謇信中又说:"雄论钦服!法刬必变,有可变者,有竭天下贤智之力而不能变者矣。"⑤"法刬必变",就是《校邠庐抗议》中"法苟不善,虽古先,吾斥之";而"有竭天下贤智之力而不能变者",就是冯桂芬说的"圣人之法"。

可以说,这些书籍不仅开拓了翁同龢的视野,也引起了他的共鸣,促使他从"天朝上国"的神话殿堂里渐渐醒悟,改变着对外部世界的传统偏见,也认真地衡量和估价西方科学技术的优越性。

虽然,我们不能把翁同龢归于洋务派之列,但洋务运动立足自强求富的目标追求,和他经世致用的济世思想有契合之处。由此,对于渐次开展的洋务新政事业,翁同龢从最初的漠视至后来越来越给予了重视与关切。1873年回籍丁忧之际的上海之行,他参观考察了江南机器制造局,游览了公共租界和徐家汇法式公园,对"夷楼如云,光怪夺目"的"夷场"有了初步的观感。⑥1889年(光绪十五年)8月再度赴沪,又参观了机器制造局造炮局、洋枪局及织布局、造纸局等洋务企业;参观了轮船招商局的码头、船坞和洋人所建天文台、天主教堂和育婴堂。

① 翁万戈编,翁以钧校订:《翁同龢日记》第四卷,中西书局2012年版,第1501页。
② 翁万戈编,翁以钧校订:《翁同龢日记》第五卷,中西书局2012年版,第2293页。
③ 翁万戈编,翁以钧校订:《翁同龢日记》第五卷,中西书局2012年版,第2297页。
④ 翁万戈编,翁以钧校订:《翁同龢日记》第五卷,中西书局2012年版,第2371页。
⑤《致张謇》,1898年6月8日,张氏扶海呾藏辑:《翁松禅致张啬庵手书》,上海有正书局1926年影印本。
⑥ 翁万戈编,翁以钧校订:《翁同龢日记》第三卷,中西书局2012年版,第1001页。

在与众多倡导和通晓洋务的官僚大吏如文祥、左宗棠、丁日昌等交相过从之间,同样表明了翁同龢对洋务事业日益开明的理解和支持,思想就此有了潜移默化的改变。

总理衙门大臣、大学士文祥,协助奕䜣筹划洋务自强策略,推行"自图振兴"的国策,翁同龢称誉他"视国如家,忠诚可敬",具有"言人之所未敢言"的开明。对文祥忠勤国事、清正持躬的精神表示敬佩。1876年5月26日文祥去世,翁同龢"不觉惊呼,盖为国家惜也。此人忠恳,而于中外事维持不少。"①对爱国军事家、洋务领袖人物左宗棠,他也素怀敬重之意。1881年2月24日,左宗棠奉召回京任军机大臣,管理兵部事务。2月26日记:"谒左公未晤,值其出也。"②3月3日再度前往拜访长谈:"初次识面,其豪迈之气俯视一世。微不足者,思之深耳!论天下大势,山河皆起于西北,故新疆之辟,实纯庙万古之远猷。"③6月6日:"访左相长谈,得力于养气,其言以死生荣辱为不足较,泛论河道必当修,洋药必当断,洋务必当振作,极言丁日昌为反复小人,余服其有经术气也。"④1885年9月5日左宗棠病逝,翁同龢在随后的日记里写道:"公于予情意拳拳,濒行尚过我长揖,伤已,不仅为天下惜也。"⑤随后寄挽联一副:"盖世丰功犹抱憾,临分苦语敢忘情",⑥既高度评价了左宗棠的生平业绩,也缅怀了彼此的深厚情谊。

在翁同龢的核心交友圈中,与洋务派中坚丁日昌的交往尤其值得关注。

丁日昌(1823—1882),字雨生,广东丰顺人,贡生出身,积功累迁,1867年擢为江苏巡抚。基于"邻氛日逼,不能不尝胆卧薪,积习太深,不能不改弦更辙"的认识,丁日昌继承林则徐、魏源"师夷制夷"的思想,明确主张从仿造枪炮开始学习西方,主张造就"制器之人",进而提出采用西方先进的生产技术,兴建中国的矿冶业;主张成立大银行,设立电

① 翁万戈编,翁以钧校订:《翁同龢日记》第三卷,中西书局 2012 年版,第 1243 页。
② 翁万戈编,翁以钧校订:《翁同龢日记》第四卷,中西书局 2012 年版,第 1584 页。
③ 翁万戈编,翁以钧校订:《翁同龢日记》第四卷,中西书局 2012 年版,第 1585 页。
④ 翁万戈编,翁以钧校订:《翁同龢日记》第四卷,中西书局 2012 年版,第 1614 页。
⑤ 翁万戈编,翁以钧校订:《翁同龢日记》第五卷,中西书局 2012 年版,第 2000 页。
⑥ 翁万戈编,翁以钧校订:《翁同龢日记》第五卷,中西书局 2012 年版,第 2018 页。

报公司;派遣留学生,发展近代航运业;建设台湾等。在任期间创办工厂、开掘矿藏、制造枪炮、架设电线、修建铁路等颇具开拓性的革新举措。在吏治、洋务、外交、国防、教育、社会风俗的转变等方面卓有建树的倡导和实践,使丁日昌堪称洋务派革新阵营中不可多得的实干家。

1868 年(同治七年)深秋,翁同龢回籍返京,途中与丁日昌在苏州初次会面,两人谈论时局、洋务,十分投机,从此引为好友。1875 年丁日昌奉命晋京参加有关海防建设御前会议,在京期间两人往来频繁。此间,翁同龢应邀为其《抚吴公牍》作序,给予很高评价。是年 4 月 1 日的日记,翁同龢详细记下了丁日昌向总理衙门条陈练兵、简器、造船、筹饷、用人、持久的要点以及左宗棠、李鸿章复奏要点和各大臣议复、引申各节。5 月 1 日:"丁雨生中丞来长谈"。5 月 4 日:"饭后访晤兰孙、荫轩及丁中丞日昌"。5 月 6 日:"申初赴丁雨生约,两人对酌,日落始散,其人终是霸才,可用。"5 月 10 日:"午前访丁雨生,少坐。"5 月 11 日:"夜邀雨生便饭"。5 月 13 日:"申初赴丁雨生招"。5 月 19 日:"夜丁雨生来长谈"。5 月 26 日:"诣丁雨生谈"。6 月 3 日:"诣丁雨生谈,并问其疾。"前后短短一个月内,两人相互招饮、长谈如此频繁,可见交谊至深。6 月 12 日:"晨访丁雨生中丞,昨授北洋帮办大臣,与李鸿章商办事件。坐良久。"6 月 13 日:"夜丁雨生来,皆长谈。"6 月 18 日:"夜访雨生"。离京前,翁同龢为丁日昌设宴饯行。席间,丁日昌与翁同龢、潘祖荫结为金兰之交。6 月 27 日:"丁雨生、有赠,却之,赠新译各种书,并沿海图,受之。"丁日昌次日离京,日记写道:"送雨生行矣!"惜别之情跃然笔底。①

1877 年 4 月 2 日,翁同龢收到了时任福建巡抚兼船政大臣的丁日昌巡视台湾期间(时属福建省)寄给他的信,来信既介绍了台湾形胜、矿产、资源,也谈了自己开发台湾以及在当地修筑铁路的计划。日记写道:"得丁雨生台湾函,洋洋千言,有八奇之说,如读《炎荒记》也。"②时任户部右侍郎的翁同龢,对丁日昌有关台湾防务的主张深表赞同。5 月

---

① 以上引文,分别见翁万戈编,翁以钧校订:《翁同龢日记》第三卷,中西书局 2012 年版,第 1150—1153、1160、1160、1160、1161、1161、1162、1163、1165、1167、1168、1169、1169、1171、1171 页。
② 翁万戈编,翁以钧校订:《翁同龢日记》第三卷,中西书局 2012 年版,第 1308 页。

29 日慈禧召对王大臣时,翁同龢在奏对有"台事岂宜中止"①的呼吁。在后来的中法战争、中日战争中,翁同龢极其留意台湾事务,反对割让台湾,与丁日昌对他的影响密不可分。

　　1877 年 9 月 26 日,翁同龢正在武昌办理五兄翁同爵丧事,听说丁日昌在香港病故的消息,为之悒郁不已,日记写道:"闻丁雨生卒于香港,为之於邑,雨生卞急其天性,而意气激昂,才不可及,又遇余独厚,斯才为世惜已。"②后来得知去世一说纯属讹传。原来当年福州大水,丁日昌抱病在福州城赈灾数日而致旧病复发,事后获准归家养病,途经香港。12 月 8 日,翁同龢接到丁日昌寄自香港的来信,感叹"此人尚在,可喜可喜。"③并连夜回信致意。1878 年 5 月 7 日丁日昌"准开缺",翁同龢随即作诗二首寄勉。④ 1882 年春,丁日昌在家乡因病去世,其侄孙丁志德不久到京拜访,翁同龢惊闻友人早逝的噩耗,深为痛惜,当即书撰挽联,寄以悼念:

　　　　政绩张乖崖,学术陈龙川,在吾辈自有公论;
　　　　文字百一廛,武功七二社,问何人具此奇才。⑤

　　联语中提到的张乖崖是北宋名臣张泳,出任益州知州,恩威并用,蜀民畏而爱之。陈亮是南宋著名学者、诗人,人称龙川先生。才气超迈,喜谈兵,志存关乎国计民生的"事功之学",著《龙川文集》《龙川词》等。下联"文字百一廛"、"武功七二社"之句,前者意指丁日昌藏书之丰,能与著名藏书家黄丕烈的"百宋一廛"媲美;后者是说丁日昌以福建巡抚身份巡视台湾时创建义学诸事。一副挽联,饱含了翁同龢对友人的无限崇敬和不尽哀思。

　　翁同龢和丁日昌结为知己,表明了他的思想并不始终恪守于传统士大夫守旧的立场上,而是凸显了从守旧趋于革新的心路转变。

　　与那些开明的洋务派官员和洋务思想家一样,时至中法战争期间,

① 翁万戈编,翁以钧校订:《翁同龢日记》第三卷,中西书局 2012 年版,第 1319 页。
② 翁万戈编,翁以钧校订:《翁同龢日记》第三卷,中西书局 2012 年版,第 1344 页。
③ 翁万戈编,翁以钧校订:《翁同龢日记》第三卷,中西书局 2012 年版,第 1364 页。
④ 翁万戈编,翁以钧校订:《翁同龢日记》第三卷,中西书局 2012 年版,第 1391 页。
⑤ 翁万戈编,翁以钧校订:《翁同龢日记》第四卷,中西书局 2012 年版,第 1694 页。

翁同龢和常熟籍京官合影

翁同龢分明有了"千百年未有之局"的思想惊觉。历经两次鸦片战争、中法战争,面对西方列强一次又一次的侵略与掠夺,面对清政府军事落后、政治腐朽、经济凋敝、国库空虚的弊端,还有渐趋渐深的西学渗透,所有这一切,对翁同龢来说无不产生了心灵的震撼,不得不推促他走出儒家文化的传统精神世界,重新打量变化中的外部世界。至少从1889年(光绪十五年)起,出于国势衰弱的耻辱感与反抗侵略的正义感,谋求变革国政的意识在他心底日趋滋长。

可以看到,随了民族危机的不断加深和西学东渐的潮流激荡,以天下为己任、以忠君报国为职志的翁同龢,正经历着思想认识上由守旧而开新的转变。过程虽然缓慢,内心虽然矛盾甚至不乏痛苦的履痕,但有翁同龢吐故纳新的气象,恰恰接续着他此后投身维新变法的人生新篇章。

# 第六章　两朝帝师

## 第一节　授读弘德殿

人臣高贵，无如帝师。后世所知翁同龢的历史投影，大概莫过于"两朝帝师"的特殊身份了。就翁同龢来说，从最初入弘德殿授读同治帝，继而入毓庆宫授读光绪帝，前后长达三十多年的帝师生涯，无论是对个人命运的起伏，还是晚清政局的走向，都不失有重要的关系和深远的影响。这一段经历，无可置疑地成了他人生行旅中格外瞩目的篇章。

翁同龢的帝师生涯，开始于 1865 年（同治四年）。

传统中国，皇子教育为历朝历代的统治者所重视。清朝自康熙年间确立上书房课读制度起，规定皇子六岁起接受系统教育。1862 年（同治元年），六岁的载淳即位，改元同治。为了让幼帝早成大器，成就一番文功武略的大业，两宫太后发布懿旨：礼部尚书前大学士祁寯藻、管理工部事务前大学士翁心存、工部尚书倭仁、翰林院编修李鸿藻，均在弘德殿授读。四位帝师学问渊博，德高望重，为时所推，且各有所长，均能独当一面。不过，是年年底因翁心存的去世，弘德殿人手吃紧。当时七十岁的祁寯藻因年迈体弱，不常到班；李鸿藻又兼在军机大臣上学习行走，不久增派了徐桐入值，书房事务依旧忙不间歇。鉴于此，由恭亲王奕䜣征得两宫太后批准，1865 年 12 月 28 日下旨：詹事府右中允翁同龢,著在弘德殿行走。① 时年 36 岁的翁同龢之进入帝师之列,既有自己身为咸丰状元的品学出众,也不无父亲翁心存留下的德泽所被,就像他在当天日记里感慨:"朝廷眷念旧臣,推及后裔,不肖何以称此。"②如此继父述志、父子启沃一帝的殊荣,翁同龢自是感恩于心。

帝师之职在于培养圣主,堪比肩负着国运的重任。翁同龢初次履职,未免心怀忐忑。接旨第二天,两宫太后在养心殿召见了翁同龢,再三鼓励他尽心教导,并当面告诫小皇帝"须听话,勿淘气。"③随后,他又及时拜会了倭仁、李鸿藻、徐桐等诸臣。倭仁(1804—1871),字艮峰,蒙古正红旗人,道光进士,为名重一时的理学大师。李鸿藻(1820—1897),字兰孙,直隶高阳(治今河北保定)人,咸丰状元,系咸丰帝生前选定的载淳老师。徐桐(1819—1900),字荫轩,汉军正蓝旗人,道光进士,翰林院编修。通过走访几位入直弘德殿的前辈,翁同龢就礼节等相关情况有了初步了解。那几天,看到上书房里多有先父手泽所留的图书,不免"悲怆奋发,不能自已"④,越发增添了传承先父未竟之志的责任自觉。

位居乾清宫西南的弘德殿始建于明代,初为召见臣工之处,清代为皇帝办理政务及读书场所。因为事关王朝根基的稳固与否,两宫太后对同治帝的启蒙教育,给予了高度的重视和严格的要求,既明确了皇帝学习的目的和原则,又委派恭亲王奕䜣总司稽查,惠亲王绵愉督责日常事务,并按定制安排了书房日常作息时间和功课内容:每日先拉弓,次习蒙古文,读满文,最后读汉文;上课时间开始时只读半天书,八岁起改为全天;诵读与讨论,二者不可偏废,读书之余与师傅随时讨论,以古证今,摒除虚仪,务求实际;三年后练习步射,十岁后练习打枪;入学后每隔五日,于下书房后在宫中长弄学习骑马等等。

翁同龢的第一次进宫授读,从讲授《帝鉴图说》开始。《帝鉴图说》由明代内阁首辅、大学士张居正编撰,取唐太宗"以古为鉴"之语而名,

① 翁万戈编,翁以钧校订:《翁同龢日记》第一卷,中西书局 2012 年版,第 458 页。
② 翁万戈编,翁以钧校订:《翁同龢日记》第一卷,中西书局 2012 年版,第 458 页。
③ 翁万戈编,翁以钧校订:《翁同龢日记》第一卷,中西书局 2012 年版,第 459 页。
④ 翁万戈编,翁以钧校订:《翁同龢日记》第一卷,中西书局 2012 年版,第 463 页。

成书于 1572 年(隆庆六年),供年仅十岁的明神宗读书的执政教科书。全书辑录了历代贤君励精图治、兴国安邦的典故 81 则,还有历代昏君暴主祸国殃民、穷奢极欲的典故 36 则,每则故事后附有解说评语,并配有 117 幅插图,图文并茂,通俗易懂,言简意赅,发人深省,因此成为此后明清皇子储君必读的从政宝典。

令翁同龢欣慰的是,三年前的夏天,因帮李鸿藻为皇帝练字写过红仿,同治帝竟然还能记得他。在翁同龢眼里,皇上"读书尤勤,无嬉戏,无惰容","天资粹美"是幼帝留给他的最初印象。当然,童真本天性,难免嬉戏玩耍。所以,每次发现小皇帝课读时心思不定、情绪不稳的现象,翁同龢和同僚都会不失时机地加以引导。翁氏日记记录,1866 年 2 月 25 日:"讲书颇有戏动,龢以敬字献纳。"3 月 21 日:"上多戏言,余切论并讲《帝鉴》'唐宪宗不受贡献'一段,反复敷陈,上垂听焉。"3 月 25 日:"膳后背书多舛,余进矫轻警惰之说,因切论改过为作圣之基,上听而色喜,讲'延英忘倦'一段,因推言之。"所谓"延英忘倦",说的是唐宪宗在延英殿里与大臣讨论治国要务,直至天黑还不回宫,天气闷热得把衣服都湿透了,却照样不知疲倦。翁同龢借此典故,规勉同治帝的为君之道。3 月 28 日:"上读瑕疵互见,余所称说皆听纳焉。讲'淮蔡'一段注解,因请上以手指书,则读始顺口,勉强一试甚有效,颇喜。"[①]

正因为翁同龢的课讲得浅显易懂,生动有趣,让同治帝一度听得津津有味。三个月后皇太后就夸赞他"讲《帝鉴》甚明畅,上颇乐闻。"[②]在持续近半年讲完《帝鉴图说》之后,翁同龢又先后进讲了经自己校阅的《圣祖庭训格言》、摘录的《清朝开国方略》及李鸿藻所辑《经史语录》;进而负责领讲《孝经》《毛诗》兼诗、论指导,后又代徐桐进讲《孟子》。

为了指导同治帝写诗,翁同龢据以康熙帝《御选唐诗》一书,摘录了其中的 30 多首五言诗。有论者就注意到,在授读皇上学诗作诗的初级阶段,翁同龢主要施以对对子的方法,同治帝为此不乏对仗佳作。比如以"大宝箴"对"中兴颂"、以"寒山红叶"对"秋圃黄花"、以"细柳屯兵"对

---

① 以上引文,分别见翁万戈编,翁以钧校订:《翁同龢日记》第二卷,中西书局 2012 年版,第 470、474、475、476 页。

② 翁万戈编,翁以钧校订:《翁同龢日记》第二卷,中西书局 2012 年版,第 476 页。

"长杨校猎"、以"星共北辰明"对"天临南极近"等等,对句平仄相协,用典相切,遣词工整典丽,饶有唐诗风韵气息。此后由浅入深,由五言增至七言,16 岁起习作七言律诗。① 来自皇上诗艺的精进,不时见载于翁同龢日记。1871 年 7 月 22 日:"作诗一首'远山晴△更多',甚为妥洽,极用心之作也。"8 月 1 日:"诗题'淮蔡成△功',有佳句。"8 月 6 日:"诗甚佳"。8 月 11 日:"上近来诗笔大进,每日还宫必课一诗,前发下诗十首令改,昨又发三首,虽有小疵,然皆精思得之。"1874 年 9 月 29 日:"上至书斋,作《南苑阅武》七律一首,有'细柳'、'长杨'一联,甚工。"②

不过,令翁同龢等师傅忧心如焚的是,伴着年齿渐长的同治帝,学习根本不在状态,此后的种种表现就远不是翁同龢所能预料的了。这里,不妨结合 1871 年日记所涉及的片断细节梳理,看看同治帝的学习情形:③

3 月 15 日:看折时精神极散,虽竭力鼓舞,终倦于思索,奈何!余亦草草,申初多始退。

3 月 19 日:读生书犹可,余则倦不可支,且有嬉笑,巳初二退,熟书尚留数号。午初来,满书极吃力,午正二始毕,讲摺尤不着力,真无可奈何也!

3 月 26 日:讲折又极难,讲《大学衍义》,时亦神情不属,不免动声色。申初一刻退。数日来无精神时则倦,有精神时则嬉笑,难于著力,奈何!

3 月 28 日:课题"重农贵粟",诗题"东风已绿瀛洲草",得洲字。文思极涩,初稿几无一字可留,且虚字亦不顺,复逐字拆开讲过,仍凑泊而成数段,未毕退。午正再入,坐四刻而不成一字,遂作诗,诗亦不佳,如此光景,奈何奈何!

短短一个月内,面对同治帝如此的读书状态,翁同龢不得不一次次

① 朱育礼、朱汝稷校点:《翁同龢诗集》前言,上海古籍出版社 2009 年版,第 22 页。
② 以上引文,分别见翁万戈编,翁以钧校订:《翁同龢日记》第二卷,中西书局 2012 年版,第 893、896、896、897 页;《翁同龢日记》第三卷,中西书局 2012 年版,第 1102 页。按:此处"△"号,原文如此。
③ 此处引文,分别见翁万戈编,翁以钧校订:《翁同龢日记》第二卷,中西书局 2012 年版,第 863、864、866、866—867 页。

留下了"无可奈何"的惶恐与叹息。此后,除了难得"诸事皆好,皆有静气"、"读甚通畅"等一二回差慰人意的记录外,更多了"晨读浮甚,颇费唇舌,竟日如此,无一用心者"、"讲书费力,且有嬉笑"、"讲摺、读古文皆不佳,嬉笑意气皆全"、"晨读涩不可言,百方鼓舞,毫不能动"、"论则专事堆砌,数改而不畅;诗则漫填六韵,疵处甚多"、"晨读又不用心,讲说如隔数层云雾"、"神思不属,每讲论如未闻"、"精神恍惚,全无振作之意"之类敷衍了事的情形描写。

凡此种种,不一而足,足以窥见当时同治帝学习的真实状况。

要知包括翁同龢在内的帝师,不可谓不尽心。1869 年 11 月给五兄信中说:"弟入值如常,谨慎自持,不敢失坠。"①1871 年 5 月感念两宫"督切甚严"时,他曾坦言:"臣既忝近职,不得不周旋其间,不敢不较量分寸。"为此,针对同治帝不思勤奋的读书现象,随时都有适当批评甚至"正色危言",可谓极尽循循诱导之能事。翁同龢日记载,1866 年 4 月 17 日:"余与诸公议,上日来言动不合于礼,不可不切谏,乃以敬肆之分为读书多少之节,冀少有所补耳。"1868 年 6 月 22 日:"余等入,乃力言是非之当辨,勤惰之当辨,累数百言,上改容听纳,属对心思尤滞。"1871 年 2 月 25 日:"晨读极散,因极陈光阴可惜,当求日进之方。"11 月 9 日:"因以沉静二字请上用功。"同时也有自我的不断反思,如 1867 年 12 月 23 日:"讲书不了了,颇自咎未能进讲时字字清澈也。"1869 年 1 月 27 日:"听艮峰先生进讲'巧言令色足恭'章,自知有此病痛,此后当切戒,诚字一刻不可离舍,却此字皆虚伪而已。"②

不过,当时书房内部充满矛盾。因为课读时间分膳前、膳后两块,满书在先,汉书在后。满文授读时间经常被拖延,以致汉书学习显得非常匆迫,直至 1866 年 6 月两宫调解后谕令"嗣后膳前专读汉书,计六刻可毕,满书改于膳后,无庸多读,酌减为妥。"既有满书、汉书进讲时间上的冲突纷起,也不乏同人之间的种种意见牴牾,1870 年 5 月 12 日:"兰孙与荫轩言之格格不入,荫轩成见太重,拘滞不通方至此。……功课如

① 《致翁同爵函》,李红英著:《翁同龢书札系年考》,黄山书社 2014 年版,第 12 页。
② 以上引文,分别见翁万戈编,翁以钧校订:《翁同龢日记》第二卷,中西书局 2012 年版,第 881、783、480、640、859、913、601、696 页。

此,同人意见如此,奈何奈何。"5月29日:"荫翁带《左传》,三刻犹嫌时促,然则从前读古文仅两刻反不促耶?其议论偏而愎,真难处也。"7月5日:"荫轩以兰翁语侵之颇怨恨,甚矣,言不可不慎也。"但总体上说,大家还能不断商讨对策,变通教学方法,如生书领读、借诵读唐诗以涵养性情、作论先由师傅编语等做法,就出自翁同龢的创议,不失为反省中的良策。每次两宫询问书房事,也是一一据实相告。有一次两宫召见时说起皇上因早起而多有倦容,翁同龢认为"精神固宜聚,亦视机括何如",建议读书困乏时不妨写字或稍些活动,以舒展精神;同时强调"以学、养不可偏废,从容歠饫,则德日进而体亦强。"纵有如此"竭力鼓舞"、"百方鼓动"的努力,①乃至直言劝谏,往往仅有几天改观,却难以真正促使同治帝回心转意。

两宫太后对于书房功课,更是抱有非常殷切的期望,内侍随时启知,天天直达垂询。遇有皇帝身体稍有不适,就谕令减轻默书、写字等压力,明令书房"功课勿太多,欲得鼓舞奋起之意。"②甚至于后来课务一减再减。可即便如此,文不成句,句不成篇,学业仍然毫无起色。时至1871年,眼看16岁的载淳即将亲政,学业不仅不见精进,反而愈来愈差,随着慈禧心伤气急的严谕传话,帝师的极度不安更是可想而知了。翁氏日记载录:③

> 4月16日:是日兰孙传两宫谕,问书房功课极细,有"不过磨工夫","见书即怕",及"认字不清","以后须字字斟酌","看摺奏要紧"等语,不胜惶悚。

> 5月27日:军机见起时,两宫论功课语极多,谕诸臣须尽心竭力。大略督责之词多,有"支吾搪塞"及"恨不能自教"之语。李某引咎,并陈近日情形,然亦不敢琐屑也。

> 7月21日:是日醇邸销假召见,论书房工课,语极多,命传谕臣

---

① 以上引文,分别见翁万戈编,翁以钧校订:《翁同龢日记》第二卷,中西书局2012年版,第797—798、801—802、809、780页。
② 翁万戈编,翁以钧校订:《翁同龢日记》第二卷,中西书局2012年版,第472页。
③ 此处引文,分别见翁万戈编,翁以钧校订:《翁同龢日记》第二卷,中西书局2012年版,第870、880、893、913页。

桐、臣龢,须尽心辅导,一切可按上书房规矩,秋凉后倘遇功课为难时,不妨过申正或酉初、二正下书房,庶知课程一定不能迁就云云。昨日军机见时,李鸿藻承旨亦有传谕臣二人者,大略谓,上年已十六,亲政不远,奈何所学止此!督责之词,至严至切也。

　　11月8日:是日军机见起,两宫又论功课,极言上未能用心,昨令读摺不成句,又讲《左传》,则不了了,若常如此,岂不可虑,因垂涕宣谕再三。下臣闻此,愧汗无地矣。

不得不承认,尽管同治帝对翁同龢的课不无喜欢,但一旦让他自己思考时就同样耍滑偷懒,实际效果并非人们想象的那么好。

同治帝何以如此厌学呢?

从载淳登基那一天起,年幼的他每天必须一早端坐龙椅,临朝听政。大臣们关于军政大事的奏章文牍,虽然不必也不可能参与,悉由"垂帘"的慈禧皇太后召对独揽,但他不得不学会克制和拘谨,以免有失"人君"之仪度。如此每日天没亮就起床,连两宫也承认"皇帝起甚早,往往呼醒犹睡。"对于一个正在成长发育中的孩童来说无疑相当残忍。为了当好皇帝,从小必须接受严格训练,学业内容不仅有蒙满汉三种语言,还要拉弓射箭、打枪骑马,更有儒家经史、作文做诗等等;课读时间每天上午六点至十二点,下午二点至四点,除节假日外每日照常。繁重的课务安排,完全没有顾及孩子的心理承受力,让本性活泼的载淳不能自主地担起力所难能的重负,并且越来越觉得索然乏味,感到做皇帝实属"苦差",从此在学业上滋生了强烈的叛逆心理。1867年6月,曾国藩的幕僚赵烈文在其日记中记述过一则传闻:

　　是日闻竹庄言:今上聪慧而不喜读。一日与师傅执拗,师傅无可如何,涕下以谏,时御书适读至"君子不器",上以手掩器下二口,招之曰:"师傅看此句何解?"盖以为君子不哭也,其敏如此。又读"曰若稽古帝尧,曰若稽古帝舜",帝字皆读"屁"字。[1]

由此,纵有诸臣忠心尽职,苦口婆心地劝导,同治帝似听非听,无精

① 赵烈文撰,廖承良标点整理:《能静居日记》(二),岳麓书社2013年版,第1069页。

打采,依然我行我素,已然难期振作。当同治帝曾经与翁师傅自叹"当差劳苦"①时,面对不思进取的皇上,"百思不得诱掖之法"②的翁同龢,何尝没有苦差之感?

继 1872 年同治帝大婚,1873 年又亲临朝政,恰值翁同龢因母亲去世而回籍服丧期。尽管懿旨要求皇上每天仍必须在弘德殿与诸臣虚衷讨论,书房照常进讲。但因婚后生活的不如意,加之慈禧与皇后的婆媳关系失和,同治帝经常借巡视圆明园修复工程,微服出入于酒肆剧馆,变本加厉一至于此。到翁同龢三年过后回京续职,从 1874 年 9 月 12 日同治帝谕令停止园工,至 11 月 29 日发病的五十天里,日记里接连是"无书房"的记录:"传自今至初八俱无书房"、"传今日至十六皆无书房"、"传自今日起至九月九日皆[无]书房"、"自今日至十六皆无书房"、"传自本月二十日至十一月初一日皆无书房矣"。直到不久后同治帝被确诊天花且病情恶化,于 1875 年 1 月 12 日病死,年仅 19 岁。翁同龢也随之结束了弘德殿行走的帝师生活。

借日记厘述其中的细节,有助于逼近历史,凸显出翁同龢初为帝师遭遇的严重受挫感。一个本来天资聪颖的顽童,经过十二年之久的书房学习,却终成文理不通的纨绔公子。这,显然是与翁同龢的初衷背道而驰,却又不是以他的个人意志为转移的教育悲剧。

不过值得留意的是,翁同龢入值弘德殿期间,还被派往养心殿为两宫太后进讲《治平宝鉴》。

1861 年两宫皇太后垂帘听政后,谕令大臣汇编历代帝王政治及母后临朝预政事迹以为法戒,据史直书,简明注释,汇为一册,赐名《治平宝鉴》。书成后由军机大臣轮班召对,隔帘侍讲。翁同龢先后负责进讲了该书法编中由南宋孝宗至明崇祯帝的十五个专题,一般就是先讲后问再答的程序。以 1866 年的几讲为例:③

1 月 30 日:巳初三刻进讲六额附带。"淳熙十年诸军得钱甚

---

① 丁国钧撰:《荷香馆琐言》,赵诒琛、王大隆编:《丙子丛编》,1936 年铅印本。

② 翁万戈编,翁以钧校订:《翁同龢日记》第二卷,中西书局 2012 年版,第 803 页。

③ 此处引文,分别见翁万戈编,翁以钧校订:《翁同龢日记》第一卷,中西书局 2012 年版,第 463 页;《翁同龢日记》第二卷,中西书局 2012 年版,第 480、482、486、488、493—494 页。

喜,孝宗曰吾虽瘠天下肥矣"云云一节,因论韩休忼直,唐元宗尚能容纳,颇蒙垂听。

4月16日:巳初进讲于帘前,系"明太祖肆赫恤兵征求贤士"一段,问洪武享国几年及明代若干年,并与元代比较,无他语也。

4月27日:是日进讲钟邸带"明太祖诏百官迎养父母者官给舟车"一节,皇太后问洪武为政尚宽尚猛及当时大臣为谁,某具对毕。

5月17日:是日进讲"明孝慈马后对太祖以得贤为宝"一节,反复于劳佚敬肆之分,自谓尚能剀切。

5月29日:巳初进讲"明成祖斥吕震封禅之奏",数语即退。

6月21日:是日进讲"明英宗减苏、松荒田租税"一条,案语中有舛误,因纠正之……复力陈江浙之民困于重赋并我朝两次减免额数……皇太后垂问江浙民情赋额甚切至,详陈无隐,一刻许退。

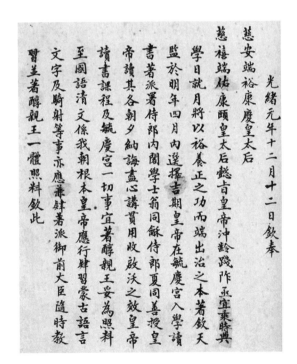

中国第一历史档案馆藏《著翁同龢等入毓庆宫授皇帝读书懿旨》

每次进讲,翁同龢借机联系实际,切陈时弊。9月3日、14日先后进讲"明宪宗饬有司毋滞狱"和"明孝宗删定律例"二节时,翁同龢针对所问各省问刑弊端及监狱因犯的生活,结合自己刑部当差七年的见闻,认为"刑部办案类皆有案不用例,有例不引律,似与古人用意相背",认为刑部引例多未当,并及六部条例之冗。9 月 25 日进讲《明世宗用台谏张永明言赈南京荒》一段,当皇太后问起救济灾荒的良法,翁同龢认为:"法备于古,但须得人,则实惠可及于百姓,故任法不如任人。"力主赈济救荒要在于人。10 月 30 日又进讲了"张居正进《帝鉴》等"一段,至当年11 月 8 日暂告结束。① 日记载:

> 是日进讲"明庄烈帝诛客、魏"一段,因推阐案语中"去邪不尽,任贤不笃"二语,援引古今,凯切言之,太后垂问数语即退。《治平宝鉴》法编至此而终,以后进讲与否且候进止。②

每次间隔十天或半个月的养心殿进讲,对于翁同龢来说有着不同寻常的意义。证其此间行迹,1865 年奉旨阅看《文宗实录》,又由詹事府右中允特接侍讲,再擢为国子监祭酒,进而提为太仆寺正卿,同治帝亲政后又赏其一品顶戴,既有入值任上恪守职责,又有进讲中的智慧得当,由此深得了两宫信赖和看重,仕途前景已是不可限量。

## 第二节　毓庆宫行走

1876 年(光绪二年)1 月 8 日,刚从双石峪查勘同治帝惠陵工程后回京的翁同龢,接到了军机处谕旨:

> 皇帝冲令践祚,亟宜乘时典学,日就月将,以裕养正之功,而端出治之本。著钦天监于明年四月内选择吉期,皇帝在毓庆宫入学读书。著派侍郎、内阁学士翁同龢,侍郎夏同善授皇帝读。

翁同龢手捧懿旨,一时"闻命感涕,不觉失声。"③按理说,再为帝师

---

① 以上引文分别见翁万戈编,翁以钧校订《翁同龢日记》第二卷,中西书局 2012 年版,第 510、512、518 页。

② 翁万戈编,翁以钧校订:《翁同龢日记》第二卷,中西书局 2012 年版,第 520 页。

③ 翁万戈编,翁以钧校订:《翁同龢日记》第三卷,中西书局 2012 年版,第 1211 页。

的殊荣，自有他喜不自禁的激动洋溢。但其真实的内心深处，也许更多了说不出的苦涩与不安。最初授读弘德殿，他是何等地满腔抱负，但为培养一代圣主倾注的无数心血，终因同治帝的顽劣不成器，换来的是"典学未成"的痛彻心扉，一幕幕挥泪劝学的书房情景历历在目，到最后换来了隐隐悔恨的无奈结局。如今再度受命，能否把五岁登基的光绪帝载湉培养成治国有为的贤君，重任担荷，殷鉴不远，前景又未卜，一旦重蹈覆辙，后果不堪设想。经过慎重考虑，翁同龢随即递上了请辞奏折：

> 臣闻命之下，感涕交并。伏念臣于同治四年恭承特简，在弘德殿行走。十年以来，仰蒙穆宗毅皇帝天地之仁，恩礼有加，始终无间，不意遭变，讲筵中辍，此诚千古伤心之事，为臣子者不幸遭逢于斯为极。臣自去腊迄今，百疾交攻，心气恍惚，梦寐中往往摽擗号呼，盖微臣受恩之深，辜恩之甚，实自知之，故非章奏所能达者。今者恭遇皇上典学维新，如日之升，万方企仰。两宫皇太后博选廷臣，岂无堪胜辅导之责者，何独于侍学旧臣又蒙简畀？况臣衰疾之余，智力短浅，自问已难称职，若复腼颜就列，必至有负圣恩，惟有披沥下忱，叩恳两宫皇太后俯鉴微臣无可名言之苦衷，与不能胜任之实际，收回恩命，别简贤能，臣不胜惶悚激切，待命之至。[1]

当天的日记里写道："竟日奔忙，中心如剡，难乎为情矣。"[2]焦灼之情跃然纸间。奏折递呈第二天，懿旨示以"禀遵前旨，毋许固辞"[3]等语，未予允准。在随后的养心殿召对中，尽管他再三恳求收回成命，但两宫皇太后执意要他"尽心竭力，济此艰难"，[4]并指令由翁同龢一人授书，夏同善负责写仿等事。面对太后挥涕不已的留任温谕，翁同龢禁不住被眷宠的热泪，再无继续推辞的勇气和理由。

1876年3月16日，光绪帝开蒙第一天。是日，皇上面南而坐，翁

---

① 中国第一历史档案馆馆藏奏档，军机处录副，光绪元年，内政类，职官项。

② 翁万戈编，翁以钧校订：《翁同龢日记》第三卷，中西书局2012年版，第1211页。

③ 翁万戈编，翁以钧校订：《翁同龢日记》第三卷，中西书局2012年版，第1211页。

④ 翁万戈编，翁以钧校订：《翁同龢日记》第三卷，中西书局2012年版，第1212页。

同龢与侍学诸臣叩拜后,在皇帝面前的小书桌上铺好纸张,然后以笔蘸墨,先写下"天下太平"、"光明正大"八个端正的大字,再把着光绪帝的小手,在红仿格纸上重描一遍。写字过后,翁同龢将"帝"、"德"放在光绪帝面前,念了两遍,光绪帝应声诵读。接着以手指画地进讲《帝鉴图说》,浅显明白的讲解使小皇帝若有所悟,还开心地手指尧舜二帝图像。① 自此起,至 1897 年 2 月书房裁撤,翁同龢与光绪帝相伴学习 22 年之久。1877 年因夏同善外放江苏学政,书房又陆续添派了孙家鼐、张家骧、孙诒经、松湘等人。但 1887 年 4 月 25 日慈禧当面告诉翁同龢,要求以后书房"汝等主之",②假如说,初为帝师时资历尚浅,难有自己发挥的余地,那么,毓庆宫行走时的他显然多了独当一面的可能。

正如翁同龢在家书里说:"书房功课日起有功,今读《论语》矣。二圣不姑息,左右不导谀,则小臣必能扶日月而出重霄之上,此区区之私愿也。"③此后的岁月里,除了生病请假外,翁同龢寅入申出,风雨无阻,一年四季,日以为常。

最初,因光绪帝年幼,每天睡意蒙眬中被送往毓庆宫学习,玩耍任性的孩提乐趣被艰涩的说教所替代,因此无论怎样劝勉,经常静坐不理,甚至把课本抛在地上,啼闹不止耍性子,多有抵触和反抗情绪。1876 年 6 月 19 日日记载:"读生书数遍即阻滞,百方激扬不能得,下坐则有声出户外矣,写字极好,余皆平平,如何如何!"④7 月 27 日:"生书犹可,熟书背一号,忽欲哭,百方鼓舞,终不肯读,竟无之如何,已正始退,仍留数行未倍也,无端而来,不可测度。"⑤就说 1879 年 1 月,光绪帝一连半个月内大闹罢课情绪,让翁同龢几乎一筹莫展。率性本真的孩子,难免有情绪波动的时候。事后得知,那几天里的光绪帝,只是为了一块被自己摆弄坏了的表而心神不定。

① 翁万戈编,翁以钧校订:《翁同龢日记》第三卷,中西书局 2012 年版,第 1226 页。
② 翁万戈编,翁以钧校订:《翁同龢日记》第五卷,中西书局 2012 年版,第 2144 页。
③《致翁曾荣》(1876 年 11 月 14 日),赵平整理:《翁同龢家书诠释》,凤凰出版社 2017 年版,第 84 页。
④ 翁万戈编,翁以钧校订:《翁同龢日记》第三卷,中西书局 2012 年版,第 1248 页。
⑤ 翁万戈编,翁以钧校订:《翁同龢日记》第三卷,中西书局 2012 年版,第 1255—1256 页。

好在,与同治帝厌学品性迥然不同的是,体弱多病的光绪帝性格内向沉静,有着本心向学的志趣。日记中,翁同龢有不少深感欣慰的记录:①

　　1876年5月4日:懿旨谓入学期近,尔等辛苦;又言皇帝向学,即尔等退后犹寻检书籍,温熟字号,无他戏弄;所讲《帝鉴》,上能为两宫言之。今日上体稍不适,犹屡催宜入讲。

　　1876年11月27日:中官备言每日黎明上到书斋朗诵书史,作字一叶,未尝间断,可胜喜忭耶!

　　1877年2月18日:自腊月廿八日至新正初五日,每日皆到书房,读书写字照旧,可喜也。余偶讲逸诗,上即翻"述而不作"注内孔子删诗书一句为证,此注从未讲过,不知上何以领会至此。

显然,幼年的光绪帝对学习抱有浓厚的兴趣,每天黎明前就到书房读书写字,下课后也是行立站卧皆诵读诗书,连慈禧也多次夸赞他"实在好学,坐立卧皆诵书及诗。"②在积以时久的调教中,光绪帝的学习状态越来越自觉投入,甚至着了迷。每年腊月二十四日到次年正月初六日,即使师傅放假,他仍每天照例进书房看书,后来干脆将毓庆宫东厢房改为书房兼卧室。在翁同龢笔录的日记里,"极好"、"好"、"尚好"、"甚好"、"甚顺"、"尤佳"等片断的赞语,无不摄取着光绪帝日趋进境的生动印记。

　　敬从光绪当阳日,
　　追溯康熙郅治初。③

这首写于1889年早春的诗句,句下有小注:"今年二月三日,上亲政事,海内称庆。"真切表达了翁同龢对光绪帝亲政的殷切希望。为了能培养匡扶天下的一代圣主,无论是光绪帝的求知为学,还是生活处事等方面,翁同龢殚精竭虑,付出了大量的心血。

---

① 此处引文,分别见翁万戈编,翁以钧校订:《翁同龢日记》第三卷,中西书局2012年版,第1237、1280、1299页。
② 翁万戈编,翁以钧校订:《翁同龢日记》第三卷,中西书局2012年版,第1301页。
③ 《题康熙旧绣册》,朱育礼、朱汝稷校点:《翁同龢诗集》,上海古籍出版社2009年版,第148页。

注重帝德教育,是他授读的基本立足点。启蒙第一日,翁同龢就给皇上写有"帝德如天"四字,此后又将"君者舟也,庶人者水也,水所以载舟,亦所以覆舟"的《孔子家语》一说,作为座右铭进呈。据日记载,1876年5月4日:"臣龢奏对,谓皇上正在冲龄,……首宜读书,涵养性情功夫当有次第,不可骤进生厌;又骑射固为根本,此时少缓,正所以保卫圣躬,专心讲习。"①针对小皇帝一路成长中出现的倾向性问题,翁同龢总要以"圣学以正心诚意为本,勿视为迂谈"及时规范。1887年3月两宫召对,"臣因推论涵养性情不宜激搏,必将顺居多,特不可于诗书纸笔外别求方法耳,语甚多。"②1887年4月在丰泽园举行的猎耕典礼上,因光绪帝的举止近似嬉戏,翁同龢感觉有失天子应有的威仪和庄重,事后劝诫他:"一切典礼当从心上出,否则即虚即伪,而骄惰且生矣。"1883年4月25日:"昨日闻与中官闹气,扑而破其面,此大不可,婉言进规,颇见听受。"③

在翁同龢的精心教导下,光绪帝越来越明理懂事,日记里不乏此类细微的记录。1876年7月15日记:"上读书极好,指书内财字曰吾不爱此,又曰吾喜俭字。"④自古成由勤俭败由奢,幼帝能出此良言,翁同龢心中自是开怀。儒家将"心"分为"道心"、"人心",认为"知觉从耳目之欲上去,便是人心;知觉从义理上去,便是道心。"⑤有一次,听了人心、道心之分的讲解后,小皇帝便脱口而出:"吾作事皆依道心也。"清末的皇室亲贵酷嗜戏剧,但翁同龢认为幼帝典学,未必"听戏虽是典礼,究恐开声色之渐。"缘于师传之教,幼年典学的光绪帝并不热衷于此:

> 1879年8月16日:上自廿五日起,两日在宁寿宫,未尝入座听戏,略一瞻瞩,便至后殿读书写字,二十七、八日则仍到书斋,一切照常也。上云钟鼓雅音,此等皆郑声;又云随从人皆愿听戏,余不

① 翁万戈编,翁以钧校订:《翁同龢日记》第三卷,中西书局2012年版,第1236页。
② 翁万戈编,翁以钧校订:《翁同龢日记》第三卷,中西书局2012年版,第1301—1302页。
③ 翁万戈编,翁以钧校订:《翁同龢日记》第四卷,中西书局2012年版,第1774页。
④ 翁万戈编,翁以钧校订:《翁同龢日记》第三卷,中西书局2012年版,第1253页。
⑤ 黎靖德编:《朱子语类》卷78,中华书局1986年版,第2009页。

愿也。圣聪如此，岂独侍臣之喜哉！①

　　1884年12月4日：上云连日暄聒颇倦，初八日最疲烦，头疼也，每日只在后殿抽闲弄笔墨，不欲听钟鼓之音。②

　　每遇光绪帝学习出现状况时，翁同龢往往会在"惶恐自咎"中不断反省，发现问题后及时寻找补救，总结经验教训。赖以长期的帝师教学实践，由此积累了知行统一、寓情于教、奖罚并施等卓有成效的教学方法。教学中，翁同龢经常结合当时的重大军政外交等活动进行讲述，如1879年中俄伊犁交涉时，他就通过介绍新疆史地，以及"海防"和"塞防"之争、"和"与"战"之争切入现实政治。1881年秋进讲《天下舆图》，进讲《读史论略》同样注重联系社会实际批阅史书，皇上"批云：唐之所以亡者皆宦官而已，懿宗而后更无法度，故亡。"③进讲《帝鉴图说》《通鉴论》，也是要在"两书皆切于日用也。"这一将书本知识与社会现实有机结合的做法，有助于引导光绪帝了解国内外局势，勤于思考，学以致用。在辅导作诗过程中，也会结合光绪帝日常经历的一些事加以出题指导，从而达到良好的教学效果。期间还有对小皇帝生活上的关心和爱护。经他观察后发现，哪天皇上学习不顺、多有厌倦时，往往多半出于感冒、手心发热带来的不适，此后也就少不了他一次次的问寒问暖。1877年1月，懿旨规定功课未完就在书房传饭，膳后再学，翁同龢认为"为时尚早，唐诗、讲书两项皆可伸缩，不必定在书房用膳。"遇有太监对小皇帝的冷漠，他也随时过问。"上幼畏雷声，虽在书房，必投身翁师傅怀中。"④体贴入微的关怀，光绪帝默默记在了心底，也增添了对师傅的亲近与敬重。此后师徒关系融洽，几乎到了难以分离的地步。1877年盛夏翁同龢因老家祖坟遭大风受损，奏请回籍修墓。8月22日光绪帝得知师傅请假的消息，一整天意绪彷徨，第二天原本无书房，却执意要求

① 翁万戈编，翁以钧校订：《翁同龢日记》第四卷，中西书局2012年版，第1472页。
② 翁万戈编，翁以钧校订：《翁同龢日记》第四卷，中西书局2012年版，第1927页。
③ 翁万戈编，翁以钧校订：《翁同龢日记》第四卷，中西书局2012年版，第1668页。
④ 恽毓鼎：《崇陵传信录》，中国史学会主编：中国近代史资料丛刊，《戊戌变法》第一册，神州国光社
　　1953年版，第474页。

照常入值,就是想让师傅留在身边。此后近三个月内,光绪帝神思恍惚,根本读不进书。直到当年 11 月 21 日师生再度见面,光绪第一句话就说"吾思汝久矣。"当天日记:"近月廿遍者改至一遍,余皆一遍,且无声也。是日读书廿遍,前数号皆朗诵,字亦可,讲书及诗皆好,内侍范姓太监云久不闻此声也。"①可见因为翁同龢的回宫,一下子就提起了光绪帝的读书兴致。在教学活动中,翁同龢逐渐感觉到罚读、罚坐并非良策,开始改用正面鼓励、表扬为主的办法,调动学习的自觉性。有一次光绪帝仿照《帝鉴图说》画了一幅《天人交战图》,翁同龢与其他师傅及时夸奖一番,受表扬的光绪帝立马心情舒畅,当天不仅把生书全部读完,还主动要求将熟书多读了七遍。

从 1875 年即位到 1889 年亲政,光绪帝由一个稚气孩童成长为英气勃发的少年天子。"君臣如父子",亲政后的光绪帝因此眷倚尤重,伴其一路成长的人格养成、思想渗透,无不凝聚了翁同龢茹苦含辛的教育。

## 第三节　旧学与新知

传统"天朝体制"下的帝师授读,主要内容大致包括经书、史书、治国之道三大类,都是为君或为臣所应具备的知识。儒家经典的学习,自是重中之重的根基,有关国家治理及历朝政治得失、兴亡治乱等书籍,也是讲读的重要内容。进入 19 世纪中后叶的晚清社会,与西方列强的坚船利炮、鸦片商品相伴随,是新旧思潮的交汇、中西文化的冲撞。处在这样风云激荡的特定时代,翁同龢并没有抱残守缺,墨守成规,而是面对社会现实,顺应历史潮流,既承袭着"通经致用"、"明道救世"的儒家学说精神,又以推陈出新的思想姿态吸纳着革新、改良的时代新思潮。

就传统的教育内容而言,翁同龢精心安排了儒家经典、帝王之学和

---

① 翁万戈编,翁以钧校订:《翁同龢日记》第三卷,中西书局 2012 年版,第 1361 页。

中国历史方面的课程和帝德教育。选讲的《大学》《中庸》《孟子》和六经等儒家经典，绝大部分归属今文经籍，内含改革进取思想，与现实政治较接近。安排的帝王之学和中国历史方面的课程，如《帝鉴图说》《稽古录》《通鉴辑览》《圣武记》《九朝东华录》《圣祖圣训》等。《圣武记》系魏源为《南京条约》的签订而感愤所作，记述了清朝自开国至道光年间重大军事活动，颂扬盛世武功，以推求盛衰之理，策划海防之策及练兵筹饷之道，并提出要战胜西方侵略者必须了解西方，发愤图强振兴武备的观点。翁同龢授读上述文本的用意，就是要光绪帝认真借鉴历代帝王统治成败得失的经验教训，挽救颓势，振兴国家。

与此同时，随着民族危机的不断激化和对西方了解的不断深化，翁同龢的文化自省也与时代的感召合拍递进。面对内忧外患、国势日蹙的迫在眉睫，他越来越深感"西法不能不用"。为此，在给光绪帝开设的课程和开列的课外书籍中，随之增加了大量经世致用的授读内容。其中主要有：

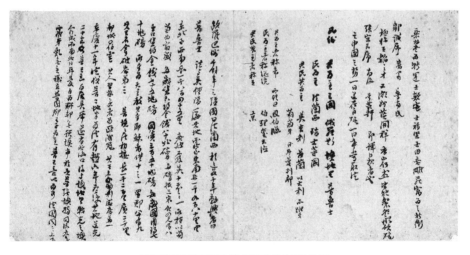

翁同龢进讲《普法战纪》时的备课札记

一是经世时文著作，如顾炎武的《天下郡国利病书》、贺长龄的《皇朝经世文编初编》、魏源的《海国图志》、徐继畲的《瀛寰志略》，以及龚自珍和林则徐等文集。《海国图志》是魏源受林则徐之嘱编著的一部和世界史地知识的综合性图书，倡导"师夷之长技以制夷"的中心思想，主张学习西方国家的科学技术,有助于拓展国人视野。早在1880年2月13日,翁同龢就看过此书,对书中部分观点表示赞同。时隔五年后将此书进呈御前,还特意在切口处撰写书根便于检阅。《瀛寰志略》成书于1849年(道光二十九年),涵盖了四大洲近八十个国家的风土人情,还介绍了欧美近代化的政治制度以及近代工业、经济、技术及军事发展状况。作为介绍当时西方世界的地理、政治、经济状况的综合性著作,与《海国图志》一起堪称中国近代化的启蒙宣言书。

二是早期改良派的著作,如冯桂芬的《校邠庐抗议》、陈炽的《庸书》、汤震的《危言》、薛福成的《筹洋刍议》。1861年结集的《校邠庐抗议》,作者痛切地认识到"中国人无弃才不如夷,地无遗利不如夷,君民不隔不如夷,名实必符不如夷",①提出了公黜陟、汰冗员、许自陈、易吏胥、省则例、兴水利、改土贡、筹国用、收贫民、改科举、采西学、制洋器、善驭夷等建议,主张"以中国之伦常名教为原本,辅以诸国富强之术",被视作洋务运动的精神论纲,开启了近代中国谋求民族自强思潮的先河。翁氏日记载,1889年2月5日:"寄冯林一《抗议》十本来";6日:"以《抗议》新本进"。② 2月21日在养心殿与太后和光绪帝谈及洋务时,翁同龢认为:"对此第一急务,上宜讲求,臣前日所进冯桂芬《抗议》,内有谈驭夷数条,正是此意。"③当年12月25日写道:"看《抗议》,昨言此书最切时宜,可择数篇,另为一帙。今日上挑六篇,装订一册,题签交看,足征留意讲求,可喜!"④抄录成册后送呈光绪帝的,则是其中汰冗员、许自陈、省则例、改科举、采西学、善驭夷等六篇。

三是当下维新派的著作,如康有为的《日本明治变政考》《俄国大彼得政变记》等。

四是当时汉译的西学和世界史书籍,如王韬的《普法战纪》,李提摩太的《泰西新史揽要》《时事新论》《列国变通兴盛记》以及赫德的西学新书16种。

---

① 冯桂芬:《制洋器议》,见《校邠庐抗议》,中州古籍出版社1998年版,第198页。
② 翁万戈编,翁以钧校订:《翁同龢日记》第五卷,中西书局2012年版,第2293页。
③ 翁万戈编,翁以钧校订:《翁同龢日记》第五卷,中西书局2012年版,第2297页。
④ 翁万戈编,翁以钧校订:《翁同龢日记》第五卷,中西书局2012年版,第2370—2371页。

五是出使各国使臣的考察游记,如曾纪泽的《伦敦与巴黎日记》、何如璋的《使东述略》、张德彝的《航海述奇》、李尘的《环游地球新录》、李筱圃的《日本纪游》等,还有钱恂编纂的《中外交涉表》《通商出入表》《关税出入表》。

旧学和新学兼容、中学与西学俱存。所有这些教育内容,培植并拓宽了光绪帝的学养与眼界,激发了他对洋务和西学的兴趣,对光绪帝走上变法图强之路有着直接的影响。

毋庸讳言,对于身为传统士大夫的翁同龢来说,这些努力,当然有其重建传统儒家道德秩序的本位坚守、原则奉行,换言之,其内核仍是儒家政治思想、道德规范的教育。但又分明有了与时更新的嬗变。由此,介于旧学新学之间的两难困惑也是在所难免。日记载,1891 年 11 月 26 日,听说光绪帝"欲通泰西字义",一句"此何意也"①的感叹,凸显了他匪夷所思的微妙心境。12 月 7 日:"近且洋文彻于御案,伤哉。"②翁同龢发现,自 12 月起光绪帝命奕劻带同文馆教习觐见讲洋文,此后"于西文极用意",以致书案上摆满了洋文书籍。由此,师徒之间不断生出思想上的分歧。以《日本国志》为例,《日本国志》为黄遵宪 1887 年任驻日使馆参赞期间撰写,书中对日本明治维新后的社会制度进行了全面而客观的介绍。要说 1897 年 6 月翁同龢读过此书,并有可能此后进呈过或在皇上面前提及过。但当 1898 年 2 月 13 日光绪帝索要该书时,翁同龢却以"未治"相对,结果遭来"颇致诘难"③的尴尬。至于三个月后光绪帝再次命他进呈康有为论著时,翁同龢竟以"此人居心叵测"为由,告以彼此并无往来,更是让光绪帝匪夷所思之下"发怒诘责",④师徒裂痕弥深。不难见出,来自皇上醉心西学的姿影,显然超越了他恪守的传统信仰中所能认同和接受的极限。透彻地说,翁同龢在秉承儒家经世传统、忧患意识的同时,又不断趋于新知新学的路径转变与视野拓展。虽有"旧瓶装新酒"之嫌,但从中折射出的新旧杂存之纠结,正是传

① 翁万戈编,翁以钧校订:《翁同龢日记》第六卷,中西书局 2012 年版,第 2524 页。
② 翁万戈编,翁以钧校订:《翁同龢日记》第五卷,中西书局 2012 年版,第 2527 页。
③ 翁万戈编,翁以钧校订:《翁同龢日记》第七卷,中西书局 2012 年版,第 3142 页。
④ 翁万戈编,翁以钧校订:《翁同龢日记》第七卷,中西书局 2012 年版,第 3177 页。

统中国迈向近代化的艰难转型中充满新陈代谢的过渡特征。

综上所述,从授读"弘德殿行走"到"毓庆宫行走",翁同龢以其淳厚的秉性和渊博的学识忠于职守,得到了当权者慈禧的信任,仕途由此日益攀升,并最终进入清廷权力中枢,成为清末政坛位居枢要的汉族大臣。历史的事实同样证明,亲政后的光绪帝之所以励精图治,更有日后揭开戊戌变法的改革序幕,扬起了志在维新的理想风帆。这,又与翁同龢授读毓庆宫期间接陈启新的教育密切相关。正是在翁同龢的悉心培养和熏陶下,点燃了光绪帝的改革思想之火。从循循善诱地辅导、启导和引导的层面上理解,康有为后来誉之为"中国维新第一导师",也是多少合乎了历史真实的评说。至于1898年(光绪二十四年)翁同龢遭开缺回籍,谕旨有所谓"授读无方"之类的指斥,显然是"欲加之罪,何患无辞"的别有用心了。

# 第七章　军机任上

## 第一节　渐入中枢

在父亲翁心存的教导下，小时候的翁同龢，读书之始即报国之始。走上仕途后，济世安民成了他毕生的抱负。由于父亲的余荫及本人的学问、才识、人品，得到两宫皇太后的赏识，同治中授读弘德殿，光绪初又授读毓庆宫。就翁同龢的才性而言，当帝师确是最适合的岗位，他自己也表示，最在意的就是"圣学"，要把小皇帝光绪培养成贤明的国君。但由于朝廷的信赖，翁同龢先后担任各种部院的实职。1876 年（光绪二年）擢户部右侍郎，兼管钱法堂事务，1879 年 2 月授刑部尚书，因刑部事繁，不久调任工部尚书。翁同龢为官忠心耿耿，公忠体国，慈禧已有意将他引入中枢。

这时的大清王朝，经所谓"同治中兴"后已国势日衰，处在西方列强的四面包围之中。同治以前，列强仅英、俄、法三国；同治后，又加上美、德、意三国，东方的日本在"明治维新"后崛起，步武列强，首向中国实行"大陆政策"，光绪朝处境的困难，远在道光、咸丰朝之上。在这种"边境日削、主权日丧"的险恶形势下，翁同龢逐步进入政府中枢，一介书生不堪重负地担当起了捍卫国家主权和领土完整的历史责任。

1864 年（同治三年），因陕甘回乱的影响，新疆南北路回民并起为乱,相互攻伐争战。浩罕国①将军阿古柏乘混乱之机,集结武装力量入侵新疆。1871 年 7 月,沙俄趁火打劫,利用由于阿古柏侵略所造成的新疆的混乱状态,借口"安定边境秩序",悍然由西伯利亚派兵进犯伊犁地区,屠杀中国人民,实行军事殖民统治。俄国占领伊犁时,清廷向俄使提出抗议,俄使答复说:"清廷威令久不行于此地,通商得不到保护,不得已始占领之,待清廷威令能行于此,可得国境安全时再退还。"换言之,就是帮清政府"代收"。俄人的狡猾在于,认定中国没有力量平定新疆,便可永久占领伊犁,并逐步蚕食新疆。清政府多次向沙俄交涉归还伊犁,均无结果。

1875 年,清政府决定派左宗棠为钦差大臣督办新疆军务,率兵进入新疆,击退阿古柏匪帮,加强新疆的边防,然后索还伊犁。清军进入新疆后,左宗棠用"剿抚兼施"、"粮运兼筹"的策略,平定新疆南北路回民之乱,先后收复了乌鲁木齐等重镇和南部边疆地区,阿古柏自杀,白彦虎退入俄境。在军事胜利的基础上,清政府再次要沙俄归还伊犁。当时沙俄提出必须取得中国内地的通商权利,并割据中国帖克斯河流域和伊犁以西的土地,才能交出伊犁。

1878 年 6 月,清廷派崇厚作为全权大使,前往俄国就索还伊犁问题进行谈判。稀里糊涂的崇厚只晓得"伊犁"两字,其余一概不问。在沙俄胁迫下,1879 年 10 月擅自签订《交收伊犁条约》,即《里瓦几亚条约》,简称《崇约》。条约名义上把伊犁归还中国,但却将伊犁南境的帖克斯河流域和西境霍尔果斯河以西的大片沃壤险要尽行割让给了沙俄,伊犁就此成为孤城。此外还偿付兵费五百万卢布(合白银 280 万两)及免税贸易、增辟通商线路和增设领事等。

消息传到北京,朝野内外舆论大哗,纷纷要求改约,迫于舆论压力,清政府拒绝批准条约。一时群情激愤,痛心疾首,街谈巷议无不以一战为快。初露头角的清流代表张之洞、张佩纶、陈宝琛等主张备战,博得一般士大夫的同情。左宗棠主张先用外交来解决,而后以武力为后盾,作了兵分三路收复伊犁的部署,并于 1880 年移营哈密,调兵备战。年

---

① 浩罕国,位于今乌兹别克共和国境内。

近古稀的左宗棠，一路抬棺以行，誓不生还，耄年壮气，令人鼓舞。李鸿章不赞成用兵新疆，当时最了解国际形势的外交家曾纪泽也指出：“伊犁地形岩险，攻难而守易，主逸而客劳。俄人之坚甲利兵，非西陲之回部乱民所可同日而语。大兵履险地以犯强邻，真可谓之孤注一掷，不敢谓为能操必胜之权也。”①综合中外形势，他认为中国不能轻易开战。

　　1880年初，清政府先将崇厚革职拿问，定为“斩监候”，并宣告《崇约》无效；同时派驻英、法公使曾纪泽兼任驻俄公使，交涉改订条约。沙俄为了使其就范，在我国东北和西北边境集结了大量兵力，并增调海军在中国海面示威，对曾纪泽进行外交恫吓，还一再以中止谈判、发动战争相威胁。为此，曾纪泽请先赦免崇厚“斩监候”之罪，缓和俄人感情，然后赴俄交涉改约事宜。根据国际公法，曾纪泽运用外交手腕，历经数十次辩论后，于1881年2月24日签订了中俄《伊犁条约》，时称《改订条约》，也称《圣彼得堡条约》和《改订陆路通商章程》，代替崇厚签订的条约、章程。根据条约，沙俄归还伊犁，但仍割去了伊犁霍尔果斯河以西地区和北疆的斋桑卓尔以东地区，中国赔偿俄国兵费九百万卢布（合白银500多万两），中国收回伊犁九城及特克斯等地。

　　在这次中俄交涉伊犁问题上，翁同龢完全支持曾纪泽的主张，严修守备，不空言战，据理力争，先易后难，必要时可“缓索伊犁”，以求保全大局。

　　早在崇厚出使俄国后不久的1878年9月9日，慈禧在东暖阁召见翁同龢，谈及新疆情形，“有还西图东之说，事甚秘”②。同治年间，左宗棠和李鸿章曾有“西、东”之争：左宗棠主张用兵新疆，李鸿章主张放弃新疆，专图东南海防，以对付日本。显然，慈禧这个时候已有“还西图东”的打算。当时，清廷正拟任命曾纪泽出任英、法公使，慈禧向翁同龢了解曾纪泽的学行。对曾纪泽的外交、洋务才能，翁同龢极为欣赏和推奖。9月25日，曾纪泽前来与他辞行，认为“以伊犁当弃，白彦虎当取，以地易人最妙。”③在曾纪泽看来，当时清廷在军事上无力战胜俄国，所

---

① 曾纪泽著：《曾纪泽集》，奏疏卷二，岳麓书社1983年版，第78页。
② 翁万戈编，翁以钧校订：《翁同龢日记》第三卷，中西书局2012年版，第1411页。
③ 翁万戈编，翁以钧校订：《翁同龢日记》第三卷，中西书局2012年版，第1414页。

141

第七章　军机任上

以提出"以地易人"的主张。

据翁氏日记,1880年1月16内阁会商伊犁事,张之洞上奏力言宣战,略言"十不可四要","四要"是指计决、气壮、理直、谋定;宝廷亦"议则主战而沉痛恻怛"。与此对照,众大臣"相顾不发,骈头看折,杂然一群鹅鸭耳。"①大学士载龄会间邀翁同龢商谈,认为张折甚好,可以照办,但必须等皇上亲政后再议,对于这一推诿之词,翁同龢表示不敢附和。二天后,他和同僚拟定公折,既针对《里瓦几亚条约》条款加以一一驳斥,也吁请朝廷严修守备以安宗社。1月21日慈禧在东暖阁垂帘,翁同龢与枢臣同入,他在会商中指出:

> 谋国之方以保境息民为大。境不保民不息,则据理力争,但欲用兵必先筹饷,非空言可了。②

同时,翁同龢认为:"二十年来,所谓自强者安在?要从朝廷起,振刷精神。"如用兵,"西路重兵尚可恃,东三省仅有虚名,北路喀尔喀四部弱极,奈何。"③结合当时国情,他一针见血指出,二十年自强虚有其名,依旧国穷兵弱,朝廷因循萎靡,如何能空言对俄作战?左宗棠西路军或可打败俄军,收回伊犁,但中俄边界数千里,东北、蒙古边防空虚,如果俄军从东北、蒙古入侵,又如何收拾?因此决不能纸上谈兵。

内阁会商后,翁同龢提出了"缓索伊犁"的建议。2月2日,好友广绍彭前来规劝,认为缓索伊犁一条"恐清议所薄",但翁同龢觉得这一顾虑"亦稍过矣"。④ 在他看来,"缓索"不是"不索",面对强敌,据理力争,先把能争的争回来,若因强索伊犁,兵戎相见,西路可恃,东路空虚。俄人一向狡猾,若从东边入侵,更近中国腹地,后患更重。在权衡利弊时,"利中取大,害中取小"。为此,翁同龢和好友孙家鼐定一说帖,共三条:一是缓索伊犁;二是抚慰蒙古,收召索伦(东北少数民族);三是避火器用地营,购洋炮。⑤ 团结好蒙古和东北边境的少数民族,加强边境的守

---

① 翁万戈编,翁以钧校订:《翁同龢日记》第四卷,中西书局2012年版,第1499页。
② 翁万戈编,翁以钧校订:《翁同龢日记》第四卷,中西书局2012年版,第1500—1501页。
③ 翁万戈编,翁以钧校订:《翁同龢日记》第四卷,中西书局2012年版,第1500—1501页。
④ 翁万戈编,翁以钧校订:《翁同龢日记》第四卷,中西书局2012年版,第1503页。
⑤ 翁万戈编,翁以钧校订:《翁同龢日记》第四卷,中西书局2012年版,第1503页。

备。俄方也承认伊犁是中国领土,有了抵抗俄军入侵中线和东线的军事实力,再索伊犁,不怕他不还。朝廷接受了翁同龢的建议。

经过曾纪泽半年多的努力,改订的新约毕竟挽回了大部分土地及通商权利。英国驻俄大使就此称赞说:"凭外交从俄国取回它已占领的土地,曾侯要算第一人"。

## 第二节　初参军机

在伊犁事件中,时任工部尚书的翁同龢直陈己见,不唱高调,不发空论,切合实际,助推曾纪泽的外交谈判,因此深得慈禧欣赏。1880 年 10 月 3 日懿旨,著惇亲王、恭亲王、醇亲王、翁同龢、潘祖荫于初一日南书房阅看折件。这是慈禧安排翁、潘两位入军机处的先兆。

1881 年 4 月,慈安太后因病去世。朝廷派惇亲王、恭亲王、奕劻、景寿、宝鋆、灵桂、恩承及翁同龢恭理丧仪。就在 11 月 8 日灵柩安葬东陵后一天,以翁同龢"勤慎周详、信著劳勩,著加恩赏加太子少保衔"。① 1882 年 12 月 14 日,命翁同龢、潘祖荫在军机大臣上行走。身为循礼本分的文人官员,翁同龢并无野心,也不揽权,心中在意的是当好帝师以报国恩,不希望给他太多的差使以免干扰圣学。恭闻恩命后,他到军机大臣李鸿藻家详询一切,归即具恳求收回成命折,交工部笔帖式递,"敬告祠堂以辞免,不敢伪饰,恐于圣学无益耳。"②次日接奉旨:"览奏具见惘忱,翁同龢经朝廷特简,惟当体念时艰,力图报称,着即遵旨即行入值,毋许固辞。"③随之,翁同龢只能顿首拜命。

在这次军机大臣任上,翁同龢遭遇了两件大事:一是参与云南军费报销舞弊案;二是参与中法越南交涉事宜。

1881 年,清政府平定了云南境内的少数民族起义后,便有一个军费报销问题。清朝军费报销,向来是报销者和户部司官、书办的贪污门

① 翁万戈编,翁以钧校订:《翁同龢日记》第四卷,中西书局 2012 年版,第 1658 页。
② 翁万戈编,翁以钧校订:《翁同龢日记》第四卷,中西书局 2012 年版,第 1738 页。
③ 翁万戈编,翁以钧校订:《翁同龢日记》第四卷,中西书局 2012 年版,第 1739 页。

路,报销者可以把并非军费的款项纳入军费中去报销,而把大量报销所得的多余款项揣入私囊。户部明知有弊而给予报销,就要私收贿赂,通同作弊。由于经办钱粮的官员从中贪污中饱,以致账目无法合拢,一笔坏账。按当时的潜规则,只要花上一笔银两,买通户部负责报销的官员,就能了结。云南巡抚杜瑞联派出督粮道崔尊彝和永昌知府潘英章携巨款赴京打通关节。进京后,他们先找军机处章京、太常寺卿周瑞清,通过周瑞清找到署理户部尚书的军机大臣王文韶、景廉行贿游说。然而,户部经办司员、云南司主稿孙家穆代表户部一班官员,开口就要13万银两的所谓"打点费",崔、潘认为太多,双方相持不下。正在彼此讨价还价的当口,工部右侍郎阎敬铭奉命授任户部尚书,阎氏素以清廉正直、善于理财著称于世。慑于其为官声名,户部司员、书吏稍作让步,以期速战速决,最后抢先以8万两白银了结此项报销。这就是当时震惊朝野的云南军费报销舞弊案。

1882年3月,上任后的阎敬铭深悉户部积弊,雷厉风行对户部内务进行一番整顿,云南报销舞弊案很快暴露。当年9月5日,御史陈启泰上折奏劾军机章京周瑞清在云南报销案中的受贿事实,指明存银处所,并语中连带军机大臣王文韶、景廉两人。慈禧览奏后大怒,即派刑部尚书麟书、潘祖荫确切查明,据实回奏。刑部传讯了周瑞清及北京天顺祥汇兑庄和乾亨汇局的掌柜,最后查出了5万多银子的用途,尚有3万多两不知去处。10月5日,江西道监察御史洪良品参劾景廉、王文韶在云南报销案中受贿巨万。随后,邓承修、张佩纶、盛昱等人连上奏折,呼吁严审此案,对王文韶等人严厉制裁。因案件涉及皇亲(景廉是驸马)、重臣,主持军机处的恭亲王奕䜣只好避嫌,慈禧简派惇亲王奕誴和翁同龢向洪良品传话,洪良品说,只是风闻,并无实据,更不能提供人证。两人如实具奏,于是上谕令翁同龢、惇亲王,会同刑部麟书、潘祖荫主持审理此案,并令崔、潘到案,严拿户部在逃书吏,归案严讯。不久,潘祖荫因丁忧归里,由张之万担任刑部尚书,会同阎敬铭、刑部左侍郎薛允升协助翁同龢等人审理案子。

随着调查的进展,发现没有着落的3万两银子仍存放在天顺祥钱庄,先前查清的5.3万两,不少列为"炭敬"账目,落到了京内众多官员的手中。惇亲王主张对所有收受银两的官员进行追究，翁同龢感到很为难，因为京官收受外官的馈赠向有此例，不能算作受贿，就是素有清名的军机大臣李鸿藻也直认收受了炭敬，若按惇王的意思去办，将牵连无数京官，酿成大狱，不利于政局的稳定。办案六人中，除惇亲王外，均持"案内一个不遗漏，案外一个不牵连"的主张，至于余下的三万多两，经查证，没有足够证据能证明是用来贿赂王、景两人的。翁同龢、麟书、阎敬铭、张之万、薛允升一致同意就此结案。

1883 年 6 月 23 日，在刑部提审云南报销全案人犯，画供过堂，并联衔呈递《复议云南报销案》一折，提出该案处理办法。惇亲王执意重罚，认为翁同龢等是按潘祖荫临走时定下的方案从轻发落。次日惇亲王请见慈禧告状，四刻方下，6 月 27 日"两次请见，不知命意所在，大抵罗织指摘而已。"①最后，在慈禧面前经过一场激烈的辩论，终将此案裁定。6 月 29 日，翁同龢、阎敬铭和惇亲王等六位办案人毕集于东暖阁召对，翁氏日记对此有详细记录：②

> 垂帘谕曰：报销案如何。阎公对，案内不敢一字遗，案外不敢一字牵涉。谕以案外事原不必牵连，此案罪名如何。阎公略答，曰：国家多故，天子幼冲，而玩法之人敢于舞弊至此，尔等所办，得毋轻纵耶？惇亲王，尔有话尽可说。惇邸曰：潘祖荫先已定完赃减罪之见，临行密示，故诸臣辄即从之。余曰：潘某已去位，即不去，亦非一人所能主持。邸曰：潘大人有三条旧案，翁某所即内一条也。余是时方引景熙案，故彼云然。余曰：臣于《刑案汇览》查得，非潘某所能教也，且彼二条安在？邸不能答。邸曰：今日须遵旨严办。余曰：现未降严旨，即有旨亦当依律例，岂能畸轻畸重？律例者，祖宗成法，国家宪章，且闻旧例原只减一等，嘉庆中始减二等，仰维圣意，岂肯宽此舞弊之人乎？特不枉法，终可宥耳。

随后，慈禧责令翁同龢说清楚什么是枉法，什么是不枉法。翁同龢解释，云南军费报销经审核，不过彼此所引成例有出入，归根到底是该报

---

① 翁万戈编，翁以钧校订：《翁同龢日记》第四卷，中西书局 2012 年版，第 1788 页。
② 翁万戈编，翁以钧校订：《翁同龢日记》第四卷，中西书局 2012 年版，第 1788—1789 页。

销的款项,并不违例。有人虽收了贿,但与报销案并无牵连,就是不枉法;有人受了贿,将不该报销的款项报销了,便是枉法。慈禧觉得在理,惇亲王却不肯放松,声称"太后垂帘办事,若轻纵,将来皇上亲政时,必有议论。"翁同龢认为惇亲王失言,当即申明:"太后帘听以来,事事秉公持正,即案件亦斟酌详审,何议论之可滋耶。"慈禧表示"我意亦非从重,但须按律例",诸臣随即一致认为"无一字非律例"。之后,翁同龢又借机进言:

> 臣意本拟照减二等例,今已从重,若再加,岂非欲杀此二人乎(按:指周瑞清和孙家穆)?此不足惜,特不枉法如此,枉法将何以处之?臣等在书房所日日讲明者仁字义字,岂欲导君于刻乎?①

进而驳斥惇亲王:"意见不同须先议论,数日来惇亲王与臣等见面,从未议及罪名,安得谓意见不同。"慈禧明见惇亲王理屈,转而告之:"汝正宜看律例,讲解明白,与诸臣熟商。"惇邸辩称:"总宜在上前议定,否则一人乌能敌五人哉。"②举止可笑一至于此。

7月25日,吏部奏云南报销议处,经慈禧降旨,与案情有牵连的数十名大小官员,均受到了不同程度的惩处:户部云南司主事孙家穆革职赔赃,徒三年;太常寺卿周瑞清革职赔赃,流三千里;潘英章等一干人员革职流放;军机大臣王文韶、景廉等人均被逐出军机处,降两级使用。身为工部尚书的翁同龢也受到"罚俸九月"的处分,由于办案有功,廷旨准其抵消。③长达三年之久的云南报销案,至此终于结束。

云南报销案的处理,可称中国近代史上的一件大事。平实而言,翁同龢在此案审理中确实不无失察之责。对他来说,身处积弊已深、贪贿成风的晚清官场,自身可以秉持廉洁吏风,但面对盘根错节、积重难返的吏场腐败现象,难以整治之下,也不无书生明哲保身的顾虑。当时,如果没有阎敬铭大刀阔斧地参与审理,很难想象能有谁敢去揭穿其中的黑幕。

---

① 翁万戈编,翁以钧校订:《翁同龢日记》第四卷,中西书局 2012 年版,第 1789 页。
② 翁万戈编,翁以钧校订:《翁同龢日记》第四卷,中西书局 2012 年版,第 1789 页。
③ 翁万戈编,翁以钧校订:《翁同龢日记》第四卷,中西书局 2012 年版,第 1796 页。

翁同龢担任军机大臣前,已发生了中、法就越南问题的交涉。1882年5月21日日记:"《申报》始见越南事"。[1] 越南古称交趾、安南,与中国山水相连,唇齿相依。自汉朝后的一千余年间,一直属于中国封建王朝的管辖地,长期密切的历史交往中,彼此建立了特殊的"宗藩关系"。藩属国的国王继位,须经过宗主国的册封,才算取得合法的地位;藩属国须定期向宗主国进贡;宗主国负有帮助藩属国维护统治秩序的责任。

光绪初年,列强专以侵吞我们的属国为事。日本灭琉球,英国并缅甸,法国侵暹罗(今泰国),不丹、尼泊尔早入英国囊中,中国都无暇过问。只有越南和朝鲜却引起了中法战争和中日战争,因为越南、朝鲜两国和中国的关系比一般的属国不同,年远情切,唇亡齿寒。

法国觊觎越南已久。1858年(咸丰八年),法国、西班牙联军进攻越南,1862年(同治元年)订《西贡条约》。1871年又攻下南圻[2]西三省,控制了湄公河三角洲,其入侵目的是以越南为基地建立一条通向中国的道路。因为湄公河不适航运,又把目光转到西北的红河。第二年法兵陷河内,越南无力抵抗,只得向刘永福乞援。刘永福,原为广西天地会党人,会党失势后率众到越南,建立黑旗军,代平白苗之乱,受越王官职,据保胜(今老街),拓地七百余平方厘,俨然"北圻长城"。刘永福率黑旗军冒死冲锋攻河内,杀其首领。法国转而采取外交手段,1874年诱逼越南结和亲条约,即第二次《西贡条约》,把越南置于法国保护之下。1880年法国依约在越南通商,于海口设置兵备。曾纪泽在俄京致函法国外交部,申明中国对越南有完全的宗主权,并申明中国不承认《西贡条约》。1881年8月,茹费理内阁在议会通过了新的军事拨款,决定再度发动侵略战争。不久,法国派遣海军舰队司令李威利率军向越南北部发动新的进攻,并沿红河上游试图把战火烧到中国边境,越南阮氏王朝深感亡国的危险,一再请中国出兵救援。

这时的清廷分为两派。掌握当时军事、外交大权的洋务派首领李鸿章、奕訢等知道中国兵不能战,为保存实力,长期奉行"委曲求全"、

---

① 翁万戈编,翁以钧校订:《翁同龢日记》第四卷,中西书局2012年版,第1697页。
② 地广千里称圻。

"妥协退让"的外交政策,因循观望,不敢启衅,但列强可不这样想,你若退让,他们就步步进逼。朝野大多主张以武力援助越南,张佩纶、张之洞、陈宝琛等清流特别激烈。当然,言战者有不少不审时势,固多孟浪,翁同龢并不赞成。1883年4月8日记:

> 闻诸译署,法人攻破越南之南定矣,而我师在关外者究有几营,得力与否,则茫然也。以是筹边,不亦难乎?①

5月17日记:

> 言者皆称用兵越南可以得志,抑何不量力耶。②

翁同龢深知,"言事者易,办事者实难。"因此主张谈判、用兵两手抓,支持曾纪泽和门生、内阁学士周德润"以战为守"的方针。

曾纪泽通过外交交涉已无挽回余地,力主一战,写信给李鸿章提出七条理由,其中第一条:"法人之性欺软怕硬,虽夸大而喜功,实躁急而畏难,轻于发端,怠于持久。吾华备战愈显,则了事愈易,备战过迟,法人既已获利,则吐出较难。"③周德润坚持儒家"天子守在四夷"的主张,认为"臣闻天子守在四夷,此诚虑远忧深之计。古来敌国外患,伏之甚微,而蓄之甚早。不守四夷而守边境,则已无及矣;不守边境而守腹地,则更无及矣。"因此主张主动出击,以攻为守,认为"今日之计,当以战为守,非战则无守可守;当易还击为往击,非往则无还可还。"④在中法战争中,翁同龢和周德润的联系最为密切,向他了解情况,征询意见。至于翁同龢反对李鸿章"妥协退让"的外交政策,这是政见不同,是公事,并不像后人所说是什么"翁李交恶"。1884年慈禧撤换军机后,名士梁鼎芬上折"以杀李鸿章为言",翁同龢在日记上记:"极狂诞!"⑤

1882年4月,法国命海军舰队司令李威利率四百名士兵攻陷红河下游一带,并向上游进犯,结果被黑旗军围困到河内城。1883年二月,

---

① 翁万戈编,翁以钧校订:《翁同龢日记》第四卷,中西书局2012年版,第1769页。
② 翁万戈编,翁以钧校订:《翁同龢日记》第四卷,中西书局2012年版,第1778页。
③ 中国史学会主编:中国近代史资料丛刊,《中法战争》第4册,上海人民出版社1961年版,第266页。
④《翰林院侍讲学士周德润请保藩封以安中夏折》(光绪七年十月二十八日),中国史学会主编:中国近代史资料丛刊《中法战争》第5册,上海人民出版社1961年版,第89—90页。
⑤ 翁万戈编,翁以钧校订:《翁同龢日记》第四卷,中西书局2012年版,第1867页。

茹费理第二次组阁,派遣军舰装运军队一千八百名到越南。4月24日廷议越事,翁同龢主张"兵亦当进,商亦当通,总须持定红河口岸,不入滇境;又须令曾先播诸法外部与各国驻法使臣为要著。"①也即一方面和法国保持通商关系,一方面出兵越南,并照会法国外交部提出抗议,并将照会传诸各国使臣,争取国际支持。就是说,出兵越南要有理、有利、有节。这一建议得到众臣支持,并初定李鸿章督师,但李鸿章没有接任,并"痛陈边衅不可开",朝廷任命李鸿章署直隶总督兼北洋大臣,主战派张树声回广督。

这时,刘永福指挥黑旗军3000人在河内纸桥同法军决战,大败法兵,击毙李威利,歼敌200多人。他们的英勇气概,可歌可泣。其右营管带杨著恩,战前,刘永福戒之:"战洋人不可急。"杨著恩答道:"见洋人而能忍者,非人也;虽死,愿任先锋!"战斗中,他两腿被子弹打穿,就坐在地上坚持战斗;右手手腕也受创了,就用左手射击。他使用一支十六响手枪,已击倒十多个敌人,打到第十三响,胸部中弹,壮烈牺牲。纸桥大捷的消息传到北京,翁同龢非常兴奋,称它是"第一捷音"。

在对待黑旗军问题上,清政府内部存在两种截然相反的意见。以李鸿章为代表,从对法妥协退让的立场,把刘永福黑旗军看成是同法国议和的主要障碍,视之为乌合之众的土匪。翁同龢在日记中记道:"合肥视刘永福为眼中之钉,此可虑也。"②以翁同龢、李鸿藻为代表的一派,认为黑旗军是一支有战斗力的军队,黑旗军的抗法援越,阻止了法国对越南侵略深入,有利于巩固中国边疆的安全,因此主张支持和援助刘永福及其黑旗军的抗法斗争。

1883年纸桥大捷后,翁同龢主张犒赏黑旗军,并给予援助,授予刘永福顶戴,他的建议得到多位大臣的赞成。于是清廷赏给刘永福武职游击的官衔,简派户部主事唐景崧前往保胜,同刘永福联络,并接济少量饷械,以示支持。

此时,李鸿章正在与法国大使宝海谈判,签订了一个备忘录。初步

① 翁万戈编,翁以钧校订:《翁同龢日记》第四卷,中西书局2012年版,第1773页。
② 翁万戈编,翁以钧校订:《翁同龢日记》第四卷,中西书局2012年版,第1757页。

确定:中国撤退驻扎在越南的军队,法国保证不侵占越南土地,不贬削越南国王的权力,开放保胜为商埠。保胜是黑旗军驻地,明里要求通商,暗里想借清政府之手驱逐和消灭黑旗军。军机处讨论此事时,翁同龢坚决反对保胜开商埠,指出宝海此议包藏祸心,是欲借中国之手消灭黑旗军。因两派对立,军机处难以作出决定,清廷下谕征求两广、云贵督抚的意见,张树声、岑毓英、倪文蔚、潘鼎新等官员为此纷纷电奏,反对保胜开埠,表示信任和支持黑旗军。最终,保胜开埠未能成为事实。

法军在纸桥大败后,任命波滑为统帅,又派遣海军中将孤拔,率领一支有4000人的舰队,增援在越的法军。兵分两路,一路由波滑率领进攻黑旗军,一路由孤拔率领进攻越南首都顺化。波滑率3000多人的侵略军向驻守怀德的黑旗军发动猛烈进攻,企图将黑旗军一举逐出越南,刘永福率部奋力还击,驻守北宁的清军非但不援助,反而处处加以限制,甚至克扣黑旗军的弹药和粮饷。至9月初,法军决堤水淹,黑旗军损失惨重,被迫撤退,途中再遭法军追击,孤军奋战三天三夜后,终因伤亡惨重,退守山西。10月23日,翁同龢代拟电旨,廷寄广西巡抚倪文蔚、广西布政使徐延旭,饬激励刘军,若建奇功,定加懋赏,并唐主事亦破格加恩,由藩库先拨十万,专犒刘军。

由孤拔率领的另一路法军,攻入顺化,当年8月强迫越南签订《顺化条约》,法国取得了对越南的所谓"保护权"。一时间,全国主战舆论空前高涨,纷纷要求给云、桂将领增饷拨械,增兵关外,大举抗击法国侵略军。

10月23日,翁同龢和李鸿藻"在直庐商定致北洋书,将檄各国,明告以来侵北圻,定当开仗也"。[1] 但军机处萎靡因循,25日恭亲王"仅空论一番而退";27日发下周德润等主战折,"诸议仍无抉择";29日接北洋复信,不同意翁、李起草的照会稿,约醇亲王来议事,"迄无定论。"[2] 这时,慈禧已倾向主战,对奕䜣主持的军机处"妥协退让"多有不满。30日发下照会稿,"圣意深以为然,以为舍此已无办法,语气决断"。[3] 由翁

① 翁万戈编,翁以钧校订:《翁同龢日记》第四卷,中西书局2012年版,第1817页。
② 翁万戈编,翁以钧校订:《翁同龢日记》第四卷,中西书局2012年版,第1818页。
③ 翁万戈编,翁以钧校订:《翁同龢日记》第四卷,中西书局2012年版,第1819页。

同龢起草谕旨,廷谕李鸿章、左宗棠,以及广东总督张树声、云贵总督岑毓英、广西巡抚徐延旭等,略言法人来侵北圻,不得不与开仗;令王德榜率新募勇出关,摘撤走防守的云南巡抚唐炯顶,革职留任;责成李相津防、左相江防;仍令通商各口及法商须保护。11 月 16 日发法国照会并各国照会。法国议会拨款二千万法郎,增派兵力 15000 名前赴北圻,茹费理叫嚣:"凡中国兵所据的兴化、山西、北宁三城都要取来,不能顾惜。"中法战争爆发了。

中法战争初期,慈禧倾向主战,但下不了决心,用翁同龢日记里的话说:"论越事,上意亦迟疑,以为左右皆无办法。"①。12 月 17 日请旨,派张树声率师径赴越都,以吴大澂参军谋,丁汝昌带军舰听调遣。21 日粤都电报,海防、顺化均为法军所据,"我无铁舰坚轮,不能与海上争锋。"请旨改派岑毓英督兵进取,而粤督与吴通政、丁总兵之行皆撤。翁同龢在日记中写道:"朝令夕更,不能免旁人之笑,然无可奈何?"②翁氏门生周德润说得好:"非战,则无守可守",中方应主动出击,以攻为守,但奕䜣、李鸿章则认为:"我不先开衅,则衅亦无自而致矣",因此一再交代守军"不可衅自我开,转滋口实",致使在越清军处于被动挨打的局面,而前线统帅如负责北宁军事的广西巡抚徐延旭只能纸上谈兵,部将又相互猜忌不和。当年年底山西失守;1884 年 3 月,北宁守军不战而遁,所有军械、饷银,统统送给了敌人。山西、北宁失守,动摇了清军在北圻的战略地位,完全失去了对河内法军的威胁。不久法军攻陷太原,逐步把战火延烧到镇南关一带。

自 1883 年中法战争开战,不到半年时间里,清军在越南战场上连续失利,先后丢失山西、北宁、太原等地。1884 年 4 月 3 日,左庶子盛昱上奏弹劾李鸿藻保举非人,建议给予处分;并说奕䜣、宝鋆了解内情却不加阻止,亦应负一定责任。一直与奕䜣有权力矛盾的慈禧,利用这份奏折大做文章,与醇亲王奕譞共同策划,4 月 8 日以"委蛇保荣,办事不力"的罪名,将恭亲王奕䜣、大学士宝鋆、协办大学士吏部尚书李鸿藻、

---

① 翁万戈编,翁以钧校订:《翁同龢日记》第四卷,中西书局 2012 年版,第 1831 页。
② 翁万戈编,翁以钧校订:《翁同龢日记》第四卷,中西书局 2012 年版,第 1831 页。

兵部尚书景廉、工部尚书翁同龢一概逐出军机处；同时任命礼亲王世铎、户部尚书额勒和布、阎敬铭、刑部尚书张之万、工部侍郎孙毓汶五人为军机大臣，礼亲王世铎为领班大臣，组成新的军机处。随后又谕令军机处遇有紧急事情，会同奕譞商办。从此以后，军机处的权力实际上掌握在奕譞及其心腹孙毓汶手中。

在此次罢免军机大臣的懿旨中写道："工部尚书翁同龢甫直枢廷，适当多事惟既别无建白，亦有应得之咎，著加恩革职留任，退出军机处，仍在毓庆宫行走，以示区别。"①看来，翁同龢并没有犯错误，慈禧也不想处分他，但既然是罢免全体军机大臣，不能有例外。

虽说退出了军机处，但翁同龢仍关注着中法战争。醇亲王奕譞是他的知己，每当遇到有关战争的重大举措、决策，都要写信征求翁氏的意见。据学者统计，自1883年7月慈禧让奕譞出来过问中法越南争端到中法战争结束，仅翁氏保存的两人来往信件就不下180多通，其中奕譞来函100通，翁同龢复函80多通，后来翁氏选择一部分编为《朴园越议》。② 从这些信件可知，在翁同龢的劝说下，奕譞最终决心与法国开战。

新的军机处成立后，朝廷依旧在"和""战"之间徘徊，等待美国调停，由此被动挨打。1884年8月法军挑起马尾海战。福建海军大小十一艘兵船、仓促应战，被打坏九艘，自沉二艘，左宗棠苦心创办的船厂被毁。清廷忍无可忍，才发布宣战上谕，但军事方面毫无计划，陆路各军亦不能"迅速前进"，法国海军占领基隆，宣布封锁台湾，幸刘铭传坚守台南，法兵难以扩展。1885年2月，法军由谅山进攻镇南关，清军溃退，适广西提督冯子材及总兵王孝祺来援，独当中路前敌。冯子材已年近七十，短衣草履，帕首长矛，挥军应战，大败法人，于3月21日乘胜克复谅山。谅山大捷的喜讯传到北京后，翁同龢在给奕譞的信中说："朝廷一震之战，已足化中原积弱之习。"

谅山大捷后，李鸿章觉得"倘借谅山一胜之威，与缔和约，则法人必

---

① 翁万戈编，翁以钧校订：《翁同龢日记》第四卷，中西书局2012年版，第1859—1860页。
②《朴园越议》收录于翁万戈辑：《翁同龢文献丛编》之四，《中法越南之争》，上海远东出版社2014年版。

光緒二十年十月初六日內閣奉

上諭朕欽奉

慈禧端佑康頤昭豫莊誠壽恭欽獻崇熙皇太后懿旨

翁同龢李鴻藻剛毅均著補授軍機大臣欽此

中国第一历史档案馆藏《著翁同龢等补授军机大臣谕旨》

不再要求","否则又兵连祸结"。曾纪泽也认为"此时议和,尚觉体面"。
4月4日,清政府授权中国海关驻伦敦办事处的英人金登干在巴黎和法国签订《巴黎停战协定》。6月9日,李鸿章与法国驻华公使巴德诺在天津正式签订《中法新约》,即《中法会订越南条约》或《越南条款》,又称《中法和约》《李巴条约》。条约规定,清政府承认法国对越南的保护权,中法两国派员会同勘定中越边界,中国以后需要修筑铁路时应向法国"商办",并同意在云南、广西、广东三省的中越边界开埠通商,中国西南地区逐渐成为法国的势力范围。

中法战争"法国不胜而胜,中国不败而败"。更为严重的边疆危机已然迫在眉睫。

# 第三节　再参军机

翁同龢再参军机,是在清朝落后的政治制度大暴露、中华民族遭遇国耻深重的甲午战争期间。

明治维新后,日本制定"大陆政策",实行对外侵略扩张,对外侵略扩张分为五个时期,前四期为侵略中国和朝鲜,包括第一期征服中国的台湾岛;第二期征服朝鲜;第三期征服中国的东北和蒙古地区;第四期征服全中国。

朝鲜和中国一衣带水,两国关系已有 3000 多年历史。周初分封箕子于朝鲜,便隶属中国版图。1592 年(明万历二十年)日本大肆入侵朝鲜,应朝鲜的请求,明朝政府派兵援朝抗日。明清以后,中朝两国一直保持着亲密的宗藩关系。

从 19 世纪 70 年代起,日本急欲吞并朝鲜,并以此为跳板,向中国本土扩张。1876 年,日本以武力胁迫朝鲜签订《江华条约》,获取了通商租地、领事裁判权和沿海自由航行等特权,借此向朝鲜全面渗透,与中国开始激烈争夺对朝鲜的宗主权。1882 年朝鲜统治集团内部派系纷争,引发兵变,日本借口保护本国使馆人员的安全,大举出兵朝鲜。清政府借机迅速派兵入朝,平定内乱。眼见一时无机可乘,日本以赔偿损失为由,逼迫朝鲜政府签订《仁川条约》,借此获得了在汉城的驻兵权,与在朝鲜的清军形成对峙之势。二年后中法战争爆发,日本乘机策划朝鲜亲日派官员发动"甲申政变"。在清军的帮助下,朝鲜国王镇压了政变。第二年,日本政府就此要挟清政府,派内宫大臣伊藤博文来华,与李鸿章签订《中日天津会议专条》,规定将来朝鲜有事,中日两国或一国需要出兵朝鲜,事先必须相互知照。从此,日本在朝鲜获得了与中国对等的权利,也给日后日本挑起中日战争以可乘之机。

1894 年 5 月,朝鲜爆发东学党起义,不到一个月迅速扩大到 10 万余人,活动范围扩展到南部全州在内的广大地区。日本唯恐朝鲜不乱,一面派浪人组织"天佑侠团"往助东学党,一面由驻韩代表极力怂恿袁世凯、李鸿章出兵平乱,故意设此圈套,以为侵略朝鲜之口实。李鸿章以"上国体面,未便固却",6月派直隶提督叶志超、太原镇总兵聂士成率领淮军1500人往朝鲜,并按照《天津条约》的规定通知日本。清兵甫抵牙山,日兵驻朝公使也率兵到汉城,乱党听说中日大兵来,完全逃散。几天内,日本就派来七千多人,列阵于仁川、汉城,朝鲜政府知道日本"包藏祸心,危在旦夕",只好希望中国兵先撤回,李鸿章即电令叶志超准备撤退,并照会日本,同时撤兵。而日本正决心挑衅,不但不撤,反而继续增加,取得"先发制人"的优势。此时,李鸿章依旧抱定"衅端不自我开",依赖英、俄调停,军事上一无所置。叶志超电陈二策:上策速派大军由北来,与叶兵相呼应,免致进退无路;中策速派商轮将牙山驻兵撤回,秋后再图大举。若守此不动,徒见韩人受困于日,绝望于我,军士露处受病,殊为可虑。李鸿章以上策"需缓办",中策又"示弱",结果贻误战机,给日本人以从容布置的时间。

当此之际,中国和日本一意主战的舆论十分激烈。翁同龢门生文廷式敏感地觉察到日本"名为保商,实图朝鲜"的真实用意,指出"中国之办法,尚无定见,北洋之调兵亦趑趄不前,坐失事宜,天下事尚可问乎?"①门生志锐认为:"李鸿章与译署大臣主持此事,一味因循玩误,辄借口于衅端不自我开,希图敷衍了事。我若急治师旅,力敌势均,犹冀彼有所惮,不敢猝发。是示以必战之势,转可为弭祸之端。不然,则我退而彼进,虽欲求无衅,不可得也。"②但李鸿章害怕和日本人开战,依旧因循观望,翁同龢看出,败局已难免。是年6月25日记:

> 高丽有叛民占泉州,国王来乞师,我千五百人往,而日本以七百人入其境。方议同撤兵,而日添兵五千入其国都,欲变易其政事,练其兵卒,而不认为中华属国。朝旨屡饬李相添兵,仅以三千勇屯仁川牙山一带,迟徊不进。嘻,败矣!③

① 文廷式:《朝鲜事急危迫条陈应办事折》,汪叔子编:《文廷式集》上册,中华书局1993年版,第7页。
② 故宫博物院文献馆编:《清光绪朝中日交涉史料》卷十四,民国二十一年(1932年)编印,第38页。
③ 翁万戈编,翁以钧校订:《翁同龢日记》第六卷,中西书局2012年版,第2747页。

日本对朝鲜的侵略，构成了对中国的严重威胁。光绪帝通过翁同龢、孙家鼐等获悉了有关中日交涉的全部详情，深感事态的严重，决意备战。鉴于军机大臣因循观望，决定加派主战派领袖翁同龢、李鸿藻参加军机处会议，筹商对日策略。7月15日，军机大臣面奉谕旨："本日据奕劻面奏，'朝鲜之事关系重大，亟须集思广益，请简派老成练达之大臣数员会商'等语，著派翁同龢、李鸿藻与军机大臣、总理各国事务大臣会同详议，将如何办理之处，妥筹具奏。"①此时，和中法战争初期一样，慈禧认为日本的挑衅令中国大失体面，持强硬态度，并对李鸿章依赖洋人、消极备战的做法大为不满。翁同龢7月16日记：

> 是日军机见起，上意一力主战，并传懿旨亦主战，不准借洋债，传知翁同龢、李鸿藻，上次办理失当(按:指中法战争中撤换军机大臣)，此番须整顿云。又欲议处北洋，又欲发布告天下。此二事未行，闻昨日枢廷亦颇受谯诃。②

可见，称慈禧一开始就是主和派的后台，并不符合历史事实。

当天枢廷议朝鲜事，议无所决。翁同龢和李鸿藻都力主添兵，调东三省及旅顺兵迅速赶赴朝鲜，还认为清理朝鲜内政并不失礼。以上两条，均写入复奏稿。此时，尚未任军机大臣的翁同龢竟在折中前所未有地列名第一，日记载："余名首列，此向来所无也，从前会议事，或附后衔或递奏片，无前衔。"③光绪帝见复议折后，完全赞同翁、李的主战意见，当天电谕李鸿章："时势不可挽，朝廷一意主战"，"断不可意存畏葸。"7月18日再次电谕李鸿章，要他积极布防、筹措应战事宜。李鸿章一面派卫汝贵、马玉崐、左宝贵等人统兵入朝，开赴平壤；一面雇用"高升"、"仁爱"、"巨鲸"号分批运兵2000增援牙山的中国驻军。

1894年7月23日，汉城日军闯入朝鲜王宫，劫持朝鲜国王，拥大院君主持国政，组织傀儡政权，蓄意挑起战端。7月25日凌晨，中国护送入朝清军的"济远"、"广乙"、"操江"三舰在牙山口外丰岛遭到日本海军

---

① 翁万戈编，翁以钧校订:《翁同龢日记》第六卷，中西书局2012年版，第2753页。
② 翁万戈编，翁以钧校订:《翁同龢日记》第六卷，中西书局2012年版，第2747页。
③ 翁万戈编，翁以钧校订:《翁同龢日记》第六卷，中西书局2012年版，第2754页。

的突然袭击。"广乙"号受创触礁,"济远"逃回旅顺,"操江"被掳而去,英船载兵的"高升"号被击沉,士兵九百余人全遭覆灭。同一天,日本陆军四千余人进犯牙山的中国驻军。清军主将叶志超不支败退,绕道避奔平壤。日本不宣而战,正式挑起了酝酿已久的侵华战争。1894 年是农历甲午年,史称甲午战争。

情势所迫,除了战,看来已无路可走。翁同龢建议朝廷起用宿将,厚集兵力,布告各国,对日宣战。这时李鸿章正企图借"高升"号击沉一事,幻想英国出面干涉,请求推迟宣战日期,军机处、总署同意李鸿章的请求。8 月 1 日,清政府被迫对日宣战,日本也在同一天向中国正式宣战。

甲午战争中,清王朝政治制度的落后,虚弱无能的本质暴露无遗。日本经过明治维新后,培养了一支现代化的国防军,制定了全面的作战计划,成立了战时大本营作为对清军作战的统帅部,明治天皇亲到广岛督师,宿将、谋臣全体动员。而清王朝不图进取到战时没有统帅部,将作战推给不做准备、不肯牺牲、依赖洋人、苟且了事的北洋大臣李鸿章,后来李鸿章说"以北洋一隅之力,搏倭人全国之师"也确是实情。两军相遇勇者胜,日本士兵经武士道精神的灌输,作战勇敢不怕死;而淮军仍是私家军队,和日本人打仗没有斗志,将领大多怯懦畏敌,贪生怕死,甚至闻风而逃。前敌将领,彼此不相上下,没有一个真正的统帅,可谓一盘散沙,处处被动挨打,焉能不败!

当年 9 月中旬,平壤失守,清军溃退到东北连城、凤凰城一带。平壤失守的第二天,日本海军又在鸭绿江口黄海海面挑起一场激烈的海战。北洋舰队与日本舰队相比,航速、射程确实不如,但并不是处于绝对劣势,镇远、定远两艘 7000 多吨重型铁甲舰对日本人来说仍然是望而生畏的。9 月 17 日黄海海战爆发,北洋舰队四艘战舰沉毁,损失惨重;而日本舰队包括旗舰松岛在内的各艘军舰,或受重伤,或遭小损,也"无一瓦全"。战后,翁同龢就意识到"连日军情水陆如此,鸭绿江一线可危,即渤海亦可危。"[1]李鸿章随即提出"避敌保船"的方针,让北洋军

---

[1] 翁万戈编,翁以钧校订:《翁同龢日记》第六卷,中西书局 2012 年版,第 2776 页。

舰龟缩在威海卫港内,不准出击,把黄海制海权拱手让给日本。后来日军由成山角登陆,攻威海后路,海军从前面夹攻,中方尚有战舰十余艘,被围刘公岛,李鸿章多年惨淡经营的海军扫地以尽。

日军占领朝鲜后,接着又分两路向中国东北发动大规模进攻,慈禧幻想俄国能出面制止日军的进攻,派翁同龢前往天津去见李鸿章。慈禧已决定以"求和"收拾残局,派翁同龢去天津,是要将他拖入和局。翁同龢开始拒绝,后答应只传达,不加论断,"臣为天子近臣,不敢以和局为举世唾骂也。"①到天津后,翁同龢秘密会见了李鸿章,传达了慈禧的意旨,李鸿章引咎说:"缓不济急,寡不敌众,此八字无可辞。"②又了解到俄国不愿出兵干涉。回京后向慈禧力言俄国恐不足恃。

此时,帝党官员先后上书,弹劾军机大臣孙毓汶、徐用仪等误国无能。文廷式等 57 人联名上书,要求改组军机处;张謇、李文田等请恭亲王总枢务、庆亲王为大将军。翁同龢也赞成起用恭亲王奕䜣。11 月 2日,清廷设立督办军务处。恭亲王督办军务,各路统兵大员均归节制,如有不遵号令者,即以军法从事;庆亲王奕劻著帮办军务;翁同龢、李鸿藻、荣禄、长麟著会商办理。次日懿旨,翁同龢、李鸿章、刚毅均补授军机大臣。光绪帝一意主战,翁同龢成了皇上最倚重的大臣。11 月 5日记:

> 每递一折,上必问臣可否,盖眷倚极重,恨臣才略太短,无以仰赞也。③

在光绪帝的充分信赖下,参赞军机的翁同龢全身心投入抗战活动,采取了许多重大措施,力图改变不利局面。

一、向朝廷举荐抗敌将领。保举刘永福、唐景崧等办理台湾防备事宜;保荐姜桂题等赶赴朝鲜,加强战备;奏请朝廷批准吴大澂募集湘军二十营新兵出山海关御敌;举荐湘军宿将刘坤一督办山海关前敌军务等。

---

① 翁万戈编,翁以钧校订:《翁同龢日记》第六卷,中西书局 2012 年版,第 2778 页。
② 翁万戈编,翁以钧校订:《翁同龢日记》第六卷,中西书局 2012 年版,第 2779 页。
③ 翁万戈编,翁以钧校订:《翁同龢日记》第六卷,中西书局 2012 年版,第 2792 页。

二、建议加强辽东湾的海防和设立大粮台。翁同龢看到山海关到辽阳沿海一带防务空虚,建议派重兵把守,并提交了具体的调拨军队计划。他又建议从营口到榆关一线设立大粮台,奏派袁世凯等人办理,提供前线军队的后勤支持。这些建议大多为光绪帝采纳,并见诸实行,对当时的抗战起了重要作用。

三、筹措战费,保障饷源。除了筹借商款、预征厘金外,还以户部名义向外商银行借贷 600 万磅,充作军饷、购置军械。甲午适逢慈禧六十大寿,翁同龢与户部满尚书福锟联名奏请停止庆典寻常工程。在舆论压力下,慈禧只好下令停止部分庆典活动,另发宫中樽节银 300 万两、制钱万串佐军饷,交直隶总督使用。后因部库空虚,又奏请慈禧发内帑 200 万两。这些经费,有力支持了前线的抗敌。

四、与外商联系购买战舰,加强海防。黄海海战前,翁同龢支持李鸿章添购新式快船的请求,由户部和海军经费各拨 100 万两,向英国订购新式快船 3 艘,以巩固东三省门户。黄海海战后,翁同龢又通过津海关道盛宣怀向德华、汇丰等外国银行商借巨款,准备从智利、阿根廷购铁甲快船 20 只,后因英、法干涉阻挠,计划未成功。

五、奏请批准胡燏棻、汉纳根以洋法操练新兵。

正如翁同龢说的那样,清军在战场上动辄逃跑,有如儿戏一般。11 月中旬,日军在辽东发动大规模进攻,清军全线溃败;11 月 22 日旅顺失守。旅顺经营十六年,有坚固的炮台,充足的军需,将近三十营守军,偏让日人从花园港登陆,不加过问。防守旅顺的营务处总办未见敌人,即先逃走。日军占领旅顺后,连续进行了四天的大屠杀,街头尸体堆积如山。听到这一噩耗后,翁同龢惊愤欲绝,他在日记中写道:"愤虑填膺,恨不速死,同侪中尚有谈笑自若者,噫!"[1]

1895 年初,日军加紧进犯,1 月 10 日盖平失陷。面对接连溃败的战局,清政府不得不屈膝求和。1 月 14 日,在美国的居间"调停"下,清廷任命户部侍郎张荫桓、湖南巡抚邵友濂为全权大臣,并聘请美国前任国务卿科士达为顾问,前往日本议和。此刻,翁同龢仍主张和、战并行,

① 翁万戈编,翁以钧校订:《翁同龢日记》第六卷,中西书局 2012 年版,第 2798 页。

主张起用刘坤一为统帅,速调湘军出关,利用隆冬日军给养、行军作战困难之机,会合关外各军反攻,为议和创造条件。

迫于国内反和议的舆论压力,清廷采纳了翁同龢的建议,任命刘坤一为钦差大臣,吴大澂为帮办大臣,负责关外军事。1 月 14 日,慈禧在养心殿召见翁同龢,谕令刘坤一须进扎山海关,吴大澂须速赴前敌,并反对光绪帝电谕张荫桓等即赴广岛,毋庸再候的谕旨。为鼓励官兵奋勇作战,翁同龢提出"悬破格之赏,不次之迁,以作将士之气"的建议,得到慈禧同意,责令当即拟旨。接着,翁同龢就议和发表意见:

> 臣于和议向不敢阿附,惟兹事亦不可中止,使臣已遣而逗遛,恐彼得藉口,且我之议和,正欲得其贪吻之所出先作准备耳。幸少留意。①

1 月 31 日,荣成与威海南帮炮台失陷后,如此糜烂战局,令翁同龢"焦灼愤懑,如入汤火。"2 月 3 日,电报威海卫城与北帮炮台尽失,翁同龢又发出了"愤极愧极,寇深矣,若之何"②的叹息。

时值日军正加紧向威海卫进攻,日本政府也不愿休战议和。2 月 4 日,日本以广岛屯兵为由,借口张荫桓、邵友濂"全权不足",拒绝谈判。日方表示,必须由恭亲王奕䜣或李鸿章充当全权代表,并以割地赔款为"议和"条件,才能开议。得知清廷议和代表竟被日本政府无理驱往长崎的消息,翁同龢只有"近于辱矣"③的慨叹。

2 月 12 日,已成惊弓之鸟的慈禧开复李鸿章的一切处分,任命他为"头等全权大臣"赴日议和。2 月 17 日,日军占领威海卫军港,北洋海军全军覆没,清政府失去了抵抗日军的基本力量。

围绕着割地特别是割让台湾,以翁同龢为代表的主战派,与主和派之间又发生了严重的争执。

日本的大陆政策,第一步就是要吞并台湾。1895 年 2 月,为了给日后强占台湾造成既成事实,日本向台湾、澎湖发起进攻。2 月 22 日,光

---

① 翁万戈编,翁以钧校订:《翁同龢日记》第六卷,中西书局 2012 年版,第 2813 页。
② 翁万戈编,翁以钧校订:《翁同龢日记》第六卷,中西书局 2012 年版,第 2819、2820 页。
③ 翁万戈编,翁以钧校订:《翁同龢日记》第六卷,中西书局 2012 年版,第 2821 页。

绪帝召见李鸿章时,李鸿章奏言:"割地之说不敢担承,假如占地索银,亦殊难措,户部恐无此款。"翁同龢奏言,只要办到不割地,多赔款户部当努力。军机大臣孙毓汶、徐用仪则说,不割地就不能议和。在随后的传心殿议事中,李鸿章表示,割地不可行,议不成就回国,孙、徐两人则危言耸听,意在促成和约。翁同龢再次坚持"偿胜于割"的建议。① 李鸿章寄望于英俄出面干涉,促使日本放弃割地要求。孙、徐认为办不到,翁同龢则认为事已至此,外交努力只要有一线希望,未尝不可。也就在这一天,翁同龢以《普法战纪》八本进呈光绪帝。

不割地不能议和,只有再战,要和日本打一场持久战,必须迁都,翁同龢因此向光绪帝提出"迁都再战"的建议。2月24日记:"德使申珂告李相,若不迁都,势必割地,至言哉!"②但慈禧最关心的是自己的体面和享乐,在国家利益之上,若能割地求和,绝不愿"迁都再战"。这就是后来戊戌政变后,将翁同龢革职编管的懿旨中以"甚至议及迁避,信口侈陈,任意怂恿"列为"罪状"之一的原因。

令人无奈的是,翁同龢曾期望湖南巡抚吴大澂率领的二十余营湘军能传回捷书,结果和淮军一样,连一个牛庄都未能守住,见敌即溃。辽东危殆,畿疆动摇,清廷能和日本讨价还价的本钱全部输光,慈禧决定授权李鸿章允许割地求和。3月2日晚,翁同龢前往李府看望,李鸿章议及割地,但他再三坚持台湾"万无议及之理"。③

保守台湾是翁同龢的一贯主张。中法战争期间,他就指出台湾关系东南大局,台湾失守,东南将无宁岁。甲午战争爆发前,驻台清军不足十营,而日本海军不时在东南沿海游弋,翁同龢致函同年好友、时任闽浙总督谭钟麟,建议启用抗法英雄刘永福。经谭氏举荐,清廷调派刘永福和福建水师提督杨歧桢戍守台湾,翁同龢大喜,称"南天得此一柱,疆圉可安",并由户部设法兑银 100 万两寄台。甲午战争爆发后,他与台湾巡抚唐景崧以及门生丘逢甲、俞明震等彼此存问,书信往还不断。

《马关条约》签订前,日本企图并吞台湾的消息引起广大爱国官绅

① 翁万戈编,翁以钧校订:《翁同龢日记》第六卷,中西书局 2012 年版,第 2826 页。
② 翁万戈编,翁以钧校订:《翁同龢日记》第六卷,中西书局 2012 年版,第 2826 页。
③ 翁万戈编,翁以钧校订:《翁同龢日记》第六卷,中西书局 2012 年版,第 2828 页。

的严重不安和极大愤慨,纷纷条陈各种救台、保台方案,如中国第一位留美学生容闳就主张将台湾"押于美,可借银元十万万元"等,翁同龢、李鸿藻等对此极为重视,但建议未予采纳。

3月20日,李鸿章和伊藤博文在日本马关春帆楼正式谈判,而日军大举进攻澎湖、台湾。那些天里,翁同龢因日本割台事忧心如焚,肝气刺痛难忍,根本无法入眠。3月30日记:"懒极闷极,不知台事如何也。刺痛在右胁,委顿不支。"①第二天李鸿章传回电报,告知日本停战止停奉、直、东三处,而台澎不停,其吞并台澎之心已昭然若揭。针对电旨起草直欲以海疆拱手让人,翁同龢深感"可恨可恨"。② 台湾巡抚唐景崧急请朝廷拨款接济,并致电户部代购军械。军机会议上,有人主张舍南救北,翁同龢力持不可,责问"彼在汤火中,忍不援手哉?"③在翁同龢、李鸿藻两位主战派领袖的努力下,光绪帝谕准拨款50万两支持台湾抗敌。

4月3日,和约十条传到北京,清廷至此已无再战的决心和信心,唯求和议速成,虽割地也不惜,翁同龢为此深感"胸中磊块未易平矣"。次日见起时,得知光绪帝希望议和速成,翁同龢"力陈台湾不可弃,和恭、庆两邸语不洽。"商拟电旨时,主和派代表人物孙毓汶说"战"字不能再提,恭亲王执其手说"是"。4月6日的御前会议上,"余力言台不可弃,气已激昂,适封事中有亦有以此为言者,余以为是,同官不谓然也,因而大龃龉。既而力争于上前,余言恐从此失天下人心。"主和派则认为"陪都重地,密迩京师,孰重孰轻,何待再计。"翁同龢深知,李鸿章奉命赴日谈判时,他们早就决心割地求和了日记为此愤言:"盖老谋深算,蟠伏于合肥衔命之时久矣!"④此后,"连日因台事与同官争论,入对时不免愤激。"⑤只要心存一线希望,翁同龢还要抗争,竭力捍卫国家领土完整。

《马关条约》签订后,翁同龢又"极言批准之不可速"。二天后收到

① 翁万戈编,翁以钧校订:《翁同龢日记》第六卷,中西书局2012年版,第2835页。
② 翁万戈编,翁以钧校订:《翁同龢日记》第六卷,中西书局2012年版,第2835页。
③ 翁万戈编,翁以钧校订:《翁同龢日记》第六卷,中西书局2012年版,第2836页。
④ 翁万戈编,翁以钧校订:《翁同龢日记》第六卷,中西书局2012年版,第2836—2837页。
⑤ 翁万戈编,翁以钧校订:《翁同龢日记》第六卷,中西书局2012年版,第2840页。

台湾门生俞明震、丘逢甲来电,翁同龢痛感"字字血泪",发出了"使我无面目立于人世"的悲哀,再次"力陈批准宜缓",以寻救急之法。此时上奏者甚多,"言者大率谓和约当毁",翁同龢虽不赞成,仍认为"公论不可诬,人心不可失"。① 5月2日光绪帝批准《马关条约》,5月8日中日双方代表在烟台换约,清廷决定限期割台。翁同龢在当天的日记里痛心疾首地写道:"覆水难收,聚铁铸错,穷天地不塞此恨矣。不食。"②

日本的崛起,引起了列强之间新的矛盾,俄国早就觊觎中国的辽东半岛,为此联合德、法,要日本退还辽东半岛,限十五日内答复,否则三国海军将对日本采取行动。5月4日台湾巡抚唐景崧电告,法国有愿保护台、澎的意图,法国外交部告中国公使庆常,须先立一约,使法国保护有法律根据。翁同龢创议立刻电旨,一致驻俄大使问辽东事,一致驻法大使问台澎事,机不可失。两邸不下结论,孙毓汶、徐用仪反对,经一番唇枪舌剑后同意。到书房后,又向光绪帝"切言之",③不能放过一线希望。

在获悉俄、德、法三国干涉还辽的消息后,台湾绅民向清政府泣血陈书,要求将割地一条删除,还找到英国驻沪领事,请求出面干预,答应以金矿、煤矿等利益酬谢。翁同龢提出请英、俄、法、德四国同时出面,帮助中国,迫令日本放弃对台湾的要求。提议得到军机处、总署诸多大臣的支持。随即,翁同龢和汪鸣銮、张荫桓分头访问俄、德、法三国公使,请他们电告本国政府支持中国,不割让台湾。但三国在得到日本退还辽东半岛的保证后,都不愿帮助商改条约。17日记:"见台民公电,为之流涕"。④ 时隔不久,清廷不得不派李鸿章儿子李经方和日本任命的"台湾总督"桦山资纪,办理台湾交割手续。

目睹甲午之战中国惨败的结局,翁同龢痛心自责,5月8日递呈《自请为甲午战败罢职疏》:

① 以上引文,分别见翁万戈编,翁以钧校订:《翁同龢日记》第六卷,中西书局 2012 年版,第 2840、2840、2841、2842 页。
② 翁万戈编,翁以钧校订:《翁同龢日记》第六卷,中西书局 2012 年版,第 2847 页。
③ 翁万戈编,翁以钧校订:《翁同龢日记》第六卷,中西书局 2012 年版,第 2845 页。
④ 翁万戈编,翁以钧校订:《翁同龢日记》第六卷,中西书局 2012 年版,第 2849 页。

奏为微臣奉职无状,上累圣明,亟请罢斥,以明黜陟事。窃臣入直毓庆宫,侍皇上读书已二十年。皇上待臣之恩,信臣之笃,非诸臣可比。上年六月,命臣至军机处会看折件,十月以后,又命臣为军机大臣。时值倭奴逞志,愈胜愈骄,臣于敌势军情瞢焉不识,遂致全权之使再出,而和议于是遂成,割地偿款,为从古所未有。既不能力争于未画押之前,又不能挽回于未批准之际,依违泄沓,偃卧决澜,此等情形,直同已死。今御押已签,条约已定,皇上当下哀痛之诏,作舍旧之谋,奋发有为,以雪斯耻。臣之衰残庸懦。自揣万不足以仰赞庙谟。若再久点朝班,是谓进退失据。缘此沥诚吁请,将臣一切职事悉行革退,俾归田里,以尽余年,则皇上再造之恩隆天厚地,臣当衔结,永永不忘矣。谨缮陈奏,仍席槁待罪,不胜感激恳款之至。①

虽说这一奏折最终未见递呈,但能看出翁同龢发自肺腑的创巨痛深。

长期以来,围绕甲午战争的失败,不少人认为身系晚清士群中后清流主将的翁同龢有着不可推卸的责任。但如学者撰文指出:甲午一战中,翁同龢充分表现了忧国忧民的士大夫本色和参政论政的传统,却招来空言误国的恶谥。出现这种事与愿违的结果,固与朝政败坏、妥协势力转嫁责任等政治原因有关,也与清流自身特点相连。它曲折反映出修齐治平的传统价值体系已无法适应近代社会发展的实际需求,旧式文人在民族危亡的历史条件下充当政治变革主角的地位已日见脆弱,势将让位于新生代的知识分子。所以,翁同龢的悲剧,也是后清流的共同悲剧。甲午战争后,中国政坛上绵亘不绝的清浊之争已不复存在,而新学与旧学之争、西学与中学之争,即将成为政治思想界的重头戏。"在这个意义上说,翁同龢等清流一派的士大夫们,在甲午战争中的表现,可说是中国传统知识分子的一次绝唱。"②

---

① 《翁同龢请罪奏稿》,翁万戈辑:《翁同龢文献丛编》之五,《甲午战争》,上海远东出版社 2014 年版,第 547—548 页。

② 沈渭滨:《甲午战争与翁同龢的士大夫本色》,参阅常熟市人民政府、中国史学会编:《甲午战争与翁同龢》,中国人民大学出版社 1995 年版,第 86 页。

平心而论,翁同龢在战争的危急时刻进入枢廷,为抵御日军的侵略,捍卫国家的主权和领土,不辞劳苦,充分体现了书生报国的情怀。甲午战败的结局,也激发了包括翁同龢在内的仁人志士为中国革新图强之道的继续追寻。

# 第八章 变法图强

## 第一节 迷梦惊觉

在中国近代编年史上,1895年(光绪二十一年)所凸现的坐标式意义,已是人们不争的事实。甲午一战,堂堂"天朝"竟败在了历来被视为"蕞尔小邦"的日本之手,充分暴露了清王朝政治、军事、外交的腐败症结。瓜分豆剖的空前民族危机随之而来,引起了人们思想上的极大刺激与震动,以及心理上的极度紧张与焦虑,时人普遍意识到中国将迎来"睡而将醒"①的历史大拐点。

"唤起吾国四千年之大梦,实则甲午一役始也。吾国则一经庚申圆明园之变,再经甲申马江之变,而十八行省之民,犹不知痛痒,未尝稍改其顽固嚣张之习,直待台湾既割,二百兆之偿款既输,而酣睡之声,乃渐惊起。""自甲午东事败后,朝野乃知旧法之不足恃,于是言变法者乃纷纷。"②"甲午之役,军破国削,举国上中社会,大梦初觉,稍有知识者,多承认富强之策虽圣人所不废。"③有识者以这一年作为思想史上具有开创新时代的象征性年份,在于揭示了中日甲午战争惨败的严酷事实,给当时的中华民族带来了真正意义上的近代觉醒。④

---

① 蔡元培:《绍兴推广学堂议》,高平叔编:《蔡元培全集》第1卷,中华书局1984年版,第90页。
② 梁启超:《戊戌政变记》,《饮冰室合集》专集之一,中华书局1989年版,第133、21页。
③ 三联书店编:《陈独秀文章选编》(上册),三联书店1984年版,第106页。
④ 参见葛兆光著:《七世纪至十六世纪中国的知识、思想与信仰世界》,复旦大学出版社1994年版,第448页。

种种迹象显示,以甲午战争为转折,中国社会确实发生了巨大而深刻的变化。强烈的爱国情感驱使下,救亡图存成为人们共同关心的社会课题,图强御侮成为有志者自觉承担的时代使命。真正促使翁同龢思想急剧转向的契机,就是这个时候。

1895年4月17日,甲午战争以日本强迫清政府签订丧权辱国的《马关条约》而结束,条约的主要内容有:中国承认朝鲜"完全独立",实质是承认日本对朝鲜的控制;割让辽东半岛、台湾岛及所属岛屿和澎湖列岛给日本;赔偿日本军费二万万两白银;开放沙市、重庆、苏州和杭州为通商口岸;允许日本在中国通商口岸任意开设工厂等。《马关条约》严重损害了中国的领土和主权完整,极大地加重了中国人民的经济负担,大大加深了中国近代半殖民地化的程度,成为继《南京条约》以来最严重的不平等条约。

条约签订的消息传出后,举国震惊。在康有为的发动下,正在北京参加会考的各省举人1300多人联名上书请愿,呼吁政府"下诏鼓天下之气,迁都定天下之本,练兵强天下之势,变法成天下之治。"人们在北京城门贴出了"万寿无疆,普天同庆;三军败绩,割地求和"的对联,愤怒声讨慈禧、李鸿章等人的卖国行为,全国各地掀起了反对朝廷割地投降的运动。

对此前坚决主战的翁同龢来说,甲午战败后中国割地赔款的惨痛遭遇,无疑让他开始了极其痛苦的反省。1894年(光绪二十年)除夕,他在日记中自责:

> 自念以菲材而当枢要,疆事如此,上无以对大造之恩,下无以慰薄海之望。于讲帷则无补救,于同列则致猜疑,疾病缠绵,求死不得,悠悠苍天,曷其有极![1]

次年4月3日,《马关条约》文本电传到朝廷,翁同龢日夜筹思如何补救之法。当天日记:"是日李相电,和约十条殆难就范。入对,略陈梗概。退后……邀高阳(按:李鸿藻)至馆略谈,胸中磊块未易平矣。"[2]4

① 翁万戈编,翁以钧校订:《翁同龢日记》第六卷,中西书局2012年版,第2816页。
② 翁万戈编,翁以钧校订:《翁同龢日记》第六卷,中西书局2012年版,第2836页。

月 14 日记："惟李相频来电,皆议和要挟之款,不欲记,不忍也。"①4 月 24 日日记:

> 言者大率谓和约当毁,余虽懦,不敢赞成,而公论不可诬,人心不可失,则日夕在念,思所以维持之,卒不能得,则叹息抑郁,瘀伤成疾矣。②

迷梦惊觉时,痛定思痛处。有爱国心的仁人志士痛切地感到:中国再按老路子走下去是不行了,必须有一个大的变革,翁同龢同样痛切地认识到:"不变法,不大举,吾知无成耳。"③

变法是大事,翁同龢称自己是"菲材",虽是自谦,也是实话。他从小接受的是传统教育,缺乏近代政治学、军事学、经济学的知识,也不了解世界各国的历史、政治,拿不出变法的具体方案。但他有一个长处,虚己礼下,喜欢多方听取合理建言。由甲午战争后的翁同龢日记中可知,一大批具有维新思想的青年才俊开始成了他的座上客。兹举几例:

宋育仁(1857—1931),字芸子,四川富顺人,光绪进士,翰林院庶吉士。1894 年任出使英法意比四国公使参赞。当年正月,赴任前的宋育仁将其讨论时务的著作送给翁同龢。2 月 25 日记:"宋芸子编修育仁来,伊充英法参赞,即日往上海,随龚君展轮矣,以所作《时务论》数万言见示。此人亦奇杰,惟改制度、用术数,恐能言而不能行耳。"④

汤寿潜(1856—1917),原名震,字蛰先,浙江萧山人,光绪进士,翰林院庶吉士。所著《危言》,作为甲午前宣传变法维新的代表作之一,与郑观应的《盛世危言》、邵作舟的《邵氏危言》并称"三危言"。《危言》一书从国家大法到国防外交,再到经济教育等等,指中土症结,述外洋情事,指陈时弊,切中要害,多发聩之语。1895 年 3 月 8 日,翁同龢邀新迁安徽青阳知县的汤寿潜一叙,日记载:"汤生寿潜所著《危言》二卷,论时事极有识。今日招之来长谈,明日行矣,此人必为好官。"⑤

---

① 翁万戈编,翁以钧校订:《翁同龢日记》第六卷,中西书局 2012 年版,第 2839 页。
② 翁万戈编,翁以钧校订:《翁同龢日记》第六卷,中西书局 2012 年版,第 2842 页。
③《致子京》,《翁松禅墨迹》第三集,商务印书馆 1917 年影印本。
④ 翁万戈编,翁以钧校订:《翁同龢日记》第六卷,中西书局 2012 年版,第 2714 页。
⑤ 翁万戈编,翁以钧校订:《翁同龢日记》第六卷,中西书局 2012 年版,第 2829 页。

陈炽(1855—1900),字克昌,号次亮,江西瑞金人。光绪举人,历任户部郎中、刑部章京、军机处章京,曾遍历沿海各地,并考察香港、澳门,留心天下利病,深研经济学。1893年(光绪十九年)撰《庸书》内外百篇,疾旧制之弊,言改革之宜,主张学习西方以自强;倡议成立商部、制定商律,保护关税、取消厘金,设立公司、实行专利等措施,反对列强攫取各种特权,翁同龢为之击节叹赏,1895年4月17日,将《庸书》与《危言》同时进呈光绪帝。6月22日记:"陈次亮炽来见,吾以国士遇之,故倾吐无遗,其实纵横家也。"①翁同龢在日记里常用"纵横家"、"策士"的词语,评价这些学兼中西、审时度势的维新派才俊,突出了他们和一般儒生不同的见识。9月9日记:"归,得陆[陈]次亮函,责余因循,其言痛切。此君有识力,特不醇耳,然醇则儒缓矣。"②翁同龢意识到,在国家危急时刻,学识精纯的儒生已很难担当变法救亡的重任。这一年,康有为在北京组织强学会,翁同龢推荐陈炽任提调。

黄遵宪(1848—1905),字公度,号人境庐主人,广东梅州人。光绪举人,历任驻日本公使馆参赞、旧金山总领事,驻英参赞、新加坡总领事。驻日期间撰《日本国志》40卷,详细论述日本变革的经过及其得失,借以提出中国改革主张。1894年回国后任江宁洋务局总办。翁同龢久闻其名,1895年5月28日记:"晚黄生季度来谈时事"。③7月17日记:"黄季度来见,此人亦纵横家。"④1896年(光绪二十二年)10月27日记:"黄遵宪,公度,道员,新加坡领事,举人,诗文皆佳,新从江南来,江南官场不满。……皆与剧谈。"⑤经翁同龢推荐,朝廷不久任命黄遵宪任驻英公使。11月1日,黄遵宪"以所撰《日本志》见赠"⑥,不久改任驻德大使。大概是出于黄遵宪任外交官时曾尽力保护国外华侨、华工正当利益的顾虑,德国拒绝接纳。11月30日,"昨德使照会乃拒黄遵宪之

---

① 翁万戈编,翁以钧校订:《翁同龢日记》第六卷,中西书局2012年版,第2857页。

② 翁万戈编,翁以钧校订:《翁同龢日记》第六卷,中西书局2012年版,第2876页。按:日记此处误为"陆次亮"。

③ 翁万戈编,翁以钧校订:《翁同龢日记》第六卷,中西书局2012年版,第2852页。

④ 翁万戈编,翁以钧校订:《翁同龢日记》第六卷,中西书局2012年版,第2863页。

⑤ 翁万戈编,翁以钧校订:《翁同龢日记》第六卷,中西书局2012年版,第2992页。

⑥ 翁万戈编,翁以钧校订:《翁同龢日记》第六卷,中西书局2012年版,第2993页。

驻使,词极无理。"①次日德使海靖到总署,翁同龢与其商谈黄遵宪驻使事,"始终不肯接待,语极决绝。"②12月14日,翁同龢就此再度与海靖晤谈,"仍不接待也。"③1897年(光绪二十三年)初,翁同龢正为甲午赔款筹借洋债,准备以洋税作抵押。3月5日晚,黄遵宪前来长谈,"其言以加洋税为主,实能指其所以然。"④6月27日:"看黄公度《日本史》一册"。⑤ 6月29日,外放湖南盐法道的黄遵宪过访长谈,建议练兵重在"延德人、练德法。"⑥7月14日晚,黄遵宪前来辞行、长谈,建议三事:开学堂、缓海军、急陆军(十五万人已足);海军用守不用战;提出三大虑:"一教案、一流寇、一欧洲战事",认为"有一于此,中国必有瓜分之势。"⑦并向翁同龢推荐能办事的人才,其中有翁氏门生于式枚、沈曾植,也有梁启超、郑孝胥等才俊。黄遵宪到湖南后,协助湖南巡抚陈宝箴推行新政,使当地的维新风气大开,成为百日维新期间全国推行新政最有力、最有生气的省份。

谭嗣同(1865—1898),字复生,号壮飞,湖南浏阳人。早年师从著名学者欧阳中鹄,好讲经世济民之学;后来多次游历南北各省,开阔视野,结交名士。甲午战败后,更是坚定了爱国救亡的信念。其父谭继洵是翁同龢的同年,时任湖北巡抚。1896年6月4日,翁同龢接见了时年32岁的谭嗣同。作为维新志士中的激进人物,谭嗣同在和翁同龢谈时局时,自是指点江山,抨击时弊,高谈阔论。无怪乎,日记中说他"通洋务,高视阔步,世家子弟中桀骜者也。"⑧谭嗣同英迈、高朗的谈吐,无疑给他留下了深刻印象。

马建忠(1844—1900),字眉叔,江苏丹徒(治今镇江)人。年轻时抛弃科举,研究西学,精通英、法文及希腊文、拉丁文,所著《马氏文通》为

① 翁万戈编,翁以钧校订:《翁同龢日记》第六卷,中西书局2012年版,第3000页。
② 翁万戈编,翁以钧校订:《翁同龢日记》第六卷,中西书局2012年版,第3001页。
③ 翁万戈编,翁以钧校订:《翁同龢日记》第六卷,中西书局2012年版,第3004页。
④ 翁万戈编,翁以钧校订:《翁同龢日记》第七卷,中西书局2012年版,第3028页。
⑤ 翁万戈编,翁以钧校订:《翁同龢日记》第七卷,中西书局2012年版,第3059页。
⑥ 翁万戈编,翁以钧校订:《翁同龢日记》第七卷,中西书局2012年版,第3060页。
⑦ 翁万戈编,翁以钧校订:《翁同龢日记》第七卷,中西书局2012年版,第3064页。
⑧ 翁万戈编,翁以钧校订:《翁同龢日记》第六卷,中西书局2012年版,第2951页。此处"桀骜"两字,原为"杰出"。参见《翁同龢日记》第八卷,附录:《删改真相》,中西书局2012年版。

中国第一部语法著作。1876年（光绪二年）派赴法国留学,获博士学位。回国后任轮船招商局会办、上海机器织布局总办。他认为"讲富者以护商为本,求强者以得民心为要";"学校建而智士日多,议院立而下情可达。"①1897年7月1日,时任候补道的马建忠来拜见,并向翁同龢推荐了罗丰禄、严复、陈季同、陈炽等"通西法"②人才。

此间,翁同龢与在华的西方人士也是频频交往,商讨聘用西人、采用西法等问题,有关币制、设立新政部、教育部、筑路开矿、举办实业、整顿陆海军及开办报纸新闻等计划,也在讨论之列。

揆诸《马关条约》签订后的翁氏日记,1895年4月30日,记有随李鸿章赴日谈判的美国顾问科士达的一席话:"科先叙李相之忠,次言国政首练兵,改西法,次造铁路,次赋税,其言反复悚切,谓果实力变更,十年后中国无敌,若因仍不改,不可问矣。"③同年10月25日,即将离任的英国公使欧格纳前来总署拜见翁同龢,当天日记写道:"深谈中国贪弱,他国有并吞之心,其言绝痛。余喟然而叹,知六合以外此理同矣。"④10月31日,欧格纳回国前夕到总署见恭亲王等,直言不讳地认为:"自中倭讲和,六阅月而无变更,致西国人群相訾议。……今中国危亡已见端矣,各国聚谋,而中国至今熟睡未醒,何也?且王果善病、精力不继,则宜选忠廉有才略之大臣专图新政,期于必成,何必事事推诿,一无所就乎?"欧格纳批评恭亲王"事事推诿,一无所就"⑤,也说出了翁同龢心里想说而不能说的话,因此将欧格纳的临别之言记在日记里。11月2日临行前,欧格纳还与翁同龢有过一番交谈:"首论西江开马头,次及变法须参用西人,次及御史可尽去,次则箴余办事胆小也。"翁同龢在日记里表示"撮其略以当七子赋诗焉"⑥,所谓忠言逆耳利于行也。

10月26日,翁同龢在总署与英国传教士李提摩太晤谈,日记里称之为"豪杰"、"说客",还记录了李提摩太的一番话:"尧舜周孔之道,环

① 《上李伯相言出洋工课书》,马建忠撰:《适可斋记言》,中华书局1960年版,第31页。
② 翁万戈编,翁以钧校订:《翁同龢日记》第七卷,中西书局2012年版,第3060页。
③ 翁万戈编,翁以钧校订:《翁同龢日记》第六卷,中西书局2012年版,第2844页。
④ 翁万戈编,翁以钧校订:《翁同龢日记》第六卷,中西书局2012年版,第3000页。
⑤ 翁万戈编,翁以钧校订:《翁同龢日记》第六卷,中西书局2012年版,第2890页。
⑥ 翁万戈编,翁以钧校订:《翁同龢日记》第六卷,中西书局2012年版,第2891页。

地球无以易。中土儒者,欧洲敬之,独养民之政衰,圣人之道将不行。
五国以中国不能养民,遂欲进而代谋所以养,情已见矣,势已成矣,故中
国养民之政不可不亟讲也。政有四大端:曰教民,曰养民,曰安民,曰新
民。教之术,以五常之德推行于万国。养则与万国通其利,斯利大。安
者弭兵。新者变法也。变法以兴铁路为第一义,练兵次之。"①翁同龢对
此赞赏不已,但同时反驳了"中国须参用西员,兼设西学科"的主张。心
存钦佩之下,翁同龢将其维新计划很快递呈光绪帝,又推荐他担任新政
顾问。12 月 13 日再度会面:"余与之谈道,次及政事,旋及教案。……
李读书明理人也。"②次年 2 月 24 日李提摩太离京前夕,他又亲自上门
道别并长谈,"伊言须富民、富官,归于学人要通各国政事。其言切挚,
赠以食物八匣、绸四端而别,留一照象赠余。"③可见彼此保持了良好的
友谊。

　　1897 年 6 月 19 日,翁同龢拜晤了时任天津海关税务司的德国人
德璀琳,向他请教理财策略。日记载:"余独访德璀琳于赫德家,谈五
六刻,其人粗而有权略。余开诚与语,伊甚倾倒,大略请立矿总司,访
德矿师,教吾民开法,然后就铁置炉成钢轨,则铁路可办,路成则中国
无穷之利兴矣。"德璀琳告诉他:德国五十年中每年铁路盈利一百八
十余兆(一百兆合中国一万万两白银),超出了中国现在所收各项税
厘、田赋。就路立章收运费,即重而外国不得干预。"中国见开矿之
利则有银者自出,有才者自来。"④海外华侨都靠铁路发财,更何况国
内有许多优秀人才。翁同龢后来支持修筑铁路,当与此次谈话不无
关系。

　　英国人赫德长期担任中国海关总税务司,自 1876 年与翁同龢初次

---

① 翁万戈编,翁以钧校订:《翁同龢日记》第六卷,中西书局 2012 年版,中西书局 2012 年版,第 2888 页。
② 翁万戈编,翁以钧校订:《翁同龢日记》第六卷,第 2903 页。
③ 翁万戈编,翁以钧校订:《翁同龢日记》第六卷,中西书局 2012 年版,第 2925 页。此次会面细节,李
　提摩太曾有生动回忆:"翁同龢派人把他的名片送到我在伦敦会的住处。按中国的风俗,这是非常
　正式的问候。我回赠他我的名片,并感谢他的厚意。没想到,他就在外面,有重要事情要同我商量。
　这是空前的举动,此前没有一个中国的总理大臣曾拜访过传教士的住处。我们就宗教宽容和政治
　改革问题谈了一个小时。……他离开不久,派人送来了四匹丝绸,还有让我路上吃的八盒点心。"详
　见李提摩太著:《亲历晚清四十年:李提摩太在华回忆录》,天津人民出版社 2005 年版,第 241 页。
④ 翁万戈编,翁以钧校订:《翁同龢日记》第七卷,中西书局 2012 年版,第 3056—3057 页。

会面,彼此多有交往。① 最初,赫德留给他的感觉最为"狡桀",随着时移势易,印象越来越好。1895年9月22日记:"又至总署,张公约赫德来,遂与畅谈,银色一层殆难置辩,彼言有理,非游说也。彼熟于孟子书,旁及墨子,奇哉。"②次年7月16日记:"卧起赴总署,见赫德,谈一时许,种种有条理。"③1897年11月26日晚饭后,翁氏又专程拜访赫德,商议中国改革大计,"彼谓此事(指德国强占胶州湾事)若不速了,可忧者不仅兵费已也,纵论环球大局,谓各国添兵意将何属,而中国不闻耶,抑闻而不省耶,语绝痛。"④1898年1月16日记:"未刻赴总署晤赫德,因借款、大连湾事嘱其向窦(按:指英国公使窦纳乐)解围,伊应允,并言四十年劝中国自强,乃因循至此,其言绝痛,有心哉斯人也。"日记里,他将赫德关于中国改革自强"语极沉痛"⑤的谈话记了下来。

所有这些西方人士的告诫,不同程度上触动了翁同龢对中国时局处境的感受和认识。时人评述:"于时师傅翁同龢,兼直军机,性行忠纯,学问极博。至甲午败后,知西法不能不用,大搜时务书而考求之。"⑥由此,不少时务书籍随之进入了他的阅读视野,并进呈到了光绪帝手里。1895年至1897年的短短三年间,翁同龢先后进呈的课外阅读书目,就有王韬译《普法战纪》八本、薛福成《筹洋刍议》、郑观应《救时揭要》、陈炽《庸书》、汤震《危言》、黄遵宪《日本国志》、康有为《日本明治变政考》和《俄国大彼得变政记》、李提摩太译编《泰西新史揽要》等著作。这些旨在改革社会,匡冀时变的进步思想文本,日记里都有他先行阅读后留下的赞语。通过对时务著述的大量阅读,翁同龢得以改变了传统经世观念,更丰富了西方知识的视野。翁同龢之所以把这些"切时要著"推荐于光绪帝,也是看取了文本内里所包含的改革精神。

事实表明,甲午战争失败后的翁同龢,思想大体上涵化了顺应时代

---

① 翁氏日记1901年1月4日:"有苏州税务司客讷格函,递赫德名片候安,亦奇矣哉。"翁万戈编,翁以钧校订:《翁同龢日记》第七卷,中西书局2012年版,第3354页。

② 翁万戈编,翁以钧校订:《翁同龢日记》第六卷,中西书局2012年版,第2879页。

③ 翁万戈编,翁以钧校订:《翁同龢日记》第六卷,中西书局2012年版,第962页。

④ 翁万戈编,翁以钧校订:《翁同龢日记》第七卷,中西书局2012年版,第3111页。

⑤ 翁万戈编,翁以钧校订:《翁同龢日记》第七卷,中西书局2012年版,第3130页。

⑥ 梁启超:《戊戌政变记》,中国史学会主编:中国近代史资料丛刊,《戊戌变法》第一册,神州国光社1953年版,第250页。

潮流、追随社会变革步伐、由守旧趋于开新的走向。

# 第二节　变政前奏

甲午战争后，翁同龢一边广泛接触维新人士和外国专家，倾听他们的改革建议；一边着手切实推进维新事业。在戊戌变法前，翁同龢先后参与了兵制改革、支持盛宣怀创办通商银行和督办卢汉铁路。

缘于甲午战争中配备西式武器的淮军、湘军竟然不堪一击，翁同龢从屡战屡败的痛苦中认识到旧式军队非改造不可。作为战后督办军务处的会办大臣，他认为："查练兵之法，以西法为最善，既用西法，非将中国旧军大加裁汰，其转移之柄在皇上，殷忧启圣，国势转弱为强，中兴在此。"在给姻亲季邦桢的信中也说："裁兵节饷之议，首举畿疆，非不知缓急，实欲去积弱朽蠹之军耳。大府必迟回，将士必力争，局员必坚护，愿诸君子箴膏肓、起废疾也。"①如何"箴膏肓，起废疾"？在他看来，只有裁撤旧军，编练新军，才是雪耻自强的要务。

1894 年 10 月 28 日，德国军官、德璀琳长婿汉纳根来总署，翁同龢和李鸿章与他谈了一个半小时。汉纳根建议招募新兵十万，以洋法操练。11 月 3 日，翁同龢就此事与直隶臬司胡燏棻商谈请汉纳根练兵事。11 月 12 日"拟添练洋队奏稿"②，指明练兵为立国之本，而旧式陆军"相沿旧法，习气渐深，百弊丛生，多难得力"，欲求自强，首重练兵。新练陆军必须额足、饷裕、械备、技艺娴熟；士兵须"体气精壮，向不为非者"，营官、统领须"选武职中壮健有志不染习气者"。并致电胡燏棻，要求他尽快与汉纳根定议开招。二天后赴督办处商议洋队事，荣禄力持不可。11 月 18 日至督办处再议，翁同龢主张招募洋将教习，以 5000 人为标准，四月可成，恭、庆两邸赞成。十天之后，户部速议拨招募费 1000 万，粮台 400 万。但胡燏棻和汉纳根之间产生矛盾，练兵队事宜一度"中

---

① 《致季邦桢函》，1897 年 4 月 12 日，李红英著：《翁同龢书札系年考》，黄山书社 2014 年版，第 364 页。
② 翁万戈编，翁以钧校订：《翁同龢日记》第六卷，中西书局 2012 年版，第 2794 页。

变"。后经多方协调,于1895年1月20日准胡燏棻在天津小站练兵,练洋队五千人,即定武军十营。

1895年胡燏棻上疏主张变法,条列办实业、练军队等实事,旋调任卢津铁路①督办,不久授顺天府尹,后迁总署大臣。定武军一时无人接统。是年7月21日,时任浙江温处道(辖温州、处州两府)的袁世凯(慰亭)来京引见,翁同龢对他的评价是"此人开展而欠诚实。"②9月29日:"归后袁慰亭来辞,谈洋队事,点心去,此人不滑,可任也。"③可以肯定,袁世凯已是翁同龢心目中替代胡燏棻的最佳人选。当此之时,翁同龢和李鸿藻还在谋划旗兵练兵事。满洲人荫昌(午楼)早年毕业于同文馆,后留学德国学习陆军并入伍当兵,这时已回国。10月23日翁同龢在督办处请荫昌前来商议练兵事,决定在天津办武备学堂,挑选旗兵入学。11月19日督办处定下三件事:"一胡燏棻造铁路;二袁世凯练洋队;三荫昌挑定旗兵入武备学堂。"④

袁世凯接统定武军后,向督办处递呈了聘请洋员合同书及新建陆军营制和章程,翁同龢和督办处大臣会商后,认为计划"甚属周妥",批准他在现有十营⑤基础上再扩充步队2000人,马队250人,足7000人之数,答应每月支饷银七万数千两。翁同龢高兴地看到,袁世凯聘请德国军官任教练,认真练兵,一年后的定武军军容已令人刮目相看。1897年4月14日记:"袁慰亭自津来,以新建陆军相商。此军真练,却未可以常例绳。"⑥翁同龢也在皇上面前褒奖定武军练得好。7月24日,袁世凯晋升为直隶臬司。8月31日袁世凯来长谈,翁同龢称赞"此人究竟直爽可取"⑦。袁世凯向他诉求,银价跌、米价日贵,垫不起。翁同龢答应考虑增加饷银。过后致函袁世凯,答应定武军的月支饷银、新军应需而制办各件及购买外国军械的费用,均由户部筹定核发;并表示定武军

---

① 1894年,清廷决定修筑天津至北京的铁路,线路绕道卢沟桥,接通卢沟桥到汉口的卢汉铁路起点,名为卢津铁路。
② 翁万戈编,翁以钧校订:《翁同龢日记》第六卷,中西书局2012年版,第2864页。
③ 翁万戈编,翁以钧校订:《翁同龢日记》第六卷,中西书局2012年版,第2881页。
④ 翁万戈编,翁以钧校订:《翁同龢日记》第六卷,中西书局2012年版,第2896页。
⑤ 步队3000人,炮队1000人,马队250人,工程队500人。
⑥ 翁万戈编,翁以钧校订:《翁同龢日记》第七卷,中西书局2012年版,第3038页。
⑦ 翁万戈编,翁以钧校订:《翁同龢日记》第七卷,中西书局2012年版,第2896页。

如能卓有成效,还可再行扩充,对袁世凯小站练兵给予了全力支持。同时,翁同龢和其他督办处大臣奏请将聂士成所统三十营练军改编为武毅新军;此后又支持张之洞编练江南自强军和湖北洋操队。安徽、浙江等省闻风而起,奏调新建陆军员弁担任教习,编练各地新军。

盛宣怀(1844—1916),字杏孙,号补楼,江苏武进人,清末洋务派中的著名实业家、工商界领袖。1896 年 9 月来京,多次与翁同龢畅谈他的维新改革计划。10 月 28 日,翁同龢阅盛宣怀有关"练兵、理财、求材"的条陈稿,折中提出尽裁天下营勇,仿照西方义务兵役制,划天下为十镇,参酌西法简练新军三十万。翁同龢认为,这一军制改革建议"事属创新,极可行",递呈皇上,谕令此事交军机、总署、户部议。11 月 18 日,督办处讨论盛宣怀折片,户部、总署诸公毕集,从下午一时讨论到三时始定。从翁氏日记可见,当日讨论最支持盛宣怀的只有他一个,"独吾喋喋耳,诸公嘿嘿。"①翁同龢在复奏中建言:目前时局阽危,编制新军与大局关系极大,请光绪帝谕令各省切实讲求西法,认真编练,务必悉成劲旅;并建议统一全国各营枪炮,加紧新式快炮的研制和生产,奏请将此事先交两江总督刘坤一、湖广总督张之洞办理。

与此同时,翁同龢竭力支持、拨款赞助盛宣怀于 1897 年在上海开办中国通商银行,督办卢汉铁路,以此捍卫国家权益。

早在同治末、光绪初,盛宣怀入李鸿章幕,办理轮船招商局、中国电报总局,1893 年又在上海筹设华盛纺织总厂,1896 年协助湖广总督张之洞弥补汉冶平公司亏耗。经张之洞和北洋大臣王文韶联名保举,以四品京堂督办铁路总公司,招商集股,承修卢汉铁路。招股时,商人担心卢汉铁路工巨货少,盈利无把握,不敢认购,盛宣怀深感只有铁路与银行同时并举,才能解决招股困难,因此决定开办银行。1896 年夏,他向总署呈送了一份开办银行的说帖,按其计划,这是一家资本为五百万元的商业银行,由政府给予保护和资助;银行享有国家银行所具有的发行钞票、开炉铸币、代理国债等特权。并表示银行办得好,可以酌量提捐归公,这样商民交得其便,国家也自受其益。总署将说帖发给户部和

---

① 翁万戈编,翁以钧校订《翁同龢日记》第六卷,中西书局 2012 年版,第 2998 页。

张之洞听取意见,张之洞担心盛宣怀开办银行,鼓铸钱币,对其湖北铸币局不利,因此致函盛宣怀,认为铁路、银行一举兼营,群喙腾议,恐非所宜,表示反对,建议俟铁路定议后再议银行。9月23日盛宣怀从天津到京,向翁同龢表示力辞王、张两公保办卢汉铁路,其实是请翁同龢鼎力相助。他对翁同龢说,银行是各国的盛举,唯中国没有。日本仿西法创办银行,兵饷万万立筹而至,无需向外国借贷;至于开炉鼓铸钱币、流通钞票,均利国利民。翁、盛两家是通家,翁同龢对盛宣怀的才干素为赏识,1877年(光绪三年)写给侄曾荣的信中他就称誉:"杏生自是彼中能手,货殖传中人,往往能尽人之才干,其静思不可及也。"①当时正逢部库如洗,职事艰难,翁同龢因此竭力赞赏、支持盛宣怀开办银行。1896年11月4日记:"申初约杏孙饭,谈至酉正,此人综核精能,若在农部,百事举矣"②;11月9日:"晚杏生来谈"③;11日:"晚杏孙来谈抵夜"④;12日:"杏孙来辞,留点心,谈时事,激昂矢报,抵暮未去。"⑤他给盛宣怀的复函表示,因银行与铁路连类相济,户部拟拨银250万两作为官股。见起时,又向皇上力陈开设银行的必要性,认为"非急设,无以通华商气脉、杜洋商之挟制"。光绪帝要求军机、总署、户部议,开银行仍谕令王文韶、张之洞联名保举。王文韶本来支持开办银行,但张之洞却复函盛宣怀称:"阁下以列卿总司南北铁路,任寄已重,体制已崇,事权已专,忌者已多。若再督理银行,必致群议蜂起",表示不能保举。翁同龢请与张之洞私谊亲密的军机大臣李鸿藻疏通,王文韶又以赫德正筹办银行一事提醒张之洞"切勿游移",最终张之洞同意列名具复。11月12日,清政府批准盛宣怀招商集股开办商业银行。1897年2月,户部定盛京卿银行拨一百万奏稿。5月27日,中国第一家银行——中国通商银行在上海宣告成立。而在此前二天,卢汉铁路借款连衔奏到,恭亲王意犹徘徊,翁同龢"力赞批依议,以免各国窥伺"⑥,至6月6日,户部奏拨卢

① 《致翁曾荣》,赵平整理:《翁同龢家书诠释》,凤凰出版社2017年版,第95页。
② 翁万戈编,翁以钧校订:《翁同龢日记》第六卷,中西书局2012年版,第2994页。
③ 翁万戈编,翁以钧校订:《翁同龢日记》第六卷,中西书局2012年版,第2995页。
④ 翁万戈编,翁以钧校订:《翁同龢日记》第六卷,中西书局2012年版,第2995页。
⑤ 翁万戈编,翁以钧校订:《翁同龢日记》第六卷,中西书局2012年版,第2996页。
⑥ 翁万戈编,翁以钧校订:《翁同龢日记》第七卷,中西书局2012年版,第3048页。

汉铁路款四百万。

1897 年，列强以德国强占胶州湾为契机，迅速掀起瓜分中国的狂潮。一时间，"神州陆沉"、"豆剖瓜分"等字眼频频见诸海内各地书报，国人笼罩在一种亡国的焦虑和恐惧之中。人为刀俎、我为鱼肉的社会危局和民族危机，焦灼着翁同龢的心魂。自《马关条约》签订后，主和派孙毓汶、徐用仪退出军机处和总署，任命主战派和清流领袖翁同龢、李鸿藻任总理各国事务衙门大臣，也将翁同龢推到了外交第一线。

德国对胶州湾的觊觎由来已久。甲午战争期间，德国驻华公使绅珂曾建议占领胶州湾或澎湖列岛。德国参加"三国干涉还辽"时即准备以此作为占据点之一。1896 年，德皇威廉二世派遣工程师进行实地勘测，并很快向清政府提出了租借胶州湾的要求。在遭到清政府拒绝后，德国继续加紧武力入侵准备，同时对俄国展开外交活动。1897 年夏，俄、德两国达成协议：德国支持俄国占领旅顺、大连，俄国则支持德国占领胶州湾。当年 11 月，两名德国传教士在山东曹州巨野被杀，这就是历史上的"巨野教案"。德国以此借口，派遣远东舰队入侵胶州湾，青岛守将章高元在获悉不与德国开战的策略后匆匆溃退。

德军强占胶州湾后的 11 月 27 日，清政府委派翁同龢和张荫桓负责与德国公使海靖进行外交谈判。交涉中，德方最初递交了六条要求：一、山东巡抚撤职；二、赔造教堂；三、严惩祸首并赔偿一切损失；四、保证今后不发生此类事件；五、修建山东铁路，如中俄中东路；六、赔偿军费。翁同龢与张荫桓考虑将教案与德军撤兵胶州湾分为两案处理，前者同意惩办官员、赔款、立碑，同意德国在山东有开办铁路矿山的优先权，并以照会方式办理此事；后者则同意将胶州湾开放为通商口岸，德国可在此设一小租界作储煤站或再租一海岛。由于海靖"一诺无辞"[①]的态度，加上德方最初要求中并无明确提出占据胶州湾，翁同龢就此拟定照会，以为可以迅速达成协议，还被慈禧称为"办得甚好"[②]。

事实上，自胶州湾事件发生后，清政府一边与德国交涉，力图以教

---

① 翁万戈编，翁以钧校订：《翁同龢日记》第七卷，中西书局 2012 年版，第 3113 页。
② 翁万戈编，翁以钧校订：《翁同龢日记》第七卷，中西书局 2012 年版，第 3114 页。

案上的妥协换取德国撤兵;一边采取"以夷制夷"的策略,寄望于他国的干涉,企图联合俄、英、日等国压迫德国退兵。12 月 8 日记:当时李鸿章鉴于德国占领胶州后不可能轻易撤出,认为"此事非一二人所能口舌争也",就此与俄国代理公使巴布罗福商议,请求俄方帮助。翁同龢为之感叹:"事在垂成,横生枝节,可叹可叹。夜草奏稿,拟后日上,盖不可不辨耳。"[1]在他看来,德国谈判即将结束,假如俄国介入,势必引起法国的反应,而且传闻英国有窥伺大连之意,"若又起一波,竟无法办矣。"[2]因此主张尽快与德国让步,早结教案,促使德国退兵。未想,随之上报的条款引起慈禧的不满,12 月 11 日记:"论胶事,上述慈谕看照会稿甚屈,以责诸臣不能整饬,坐致此侮。臣愧悔无地,因陈各国合谋图我,德今日所允,后日即反,此非口舌所能了也,词多愤激,同列讶之,余实不敢不倾吐也。"[3]对德交涉无进展的状况下,光绪帝同意联俄方针,命李鸿章与俄使馆联络,翁同龢、张荫桓负责与德使馆联络交涉。在对德、对俄交涉中,李鸿章凡事"不语于众,独断独行"[4],对中德交涉处处插手、掣肘,而中俄交涉又不容他人干预。为使俄压德退兵,李鸿章答应给俄国大量权益,力促俄国出面"调处"。翁同龢等对此深为不满,认为李鸿章请俄出面"调处",并泄露中德交涉内情,使中德交涉更加困难,实是"拆局",因此其交涉机密亦不告诉李鸿章,但在李"固询"之下,"只得略告之,嘱勿泄。"[5]枢臣内部如此分歧,结果可想而知了。紧接着,德国又派增援舰队来华,进而提出"全踞"胶州湾等无理要求。是年除夕,翁同龢在日记中愤怒地写道:

> 胶澳事奋力与争,至于拂衣而起,迫海靖一到署,而邸堂及诸公先默许,余犹驳辩,竟不能回,此最憾最辱之事,何时雪此耻耶![6]

清政府原以为只要速结教案即可使德国撤出胶州湾,处处妥协避

① 翁万戈编,翁以钧校订:《翁同龢日记》第七卷,中西书局 2012 年版,第 3115 页。
② 翁万戈编,翁以钧校订:《翁同龢日记》第七卷,中西书局 2012 年版,第 3116 页。
③ 翁万戈编,翁以钧校订:《翁同龢日记》第七卷,中西书局 2012 年版,第 3116 页。
④ 翁万戈编,翁以钧校订:《翁同龢日记》第七卷,中西书局 2012 年版,第 3120 页。
⑤ 翁万戈编,翁以钧校订:《翁同龢日记》第七卷,中西书局 2012 年版,第 3122 页。
⑥ 翁万戈编,翁以钧校订:《翁同龢日记》第七卷,中西书局 2012 年版,第 3132 页。

让,陷入完全被动境地,终于酿成不可收拾的局面。在德国的军事侵略和外交讹诈下,清廷被迫于 1898 年 3 月 6 日与德国公使海靖签定了《胶澳租界条约》。条约规定:清政府将胶州湾租与德国,租期 99 年,在租期内胶州湾完全由德国管辖;允许德国在山东建设由青岛经潍县、博山和经沂州、莱芜到济南的两条铁路,并允许德国在铁路两旁 30 华里内开矿;今后山东开办任何事业,如需用外人、外资和外国器材,德国享有优先承办权。从此,胶州湾地区 500 多平方公里的土地变为德国的殖民地,山东也纳入了德国的势力范围。翁同龢悲愤感慨:"以山东全省利权形势拱手让之腥膻,负罪千古矣。"①

德国为列强瓜分中国充当了争先锋,各国随之蜂起。俄国紧跟着租借旅顺港,索取东三省利权;英国租借威海卫,取得长江利权;法国勒索三条:一中越边境不让人,一云南铁路、广州湾租界,一邮政倘派大臣管理时用法人;日本提出福建沿海不让别国……翁同龢在日记里写道:"实事如此,吾其已矣!"②深重的民族危机刺激着他,翁同龢决心辅佐光绪帝变法自强。

自 1889 年(光绪十五年)翁同龢向光绪帝进呈变法的书籍、灌输变法思想后,点燃了光绪帝心中改弦更张、变法图强的火种。德军强占胶州湾,俄国占领旅顺,使光绪帝大受震撼。年方 26 岁的皇帝血气才刚,不甘做亡国之君,毅然下定改革决心。1898 年 1 月 16 日与军机大臣等议事时,光绪帝明白宣示"变法"。翁同龢在当天日记里记述:

> 见起,上颇诘问时事所宜先,并以变法为急。恭邸默然,臣颇有敷对,谓从内政根本起。诸臣亦默然也。退令领班拟裁绿营、撤局员、荐人才之旨,又拟饬部院诸臣不得延阁官事旨。③

在这次御前会议上,光绪帝向诸臣诘问"时事所宜先",并自己作了"以变法为急"的回答,但恭亲王和诸臣均与默然。当然,"默然"不等于反对,也不积极响应。当时的军机大臣有恭亲王奕䜣、礼亲王世铎、翁

---

① 翁万戈编,翁以钧校订:《翁同龢日记》第七卷,中西书局 2012 年版,第 3148 页。
② 翁万戈编,翁以钧校订:《翁同龢日记》第七卷,中西书局 2012 年版,第 3153 页。
③ 翁万戈编,翁以钧校订:《翁同龢日记》第七卷,中西书局 2012 年版,第 3130 页。

同龢、刚毅、钱应溥,李鸿藻刚去世。如加上总署大臣,有庆亲王奕劻、刑部尚书廖寿恒、户部左侍郎张荫桓、户部尚书敬仪、兵部尚书荣禄、礼部右侍郎吴廷芳、大学士李鸿章、左都御史崇礼、礼部尚书许应骙。这中间,支持变法的只有张荫桓、廖寿恒,李鸿章在同情不反对之列,唯独翁同龢"颇有敷对",并亮出了"从内政根本起"的变法主张。是年除夕,他有"记取伏蒲三数语,首将刍藁责司徒"①的抒怀之句,就是写了这次变法讨论。此次议事,恭王和众大臣均表沉默,只有自己颇有敷对,此时皇上的"三数语"是何等重要,跪在草席上的翁同龢牢记在心。变法,如练新军、开矿、造铁路等都要经费,"刍藁"指喂牲口的草料,这里借代变法经费。"司徒"地官,指户部尚书,皇上责成翁同龢首先要筹措变法的经费。无怪乎,几天过后王大臣在总署约见康有为时,翁同龢问的就是"筹款"。

这次讨论通过的拟旨,内容仅"裁绿营"、"撤局员"、"荐人才"三项。事实上,就在这前一天,慈禧在东暖阁召见枢臣时"谕绿营可尽裁,局员当尽撤"②,从传谕内容可知,由翁同龢推动,光绪帝拉开的变法序幕,预示着即将上演的"戊戌变法"难免遭来失败的命运。

## 第三节　举荐康有为

康有为(1858—1927),又名祖诒,字广厦,号长素,又号明夷、更甡、西樵山人等,广东南海人,人称"康南海"。自幼接受过严格的传统经史教育。1876 年受学于粤中大儒朱九江门下,此后又对道、佛等书籍潜心涉猎。面对国家衰弱、民生多艰的社会现实,康有为早有"揽辔澄清之志",欲以天下为己任。1879 年后先后游历和考察了香港、上海等地,了解了先进的西方政治、经济制度,开始大讲西学,萌发学习西方以革新中国之志。1888 年冬赴京应试,康有为上书清廷(《上清帝第一

---

① 《题自藏石谷仿董巨画卷》,朱育礼、朱汝稷校点:《翁同龢诗集》,上海古籍出版社 2009 年版,第207 页。

② 翁万戈编,翁以钧校订:《翁同龢日记》第七卷,中西书局 2012 年版,第 3129 页。

书》），上书中陈述了国家面对的严重局势，痛斥了朝野上下无视"大厦将倾"，只图"嗜利而借以营私"的风气，提出了"变成法，通下情，慎左右"的主张。因守旧势力的阻挠，这些意见未能上达。此后，康有为南归广州讲学著述，先于 1890 年讲学于广州长兴里，次年始设馆于广州学宫万木草堂，意气慷慨地宣传自己的政治主张，积极培养维新变法的骨干。康有为的学问应归结为经学中的今文经学。儒家经学分今文经学和古文经学，东汉时两派纷争，经郑玄、许慎后糅合为经学之正统，西汉今文经学渐趋湮没。清代中叶起，以庄存与、刘逢禄为代表的常州学派，继承今文经学"微言大义"的传统，议论时事，干预时政，推动了今文经学的发展。继而，龚自珍、魏源更把"公羊学"导向批判现实社会弊端，注重政治，改良社会，使公羊学说同晚清社会的脉搏相合拍，成为鼓吹变革、呼吁救亡图强的有力的思想武器。受今文经学家廖平的启发，康有为明确把公羊学的"三世"（"据乱世"、"升平世"、"太平世"）、《礼记·礼运》的"小康"、"大同"与近代进化论思想融合在一起，也就是将今文经的"三统说"阐发为改制因革的理论，将今文经的"三世说"推演为人类社会的历史进化观，就此打破"天不变，道亦不变"论，也否定了历史循环论，从而构建起自己的维新变法理论。康有为也因此成为当时"思立掀天揭地事功"的人物。此间撰写的《新学伪经考》《孔子改制考》二书，成为他维新变法的理论根据。万木草堂一反旧式的传统教育，以先进的西方政治、经济制度为讲学内容，培养了梁启超、陈千秋、麦孟华等一批思想开阔、锐意革新的青年才俊。

翁同龢举荐康有为的史实，当代学界根据康有为《我史》（又称《康南海自编年谱》）、梁启超《戊戌政变记》等文献已作了详细陈述。但有专家研究发现，康、梁关于戊戌变法的著作并不靠谱，特别是《康南海自编年谱》，存在不少作伪失实之处，其记录未必如实地反映历史的真相，不可视为信史。① 不过，翁同龢荐举康有为一说，当有确凿的历史证据，绝非康有为编造的谎言。有关史事的叙述，可以在翁氏日记中找到

---

① 详见茅海建著：《从甲午到戊戌：康有为〈我史〉鉴注》，三联书店 2009 年版。作者倾五年之心力，引用大量档案、文献资料，对康有为《我史》中最重要的部分（1894 年至 1898 年）——加以注解，对康有为的说法进行厘订，鉴别真伪，重建史实，使读者真切地认清这一重要历史阶段的一幕幕重要场景。

证明。

资料显示,1888 年康有为就曾上书翁同龢敦促变法,翁氏 11 月 16 日日记:"南海布衣康祖诒上书于我,意欲一见,拒之。"会面未能如愿,康有为并不因此灰心,很快写了《上清帝第一书》,并在第二次进京参加顺天乡试时,以国子监荫监生身份,请国子监祭酒盛昱(伯羲)代为上奏。书中无情揭露清廷国事败坏,内政不修,提出"变成法"、"通下情"、"慎左右"三策,要求皇帝引咎罪己,求言图治;认为中国若实行变法,十年内富强可致,二十年可雪耻。不过,时为管理国子监大臣的翁同龢并未同意代奏。11 月 29 日日记载:"伯羲来未晤。"30 日记:"盛伯羲以康祖诒封事一件来,欲成均代递,然语太讦直,无益,祇生衅耳,决计复谢之。"有专家探其个中原委,根据翁同龢 1888 年手书《政事杂钞》批注:"南海布衣康祖诒,拟上封事,由成均代递,同乡京官无结,未递。其人初称布衣,继称荫监,乃康国器之侄孙也。"[1]可知未代递的直接原因,应是康有为上书没有取得同乡京官的印结[2],与清代上书体制不合;加之上书内容"讦直",秉性持重的翁同龢不无因恐无益而生衅的顾虑,并且康氏"初称布衣,继称荫监"的做法,也添了他几分疑虑。[3] 因此不愿冒违制的风险代递一份易遭非议的上书。[4]

当时,康有为除给翁氏上书外,还给军机大臣兼工部尚书潘祖荫、左都御史祁世长、吏部尚书徐桐分别上书"直陈",以期打开通往权力中枢的道路。殊不知,被他视为"一二元老"的诸朝贵对此态度多有讥讽,潘祖荫仅报以"垂接颜色"、"教以熟读律例"的回复;"雅不善西法"的祁

---

① 翁万戈辑:《翁同龢文献丛编》之一,《新政·变法》,上海远东出版社 2014 年版,第 340 页。

② 清代例制,无上书资格的士民要向朝廷进言,通常需要交验的凭据。此处系指同乡京官出具有关康有为身世的证明。

③ 胡思敬《戊戌履霜录》:"康有为始名祖诒,初入京见同龢,用布衣康祖诒贴,既又自称荫生,同龢笑曰:汝既深受国荫,名祖诒,即不应以布衣傲我。阳折之,实阴爱其才。"参见中国史学会主编:中国近代史资料丛刊,《戊戌变法》第四册,神州国光社 1953 年版,第 77 页。

④ 孔祥吉:《翁同龢与康有为〈上清帝第一书〉》,《二十世纪翁同龢研究》,苏州大学出版社 2004 年版,第 359—360 页。另备一说,徐勤著《南海先生四上书记》(上海《时务报》馆光绪二十一年版)云:"戊子十月,祖陵奇变。十一月南海先生上书,极言外夷之交迫,变法之宜亟。初呈国子监,管监事者常熟翁尚书署盛伯熙祭酒欲以上闻。因书中有'谗言中于左右'数语,时张幼樵副宪带罪罢官,朝廷不喜新进之士,虑以斯言,上触圣怒,若问'谗言为谁? 何由得知',恐获重罪,故不为代递,意在保全也。"转引自夏晓虹编:《追忆康有为》,中国广播电视出版社 1997 年版,第 292 页。

世长,门下有愿为总署司员者,闻之皱眉,相见力阻。康有为请求交接,竟以"患鼻血请假"。以顽固著称的徐桐更以"狂生见斥"拒见,并将请其代呈的万言策"发回"。与此适成对照,翁同龢虽然没有代递,却将《第一书》作了详细摘抄,不少段落都是一字不少的照录,可见重视之程度。显然,康有为书中对时局的分析以及改革朝政的计划,引起了他的深思和共鸣,以致在为数众多的上书中刮目相看,并予认真摘录,心目中对康有为自是留下了深刻的印象,也为日后帝党和维新派的结合准备了条件。①

就在《马关条约》签字前夕的 1895 年春,康有为、梁启超等入京参加会试。4 月 25 日,康有为联合在京参加会试的举人发起"公车上书",投书都察院代奏,提出"拒和、迁都、变法"的主张。翁同龢当天日记:"有湖南举人一百二十人合词请改合约,呈三件,数千言,已递都察院。致书于余责备甚至,来者十四人,文俊等。未见,答以惶恐而已。"②翁同龢虽以"惶恐"未见,内心为这一爱国壮举激动不已。从门生、国子监司业沈曾桐处见到了上书抄本后,翁同龢大为赞叹,康有为的主张也说出了他的心里话。翁同龢一生爱才若渴,这次公车上书的领袖就是康有为,他关注着这位名动一时的"天下奇才"。

这次康有为来京参加会试,金榜题名。翁同龢在 5 月 6 日的日记中记:"吾邑中二人……康祖诒亦中矣。"③可见他对康有为的关注。翁同龢、康有为共同的朋友张荫桓说:"康应乙未会试,本未入彀,常熟搜于落卷中得中式,有知己感。"④1895 年会试,主考官徐桐、启秀、李文田、唐景崇,翁同龢则是中进士后选拔庶吉士的朝考主考官。翁同龢派往磨勘⑤,在落卷中搜得康有为卷,得于中式,故名次已在后面,为二甲第四十六名。5 月 23 日,张之万、翁同龢等派阅朝考卷,一等 60 名,二等 108 名,三等 125 名。一等入翰林院当庶吉士,康有为以二甲进士分

---

① 参阅汤志钧:《康有为〈上清帝第一书〉新探——翁同龢摘抄手迹读后》,《学术月刊》2000 年第 9 期。
② 翁万戈编,翁以钧校订:《翁同龢日记》第六卷,中西书局 2012 年版,第 2842 页。
③ 翁万戈编,翁以钧校订:《翁同龢日记》第六卷,中西书局 2012 年版,第 2846 页。
④ 王庆保、曹景郏:《驿舍探幽录》,见任青、马忠文整理:《张荫桓日记》,上海书店出版社 2004 年版,第 561 页。
⑤ 明清乡试、会试后派人复核试卷,检查是否符合规定。

派工部主事(六品)。

当年 7 月 1 日,康有为心怀知遇之恩,前往翁府拜访。据翁氏日记:"饭后李莼客先生来长谈,此君举世目为狂生,自余观之,盖策士也。"①专家研究指出,这里提及的李莼客,为山西道监察御史,已在前一年过世,且以花甲老人视为"狂生",显然不妥。核实原稿后发现,"李莼客"三字为原字挖去后补上的。证诸康有为自编年谱里当天的一段记载:"时翁常熟以师傅当国,憾于割台事,有变法之心,来访不遇,乃就而谒之……乃与论变法之事,自未至酉,大洽,索吾论治之书。"可见翁同龢遭严遣后删改日记,原稿中被删改的三字非康有为莫属。是年 6 月 22 日:"陈次亮炽来见,吾以国士遇之。……南学诸生等寓书请见。拒未见。"其中"南学诸生等"五字,也是挖去原字后贴补上去的,"拒未见"三小字疑为后添。被挖去的应与康有为及新政人士极有关系。② 应该说,这一推断是正确的。

康有为和张荫桓是同乡,在北京以张荫桓为居停处。从张荫桓那里,康有为知道自己中进士,得翁同龢之提携相助,又知翁同龢在甲午战争中是主战派领袖,有变法的意向,因此在 6 月中旬托陈炽带书信求见,翁同龢欣然允诺。7 月 1 日康有为往翁府拜见,二人"长谈",康有为除表达感激之情外,毫无疑问畅谈时事,向翁同龢阐明他在"公车上书"中提出的各项主张,中心是变法;还向翁同龢介绍了弟子梁启超。翁氏 7 月 1 日日记:"康之弟子梁启超来,未见。卓如。"③1895 年 5 月 29 日,康有为请都察院代呈长达一万五千言的《为安危大计乞及时变法呈》,即《上清帝第三书》。翁同龢在《随手记》的战时日记里称:"都代康有为折,数万言,条陈自强之策。"④这是康有为首次送达御前的条陈,上书备陈变法先后缓急之序和改革之方,提出富国、养民、教民、练兵等建策。不久,光绪帝下旨将上书"暂存",又令军机处将原件送呈慈禧,又由军

① 翁万戈编,翁以钧校订:《翁同龢日记》第六卷,中西书局 2012 年版,第 2859 页。
② 参阅翁万戈编,翁以钧校订:《翁同龢日记》第八卷,附录:删改真相,中西书局 2012 年版,第 3879—3882 页。
③ 翁万戈编,翁以钧校订:《翁同龢日记》第六卷,中西书局 2012 年版,第 2859 页。
④ 翁万戈辑:《翁同龢文献丛编》之五,《甲午战争》,上海远东出版社 2014 年版,第 423 页。

机章京抄录多本,分存军机处、发各省督抚,并留勤政殿御览。此举表明,改革方案引起了光绪帝的重视。

当年8月,康有为、梁启超与文廷式、陈炽等在北京成立了以维新变法为旗帜的强学会。期间翁同龢也给予了支持,并与陈炽、沈曾植、文廷式保持经常联系,据统计,入会或参预会务的22人和支持学会的14人中,除康、梁等师徒外,沈曾植、沈曾桐兄弟、丁立钧、文廷式、志钧等多为翁氏门生,也有后来维新派的代表人物江标、汪康年、汤寿潜、黄遵宪、容闳等,袁世凯和幕僚徐世昌,还有外国人士李佳白、李提摩太、欧格纳等……会员及其支持者除翁同龢、孙家鼐等为60岁上下外,其余均在25岁—45岁之间,又以40岁—45岁居多,大多年富力强,有进取精神。一些大员如湖广总督张之洞、两江总督刘坤一、直隶总督王文韶、提督宋庆、聂士成等,也纷纷表示支持,三位总督各捐银五千两,翁同龢则批准户部拨银一千五百两作该会常年的活动经费。康有为在给日本友人依田百川的信中说:"时割台之后,仆开强学会于京师,切责枢臣以变法,常熟方兼师傅,日与皇上擘画变政之宜。……皇上与常熟锐意维新,仆之说常熟以变法,亦颇犹西乡、大久保、木户之拥三条、岩仓、近卫而维新也。"①把自己比作日本西乡隆盛等维新志士,把翁同龢比作近卫文麿等拥护天皇维新的元老重臣。时人称:"康南海倡为强学会,主之者,内有常熟,外有南皮(按:即张之洞)。"②强学会创办了《强学报》,发行《中外纪闻》,宣传维新变法的主张,一时声势大振。

伴随维新浪潮的高涨,顽固派很快群起反扑。军机大臣刚毅叫嚷:"宁可亡国,决不变法。"四个月后,李鸿章的亲家、御史杨崇伊奏劾强学会"结党敛钱,大干法纪",随即奉旨查禁。1896年1月21日的翁同龢日记:"言者以城南强学会为结党敛钱,大干法纪,有寄谕令都察院封禁,盈廷之是非如此。"③28日又记:"沈子封(曾桐)来,南城因封禁强学

① 汤志钧编:《康有为政论集》下册,中华书局1981年版,第392页。
② 谭嗣同:《致欧阳中鹄书》,见蔡尚思、方行编:《谭嗣同全集》,中华书局1981年版,第455页。
③ 翁万戈编,翁以钧校订:《翁同龢日记》第六卷,中西书局2012年版,第2913页。

会,众汹汹有烦言。"①此间,翁同龢向光绪帝密奏:"教育人才,自强之本,未可阻遏,使天下寒心。"御史胡孚宸以书局有益人才奏请开设官书局,光绪帝令总署复议。翁同龢为此亲自草折复奏,表示支持,折后还附有原办理译书局诸臣名单,建议保留录用,大多是支持变法的帝党成员,如文廷式、丁立钧、沈曾植、沈曾桐、陈炽、宋育仁等。皇上批准建立京师官书局,下令发还查抄强学会的图书、仪器,调集译员选译外国史书和报刊,继续成为宣传维新变法的机构。北京强学会被查封后,康有为到上海,创办上海强学会,主要成员有张謇、黄体芳、黄绍箕、汪康年等。但迫于后党压力,很快解散。

1897年冬"胶州湾事件"后,康有为从广州赶到北京,12月5日递呈《上清帝第五书》,指出中国再不变法,必将面临亡国之祸。"职恐自尔之后,皇上与诸臣,虽欲苟安旦夕,歌舞湖山而不可得矣,且恐皇上与诸臣求为长安布衣而不可得矣。"②请求光绪帝发愤图强,明定国事,提出变法的上、中、下三策:上策是"择法俄、日,以定国是",中策是"大集群才而谋变政",下策是"听任疆臣各自变法。"他建议朝廷使用上策,效法俄、日,"尽革归俗,一意维新。"③这次上书因言辞过激,工部尚书松溎并未为其代奏。

就在康有为此次上书未达、准备束装南归之际,1897年12月11日,翁同龢亲往康有为住处挽留,由此成为康有为一生的大转折。④

查翁氏当天日记:"散时尚早,小憩出城,赴总署发罗使(按:指驻英公使罗丰禄)电。……"⑤但专家通过校勘日记手稿本后发现,这一天的

---

① 翁万戈编,翁以钧校订:《翁同龢日记》第六卷,中西书局2012年版,第2914页。
② 康有为:《上清帝第五书》,中国史学会主编:中国近代史资料丛刊:《戊戌变法》第二册,神州国光社1953年版,第190页。
③ 康有为:《上清帝第五书》,中国史学会主编:中国近代史资料丛刊:《戊戌变法》第二册,神州国光社1953年版,第195—196页。
④ 孔祥吉指出:"翁氏此举对中国近代历史的发展至为关键。倘若没有这一举动,康有为则已束装南归,执教于万木草堂了,根本就不会有以后的高燮曾的上书举荐,也不会有光绪帝召见。那么,戊戌维新的历史肯定会重新改写。守旧派刚毅等指责翁氏招引奸邪,并非空穴来风。因此,这一页日记翁同龢是非改不可的。"(《〈翁文恭公日记〉稿本与刊本之比较——兼论翁同龢对日记的删改》),见孔祥吉著:《清人日记研究》,广东人民出版社2008年版,第23页。
⑤ 翁万戈编,翁以钧校订:《翁同龢日记》第七卷,中西书局2012年版,第3116页。

日记有半页被剪，另外补贴了半页，明显有被晚年翁同龢重新改写的痕迹。由此推测翁氏此日行踪，可能是在军机处散值后，前往位于宣武门内的南海会馆拜访康有为。翁同龢日记看似未见有关记录，但与此吻合的是，1900 年（光绪二十六年）康有为有诗记此事，诗题为《丁酉以胶惊，上书不达，十一月十八日，束装归，行李皆登车矣，常熟相国特来走留，遂不行，越日相国荐于上，遂有政变事，今国破君出，不知天意何如也》。

至于当日翁同龢亲自去见康有为的原因，与上述 12 月 11 日就胶州谈判一案时遭非议而心情烦闷有关。此时去南海会馆，可能是看了康有为《上清帝第五书》，或康有为所称联英、日以拒德的建议书。第二天，兵科掌印给事中高燮曾上奏一折两片，其中附片二是保康有为参加弭兵会，内称"臣见工部主事康有为学问淹长，才气豪迈，熟谙西法，具有肝胆，若令相机入弭兵会中，遇事维持，于将来中外交涉为难处，不无裨益，可否特予召对，观其所长，饬令总理各国事务衙门厚给资斧，以游历为名，照会各国使臣，用示郑重。现在时事艰难，日甚一日，外洋狡谋已露，正宜破格用人为自存计。所谓请自隗始者，不必待其自荐也。"①此日翁氏日记："高御史燮曾保康有为入瑞典弭兵会，交总署酌核办理。"②论者认为，高燮曾所奏附片是翁、康密谋的结果。③ 翁同龢见到的康有为《上清帝第五书》，对时局的分析一语中的，变法的三策条分缕析，清楚明白，可以指导维新变法；而此时光绪帝已急欲变法。翁同龢应于是年 12 月向皇上"密保康有为"，并有"其才胜臣百倍"之语。虽然此时书房已撤，但每天皇上召见时，翁同龢往往先"见起"，以他和光绪帝亲如父子的师生关系，这种事不用书面奏折。戊戌变法前最为翁同龢所倚重的张荫桓说：

> （康）时欲上书（按：即第五书），央我介绍，常熟允见，及康往而辞焉。余诧以问翁，翁应曰：此天下奇才也，吾无以位置之，是以不

① 黄明同、吴熙钊主编：《康有为早期遗稿述评》，中山大学出版社 1988 年版，第 263 页，转引自马忠文：《张荫桓、翁同龢与戊戌年与康有为进用之关系》，《近代史研究》2012 年第 1 期。
② 翁万戈编，翁以钧校订：《翁同龢日记》第七卷，中西书局 2012 年版，第 3117 页。
③ 详见茅海建著：《从甲午到戊戌：康有为〈我史〉鉴注》，三联书店 2009 年版，第 223—228 页。

敢见。后竟奏荐朝廷,拟召见。①

　　只有在彼时彼境中的翁同龢,才说得出这样的答语。"天下奇才
也,吾无以位置之"和"其才胜余百倍"异曲同工,把翁同龢为国怜才、荐
才的情怀表现得淋漓尽致。

　　此间,翁同龢、张荫桓受命与德使海靖为教案和胶澳退兵谈判交
涉,而在京的康有为是张荫桓的座上客,翁同龢必定通过张荫桓向康
有为征询对策。据《康有为自编年谱》称:"吾又告常熟,谓俄欲耽耽,
诸国并来,吾无以拒之。请开沿边各口与诸国通商,既可借诸国之力
以保境,又可开士民之知识。又腾书与廖仲山(按:即廖寿恒)言之。
常熟大以为然,倡言于总署。"②证诸翁氏日记所言,此说当为不虚。
12月15日,翁、张前往德馆与海靖密商,海靖称得外部电,教案前五
条可了,第六条胶澳退兵断办不到。"复与商胶开通商口岸,多给租
界与德,德得实利而各国免饶舌,是第一妙法。"③换言之,假如德国独
占胶州湾,俄国必将有所勒索,英国亦将派舰东来,为以胶州湾开为
各国通商口岸,门户开放,不能别有需索,故称"第一妙法",而这"第
一妙法"就是康有为出的点子。显然,翁同龢对康有为"开沿边各口
与诸国通商"之说心悦诚服。1898年3月,俄租借旅顺已无可挽回,
翁同龢3月25日记:"未初赴总署,庆邸来,诸公皆集,余发先开数
口,先许各国屯船处所,然后定一大和会之约,务使不占中国之地,不
侵中国之权,共保东方大局,庶几开心见诚,一洗各国之疑。诸公皆
不谓然。"④后来英国欲租借威海卫时,翁同龢和英国大使窦纳乐辩论
时,再次重申了这一主张。

　　康有为在诸多提供变法的人群中出类拔萃,可望提供革新思想,拟
定变法方案,并在种种阻力面前坚毅果断地倡言变法,这是翁同龢保荐

① 王庆保、曹景郕:《驿舍探幽录》,任青、马忠文整理:《张荫桓日记》,上海书店出版社 2004 年版,第
　 561 页。
② 康有为:《康南海自编年谱》,中国史学会主编:中国近代史资料丛刊,《戊戌变法》第四册,神州国光
　 社 1953 年版,第 139 页。
③ 翁万戈编,翁以钧校订:《翁同龢日记》第七卷,中西书局 2012 年版,第 3118 页。
④ 翁万戈编,翁以钧校订:《翁同龢日记》第七卷,中西书局 2012 年版,第 3154 页。

康有为的原因。[1]

　　可见,正是赖以翁同龢作为帝师的特殊身份和朝廷重臣的地位资望,以他为首的帝党中坚力量,与维新志士互相推引,共商变法事宜,结成了携手合作的政治同盟。从对康有为等出类拔萃的维新人才之推许,到全力支持强学会的成立,到胶州湾事件后向光绪帝引荐康有为,在他的周围无疑聚集了一个富有革新精神的维新群体,声气相求,此呼彼应,坚定了亲政后的光绪帝力行新政的决心,由此促成了戊戌变法这幕历史活剧的登台上演。

## 第四节　锐意维新

　　当此之际,伴随酝酿已久的维新思想鼓挟而至,以"公车上书"为标志,一场颇有声势的政治改革运动跃腾而起,迅速波及全国,宣传变法讲求维新成为群趋所向的社会风尚。受日益高涨的维新思潮影响,为康有为等维新派的爱国热忱和改革精神所感动,"望治心切"的翁同龢虽已年过花甲,但与门生信中就有"试想今日不行变法,又有何术以挽危亡"[2]的惊叹,坚信"非变法不足以图存"[3],应时顺势地积极投身于变法事业。

　　实际上,早在 1898 年 1 月 16 日与王大臣召对商议变法急务时,光

---

[1] 通常认为,向光绪帝推荐康有为的主要是翁同龢,但学界对此也有不同观点。孔祥吉在梳理《张荫桓日记》后认为,张荫桓在介绍康有为方面有相当重要的作用,张荫桓与翁同龢一起架起了康有为与光绪帝沟通的桥梁。(参见《清人日记研究》,第 229—230 页)马忠文进而在《张荫桓、翁同龢与戊戌年康有为进用之关系》一文中更有具详分析,指出:"既往研究认为军机大臣翁同龢是联系光绪帝与变法领袖康有为的桥梁,他曾向皇帝举荐过康氏,在戊戌变法中扮演了极为重要的角色。然而,这种说法并无事实依据。真正的荐康者是户部左侍郎、总理衙门大臣张荫桓。甲午至戊戌时期康有为在京政治活动的"谋主"正是张氏。他不仅全力支持胶州湾事件后康氏的上书活动,并且在召对时推荐康氏的变法书籍,积极推动康氏进用。翁同龢作为知情者,在办理公务的层面,曾给予谨慎的支持,但并未荐康"。翁、康关系始终比较疏远。翁同龢"荐康"的说法出现于政变后,首倡者为流亡海外的康有为。翁氏"荐康"的官方定论,则是政变后清廷派系斗争的产物。详见《近代史研究》2012 年第 1 期。

[2] 《致季直》,张氏扶海咤藏辑:《翁松禅致张啬庵手书》,上海有正书局 1926 年影印本。

[3] 苏继祖《戊戌朝变记》,中国史学会主编:中国近代史资料丛刊,《戊戌变法》第一册,神州国光社 1953 年版,第 330 页。

绪帝就决意召见康有为。据当事人张荫桓的追忆：

> （皇上）拟召见，恭邸建议曰：额外主事保举召见，非例也，不可。无已，先传至总理衙门一谈，果其言可用，破例亦可，否则作罢论。众曰诺。此年前冬间事也。年节伊迩，各署多冗，无暇及此。今年正月初三，庆邸率合肥、翁常熟及余，公见康于总署，语未终，余以有事去，不知作何究竟。①

张荫桓的记忆未必准确。实际上，庆邸奕劻并未出场，在场的满族官员是荣禄。但可以确证，决定传康有为到总署谈变法，就在这一天。

1月24日下午，康有为被约到总理衙门西花厅问话，李鸿章、翁同龢、荣禄及刑部尚书廖寿恒、户部左侍郎张荫桓等五位总署大臣参加问话。此次问话场景，康有为后来在自编年谱里追述：

> 荣禄曰："祖宗之法不能变。"我答之曰："祖宗之法以治祖宗之地也，今祖宗之地不能守，何有于祖宗之法乎？即如此地为外交之署，亦非祖宗之法所有也，因时制宜，诚非得已。"
>
> 廖问宜如何变法？答曰："宜变法律，官制为先。"
>
> 李曰："然则六部尽撤，则例尽弃乎？"答以："今为列国并立之时，非复一统之世，今之法律官制皆一统之法，弱亡中国皆此物也，诚宜尽撤，即一时不能尽去，亦当斟酌改定，新政乃可推行。"
>
> 翁问筹款，则答以："日本之银行纸币、法国印花、印度田税、以中国之大，若制度既变，可比今十倍。"②

随后，康有为继续陈述法律、度支、学校、农商、工矿政、铁路、邮信、会社、海军、陆军之法，并言"日本维新仿效西法，法制甚备，与我相近，最易仿摹，近来编辑有《日本变政考》及《俄大彼得变政记》，可以采鉴焉。"

问话从下午两点开始，至傍晚六时多结束。康有为借这次长时间

---

① 王庆保、曹景郕：《驿舍探幽录》，任青、马忠文整理：《张荫桓日记》，上海书店出版社2004年版，第561—562页。

② 《康南海自编年谱》，中国史学会主编：中国近代史资料丛刊，《戊戌变法》第四册，神州国光社1953年版，第140页。

第八章 变法图强

的问话,既宣传了自己的变法理论,也在王大臣前表现出了自己的才干。翁同龢当天日记写道:

> 传康有为到署,高谈时局,以变法为主,立制度局、新政局,练民兵、开铁路、广借洋债数大端。狂甚。①

据专家考证,"狂甚"二字为翁同龢晚年所添补。当时的总署,决定权在恭、庆两邸手中,而汉大臣中翁同龢位列首位,第二天向皇上汇报问话情况,舍翁同龢莫属。从此,皇上对康有为"倾心向用矣",传谕日后康有为有所建议,随时条陈上奏,又命总理衙门此后凡有康有为的章奏,可直接送呈,任何人不得借辞扣压。后来光绪帝向慈禧请求变法时说:"儿宁忍坏祖宗之法,不忍弃祖宗之民、失祖宗之地",可见康有为反驳荣禄的话,深深打动了他的心。

光绪帝决定任用康有为变法,无疑会遭来顽固派的阻挠。据翁同龢2月2日记,御史王廷相封奏十条,末段弹劾康有为,因极尽丑化之能事,引起皇上发怒,"明发,斥其冒昧,交议。"②14日吏部议王廷相降三级调用,"旨回原衙门行走。"2月3日记:"见起五刻,邸所陈说关宫掖,颇不中肯,其实皆闲谈也,可畏哉。"③恭亲王向皇上陈说了什么,已不可考,既"关宫掖",多半是警示光绪帝搞变法会激怒慈禧,所以翁同龢称其"颇不中肯"而又心生"可畏"④。

1898年1月28日,康有为条陈《请大誓臣工开制度新政局呈》(《上清帝第六书》)。《光绪朝东华录》:"壬辰,先是上谕总理各国事务衙门王大臣等,自后康有为如有条陈,即日呈递,无许阻格,并命康有为具折上言。"⑤由康有为呈请总理衙门代奏的《上清帝第六书》,力言"外衅危迫,分割洊至",呼吁皇上效法日本明治维新,实行变法。要义有三:"一曰大誓群臣以定国是;二曰立对策所以征贤才;三曰开制度局而定宪

---

① 翁万戈编,翁以钧校订:《翁同龢日记》第七卷,中西书局 2012 年版,第 3135 页。
② 翁万戈编,翁以钧校订:《翁同龢日记》第七卷,中西书局 2012 年版,第 3138 页。
③ 翁万戈编,翁以钧校订:《翁同龢日记》第七卷,中西书局 2012 年版,第 3142 页。
④ 翁万戈编,翁以钧校订:《翁同龢日记》第七卷,中西书局 2012 年版,第 3138 页。
⑤ 朱寿朋编:《光绪朝东华录》(四),中华书局 1958 年点校本,第 4026 页。

法。"①制度局总其纲,十二局则分其事,十二局为法律局、度支局、学校局、农局、工局、商局、铁路局、邮政局、矿务局、游会局、陆军局、海军局。这是对清政府体制根本性的改革。"制度局"是一个决策机构,决定国家的大政方针,非维新志士莫属。这等于向顽固派全面夺权。此议一出,立即遭到顽固派强烈反对。荣禄大骂:"开制度局,是废我军机、内阁、六部,绝不能答应。"刚毅则煽动官员仇恨康有为,说康有为要尽废所有部门。据《东华录》记,光绪帝将康有为条陈交王大臣商议,军机大臣和总署大臣中力阻不行的保守派占据多数。

但是,由光绪帝积极提倡、翁同龢推波助澜,朝野上下的维新变法气氛已逐步形成,不少有维新倾向的官员纷纷提出新政建议,维新事业逐步推行。

1897年12月,贵州学政严修奏请开设经济特科,由总署会同礼部议奏之后,翁同龢等遵旨议奏,联衔递呈表示赞同,认为"方今时事多艰,需才孔亟,诚非有破格非常之举,不足以耸外人之视听而鼓舞海内之人心。……非特科无以动一时之耳目,非岁举无以供历久之取求",主张先举特科,次行岁举,并建议特科以内政、外交、理财、经武、格物、考工等六大方面命题开考。② 在翁同龢的力主下,1898年2月谕令京官三品以上、外官督抚、学政,各举所知,悉送总理衙门定期考试。原计划待内外大臣奏报人数达100人,即奏请择期举行特科考试,后因翁同龢开缺回籍和发生政变而未遂。

按《马关条约》的规定,中国偿付日军军费库平银二亿两,分八次付清;在赔款交清前,日本驻军威海,费用中国支付,每年50万两;其后俄、法、德要挟日本归还辽东半岛,中国须支付"赎辽费"3000万两。从1895年到1903年,中国向日本偿付赔款及利息共达库平银2亿5千万72两,相当于清政府年度财政收入的三倍。清政府决定按条约在三年内交清赔款以省2100多万两利息和200多万两威海驻军费。唯一办法是大举外债:第一次为1895年的俄法借款,折合库平银一亿两;第

① 康有为:《上清帝第六书》,中国史学会主编:中国近代史资料丛刊,《戊戌变法》第二册,神州国光社1953年版,第199页。
② 中国第一历史档案馆,奏档,光绪二十四年,戊戌变法项。

二次是 1896 年的英德借款,折合库平银一亿两。1897 年开始第三次借款,遭到俄、英两国的劫持。1898 年 2 月初,翁氏门生、光绪状元黄思永封奏,请造自强股票。户部随之速议,改称为"昭信股票",自王公至平民皆准领,每百两为股,周息五厘,二十年本息并还,发行额共一万万两。这是近代中国金融史上的重要事件,首次尝试发行公债。经户部努力,到四月份,京中共集银七十五万两,各省共集得七百万两。但由于地方官大多置若罔闻,承办不力,推行不广,民间认购不旺,以至所集之款不及百分之一,不足支付日本偿款,最终不得不向汇丰银行借商款,才如期付清了对日赔偿。张謇到京后向翁同龢建议,各省所集昭信股票的款项,留在各省办维新事业。

1898 年 1 月 26 日,清廷批准王文昭、张之洞、盛宣怀办粤汉铁路,交府尹调詹天佑、邝景春两位著名的工程师到湖南。2 月 11 日,总署奏容闳办津镇铁路,由天津经山东德州到镇江府,以为便民兴利之图,又可抵制德国在山东修路,得旨准行。2 月 15 日御史王鹏运递奏速建大学堂。光绪帝谕,京师大学堂迭经臣工奏请,准其建立,现在亟须开办,有关章程由军机大臣会同总署王大臣妥议。2 月 16 日胡燏芬封奏练兵改章、武科、神机营改新式等事项。经皇上批示,责成军机大臣会同兵部一并议奏。2 月 20 日谕旨,切责疆臣于裁兵、节饷仍空言搪塞,"尚或意存迁就,于可裁之兵,可节之饷,仍有不实不尽,一经查出,朕必治以抗违之罪。"2 月 28 日,御史宋伯鲁上折请设议政处,"发洋书交翰林读"。①

1898 年 3 月 22 日,俄国强迫中国同意租借旅顺,清廷已束手无策,翁同龢在日记中写道:"衡量时局,诸臣皆挥涕,是何气象,负罪深矣。"3 月 23 日又记:

> 余等见起三刻,沥陈现在危迫情形,请作各海口已失想,庶几策励力图自立,旅、大事无可回矣。②

在翁同龢看来,目前中国面临被西方各国瓜分的严重危机,唯一能

---

① 翁万戈编,翁以钧校订:《翁同龢日记》第七卷,中西书局 2012 年版,第 3146 页。
② 翁万戈编,翁以钧校订:《翁同龢日记》第七卷,中西书局 2012 年版,第 3153 页。

做的就是策励自立。4月13日,总署代康有为条陈变法折及岁科试改、去八股片一件,并递呈康有为《日本政变记》、《各国振兴记》、《泰西新史摘要》等著作三部。皇上"命将康折并书,及前两次折并《俄彼得变政记》皆呈慈览。"①

与此同时,康有为和梁启超等也在当年4月在京筹设保国会,以御史李盛铎领首,以"保国、保种、保教"为宗旨,以救亡图存相号召。随后,保滇会、保浙会、保川会、保苏会等如雨后春笋先后成立。这些社团组织,初具近代政党的规模,有力推动了维新运动。维新派结党设会活动,立刻遭到后党、顽固派的仇视。荣禄公开威胁,认为康有为立保国会,"其僭越妄为,非杀不可。"吏部主事洪嘉怂恿浙江举人孙灏上折,弹劾康有为"厚结党徒,妄冀非分,形同叛逆,莠言乱政",要求立即解散。5月2日,御史潘庆澜上疏劾奏康有为"聚众不道"。李盛铎一见政治风向不对,随即封奏"立会流弊"②。不久,御史黄桂鋆折也声称保川、保汉、保浙等会"皆下第举人所为",参劾其"揽权生事",要求严禁。面对顽固派官僚的攻击,翁同龢在皇上面前辩护说:"中国自古就有党庠乡约之说,现在外侮日迫,危机日深,士子有心爱国,正可大加利用,岂能压抑、催剥!"光绪帝表示:"会可保国,岂不大善。"光绪帝对这些折件的处理是"存",即一概置之不问。

5月20日,翁氏得意门生、甲午状元张謇(季直)到京拜晤,随即向翁同龢上《农工商标本急策》,提出实办商务、开导工务、振兴农务的主张。不久又撰写《农会议》和《海门社仓滋事略》。翁同龢6月6日记:"看张季直各种说帖,大旨办江北花布事,欲办认捐及减税两端,又欲立农务会,又海门因积谷滋生事,欲重惩阻挠者,此君的是霸才。"③张謇的到来,成为翁同龢推动变法的有力助手。

5月29日,恭亲王奕訢去世,翁同龢在第二天的日记里写道:"刚公来,突闻王已薨矣。既而府中送军机印钥来,即传召见臣等于养心

① 翁万戈编,翁以钧校订:《翁同龢日记》第七卷,中西书局 2012 年版,第 3162 页。
② 翁万戈编,翁以钧校订:《翁同龢日记》第七卷,中西书局 2012 年版,第 3168 页。
③ 翁万戈编,翁以钧校订:《翁同龢日记》第七卷,中西书局 2012 年版,第 3180 页。

殿。"①恭王府派人将军机处印、钥送往翁府,因为恭亲王过世后,翁同龢已成首席军机大臣,见起时,在皇上面前拥有最大的话语权力。维新派见时机已到,决定明定国是,拉开变法帷幕。

6月1日,山东道监察御史杨深秀封奏二件,其一定国是,言当今守旧、图新二说交持,恐误事。皇上阅后暂留。"国是"即国家大计。"明定国是",就是要在守旧和图新中作出抉择,此等大事非慈禧同意不可,故暂留。6月20日,内阁学士徐致靖上《请明定国是折》,请求皇上"乾断特申,明示从速,以一众心,而维时局。"②光绪帝要"明定国是",和慈禧之间必有一番艰苦较量,有请求,甚至还会有威胁。史传光绪帝曾托庆亲王奕劻传话:"我不能为亡国之君,如不与我权,我宁逊位。"③较量之下,慈禧勉强且有条件地同意了。随即,光绪帝将起草明定国是诏的任务交给了翁师傅。张謇《戊戌日记》6月10日记:"见虞山所拟变法谕旨。"④可见诏书已在当天草就。翁同龢日记6月11日记:

> 是日上奉慈谕,以前日御史杨深秀、学士徐致靖言国是未定良是,今宜专讲西学,明白宣示等因,并御书某某官应准入学,圣意坚定。臣对西法不可不讲,圣贤义理之学尤不可忘。退拟旨一道,又饬各省督抚保使才,不论官职大小,旨一道。见起六刻,午初二刻始散。……久跪膝痛,乏极。⑤

张荫桓《戊戌日记》6月12日:"常熟来,扶掖乃能行,为言昨日跪对之累。"⑥为了和光绪帝仔细讨论诏书内容,翁同龢跪对时久,竟至第二天要人搀扶着才能走路,可见他为变法耗尽了心力。

6月11日当天,光绪帝发布了翁同龢起草的《明定国是诏》,正式宣

① 翁万戈编,翁以钧校订:《翁同龢日记》第七卷,中西书局 2012 年版,第 3178 页。
② 徐致靖:《请明定国是折》,中国史学会主编:中国近代史资料丛刊,《戊戌变法》第二册,神州国光社 1953 年版,第 339 页。
③ 《康南海自编年谱》,中国史学会主编:中国近代史资料丛刊,《戊戌变法》第四册,神州国光社 1953 年版,第 143 页。
④ 张謇研究中心、南通图书馆编:《张謇全集》第六卷,江苏古籍出版社 1994 年版,第 409 页。
⑤ 翁万戈编,翁以钧校订:《翁同龢日记》第七卷,中西书局 2012 年版,第 3181—3182 页。
⑥ 任青、马忠文整理:《张荫桓日记》,上海书店出版社 2004 年版,第 537 页。

布变法维新：

> 数年以来，中外臣工讲求时务，多主变法自强。迩来诏书数下。如开特科、裁冗兵、改武科制度、立大小学堂，皆经一再审定，筹之至熟，妥议施行。唯是风气尚未大开，论说莫衷一是。或狃于老成忧国，以为旧章必应墨守，新法必当摈除。众喙哓哓，空言无补。试问时局如此，国势如此，若仍以不练之兵、有限之饷、士无实学、工无良师，强弱相形，贫富悬绝，岂真能制梃以挞坚甲利兵乎？
>
> 朕维国是不定，则号令不行，极其流弊，必至门户纷争，互相水火，徒蹈宋明积习，于国政毫无裨益。即以中国大经大法而论，五帝三王，不相沿袭，譬之冬裘夏葛，势不两存。用特明白宣示，嗣后中外大小诸臣，自王公以及士庶，各宜努力向上，发愤为雄。以圣贤义理之学植其根本，又须博采西学之切于时务者实力讲求，以救空疏迂谬之弊，专心致志，精益求精，毋徒袭其皮毛，毋竞腾其口说，务求化无用为有用，以成通经济变之才。
>
> 京师大学堂为各行省之倡，尤应首先举办。著军机大臣、总理各国事务王大臣会同妥速议奏。所有翰林院编检、各部司员、各门侍卫、候补选道府州县以下、各官大员子弟、八旗世职、各武职后裔，其愿入学堂者，均准入学肄习，以期人才辈出，共济时艰，不得敷衍因循，徇私援引，致负朝廷谆谆告诫之至意。将此通谕之。①

诏书以充分的理由阐明了为什么要明定国是，为什么要变法；又宣示了变法的方针、要求。值得留意的是，翁同龢日记上记："是日上奉慈谕……今宜专讲西学"，但诏书中又明示"以圣贤义理之学植其根本，又须博采西学之切于时务者，实力讲求"的原则。任何民族的改革、变法，必须植根于本民族的文化中，吸收各民族文化的精华，走适合于本民族的道路。翁同龢之所以跪对数刻，至"扶掖乃能行"，恐怕就是在争这一点。

《明定国是诏》宣称："京师大学堂为各行省之倡，尤应首先举办"，

---

① 朱寿朋编：《光绪朝东华录》（四），中华书局 1958 年点校本，第 4094 页。

为此令军机大臣和总督大臣"妥速议奏"大学堂章程。光绪帝又把这个任务交给了翁同龢负责。据翁氏 6 月 13 日记:"申初二张季直来,谈至暮,盖无所不谈矣。"①张謇是翁同龢心目中"以圣贤义理之学植其根本"办实业、办教育的典范,翁同龢荐举他担当变法的重任。张謇在当天的日记里称:

> 拟大学堂办法:宜分内外院,内院已仕、外院未仕。宜分初、中、上三等。宜有植物、动物苑。宜有博学苑。宜分类设堂。宜参延东洋教习。宜定学生膏火;宜于盛大理(盛宣怀时任大理寺卿)允筹十万外,酌量宽备。宜就南苑择地。宜即用南苑工费。宜专派大臣。宜先画图。与仲弢大致同。虞山谈至苦。②

这里的"仲弢",是指翁氏门生、维新派骨干黄绍箕。由日记可知,翁同龢将起草大学堂章程之事,托付给了学富才高的门生张謇、黄绍箕。

诏书把变法作为国策,"百日维新"就此正式拉开序幕,走上了前台。


# 第五节　开缺回籍

戊戌变法是一场旨在维新图强的社会改革运动,在很大程度上意味着相互博弈中的利益重新再分配,新旧之间、帝后之间、满汉之间、南北之间、中外之间,无不交织着错杂的利害冲突。

平实而论,贯穿于戊戌变法全过程的维新派和顽固派的斗争,更是帝、后两派争夺权力的斗争。毋庸讳言,随着社会矛盾的日益恶化,社会改革的呼声日益高涨,慈禧并不反对势在必行的变法,因而不仅默认了并且密切关注着变法的事态进展。但在权力欲极强的慈禧看来,改革不能超越了她的权力极限,不能超过了她所能容许的限度。换言之,

---

① 翁万戈编,翁以钧校订:《翁同龢日记》第七卷,中西书局 2012 年版,第 3182 页。
② 张謇研究中心、南通图书馆编:《张謇全集》第六卷,江苏古籍出版社 1994 年版,第 409—410 页。

她决不允许因为改革而削弱甚至剥夺她手中的权力，否则就不得不重新考量对变法的态度。

这，应该是我们理解戊戌变法之所以成为悲剧的核心切入点。

1889年（光绪十五年）光绪帝亲政后，慈禧依旧抓住大权不放，枢廷高官的任免权、处理重大问题的决策权仍在慈禧手中，光绪帝不过是听命于她在朝廷处理些日常事务而已。因大权操在皇太后手中，周围又有一大批拥有实权的"后党"，于是出现"帝党"这样的称呼，形成了慈禧与光绪共临天下的帝后两元权力结构，随之造成积衅久远又难以消弭的矛盾冲突。慈禧贪恋权力，不会允许光绪帝有自己的亲信，有忠于皇上的心腹大臣，也不会容忍光绪帝侵犯她的心腹大臣。

中日甲午战争时，23岁的光绪帝希望自己能全权处理朝政，不甘心永远做一个傀儡皇帝，对慈禧的牵制因此不满，产生摩擦。而他的亲信、心腹、忠于他的大臣，即被称为"帝党"的人会劝皇上独振乾纲，激烈者甚至公开指责慈禧归政而不放权。慈禧是个喜好权力的女人，对敢于招惹她的帝党决不会手软。1894年11月，皇上喜欢的瑾、珍二妃降为贵人。瑾、珍两妃的哥哥、主战派代表志锐被调往乌里雅苏台，不准回京任职。11月1日，文廷式弹劾慈禧亲信、军机大臣孙毓汶，慈禧次日召见翁同龢时称："言者杂遝，如昨论孙某语涉狂诞，事定当将此辈整顿"[1]，即有意处置文廷式。12月27日，御史安维峻上折弹劾李鸿章，语及慈禧，有"皇太后归政久，若遇事牵制，何以对祖宗天下"之语，[2]最终遭革职，发送军台。1895年12月3日，帝党骨干、吏部侍郎汪鸣銮和户部侍郎长麟以"离间两宫，厥咎难逭，著革职永不叙用"。[3] 1896年3月30日，帝党中最活跃的文廷式被革职，"永不叙用，驱逐回籍"[4]；忠于皇上的太监寇连材，因劝皇帝慎择左右，以防慈禧经常不断窥探皇帝的密事而被处斩。

光绪初，慈禧赏识翁同龢的才学，又因翁同龢安分守礼而信任他，

① 翁万戈编，翁以钧校订：《翁同龢日记》第六卷，中西书局2012年版，第2799页。
② 翁万戈编，翁以钧校订：《翁同龢日记》第六卷，中西书局2012年版，第2809页。
③ 翁万戈编，翁以钧校订：《翁同龢日记》第六卷，中西书局2012年版，第2900页。
④ 翁万戈编，翁以钧校订：《翁同龢日记》第六卷，中西书局2012年版，第2934页。

挑选他长期充当光绪帝师傅，二十多年间师生如父子的亲密关系，使翁同龢成了光绪帝亲政后最信赖的大臣。时人称："翁为皇上二十余年之师傅也，谊甚亲密，自醇贤亲王薨逝后，益与之亲切，上之操危虑患，翁亦俱能仰体。"①这就无可置疑地把他推到了帝党领袖的地位。但翁同龢不反对慈禧，还能调和帝、后关系，在书房以孝道谆谆教导光绪帝。1895年1月19日的翁氏日记，有一段未引起人注意的记载：

> 送刘岘庄，有客在座，送客留余，深谈宫禁事，不愧大臣之言也，濒行以手击余背曰："君任比余为重"。②

刘岘庄即湘军将领刘坤一。1月14日上谕令刘坤一进驻山海关，饯行席上，恭邸不在座，深谈宫禁事、地位比翁同龢高的"客"，无疑就是庆邸奕劻，"谈宫禁事"，就是谈帝、后之矛盾；临行以手击背："君任比余为重"，就是庆亲王把调和帝后矛盾的重任交给了翁同龢。但皇上对师傅"眷倚极重"：书房"造膝独对"，见起前先单独召见议事，御前"每递一折，上必问臣可否"。这不仅引起同僚侧目，颇多意气，也必遭慈禧之忌，慈禧绝不会允许皇上身边有这样贴心的大臣。因此，翁同龢逐渐失去了慈禧对他的信任。1894年12月4日，即恭亲王重入军机之日，慈禧下令撤去满汉书房。次日翁氏日记："上问事毕，以书房不欲辍讲，命恭邸于谢皇太后恩召见时言之。并言翁某常来，孙某（按：指孙家鼐）当来否？"③经恭亲王说项后，6日慈禧召见时表示："前日所谕太猛，今改传满功课及洋字均撤，汉书不传则不辍之意可知。"为安慰翁同龢，还以"汝信实可靠"④之言褒奖一番。

1895年，翁同龢支持康有为等办强学会，强学会被禁后又支持开设京师官书局，顽固派谤言四起。1896年2月25日，慈禧再次下令撤汉书房。此日翁氏日记："懋勤殿首领传旨曰书房撤。余问长撤抑暂撤也？答曰长撤。余入见时奏此事，想懿旨所传，上颔之。……未正归。

看《通鉴》至唐昭宗,展卷三叹。"①翁同龢明白慈禧此举的用意所在,回家后读《通鉴》,阅至唐朝末代皇帝昭宗,展卷三叹,意味深长。3月7日,翁氏高足、时任刑部员外郎沈曾植听到了极不利于老师的谤言,来劝老师"弭谤"②。9月3日晚又来深谈,日记云:"此人思虑深,不免过虑,然待我之意殷殷。"③沈曾植见微知著,为乃师担忧,再过二年,果如其言。

这年6月4日,慈禧授亲信、后党核心人物荣禄协办大学士,在当时大臣的班次中排在翁氏之后,翁同龢在日记中对此表示不满:"荣禄在后而协揆,皆异数也。"④光绪帝看在眼中,为师傅鸣不平。经皇上力争,次年授翁同龢协办大学士。1897年9月11日记:"首蒙恩命,翁某以户部尚书协办大学士,名单已朱笔圈定。盖昨日请懿旨也。"⑤皇上用硃笔圈定后再请懿旨,纵然慈禧心有不愿,也只能默认了。翁同龢和后党的冲突,已日见端倪。

随着1898年戊戌变法的应运而起,无疑将维新派和顽固派、帝党与后党的冲突推到了顶点。力荐维新人才、力助光绪变法,力行新政自强的翁同龢,成了顽固派、后党攻击的对象。

4月19日,以理学家自居的顽固派代表、大学士徐桐奏保湖广总督张之洞,借此举制衡翁同龢,随即得到慈禧批准。继后徐桐又上密折,参劾翁同龢等人"身膺枢要,植党树私,不辨贤奸,以致人才不出,宵小滥进,既未能作养于先,即不能收效于后"⑥。据翁氏4月28日记:"是日安徽藩司于荫霖陈时政,谓宜速用公正大臣,举徐桐、崇绮、边宝泉、陶模、张之洞、陈宝箴挽回国是,而痛斥李鸿章、臣龢、张荫桓误国无状,并谓臣之先人廉政传四海,而臣不肖如此。"⑦保守派于荫霖是理学家倭仁的学生,任湖北巡抚期间,极力反对张之洞的新政。于荫霖将导致德

---

① 翁万戈编,翁以钧校订:《翁同龢日记》第六卷,中西书局2012年版,第2926页。
② 翁万戈编,翁以钧校订:《翁同龢日记》第六卷,中西书局2012年版,第2929页。
③ 翁万戈编,翁以钧校订:《翁同龢日记》第六卷,中西书局2012年版,第2976页。
④ 翁万戈编,翁以钧校订:《翁同龢日记》第六卷,中西书局2012年版,第2951页。
⑤ 翁万戈编,翁以钧校订:《翁同龢日记》第七卷,中西书局2012年版,第3082页。
⑥ 中国第一历史档案馆馆藏奏档,军机处录副,光绪二十四年,戊戌变法项。
⑦ 翁万戈编,翁以钧校订:《翁同龢日记》第七卷,中西书局2012年版,第3166页。

第八章 变法图强

201

占领胶州湾、俄占领旅顺的罪名，一股脑儿地都栽到翁同龢身上。张荫桓在第三次借款中收受回扣，李鸿章和张荫桓在俄租借旅顺一事上收受俄国贿赂，当时京城官员中已有风闻。翁同龢既是户部尚书，又是总署大臣，他的政敌很容易将其拉入这些丑闻中。于荫霖出此之举，必有朝中大臣指使，且极有可能就是徐桐授意。5月29日，御史王鹏运上《权奸误国请立予罢斥以弭后患折》，以"朋谋纳贿"的罪名参劾翁同龢与张荫桓。翁氏日记："见起三刻，语多，王劾余与张荫桓朋谋纳赂也。薰莸同器，泾渭杂流，元规污人，能无嗟诧。"[1]曾经倾向维新派的王鹏运，此时已为荣禄所收买，以凭空捏造的误劾，蓄意攻击翁同龢。

来自于荫霖、王鹏运的弹劾，时机可堪玩味。前折与徐桐奏保张之洞同时，后折与恭亲王去世同日。此种迹象表明，为罢黜翁同龢，顽固派和后党已紧锣密鼓地开始了舆论准备。

5月29日恭亲王奕䜣去世，翁同龢成为实际上的军机领班，已是众矢之的。此时维新派接连奏请明定国是，光绪帝已和慈禧摊牌。就在国是诏颁布前的6月10日，老谋深算的慈禧宣布中枢人事变动：荣禄授大学士，管户部；刚毅授协办大学士，调兵部，已然部署了对付光绪帝、维新派和翁同龢的人马。6月13日，徐致靖奏保康有为、张元济、黄遵宪、谭嗣同、梁启超。光绪帝次日向慈禧请安，表示要召见康有为等维新人士并下谕旨："翰林院侍讲学士徐致靖奏保荐通达时务人才一折，工部主事康有为、刑部主事张元济，著于本月二十八日（按：6月16日）预备召见。湖南盐法长宝道黄遵宪、江南补用知府谭嗣同，著该督抚送部引见。广东举人梁启超，著总理各国事务衙门查看具奏。"在二元的权力运作下，慈禧当然不允许闹独立的光绪帝身边有权重位高的心腹大臣辅佐他维新变法，威胁到她的权力。[2] 她要先发制人，在变法

---

① 翁万戈编，翁以钧校订：《翁同龢日记》第七卷，中西书局 2012 年版，第 2814 页。《左传》："一薰一莸，十年尚犹其臭。"薰莸，指香草和臭草，此处喻善恶、贤愚之意。元规，晋庚亮字，《晋书·王导传》："庚亮居外镇而执朝廷之权，导内不能平，尝遇西风尘起，举扇自障曰：元规之尘污之。"

② 有关翁同龢被贬黜和开缺原因，学术界长期以来众说纷纭。茅海建先生认为："翁氏开缺原因，主要是慈禧太后为防止翁坐大，以保持中枢运作在其操控之下，当日下旨命'具折谢恩'，更是明宣慈禧太后的权力范围。然若称慈禧太后罢免翁，为打击变法派，似过高估计了慈禧太后的政治预见力，此时变法刚起步，慈禧太后也不明了变法的最后走向。"笔者以为这一观点更为信实。详见茅海建著：《从甲午到戊戌：康有为〈我史〉鉴注》，三联书店 2009 年版，第 418 页。

前先去掉光绪帝的一只"臂膀"。

1898年6月15日,这一天是翁同龢69岁(虚岁)的生日。

凌晨一时许,京城雨声潺潺。春雨绵绵润如酥,让一生关心农事的翁同龢感觉是个好兆头,为此"喜而不寐"。晨起后,他先向天空叩头,六时乘轿入宫上班,与往常一样与同僚批阅各地送来的奏折。随后准备早朝,皇上召见军机大臣。这时,宫内太监突然传语"翁某勿入,同人入。"眼看各位大臣一一入见,翁同龢顿感事有蹊跷,于是独坐看雨,随手将整理后的奏折等文件五匣交给苏拉英海。约莫一小时后,同人退出,太监向翁同龢恭读朱谕:

> 协办大学士翁同龢,近来办事多不允协,以致众论不服,屡经有人参奏。且每于召对时,咨询事件任意可否,喜怒见于词色,渐露揽权狂悖情状,断难胜枢机之任。本应察明究办,予以重惩,姑念其毓庆宫行走有年,不忍遽加严遣。翁同龢著即开缺回籍,以示保全。特谕。①

从这份"开缺"上谕来看,翁同龢被罢免的理由似乎主要来自两方面:一、"近来办事多有未允协,以致众论不服,屡经有人参奏。"是指翁同龢在甲午战后举借内外债、处理胶州湾事件上的办事不力。二、"任意可否,喜怒见于词色,渐露揽权狂悖情状",是指他多次在皇上召对时顶撞而引起的极大不满。

安徽布政使于荫霖、御史王鹏运等参奏翁同龢已如前述。屡遭言官弹劾的现象表明,身处政坛的翁同龢此时已陷入了进退维谷的孤立处境。此外,还有清廷权贵的诽谤攻击。据当时《申报》报道,就在恭亲王病重期间,光绪帝与慈禧亲临探视,谈及朝中官员谁可担当重任,恭亲王首推李鸿章,但李鸿章因甲午战败而"积毁销骨",唯有京中荣禄、京外张之洞和裕禄三人"可任艰危"。询及对翁同龢的看法时,恭亲王将甲午战败的责任愤然归咎于翁氏,认为"聚九州之铁不能铸此错者"②。并对他保荐康有为极为忧虑。

---

① 翁万戈编,翁以钧校订:《翁同龢日记》第七卷,中西书局 2012 年版,第 3183 页。
②《申报》,1898 年 6 月 27 日。

第八章　变法图强

著即开缺回籍以示保全特谕
宫行走有年不忍遽加严谴翁同龢
察明究办予以重惩姑念其在毓庆
权狂悖情状断难胜枢机之任本应
件任意可否喜怒见于词色渐露揽
经有人参奏且每于召对时谘询事
来办事多未允协以致众论不服屡
协办大学士户部尚书翁同龢近

**翁同龢开缺朱谕**

不幸的是,一向辅翊圣驾、倍著慎勤的翁同龢,当此之际与光绪帝之间产生了明显的裂痕,无疑也让顽固派抓住了把柄,有了可乘之机。

查翁氏日记,从 6 月 10 日光绪帝发布上谕后几天的事态发展,君臣召对之间发生了一系列冲突。6 月 12 日记:

> 上欲于宫内见外使,臣以为不可,颇被诘责。又以张荫桓被劾,疑臣与彼有隙,欲臣推重力保之。臣据理力陈,不敢阿附也,语特长,不悉记,三刻退。触几有声,足益弱矣,到馆小憩。入署遇张公,散时先传旨告奕劻,又赴张荫桓处商宫内进见事,臣期期知其不可也。①

显然,当天的冲突来自两个方面:一是外国使节觐见的礼仪之争;一是推荐奖拔张荫桓的议题。

---

① 翁万戈编,翁以钧校订:《翁同龢日记》第七卷,中西书局 2012 年版,第 3182 页。

围绕外国使节的会见礼节问题,君臣之间早有微隙。1898 年春,光绪帝批准外国使臣的车马可以直入禁门,但翁同龢反对。4 月 3 日记:"上云十五日巴使进见,著上纳陛亲递国电。臣对此次该使并无格外请索,似不必加礼,上不谓然,谓此等小节何妨先允,若待请而允便后着矣,并有欲尽用西礼之语。"①显然,在锐意革新的光绪帝看来,使节觐见礼仪不过小节而已,因此希望打破传统旧制,翁同龢则依旧因循坚守天朝体例。随后谈及德国亨利亲王访问北京,光绪帝预备在毓庆宫接见,同时准其乘轿进入东华门,翁同龢以为此举断不可行,结果被光绪帝"盛怒"之下逐条驳斥,并借指斥刚毅为名,发泄了对翁同龢的不满。5 月 22 日,德王亨利到署会晤,请求 24 日面见光绪帝,经反复申辩后,会晤地点确定西苑。翁同龢对此又非常抵触。23 日日记:"见起三刻,略陈亨利所请,上俯允,并言宫内见亦无不可,余力言非体。"②6 月 12 日当天,光绪帝拟在乾清宫接见外国使臣,翁同龢再次表示反对。由日记里的"颇被诘责"四字,不难想见君臣互相激烈辩驳的情形。

　　再说荐拔张荫桓一事,张荫桓熟悉世界大势和对外交涉,是光绪帝十分倚重的维新人物之一,此前 5 月间被徐桐、王鹏运先后参劾,光绪帝要求翁同龢出面力保,以期重用。不料翁同龢拒绝为之辩解,执意而违地再度顶撞,再度引起了光绪帝的不满。

　　颁布《明定国事诏》后,光绪帝为力行变法,急于起用新人。就在 6 月 13 日徐致靖保荐康有为、张元济、黄遵宪、谭嗣同、梁启超等"通达时务人材"的当日,光绪帝准备即日召见,翁同龢却建议"宜稍缓"。6 月 14 日早朝,在是否赐予张荫桓"宝星"奖章议题上,翁同龢又与光绪帝发生争执,声明"只代奏不敢代请",言下之意就是不赞成嘉奖张荫桓,光绪帝当即以"张某可赏一等第三宝星"的决定,断然否决了他的意见③。

　　说起翁同龢顶撞光绪帝的事件,绝非仅仅上述数例,之前也不无类似冲突的发生,但皇上都能宽容忍耐。此刻,贵为天子的光绪帝急欲推

① 翁万戈编,翁以钧校订:《翁同龢日记》第七卷,中西书局 2012 年版,第 3157—3158 页。
② 翁万戈编,翁以钧校订:《翁同龢日记》第七卷,中西书局 2012 年版,第 3176 页。
③ 翁万戈编,翁以钧校订:《翁同龢日记》第七卷,中西书局 2012 年版,第 3182 页。

进变法,让他最为倚重的翁师傅理应和衷共济,又怎能容忍他如此不遵圣谕、固执己见的姿态?

最让光绪帝匪夷所思的是,那几天里,翁同龢拒不受命代递康有为再抄变法书籍。据翁氏 5 月 26 日日记载:

> 上命臣索康有为所进书,令再写一分递进,臣对与康不往来。上问何也,对以此人居心叵测。日前此何以不说,对臣近见其《孔子改制考》知之。①

5 月 27 日记:

> 上又问康书,臣对如昨。上发怒诘责,臣对传总署令进。上不允,必欲臣诣张荫桓传知。臣曰张某日日进见,何不面谕,上仍不允。退乃传知张君,张正在园寓也。②

前后二天的日记显示,翁同龢对于康有为明显有着前恭后倨的态度:曾几何时,康有为由翁师傅向皇上推荐,如今皇上命其传谕康有为将此前进呈的书籍再抄一份,翁同龢竟称自己与康有为不相往来。光绪帝忍不住追问缘故,又答以其人"居心叵测"。③ 第二天再次索问,回答依旧如昨。即使在光绪帝"发怒诘责"的情势下,翁同龢还将此事推给总理衙门,直至责令他亲自传知张荫桓,不料翁同龢又反以"张某日日进见,何不面谕?"责问皇上。一向信赖的翁师傅,竟公然与皇上唱了反调。如此召对,光绪帝情何以堪?

问题的关键在于,此刻的翁同龢何以对康有为如此厌感?

其实,认识到变法的必要性和紧迫性是一回事,以怎样的实施取向和步骤推行变法又是一回事。在老成持重的翁同龢与年轻气盛的康有

---

① 翁万戈编、翁以钧校订,《翁同龢日记》第七卷,中西书局 2012 年版,第 3177 页。
② 翁万戈编、翁以钧校订,《翁同龢日记》第七卷,中西书局 2012 年版,第 3177 页。
③ 丁国钧撰《荷香馆琐言》记:"世皆谓翁相国保荐康某,相国得罪后,上谕中亦及之。赵次丈侯,相国老友也,曾面质以此事。相国谓皇上一日问及康某,我对以才胜臣十倍,然其心叵测,恐皇上不解叵字,又申言叵测者不可测也。"参见中国史学会主编:中国近代史资料丛刊,《戊戌变法》第四册,神州国光社 1953 年版,第 253 页。张謇之子张孝若回忆:"据说当光绪帝向翁公索书的时候,光绪帝听到翁公'此人居心叵测'一句话,就问道:'何谓叵测?'翁公答:'叵测即是不可测也'。这情形是翁公亲告我父(张謇),我父亲告我(张孝若)的"。参阅张孝若撰:《南通张季直先生传记》,中国史学会主编:中国近代史资料丛刊,《戊戌变法》第四册,神州国光社 1953 年版,第 246 页。

为之间,前者可谓达成了基本的情感共识;后者却有难以弥合的思想差异,翁氏在变法目标定位上的适度原则,与康有为力求"全变"的主张明显有别。而且,翁氏在变法步骤上力主"宜慎"的持重态度,认为"变革太骤,亦恐贻扰",又与康氏操之过切的激进色彩大相异趣。正如海外学者所指出:"当此之时,同龢所处地位最难,南北之争,英俄之争,满汉之争,以至帝后之争,同龢无不身当其冲。同龢非不知中国需改革之切,而不敢同尽废旧章之改革;非不知中国需才之殷,而不敢用驰突不羁之才;非不愿有所建树,而不敢以首领禄位为孤注。故于变法之论,未尝执义力主,亦未尝倡言反对。"[①]明乎此,当可有助于理解翁同龢之所以始则举荐、继之怀疑、后又疏离康有为的缘由。

从实而论,在先虽然述及了翁同龢引荐康有为的史实,但在治国方略、变法指导思想及人事安排上,翁同龢与光绪帝之间存在着分歧;在维新理念、学术观点上也与康有为等存在差距。证诸翁同龢变法维新的活动,不难窥见其守旧与开新的矛盾心态。不难断定,介于皇帝与新进的变法派之间、守旧派与革新派之间、太后与皇帝之间,翁同龢分明归属于"稳健温和的改革派"[②]。

身处帝师兼枢密的显赫地位,翁同龢一直秉承着忠君守道之职责;且以长期周旋于高层官场生活所积累的阅历和经验,更洞悉弥漫于朝野上下的守旧氛围,养成了他稳健与温和的风格。但究其实质,翁同龢的思想根基和变革理论,还囿于传统观念的束缚,囿于传统的知识资源和传统的话语情境中寻找、理解和阐释。前述翁同龢将冯桂芬等早期改良派的论著进呈御览,推究其故,在于这些坚持在不改变中国传统道德与政治制度前提下主张变法自强的理念,恰与他的思想相投合,可以看作其思想转变的立足根基。

从本质上说,翁同龢的知识结构、价值观念以及由此而来的行为选择,尽管已在传统经世思想的基础上拓展了一些新知识、新视野,甚至主张变法必须"从内政根本起",但他赞同新政的思想仍不外乎西法练

① 何炳棣:《张荫桓事迹》,《清华学报》第 13 卷,1941 年第 1 期,第 206 页。
② 萧功秦著:《危机中的变革:清末现代化过程中的激进与保守》,上海三联书店 1999 年版,第 56—57 页。

兵、奖励实业、改革科举、学习西艺等主张,与张之洞归结"中体西用"的思想模式如出一辙。梁启超说"中体西用"曾是当时"举国以为至言"的"流行语"①,这一被人们普遍认同而形成的公共话语,折射出国人对改革的心理承受力和期望值。论者指出:当时的朝中变法派,虽然在权力格局上有帝党、后党之分,但都处于冯桂芬倡导"以中国之伦常名教为原本,辅以诸国富强之术"的延长线上。无论是翁同龢,还是张之洞、孙家鼐、王文韶,在"器"的层面可以采纳西学、西法,但在"道"的层面无不归属儒学正统派,不是宋明理学,就是古文经学,与康有为公羊三世说的今文经学大相异趣。何况康有为还不是温和的今文经学,而带有强烈的颠覆正统的野狐禅色彩。②

　　就此不难理解,当 6 月 11 日光绪帝认为"今宜专讲西学,明白宣示"时,翁同龢随即补充:"西法不可不讲,圣贤义理之学尤不可忘。"由他起草宣布变法的国是诏,针对光绪帝一味效法西制的思想倾向,有了"以圣贤义理之学植其根本,又须博采西学之切于时务者实力讲求"的宣示。从实而论,这一试图借以循序渐进的变革与改造,旨归于维护现存制度的深层结构及其精神内核。在翁同龢的思想底色和行为取向中,还无以对标志传统权威的"先王之政"、"圣人之教"提高到"价值重估"的层面上进行深刻反思,也就难有适乎时代的理论重构。因此,也就很难说是根本性的政治体制改革。与此相较,以康有为、梁启超为精锐代表的维新志士,在检讨和反省洋务运动的基础上,突破了"中体西用"的理论局限,把思想的触角引向西方社会政治学说,主张建立君主立宪政体,从而在整体上超越了洋务派的"技艺"层面。他们除旧布新的思想主张和舆论宣传,愈来愈显示了超迈前人的广度和深度。所以,来自康氏在变法步骤上大张旗鼓的激进姿态,显然与翁同龢主张缓进中渐变的思想初衷多有歧义和冲突;来自康氏在变法目标上大刀阔斧的激烈举措,显然更超过了翁同龢恪守的传统信仰中所能认同和接受的极限。至此,翁、康关系从亲近到离异,也就在所难免了。

---

① 梁启超:《清代学术概论》,《梁启超论清学史二种》,复旦大学出版社 1985 年版,第 79 页。
② 参阅许纪霖:《戊戌期间文人士大夫与官僚士大夫的世代交替》,《史林》2019 年第 6 期。

由此看来，即便君臣之间有情同父子的师生之谊，所谓"圣眷之隆，在廷无与为比，虽醇邸太上之亲，往往向常熟上问官家起居"①，但在翁同龢一次次执拗顶撞之后，无意中把自己直接推到了光绪帝的对立面。出于翁同龢畏葸因循、前后不一的做法，难免让缺乏政治经验的光绪帝把他看作了维新变法的障碍。不能不承认，翁同龢的开缺虽是秉承了慈禧旨意，却也得到了光绪帝意气用事的默认。张謇之子张孝若事后就认为："在太后那一方面，就要排斥翁公，使帝党孤立；在帝这一方面，此时已经怀了变政的决心，觉得翁公过于持重，常掣肘他的肘，心上也不愿意。所以，太后既要去翁，他也无可无不可。"②翁氏被开缺回籍的命运，就此不可避免地铸定了。

当天翁氏日记："臣感激涕零，自省罪状如此，而圣恩矜全，所谓生死而肉白骨也。"③翁同龢事先毫无思想准备，遭此突如其来的打击，禁不住老泪纵横，泣不成声。

同一天，慈禧再次发布上谕：嗣后在廷臣工及补授文武一品暨满汉侍郎，均著于具折后恭诣皇太后前谢恩；各省将军、都统、督抚等官，亦著一体具折奏谢。谕旨明确声明大臣的任免权仍为慈禧所掌控，这是不可逾越的权力底线。随后宣布的两项中枢班子调整：一是命直隶总督兼北洋大臣王文韶迅速来京陛见，几天后以户部尚书入值军机处，兼任总理各国事务衙门大臣；一是命协办大学士兼总理衙门大臣荣禄接替王文韶代理直隶总督兼北洋大臣。此番人事变动，显然与翁同龢开缺关系密切。

荣禄（1836—1903），字仲华，号略园，满洲贵族，素为慈禧所倚重。在慈禧的青睐下，甲午后和刚毅一起迅速升迁，用来监视光绪帝，对付翁同龢。刚毅是后党和顽固派中飞扬跋扈的死硬派，荣禄则是后党和顽固派中最有头脑的人。《马关条约》签订前，调云贵总督王文韶替代李鸿章任直隶总督、北洋大臣，也是他出的点子，可谓一箭"数"雕的密

---

① 王伯恭著：《蜷庐随笔》，山西古籍出版社、山西教育出版社1999年版，第70页。
② 《南通张季直先生传记》，中国史学会主编：中国近代史资料丛刊，《戊戌变法》第四册，神州国光社1953年版，第245页。
③ 翁万戈编，翁以钧校订：《翁同龢日记》第七卷，中西书局2012年版，第3183页。

209

谋。赶走了李鸿章,王文韶也是慈禧信任的人,处世圆到的王文韶,人称"玻璃球",让他担任直隶总督、北洋大臣这样的重任,显然是不称职的,在任两年多,屡遭廷臣指责。现在荣禄顺顺当当将原李鸿章的大位夺了过去,而将王文韶从云贵调往北方的真正意图,是准备在驱逐翁同龢时可替代翁同龢。1884 年(光绪十年),王文韶因云南报销案乞休回籍,翁同龢替代他当上了军机大臣;这次让王文韶替代翁同龢,与荣禄于同一天授军机大臣、户部尚书,不失是对翁同龢的一种嘲弄。但荣禄和刚毅不同,不走极端,处事留有余地。他和翁同龢在光绪初就成换帖兄弟,后来因分别代表后党、帝党成了政敌。这次选在翁同龢生日之际将他开缺回籍,的确阴毒,但无意置其于死地。这道谕旨,很有可能就是荣禄起草后交给慈禧的。四月初六,光绪帝到颐和园向皇太后请安时,慈禧命他用硃笔端端正正抄下来。戊戌政变后,推荐康有为的徐致靖本拟斩首,后改为终身监禁,张荫桓、李端棻相继充军新疆,因翁同龢已开缺回籍,当时未追加惩罚,顽固派不解恨,十月又下谕旨严遣。据说刚毅欲致翁同龢于死地,荣禄却在慈禧前为其说情,说翁氏密保康有为时不可能预知康有为后来会有谋逆的企图。这个传说当属可信,荣禄就是这样的人。就在翁同龢开缺后的 6 月 21 日,荣禄还派人致书并馈赠厚礼,被他婉谢。次日荣禄又派专使送来赠物,翁同龢收下后写了回信。6 月 29 日离京前夕,还与荣禄致函告别:

> 日来憧憧,觚棱之恋与邱垄之思,一时并集。徂暑,不得不早发,今拟趁早车直走塘沽矣。惟不得一诣衙斋握手数语为憾。修攘兼筹,昼夜无暇,惟望善时自卫,以慰远怀。此行深仗康济,勿念羁栖。敬上。①

政治斗争不全是刀光剑影,代表帝、后的翁、荣之争,竟在看似斯文的表象下暗自充满博弈。

6 月 15 日被开缺后,翁同龢因"明日须磕头,姑留一宿"②。日记

---

① 大概因 6 月 22 日已有复函,此函留在家中未寄发,今存录于翁万戈辑:《翁同龢文献丛编》之六,《外交·借款》,上海远东出版社 2014 年版,第 433 页。
② 翁万戈编,翁以钧校订:《翁同龢日记》第七卷,中西书局 2012 年版,第 3183 页。

载:第二天中午皇上驾出,他匆匆赶到宫门,在道旁磕头谢恩,"上回顾无言,臣亦黯然如梦。"①曾经亲如父子的师生情分,就在光绪帝无言默默的回望中就此远去。显然,一切已无法挽回。翁同龢充满依依眷念和殷殷期盼的神情,终归于黯然神伤的心境。

变法启幕,风云骤变。《明定国事诏》后的第四天,以明发上谕的形式将翁同龢开缺回籍,"中外哗骇,以为天威诚不可测也。"②一时间,政坛引起极大震动。

张謇6月15日记:"见虞山开缺回籍之旨、补授文武一品及满汉侍郎均具折谢皇太后之旨……所系甚重,忧心京京。朝局自是将大变,外患亦将日亟矣。"③第二天晤访翁同龢侄孙翁斌孙:"是时城南士大夫人心惶惶。"④户部司员那桐6月15日记:"今日上谕翁中堂开缺回籍,朝廷去此柱石之臣,可叹,可忧。"⑤叶昌炽6月16日记:"二十八日晨,阅邸钞,虞山师奉旨放归。朝局岌岌不可终日,如蜩如螗,如沸如羹,今其时矣。"⑥郑孝胥6月17日记:"廿五日上谕,独翁在枢府所拟。廿七日翁既逐出……度其情形,翁必力主上变法自强。满洲人及守旧之党,遂构于太后而去之。翁去则上孤,而太后之焰复炽,满朝皆伧楚,而亡在旦夕矣!"⑦反对康有为的陈庆年6月18日记:"二十七日忽有朱谕罪状,翁着开缺回籍。……懿旨复令所用新进人员,须于奉旨后至太后前谢恩。以是知二十三日上谕变法,殆亦翁主康说而然也。康之命意在解散君权,以便其改制之邪说。如朝廷知是保之由来,恐不免于罢斥。数日之间,(康有为)能鼓动翁老如此,其势力甚大,令人生畏。彼固不料甫逾一日,失其所倚也。"⑧

① 翁万戈编,翁以钧校订:《翁同龢日记》第七卷,中西书局2012年版,第3183页。
② 王伯恭著:《蜷庐随笔》,山西古籍出版社、山西教育出版社1999年版,第71页。
③ 张謇研究中心、南通图书馆:《张謇全集》第六卷,江苏古籍出版社1994年版,第410页。
④ 张謇研究中心、南通图书馆:《张謇全集》第六卷,江苏古籍出版社1994年版,第410页。
⑤ 那桐著,北京市档案馆编:《那桐日记(1890—1925年)》上册,新华出版社2006年版,第276页。
⑥ 叶昌炽:《缘督庐日记》,中国史学会主编:中国近代史资料丛刊,《戊戌变法》第一册,神州国光社1953年版,第528页。
⑦ 中国历史博物馆编,劳祖德整理:《郑孝胥日记》第二册,中华书局1993年版,第662页。
⑧ 陈庆年:《戊戌己亥见闻录》,中国社会科学院近代研究所编:《近代史资料》总81号,中国社会科学出版社1992年版,第113页。

至 6 月 17 日,张謇奉旨入乾清宫觐见,"瞻仰圣颜,神采凋索,退出宫门,潸然欲泣。"①次日有《奉送松禅老人归虞山》诗一首:

> 兰陵旧望汉廷尊,保傅艰危海内论。
>
> 潜绝孤怀成众谤,去将微罪报殊恩。
>
> 青山居士初裁服,白发中书未有园。
>
> 烟水江南好相见,七年前约故应温。②

诗有自注:"壬辰会试报罢,辞公,因劝公退。公曰:'吾方念之,若圣恩放归,秋冬之际,当相见于江南烟火之间。'"并引朱子答廖子晦语,"劝公速行"。朱子答廖子晦语,引《论语》"宁武子邦有道则智,邦无道则愚",谓出处当识时机,张謇暗示自己也将辞官南还。

翁同龢被黜后,依然雍容自在,毫无怨望,在京城和同僚、友人一一话别,将几十年收藏的古籍、书画、碑帖,整理好分类装箱打包,托运回常熟老家。7 月 1 日凌晨三点,翁同龢起身盥洗,告辞祠堂,北向叩头。四点一刻乘轿出前门、永定门,回首皇宫,背影依然在目。六刻到火车站马家堡。前来送行的有黄绍箕、于式枚、庞鸿书、张謇、唐文治等故旧门生四、五十人。弟子唐文治记述:"公奉旨开缺回籍,是日,适公生辰也。……公丝毫无愠色,越数日,即行,至正阳门外,送者数百人,车马阗咽,有痛哭流涕者。公独坦然谓文治曰'人臣黜陟,皆属天恩,吾进退裕如,所恨者不能复见皇上耳'"③。与翁同龢素不相识的国子监生、二十多岁的湖南人夏曰笙也来送别,挥泪说:"吾为天下,非为公也。"④六点多,在众多依依不舍的目光下,翁同龢怀着无限眷恋又怅然的心情辞别帝都,南归故里常熟。

正如后来梁启超致友人函中谈及变法之成败时所说:"常熟去国为最大关键。"⑤翁同龢离京后,虽有康有为策动下光绪帝雷厉风行的一系

---

① 张謇研究中心、南通图书馆编:《张謇全集》第六卷,江苏古籍出版社 1994 年版,第 410 页。
② 张謇研究中心、南通图书馆编:《张謇全集》第五卷,江苏古籍出版社 1994 年版,第 108 页。
③ 唐文治:《记翁文恭公事》,中国史学会主编:中国近代史资料丛刊,《戊戌变法》第四册,神州国光社 1953 年版,第 252 页。
④ 翁万戈编,翁以钧校订:《翁同龢日记》第七卷,中西书局 2012 年版,第 3186 页。
⑤ 杨复礼:《梁启超年谱》(节录),中国史学会主编:中国近代史资料丛刊,《戊戌变法》第四册,神州国光社 1953 年版,第 174 页。

列维新变法举措,无奈风声大,雨点小,阻力重重,步履维艰。9月21日,慈禧发动政变,光绪帝被囚禁在中南海瀛台,康有为、梁启超出逃海外,谭嗣同、杨锐、林旭、刘光第、康广仁、杨深秀等"六君子"被杀于京城菜市口。一批维新人士和改革派官员被囚、被罢、被放逐,除京师大学堂得以保留之外,其他新政措施悉数废止,维新变法宣告流产。

戊戌变法的失败表明,病入膏肓的清政府已无力自我修复,气数将尽的帝国,注定无力挽回其走向灭亡的结局。翁同龢因支持维新变法事业而被开缺革职,不可避免地成了悲剧时代的悲剧人物。

# 第九章　勤政恤民

## 第一节　为官在勤

孔子创立以"仁"为核心的儒家政治伦理学说,培养"仁以为己任"的君子,"内以期其成德,外以期其从政",即修身、齐家、治国、平天下。孔子所说的"君子",指有德的在上者,亦指优秀的官员。

翁同龢是沐浴翁氏家族文化熏陶、由儒家思想培养的政治精英。年少时,父亲翁心存就谆谆教导他:"学勤可补拙,守清先戒侈。读书当务用,报国从此始。"少年时代的翁同龢,因此有了自己的理想追求:"教以立身行己之法,迪以济世安民之要;使居乡则为端人正士,出仕则为良吏忠臣","济世安民"成为他的人生抱负。踏上仕途后,翁同龢恪守"洁、勤、敬"三字官箴。三字中,"敬"为核心,敬即敬业,要承担为官的责任。当官不是为了个人谋衣食,而是济世安民,报效国家,这就是敬业。而敬业又须落实到"洁"和"勤",即翁同龢说的"操守洁,吏职勤"。"操守洁"是清廉,是当一名良吏忠臣的必要条件;"吏职勤"是勤政,是实现济世安民的途径,所以他说"居官三字箴,扼要在一勤"。

自 1850 年(道光三十年)到 1898 年(光绪二十四年)被开缺回籍,翁同龢"以一人而兼任师傅、军机、总理衙门、督办军务处,又领户部,皆至要之职"[①],工作量之重,为官时间之长,在朝四十年勤政、清廉的官

---

① 文廷式:《闻尘偶记》,见汪叔子编:《文廷式集》下册,中华书局 1993 年版,第 726 页。

德、官风,可称政治精英之楷模。

翁同龢的勤政表现,首先是守纪律,担任繁重公务,四十年如一日,从不无故缺勤。

担任帝师时,每天早上三四点起床,五点到书房,书房结束到所兼任的部门工作,下午五点回家。1896年(光绪二十二年)撤书房后,每天早上六点到军机处入直,退下来处理户部事务,午后到总署,译发电报,和各国公使周旋、争辩。每天工作时间经常超过 10 小时,日记中常有"热犹未止"、"仍畏寒"、"头痛殊甚"、"倦甚"、"惫甚"、"倒床即卧"等笔录,劳累程度可想而知。但翁同龢仍"强起",即使带病,仍坚持工作。

遇到病重,翁同龢仍能挺住,以国事为重。1894 年甲午战争中,操劳过甚,9 月 18 日听到海军在黄海战败,又闻平壤失守,"益觉肝火上炎",随即病倒。原本就此准备请假五日,听到皇上促令出,深感"时事如此,岂敢即安,遂撤下请假条不递。"接着和另一位军机大臣李鸿藻同至枢曹,继续阅看电报及奏折,提出建议。此时因为身体已支持不住,无奈先退,刚到家病情就发作:"入门不知门焉,升堂不知堂焉,倒床气仅属"①。才请了数日假,病床上仍和张荫桓书信往来,讨论向赫德借银事。1897 年 10 月 14 日早上七时,光绪帝召见军机大臣,翁同龢一时感觉"胸次梗塞,肠鸣气逆",两眼昏黑。恭亲王让他退下时已不能起立,刚毅随手扶他出门,却一步也不能走,不得不借褥而坐。过了好久,太监等刚扶着他走下台阶,就当场呕吐难抑,大汗淋漓,周围的人都未免惊出一身冷汗。翁同龢认为是老毛病复发,躺下小歇。良久才勉强步出内右门,"时汗渐收,乃奋笔拟电旨两道,倦极思卧。"②在听起处皇上两次派太监来问,到了值班房,皇上又派人垂问,"复奏臣疾已平,乃传散"。感念皇恩眷顾,翁同龢"自憾衰残,无一报称",到馆卧至正午十二时,然后回家,稍歇数刻后"强起画户部堂稿一百六七十件,阅折数件"③。结果一天内竟腹泻四次,米粒未进,第二天却又照常入值。

1876 年(光绪二年)3 月,光绪帝开蒙读书。次年 8 月 9 日慈禧召

---

① 翁万戈编,翁以钧校订《翁同龢日记》第六卷,中西书局 2012 年版,第 2776 页。
② 翁万戈编,翁以钧校订《翁同龢日记》第六卷,中西书局 2012 年版,第 3093 页。
③ 翁万戈编,翁以钧校订《翁同龢日记》第六卷,中西书局 2012 年版,第 3093—3094 页。

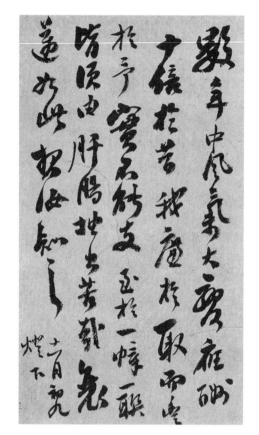

翁同龢家书：致翁曾荣——廉洁自律，克己奉公

对时，翁同龢为回籍修墓事恳请给假两个月，蒙恩允许。8月25日出都南行，9月3日抵里，十天后惊闻五兄翁同爵病逝噩耗，赶紧携侄孙翁奎孙乘江轮，一周内抵达武昌，日出哭奠，日入而卧，具折续假一月。10月12日奉兄柩浮江而下，月底到家。照例，翁同龢可以留在家中主持五兄葬礼，但请假三月，光绪帝等着他回去授读，念国事为重，翁同龢安排嗣子曾翰从北京回家主持葬礼，自己仅在家羁留六日后即取道上海北上，于11月20日假日满期前回到京城，严守纪律可见一斑。

翁同龢的勤政，还表现在他不辞劳苦的工作态度。

就其学问才性，当帝师最为合适，翁同龢自己最在意的也是书房，光绪初给五兄的信中说："弟两署（按：指书房和刑部衙署）奔驰，特是余事。全力用在书房，口讲指画，心德交孚，不敢言劳，亦无所谓劳。"①但因翁同龢对朝廷的忠诚，人又忠厚可靠，深得两宫信任，光绪年间还派任各部堂官和各种差使，四十年间勤劳奉仕，力疾从公。

1875年（光绪元年）2月，翁同龢奉旨与醇亲王奕譞、户部尚书魁龄及荣禄等相度同治帝陵址。时值天寒地冻，数十天来往于蓟州东陵、易州西陵的丛山峻岭中，晚上睡帐篷，寒气逼人。随后定东陵双山峪地名惠陵，并任承修大臣。得懿旨，照咸丰帝定陵规制，经费紧，如何完成巨工，让翁同龢彻夜不寐，其间多次到惠陵视事。9月8日慈禧召见翁同龢，垂问开工情形兼及时事艰难，全赖群策群力，维持全局。翁同龢表示："受恩深重，即赴汤蹈火皆所不辞。"②10月20日两宫太后及皇上谒陵，查看吉地工程后非常满意，当日"奉加一级之旨"③。到1876年年初奉懿旨派翁同龢及夏同善于毓庆宫授皇帝读，才改派侍郎恩承任承修大臣。

1879年（光绪五年）初翁同龢擢刑部尚书，不久调任工部尚书。1882年9月派管户部三库事务。有人说管理三库有油水，翁同龢在给侄翁曾荣的信中说："余等居官只图干净，穷死不怕。即如三库差，最赔垫、最辛苦之事。每月须到三次，每次坐三个时辰。夏臭而冬严凝，且担忧库中弊不能查，六堂不能会齐。尚有不知者曰：得此当稍过得。噫！若此处得分文，讲甚操守耶！"④户部三库为银库、颜料库、缎匹库。银库收发饷银，进出数目巨大，又要严防库兵偷银、金店窝藏等弊，责任重大，每月须到库三次。颜料库收发铁、白蜡、茶、纸等物，缎疋库收各地织造进呈的缎、绢、布等，此二库不定期。1882年10月10日，翁同龢到三库拜印，五天后第一次到库，银库收银有两种：汇兑和收鞘。汇兑收银票，只要记清；"鞘"是刳木使空，内贮银宝，以便转运的木筒，收鞘要过磅，不能出差错。兹引几则日记，可知银库工作的辛苦与劳累。1882年12月8日："巳正二先退，急赴库。是日放十八万，收十五万，申

① 《致翁同爵》，赵平整理：《翁同龢家书诠释》，凤凰出版社2017年版，第28页。
② 翁万戈编，翁以钧校订：《翁同龢日记》第三卷，中西书局2012年版，第1185页。
③ 翁万戈编，翁以钧校订：《翁同龢日记》第三卷，中西书局2012年版，第1194页。
④ 《致翁曾荣》，赵平整理：《翁同龢家书诠释》，凤凰出版社2017年版，第115页。

初二封库。库中寒气尤甚，极厚羊皮袿犹不胜，真苦事矣。"①1883 年 1 月 24 日："到库，收银四万余，放米折，零碎之至，目力已竭。又放新疆饷三万，直隶练军饷四万，皆元宝，极速，申初毕，乏不可当。"②如果上午到库，中饭还得带上包子之类干粮，如 8 月 12 日记："径诣银库，买不托咽之，自巳初抵申初，放三十五万，收十一万八千，鼓努为雄，汗土诸恶气难受也。"③1884 年 4 月 14 日："诣银库看点口袋，自巳正二刻起坐至申正三刻，腰几折矣，臭土塞胸臆口鼻，噫！"④上颜料库既累且脏。1882 年 12 月 25 日："驰诣西安门内颜料库……先放白蜡五千斤，接收山西平铁二十万斤……兀坐库门，飞尘积衣几一寸，此味难当，幸天气尚暖，否则最易致病也。"⑤1883 年 2 月 2 日："诣颜料库，收平铁二十八万四千五百余斤，……收山西呈文纸四万，发黄茶八百六十斤，呈文用纸一千，皮纸二千，自午正坐至申正二刻，腰几折矣，幸无大风，然已凛冽难堪，此后当重裘取暖也。"⑥上缎疋库，虽比颜料库干净，但流弊甚久，要格外细心谨慎。1883 年 1 月 14 日："到缎匹库……收杭州缎、山西绢、河南布。杭州批内不分晰缎若干、䌷若干，而库上册籍讹三十为三百，因怒斥之，饬行文户部浙江司索原文，并拟行文该织造，嗣后批上当详细填注。噫，弊也久矣。"⑦

翁同龢时任工部尚书，三库事务管理一干就三年多，还是责任重大的火药局管理，至 1886 年初调任户部尚书后才交给别人。

勤政最要紧的是孔子说的"忠"，"忠"的本义是尽心，为官就要尽心办好自己职责内的每一件事，才能为国为民，匡时济世，这就是公忠体国。翁同龢为官四十年，担任过许多职务，在每个岗位上都尽心办事。

1875 年翁同龢被任命为刑部右侍郎，到任后认真点稿，日夜查阅人命关天的秋审册，为此"夜卧不安"、"乏不可交"。他在审阅中发现，

① 翁万戈编，翁以钧校订：《翁同龢日记》第四卷，中西书局 2012 年版，第 1737 页。
② 翁万戈编，翁以钧校订：《翁同龢日记》第四卷，中西书局 2012 年版，第 1748 页。
③ 翁万戈编，翁以钧校订：《翁同龢日记》第四卷，中西书局 2012 年版，第 1801 页。
④ 翁万戈编，翁以钧校订：《翁同龢日记》第四卷，中西书局 2012 年版，第 1862 页。
⑤ 翁万戈编，翁以钧校订：《翁同龢日记》第四卷，中西书局 2012 年版，第 1741 页。
⑥ 翁万戈编，翁以钧校订：《翁同龢日记》第四卷，中西书局 2012 年版，第 1750 页。
⑦ 翁万戈编，翁以钧校订：《翁同龢日记》第四卷，中西书局 2012 年版，第 1746 页。

各省所报材料极其紊乱,量刑标准不统一,遇有"赦款",承办者的察实工作快慢不一,如有差错,难以更动。针对这一弊端,他建议"创一表,以罪名为纲,而以各省所办列于后,庶几少误耳"。在担任刑部右侍郎短短四个月中,他大胆剔除了刑部的不少弊端,其中,影响最大的就是留待后面叙述的平反杨乃武冤案。

1881年翁同龢奉派管理国子监事务,直到革职回籍。国子监是国学,是国家最高学府,但清末国库空虚,教育经费短缺,国子监长年得不到修缮,"学舍倾圮";教习薪俸微薄,难以养家糊口;学生津贴减少,贫困者不能住学就弃学,八旗官学亦是如此。翁同龢到任后,会同相关官员查勘研究后,提出了兴工作、筹款项、用人员、议章程四项整顿官学的措施。以筹款项为"第一要义",主张"公拨民助",朝廷调拨一定经费维修国子监和八旗官学学舍,增加国子监日常经费,不足部分则由国子监商请各省从民间筹措,并将筹措得来的款项发商生息,用利息补贴缺额。翁氏将国子监给他的膏火补贴每月十两捐作国子监年终岁考奖励优秀学生的基金。对八旗官学人数多而校舍不足的状况,采用民间义学的办法,把各旗闲置公房充作官舍,将八旗学生分成到学、不到学二种。凡家庭条件富裕"有力从师"的官员子弟在挑补后可在家读书,照给出身,但膏火费不给了。这些截留下来的膏火费调配给到学的贫困学生,小部分充为年终奖励基金;同时设法提高教习的生活待遇,调动他们的积极性。很快,各项措施落实,国子监学舍得以修缮,换了称职的新司业,民间捐资逐步到位。1883年11月30日记:"饭罢赴国子监,诸君皆在,潘峄琴衍桐司业,初次晤谈,人干练。……议发款取息事,峄琴言招商局万不可,开平煤厂尚可。"①12月29日:"诣国子监,同人皆集,遂定以南洋所助二万交直隶矿局,每月一分行息,致书合肥令转饬也。"②不久后再次致函李鸿章,托其"以二万发矿局"。

经过翁同龢的努力整治,官学废弛的局面明显得到改善。

1885年1月3日,翁同龢调任户部尚书。管理财政非其习性所近,

---

① 翁万戈编,翁以钧校订:《翁同龢日记》第四卷,中西书局2012年版,第1826页。
② 翁万戈编,翁以钧校订:《翁同龢日记》第四卷,中西书局2012年版,第1833页。

因此日记里说"菲材当此剧任,可懼哉!"①但"国恩未报",还得挑起重任。经过长期战乱,同治、光绪年间财政异常困绌,国库空虚,入不敷出,不得不靠借洋债度日。翁同龢任户部尚书之时,正当中法战争刚结束之际,在他看来:"司农慎金谷,第一恤民饥。"②换言之,要管紧、管好国家的钱粮,首先要用在恤民赈灾上,充分体现了他以民为本的责任担当。

当时,户部最棘手的是西路军的军饷。1878年左宗棠率西征军平定阿古柏叛乱后,为巩固西北防务,在新疆、甘肃一带仍驻军五万多,每年军饷和各种费用总计一千多万两银子,占国家财政收入的六分之一。

翁同龢任户部尚书前,同年好友谭仲麟升任陕甘总督,负责调度、转运西路军的军饷,两人已在讨论如何解决西路军军饷这一难题。1884年春,他给谭仲麟的信中认为,新疆平定后,各路军队在驻地开幕府、拥节旄,俨然成了节度使,后患无穷。大量士兵留驻新疆,靠朝廷发饷,成了清廷财政的一大包袱,即便有"铜山"也要"椎破",为此户部已向皇上奏疏,提出撤幕府、并兵符,定驻军四万,兵饷每年三百万,希望谭仲麟和巡抚刘锦棠加以推行,"勿为有力所挠,勿为丛说所蓓,则朝廷灼知西师利弊,即幕府可撤,兵符可并,吏民之观听可一,中原之喘息可舒,在此举矣。"③此后不久,给谭氏的信中又有"屯兵"的设想,信中指出:乾隆、嘉庆年间新疆设行省,原拟用"屯丁"办法,让八旗子弟移民到新疆耕牧,同时守卫新疆,但八旗子弟入关以来,已逐渐贵族化,失去了骁勇尚武的品格,成了游手好闲的大少爷,不可能守卫新疆,只能采用驻军屯田的办法,但"无民则无令长,无令长则无监司,无监司则无督抚",因此,定勇定饷应以关内营制裁减边兵,但边吏不能按中原管制为准则,为此建议"凡各城大臣一概宜罢,旗兵则统归一将军,绿营则统归一提督,而督抚则缓设焉。"④

翁同龢担任户部尚书后,解决西路军军饷的时机已成熟。当时的

---

① 翁万戈编,翁以钧校订:《翁同龢日记》第五卷,中西书局2012年版,第2024页。
②《次韵赠孙燮臣》,朱育礼、朱汝稷校点:《翁同龢诗集》,上海古籍出版社2009年版,第125页。
③《致谭仲麟函》,《翁同龢书信笺释》,第6页。
④《致谭仲麟函》,《翁同龢书信笺释》,第8页。

户部班子比较团结,户部汉侍郎孙诒经、孙家鼐、曾纪泽都是正派君子,也是翁氏好友;户部满尚书福锟、侍郎嵩申、景善和翁同龢关系同样融洽,而且得到了前任户部尚书、大学士阎敬铭的支持,大家就此达成了共识。

1887 年 3 月翁同龢起草了《统筹新疆全局疏》和《请兴办新疆屯田疏》,诸同仁联衔递交朝廷。前疏提出三条:定额饷、定兵额、一事权;后疏提出新疆南北两路兴办屯田,就地取饷,"借人以尽地利","借地利以养人",并规定了奖惩办法。西太后将两个奏折交军机大臣及陕甘总督、新疆巡抚、驻新疆各路军统兵大员复议,众人认为事属可行,翁同龢有关裁员、屯田的主张得到落实。经过两年实施,新疆驻军裁剩一万多人,收获粮食三千多万斤,不仅实现了驻军粮食自给,减轻了户部和各省的财政压力,还推进了新疆地方社会经济的发展。

## 第二节　求贤若渴

翁同龢自 1858 年受命为陕西乡试副考官,随后任陕甘学政,此后从 1875 年至 1895 年的二十年间,又先后担任乡试、会试正副考官、阅卷大臣等,主持科场考试多达三十多次。

在历次学政、考官任上,翁同龢求才心切,爱才重士,传为海内士林美谈。通过努力,他为国家选拔了一大批具有真才实学的名士,如王懿荣、李慈铭、沈曾植、梁鼎芬、汪鸣銮、张謇、文廷式、张元济、缪荃孙、唐文治等许多著名人物就出于他的门下,可谓故旧门生遍天下。这些门生,许多人后来成为维新变法的中坚力量,在中国近代政治、经济、外交、学术等领域发挥了重要作用。

其中,擢拔文廷式、提携张謇等事例,最能彰显他求才若渴、爱才识器的良苦用心。

文廷式(1856—1904),字道希、芸阁,号罗霄山人,江西萍乡人,从小在广东长大。7 岁入私塾,10 岁作律诗,颇露诗人才华,后入广州学海堂肄业,又师从广东著名学者陈澧学习作词,22 岁客居广州将军长善幕中,与其子志锐、侄志钧相友善。1882年以附监生领顺天乡试,中第三名举人,文名初露,京师公卿争相与之结交。因为做过志锐之妹瑾、珍的老师,瑾、珍册封为妃,进宫后经珍妃向光绪帝特别推荐,文廷式参与到宫闱繁事中,就此走进了翁同龢的视野。

1889年6月,文廷式参加了吏部组织的内阁中书录取考试,翁同龢与徐桐、李鸿藻、汪鸣銮等人派为阅卷大臣。试后,阅卷官各将上乘卷子二十本送至徐桐定酌名次,翁同龢提议取文廷式第一,但徐桐、李鸿藻认为"第一名起讲引《汤诰》'乃吕刑'语,意甚游移",要求更换名次,翁同龢当即以此为"逸书"之语辩解,汪鸣銮也竭力附和推荐。① 经过反复讨论,最后定文廷式为第一名。6月30日文廷式登门拜访以示感激,彼此更拉近了情谊。

1890年6月,为庆祝光绪帝亲政典礼,朝廷举行顺天府恩科会试,翁同龢与徐桐、潘祖荫、汪鸣銮、嵩申、徐郙等被派阅贡士复试卷。随后分卷检阅,翁同龢在自己所阅卷没有发现满意的卷子,却在嵩申处见到了一份"挺拔有伟气"的试卷,当即断定此卷必出自文廷式之手,他和潘祖荫、汪鸣銮等人力主把文廷式的卷子列为压卷之作。7日朝廷选派福锟、徐桐、翁同龢、汪鸣銮等人为殿试读卷官。按理,文廷式已取得复试一等第一名,殿试中夺得大魁当不在话下,未料波折横生。原来,在文廷氏殿试卷中有"留元气于闾阎,而后邦本可以固"一句,其中"闾阎"二字不慎写成了"间面"②。虽说一字之差,不仅改变了词义,也是规范上的不严谨。翁同龢在阅卷过程中并未发现这一错误,交徐桐品定时也未能发现。直到卷子判为第一名后,才被其他读卷官检出。翁同龢为此力排众议,最终确定文廷式为一甲二名。6月10日日记载:"午正集殿上议前十本,各持一二本交徐相国品定,余卷居第一。余等复加评次,颇有所易,遂定,顷刻间升沉顿异,岂非命耶。"③显然,翁同龢因文廷式未能如愿中举状元,心存惜叹。随后向皇上拆封奏报,读到文廷式名

---

① 翁万戈编,翁以钧校订:《翁同龢日记》第五卷,中西书局2012年版,第2330页。

②《自订年谱》,翁万戈编,翁以钧校订:《翁同龢日记》第八卷,中西书局2012年版,第3851页。

③ 翁万戈编,翁以钧校订:《翁同龢日记》第五卷,中西书局2012年版,第2408页。

字的时候,光绪帝面露微笑地说:"此人有名,作得好"①,显得非常满意。

不过,波折随之不期而至。先是1890年6月13日的鼎甲大闹恩荣宴事件。在礼部为新科进士所设的恩荣宴上,文廷式一反惯例,不仅和吴鲁、吴荫培鼎甲三人不行叩拜礼而代以揖,还引用《说文》中话语与礼部司员辩驳,引起在场多位座师不满。此事被翁同龢记录在当天的日记里:

> ……可入宴矣,而鼎甲不愿行叩拜礼,文廷式力言古者拜非稽首,引说文字义与礼部司员辨,两协揆皆怒,往复久之。迨余等出而鼎甲三揖,余答一揖,观者愕然,退易衣归。徐相欲传三人至翰林院申斥之,其实何足道。②

翁同龢为打破尴尬局面,起身接受了文廷式的作揖致敬。看得出来,他对这一不拘缛节的举动,更多了一份包容和理解,爱惜人才的苦心可见一斑。不久,他听说了外间对文廷式获取鼎甲"颇有物议",③接着又有御史刘纶襄以文廷式殿试策内"有间面字未经签出"之事上疏弹劾,④后经奉谕调查属实,由都察院、吏部议处读卷大臣罚俸六个月才得以了事。

此后,文廷式仕途顺畅,相继擢升翰林院编修、侍读学士等职。任上志在救世,遇事敢言,与黄绍箕、盛昱等列名"清流",更以帝党中坚骨干,与汪鸣銮、张謇、志锐、徐致靖、沈鹏等被称为"翁门六子"。⑤ 中日甲午战争,他力主对日作战,谏阻和议,曾上疏请罢慈禧六十庆典,弹劾李鸿章避战求和。1895年甲午战后,在民族危机加剧的情势下,他与康有为等一起组织强学会,创刊《中外纪闻》,倡导维新变法,因此被后党罗织罪名而罢官。回乡后又热心于实业救国,开设"广泰福"煤号,促成

---

① 翁万戈编,翁以钧校订:《翁同龢日记》第五卷,中西书局2012年版,第2408页。
② 翁万戈编,翁以钧校订:《翁同龢日记》第五卷,中西书局2012年版,第2409页。
③ 翁万戈编,翁以钧校订:《翁同龢日记》第五卷,中西书局2012年版,第2411页。
④ 翁万戈编,翁以钧校订:《翁同龢日记》第五卷,中西书局2012年版,第2425页。
⑤ 关于"翁门六子"一说,张謇曾回忆说:"刚毅当光绪之季,两宫失欢时,以翁、汪为帝党,力主仇外,联结端、荣,假势匪团,骈诛徐、联、袁,许诸人。后又造为翁门六子之谣,冀以尽除异己。六子以侍郎为首,中有志锐、文廷式、某、某,余最后。"参见《观汪氏所藏翁文恭与郎亭侍郎手札(有序)》,张謇研究中心、南通图书馆编:《张謇全集》第五卷,江苏古籍出版社1994年版,第345页。

了汉冶萍公司的诞生。1898年戊戌政变后，清廷下令通缉捉拿，不得不流亡日本。1900年回上海参加维新派召开的中国国会，并把希望寄托在自立军起义上。起义失败，他也带着满腔的抱负郁郁而终。一生学问渊博，著述宏富，溶中学、西学、旧学、新学于一炉，有《云起轩词钞》《云起轩诗钞》《文道希先生遗诗》《纯常子枝语》《补晋书艺文志》《闻尘偶记》等著作传世。可以说，来自翁同龢的擢拔之恩，文廷式以自己的实际行动回报着。

翁同龢识拔张謇终成状元，更是堪称科举史上一段经典佳话。

张謇（1853—1926），字季直，号啬庵，江苏海门人。出于乡谊之情，更为彼此政见的相投相合，翁同龢对他心有提携之意。溯至1876年起应淮军"庆字营"统领吴长庆邀请，张謇入幕任文书，参与庆军机要。1879年因吏部侍郎、江苏学政夏同善的赏识，张謇被录取为科试第一名。翁同龢与夏同善一起授读毓庆宫，对张謇才识早有所闻。1882年朝鲜发生"壬午兵变"，日本乘机派军舰进抵仁川，吴长庆奉命督师支援朝鲜平定叛乱，张謇随军奔赴汉城，为吴长庆起草《条陈朝鲜事宜疏》，并写有《壬午事略》《善后六策》等政论文章，反对侵略，主张对日本采取强硬立场，由此受到南派"清流"首领翁同龢、潘祖荫的推许和注目，成为他们着力提携以期培植自身力量的重要对象。

1884年张謇回国后，继续攻读应试，并开始与翁同龢书信联系。第二年夏天，翁同龢亲自到张謇所在东单牌楼观音寺胡同文昌关帝庙住处探望，留下深刻印象。1885年7月7日记："饭后访张季直优贡，謇，南通州人，名士也，年卅一。剧谈朝鲜事，以为三年必乱，力诋撤兵之谬，其人久在吴筱轩幕也。"①入秋后，张謇参加顺天乡试，录中第二名，即南元。事后得知荐卷本定第六，因有正副考官潘祖荫、翁同龢力争定了第二，张謇充满感激地回忆说："潘翁二师期许甚至，翁尚书先见余优贡试卷，试前，知余寓距其宅不远，访余于庙，余一答谢。"②翁、张从此正式确立了师生关系。

---

① 翁万戈编，翁以钧校订：《翁同龢日记》第五卷，中西书局2012年版，第1985页。
② 《自订年谱》，张謇研究中心、南通图书馆编：《张謇全集》第六卷，江苏古籍出版社1994年版，第847页。

此后,张謇虽然接连参加了 1886 年、1889 年、1890 年、1892 年会试,但一次次名落孙山。不过闱中传出的戏剧性内幕,也足见翁同龢不遗余力的奖掖之心。为了着意延揽张謇,翁同龢和潘祖荫等不惜在试后暗地识别他的卷子,结果 1889 年误中无锡孙叔和,1890 年又误中了陶世凤。1892 年会试时,翁同龢嘱同考官细心校阅并寻访张謇试卷,但拆封后才知又把常州刘葆真的卷子误为张謇之作,却不知张謇卷子已被第三房同考官冯金鉴随意斥落了,翁同龢为之懊恼不已。资料显示,1890 年落榜后,张謇情绪低落,一度决意南归。为此,翁同龢先是两度委托侄孙翁斌孙专程看望,又设法为他争取国子监教职,恳切挽留。当年 5 月 30 日至 6 月 7 日的短短几天内,翁同龢多次写信问候,[①]信中以"窃为国家惜,非为诸君惜也"[②]之辞,对张謇、郑孝胥等人落第示以安慰;赶在张謇离京南归前又致函:"国博之试诚鸡肋,得少留,可乎?拟与郑盦(按:指潘祖荫)为足下谋一都讲,不知成否? 薄少聊助脂车,珍重,再见",表达了为其谋差留京并薄资往返路费的心意,[③]后又赠路资送别。[④] 此后张謇又有诗四首寄呈,其中句曰:"十年辽海军,苦辛狃泥滓。公与幕府笺,问讯辄书尾。"[⑤]诗中追忆了当年在吴长庆幕中得到翁同龢关照的感人情景。

　　尽管因连续三次误认而阴差阳错,但翁同龢依旧执意识拔张謇,遂其未了的夙愿。

　　1894 年适逢慈禧六十寿辰,朝廷特开恩科会试,42 岁的张謇因屡遭科场挫跌,已无心应考,但在父兄的再三催促下第五次赴京应试。5月 16 日会试发榜第六十名,复试取第十名。到了 5 月 26 日殿试,翁同龢提携之心已迫不及待,收卷官坐候张謇交卷,便送呈阅定"盖知张为

---

① 有关信函的确切时间考证,参见都樾:《翁同龢致张謇文稿系年考订》,《南通大学学报》2011年第 1 期。
② 《致张謇函》,1890 年 5 月 30 日,参阅赵平笺释:《翁同龢书信笺释》,中西书局 2014 年版,第 161 页。
③ 《致张謇函》,1890 年 6 月 7 日,参阅越平笺释:《翁同龢书信笺释》,中西书局 2014 年版,第 162 页。
④ 据张謇 1890 年 6 月 7 日记载:"常塾师赆以二十金,许为觅一书院留试学正,不能从也。"《自订年谱》称:"翁尚书命留试学正官,非余意,久于京无力,谢归。"参见张謇研究中心、南通图书馆编:《张謇全集》第六卷,江苏古籍出版社 1994 年版,第 310、850 页。
⑤ 《奉呈常熟尚书》,1892 年 5 月 26 日,张謇研究中心、南通图书馆编:《张謇全集》第五卷,江苏古籍出版社 1994 年版,第 89 页。

翁所极赏之门生也"①。翁同龢评阅后称"文气甚古,字亦雅,非常手也。"②第二天又与李鸿藻等考官商议:

> 将本桌圈尖点次序先理一过,遂定前十卷。兰翁、柳门、伯愚皆以余处一卷为最,惟南皮不喟然。已而仍定余处第一……③

5月28日光绪帝在乾清宫西暖阁召见阅卷大臣,翁同龢等捧卷入内。日记载:

> 上谛观第一名,问谁所取。张公以臣对。麟公以次拆封,一一奏名,又奏数语。臣对张謇江南人士且孝子也,上甚喜。④

就此,张謇以一甲一名蟾宫折桂,次日授以六品翰林院修撰官职。

此后的事实表明,身处多事之秋,张謇很快成为"清流"的佼佼者,成为翁门弟子中的主要决策人物。从考中状元的那一年起,始有日本侵略朝鲜,继而中日甲午战争爆发,师生俩过从频繁,无话不谈,交流对日政策,建议加强战备,推动朝廷对日抗战,抨击李鸿章妥协求和,结下了同乡、师生、挚友的多重情谊。面临甲午战败后深重的民族危机,他又积极投身戊戌变法,志在通过改革实现拯救国家的抱负。戊戌政变后回家乡南通,走上实业救国之路,创建大生纱厂,创办师范学校,大力推进地方改革事业。义和团运动后更以极大的热情积极投入清末宪政活动。辛亥革命之后后又毅然支持和参加革命党人筹建民主共和国的活动,并担任中华民国南京临时政府首任实业总长。在复杂多变的民初政局中,坚持民主共和,反对帝制复辟,坚持发展实业,促进社会经济发展,始终以创办实业、参与社会活动的形象活跃在民国社会的舞台上,成为中国近代著名的爱国实业家、政治家和教育家。凡此种种业绩显示,张謇没有辜负恩师的悉心栽培。

综上和以下章节所述,无论是体恤民生,还是识拔英才,无不体现了翁同龢忧国忧民的可贵从政品格。这一弥久而弥坚的品格,既是翁

---

① 王伯恭著:《蜷庐随笔》,山西古籍出版社、山西教育出版社1999年版,第33页。
② 翁万戈编,翁以钧校订:《翁同龢日记》第六卷,中西书局2012年版,第2738页。
③ 翁万戈编,翁以钧校订:《翁同龢日记》第六卷,中西书局2012年版,第2739页。
④ 翁万戈编,翁以钧校订:《翁同龢日记》第六卷,中西书局2012年版,第2739页。

氏家族精神的延伸，又包含着自身恪尽职责、勇于担当的自觉。

## 第三节　体恤民生

　　民生即利源。

　　此邦系天下。①

　　这是 1902 年侄孙翁炯孙赴四川为官时，翁同龢为其所题赠勉的诗句。可以说，也是他长期宦海生涯的夫子自道。

　　翁同龢一生职掌多部，先后委任工部、刑部、户部等要职，任上关注民情，体恤民生，诸如参与圆明园修复与否的廷议、筹措黄河决口工程巨款、力陈停止慈禧寿诞庆典活动、平反杨乃武与小白菜冤案，乃至于开缺回籍后平息西乡抢粮事件等典型事例，无不体现了他的民生关怀。

　　1874 年（同治十三年）8 月，翁同龢因母丧孝服期满回京销假，仍派在弘德殿行走。不过入宫没几天，身为帝师的他就卷入了由圆明园修复与否掀起的朝局风波。

　　坐落于京城西郊的圆明园，是一座占地五千三百多亩的大型皇家园林，始建于康熙年间，此后代有经营。1860 年（咸丰十年）被英法联军付之一炬，皇家宫苑化为残垣断壁，满目疮痍。1873 年同治帝亲政，当年十月以颐养太后为名，下诏修复圆明园，作两宫太后居住和皇帝听政之所。为解决工程所需的庞大款项，以加官晋爵为条件要求官员捐输。慈禧对此也表现出相当的热情，几次催促皇家建筑设计御用的"样式雷"呈交烫样，还亲自绘制工程图纸。但在当时内乱甫平、国库入不敷出的情势下出此修复之议，很快遭来众大臣的反对。尽管阻力重重，皇上一意孤行，群臣大多敢怒而不敢言。

　　翁同龢丁忧南归期间就注意到了修园之争，1873 年 12 月 10 日记："见邸抄，御史沈淮请停圆明园工作，有旨谓安佑宫恭奉圣容，且两宫太

---

① 《送侄孙炯孙之官四川》，1902 年 2 月 13 日，朱育礼、朱汝稷校点：《翁同龢诗集》，上海古籍出版社 2009 年版，第 282 页。

后宜有游憩之所，饬内务府稍加修葺。夜不能寐。"①1874 年 8 月中旬进京后不久，借"报效"之名、行欺诈之实的李光昭被从严惩办，让他深感"一时称快"②。李光昭原籍广东，以贩卖木材、茶叶为生，后在安徽报捐得了个候补知府衔，纯属素行不端的无赖。眼见修园之机有利可图，李光昭提出报效木材资助修园，经内务府奏请委以重任，于是以"奉旨采办"的名义，又私刻"奉旨采运圆明园木值李"的衔章四处行骗，将实际只有五万银两的洋木，虚报价值三十万两之多。此事经直隶总督李鸿章查实并弹劾处决。奸商李光昭诈骗案曝光后，一时舆情喧哗，力陈停修圆明园的舆论再度占据了上风。

令朝中大臣更为忧虑的是，自修园以后，同治帝四次巡视工程，藉以游玩宴乐甚至夜不归宿，由此引来朝野上下人言籍籍。鉴于皇上贪图享乐而置学业、朝政于不顾的严重事态，8 月 27 日，恭亲王奕䜣与醇亲王奕譞、大学士文祥等十多位重臣联名上折，痛陈修园之弊，提出畏天命、遵祖制、慎言动、纳谏章、重库款、勤学问等六条谏议，力阻修园工程。继之，帝师李鸿藻等再度上疏直陈慈禧，详论急停理由，认为："今大局粗安，元气未复，当匮乏之时，为不急之务，其知者以为皇上之孝思；其不知者将谓皇上渐耽安逸，人心有不免涣散者也。在承办诸臣，亦明知工大费多，告成无日，不过敷衍塞责；内而宦寺，外而佞人，希图中饱，必多方划策，极力赞成，如李光昭者，种种欺蒙，开干进之门，启逢迎之渐，此尤不可不慎者也。虽曰不动巨款，而军需之捐例未停，园工之功捐继起，以有限之财，安能给无穷之用？臣等以为与其徒敛众怨，徒伤国体，于事万难有成，不如及早停工，以安天下之人心乎？"③

在随后的召见面陈中，据说同治帝奏章没看几眼就不耐烦地说："我停工何如！尔等尚何哓舌！"在奕䜣等人就微行之事继续陈词后，不想同治帝更是恼羞成怒道："此位让尔何如？"文祥见状伏地痛哭，差点昏厥，奕譞则继续泣谏，廷争之激烈可想而知。④ 君臣反复辩驳后，同治

---

① 翁万戈编，翁以钧校订：《翁同龢日记》第三卷，中西书局 2012 年版，第 1039 页。
② 翁万戈编，翁以钧校订：《翁同龢日记》第三卷，中西书局 2012 年版，第 1095 页。
③ 李宗侗、刘凤翰编：《李鸿藻年谱》。
④ 李慈铭著，吴语亭编：《越缦堂国事日记》（三），台北文海出版社 1978 年版，第 1147—1148 页。

帝不得不颁旨暂停园工,又推说此事"为承太后欢,不敢自擅,但允为转奏。"①

据翁同龢日记载录:②

> 8月27日:兰孙前辈云,拟具一疏,枢廷、御前及余辈同上。

> 8月28日:巳初绍彭来,以面款之,同诣兰孙,少顷荫轩亦至,兰孙昨事议定,彼两处联衔,余等不列,凡六条。以去年正月廿五召对时余未与,而王君又新入直者也。

> 8月29日:是日御前大臣、军机大臣同请对,凡十刻始下,引见毕午正一刻矣。偕荫轩诣绍彭处饭,兰孙来,具述廷争语,上意深纳,惟园工一事未能遽止,为承太后欢,故不敢自擅,允为转奏。

显然,这次联名奏疏并非由翁同龢起草,也没有具名在列,但9月9日随班觐见的廷议,有他同样的态度和立场坚守。在这次被传旨参加军机大臣、御前大臣廷议上,皇上也想听听翁同龢的看法。日记载,皇上"大抵因园工质诸臣何以不早言,并及臣龢此次到京何以无一语入告。"③翁同龢告以因皇上到书房才七天,六天作诗作论,无暇谈及;又将自己了解到有关此事的各种传闻,特别是江南民间对于此举造成官员中饱私囊、人心涣散的怨言,一一如实禀告。也许正是因为翁同龢的廷议直言,稍后二天,由李鸿藻转告"讲书当切实明白,务期有益"④的传谕,多少暗含了慈禧对他的不满。

廷议至此,风波并未戛然而止。随后,心存怨恨的同治帝以"朋比谋为不轨"的罪名,将谏阻的恭亲王、醇亲王等十大臣尽行革职。翁同龢在9月9日的日记里记述:"访兰孙谈。朱谕事,有跋扈、离间母子,又有欺朕之幼,奸弊百出,目无君上,天良何在等语,皆传闻,未的也。"⑤对于同治帝的无端指斥,自有难言的郁愤。眼看因皇上少不更事,君臣

---

① 李宗侗、刘凤翰编:《李鸿藻年谱》。

② 此处引文,分别见翁万戈编,翁以钧校订:《翁同龢日记》第三卷,中西书局2012年版,第1096、1097、1097页。

③ 翁万戈编,翁以钧校订:《翁同龢日记》第三卷,中西书局2012年版,第1099页。

④ 翁万戈编,翁以钧校订:《翁同龢日记》第三卷,中西书局2012年版,第1100页。

⑤ 翁万戈编,翁以钧校订:《翁同龢日记》第三卷,中西书局2012年版,第1099页。

矛盾如此激烈,两宫太后只得出面调解,最终恢复所罢各官职务,双方以修葺三海①为条件达成妥协。不过,因同治帝几个月后突然驾崩,历时一年之久的修园风波无果而终。晚年追怀此事,翁同龢还在自订年谱里留有"龢特蒙召对,因具陈民生艰苦,众怨沸腾"②的清晰记忆。

1886年(光绪十二年)年初,翁同龢奉旨由工部尚书调任户部尚书。面临朝廷库帑空虚、长期入不敷出的严峻局面,他在1888年5月14日的日记立下了努力的三大愿景:"内库积银千万,京师尽换制钱,天下钱粮徵足。"③岂料国家大事处处需要款项,刚刚履职司农的翁同龢,就遭遇了黄河决口的紧急事件。

1887年10月,黄河在郑州下汛十堡处决口,并很快由最初30余丈扩大到300余丈,河水南趋灌入贾鲁河,又东会涡河,南注周家口,并改道经淮河流入大海,直隶、山东两省黄河段洪水流经地区,一片汪洋泽国,哀鸿遍野。救灾事宜,刻不容缓,翁同龢深知户部必须马上投入到抗洪抢险、灾后重建工作中去。当时,应河南巡抚倪文蔚奏请抢险急赈所需,清政府先责成由户部提拨200万银两,"以后筹款源源接济"。但户部已无钱可支,灾款从何而来?翁同龢一筹莫展,心有余而力不足。

郑州河决后,御史周天霖、李士琨先后奏请开办河工新捐,应饬各省广开捐例,许绅民以实银报捐官职,名为"郑工新例"。所谓"捐例",说白了就是"卖官鬻爵"。作为清代纳资捐官的规例,自康熙起各朝多有广开捐纳之举。捐例可以缓解一时的财政困难,但过多的捐班官员,容易造成吏治腐败的危害。经户部综核周、李二人所奏,连日商讨筹款事宜,最后大多赞同捐例筹款。对于这种"破例添银"的做法,翁同龢虽深感"于心不安"④,多有不敢苟同之见,后因奉旨允准,不得不遵命从事,但至1888年底捐银只收到八十万两,远不足修河赈济之资。1887年11月,翁同龢又不得不领衔奏陈《遵旨议复河工拨款折》,提出六条河工筹款办法,包括:一、外省防营长夫,拟概令裁撤;二、外洋枪炮船只

---

① 慈禧归政后颐养之地南海、中海、北海。
② 翁万戈编,翁以钧校订:《翁同龢日记》第八卷,中西书局2012年版,第3829页。
③ 翁万戈编,翁以钧校订:《翁同龢日记》第五卷,中西书局2012年版,第2234页。
④ 翁万戈编,翁以钧校订:《翁同龢日记》第五卷,中西书局2012年版,第2188页。

及未经奏准修复之炮台等工程暂行停止;三、在京官员、兵丁应领各项米折补贴银两分别停止;四、征调郑州附近河南防军协同堵口以节经费;五、各省盐商捐输请奖;六、当商汇号预交课税。其中第二条,也即暂停中法战争以来开办的海防捐,要求沿海各省停止订购外洋枪炮船械,以节减经费。奏曰:"迩来筹办海防,固属紧要,而河工巨款,待用尤殷,自应移缓就急,以资周转……俟河工事竣,再行办理。"①

　　翁同龢之所以这么做,也是不得已的权宜之计,并不意味着筹办海防不重要,而是当时郑州河决带来的民生艰难更是迫在眉睫的大事要事。不过由于海防捐的停办,北洋舰队失去了大笔经费来源,李鸿章也因此与翁同龢结下了面和心不和的怨结。即便如此,苦于费无所出,河工用款大多不能迅速到位,最终不得不举借洋债。据 1887 年 11 月 11 日翁同龢记有曾纪泽与他的晤谈要点:"彼谓大治黄河非三千万不可,莫若由京至扬州造一铁路,以三十年利息归洋人,而河工即包在内云云,未敢置可否也。"②翁同龢之所以对此未置可否,在他看来,举借洋债不仅要给付高额利息,还以本国海关关税、盐业或烟草业的税收为担保,有损国家主权,这是得不偿失之举。可无奈又何如呢? 先是不得不向英国汇丰银行借款 100 万两,年息七厘,一年内归还;次年又借款 100 万两,岁息七厘,分五年由各省摊还。经多方筹措,才勉强保证了工程用款。至 1889 年元月郑州河决堵筑工程宣告完竣,在一定时期内保障了黄河的顺畅,减少了河南的水患灾害。而在这期间,翁同龢为筹款想方设法的苦心和压力不难想象。

　　不仅于此,针对郑州河决改道入淮,迫使淮河南下淹没洪泽湖的险情,顾念到里下河百万民众的安危,当年十月,翁同龢多次走访水利专家,征求治水建议,如曾任海州盐运分司、熟悉河务的徐星槎,"力言导淮宜截云梯间,由潮河入海也。"③"指陈导下河诸水处所……画一洪泽

---

① 《遵旨议复河工拨款折》,详见朱寿朋编:《光绪朝东华录》(二),中华书局 1958 年点校本,第 1782—
　　1784 页。
② 翁万戈编,翁以钧校订:《翁同龢日记》第五卷,中西书局 2012 年版,第 2188 页。
③ 翁万戈编,翁以钧校订:《翁同龢日记》第五卷,中西书局 2012 年版,第 2181 页。

里下河形势图,明日携入。"①在此基础上,他与潘祖荫联衔上奏《黄河南决恳饬速筹堵塞并设法补救折》,折中分析了黄水南流的危害,并提出了速筹引水疏导入海的对策。在翁同龢的呼吁下,随即谕令两江总督、江苏巡抚酌情办理,最终得以疏通,使该地区在相当一段时间内避免了严重的水患发生。

体恤民生的事例,同样表现在1894年(光绪二十年)对待慈禧六旬庆典筹办的问题上。

慈禧六十寿辰大张旗鼓之时,正当中日战争一触即发之际。规模庞大的庆典工程不断吞噬着王朝的财政收入,年前11月慈禧尽管旨令户部每年添拨内务府经费五十万,以后不得再向户部拨借,实际上内务府却不断以筹办庆典为由索要钱粮,1894年2月1日翁同龢在日记里写道:"今日内务府奏两件,一造办处修理匾对等万余件,请销银九万九千余;一宁寿宫前段工程,请先提银三十五万余。福相嘱司官即日札库,昨被严旨,而今邀俞允,理不可解,且巨款漫销,无为考究,骇人听闻。"②如此漫无边际且无从追查用途何在的银两开支,让他深为震惊。为了应付战局,清政府不得不花费四百多万两,先后向英国、德国、阿根廷订购部分快艇;而用于军队开拔、招募和编练、沿海防御的所需款项总计三百九十余万两。面对如此巨大的军事开支,难以为继的清政府只得再举外债,1894年7月通过海关总税务司赫德,向英国银行借贷一千万两,十年后还本,十年中利息银四百二十万两。在战争将至的危急关头,军费筹措尚且需要举借外债,庆典费用又如何筹措?据档案资料《皇太后六旬庆典》所载,当时费用主要来自"部库提拨"、"京外统筹"二方面。前者由筹备饷需、边防经费两款中提用一百万两,从铁路经费中挪用二百万两;后者就是向京内外臣工摊派银两。据载,当时宗室王公、京内各衙门、各省督抚将军等文武官员,共计报效银两二百九十八万余两。

眼看前方战事吃紧,军费开支频频告急,慈禧却为生日庆典挪用海

---

① 翁万戈编,翁以钧校订:《翁同龢日记》第五卷,中西书局2012年版,第2181—2182页。
② 翁万戈编,翁以钧校订:《翁同龢日记》第六卷,中西书局2012年版,第2705页。

军经费,修缮颐和园,建彩棚经坛,致使清军在朝鲜战场上接连失利。为此,朝中部分官员纷纷上书,呼吁停止庆典工程,以充实军费。中日开战在即,内务府要求先拨庆典用款 156 万。身为户部尚书的翁同龢从国家大局出发,认为"商款不宜拨归内府"①,断然拒绝。慈禧为敷衍廷臣劝谏的舆论压力,表面上连日发布懿旨,先命宫中省下三百万银两交户部陆续拨用,以助军饷;又责令所有庆辰典礼只在宫中举行,颐和园受贺事宜即行停办,之后明确一切点景俱暂停办,工程已立架油饰的不再添彩绸。但随后却又明令王公大臣及各省官员的贡品呈进时间表,消息传出,纷议又起。

10 月 19 日,翁同龢与李鸿藻据 1892 年懿旨"凡贡物绸缎,均毋庸呈进"②为由继续劝谏,但一切无济于事。11 月 7 日庆典的当天,金州、大连相继陷落。前方军情告急,慈禧却不为所动,在颐和园升殿受贺,大宴群臣,并接连赏戏三天,公事皆延置不办。事后,翁同龢等人的努力和抗争还招来了慈禧的打击报复,慈禧曾经对人说过:"今日令吾不欢者,吾亦将令彼终身不欢。"庆典过后,先将光绪帝的爱妃珍妃和瑾妃以"干预朝政"的罪名降为贵人,把瑾妃、珍妃的兄长、坚决支持光绪帝抗战拒和的志锐发往乌里雅苏台。随后要挟撤销满汉书房,进一步加强主和派势力和剪除光绪帝周围的主战派力量。翁同龢 12 月 4 日日记:"命撤满汉书房,臣力争之,无人和也,命姑且听传,择日再发。"③经他苦苦劝说,汉书房才得以勉强保留。

在慈禧万寿庆典的问题上,翁同龢从国家利益出发,不顾个人安危,表现出了敢于直言进谏的精神。此间心境,他曾有自嘲:"以菲才而当枢要,外患日迫,内政未修,每中夜彷徨,憾不自毙。"④

至 1875 年(光绪元年)任刑部右侍郎一职,翁同龢冲破重重阻力,介入了被称为晚清四大奇案之首的杨乃武与小白菜案,更是典型地体现了他为民请命的从政襟怀。

① 翁万戈编,翁以钧校订:《翁同龢日记》第六卷,中西书局 2012 年版,第 2768 页。
② 翁万戈编,翁以钧校订:《翁同龢日记》第六卷,中西书局 2012 年版,第 2784 页。
③ 翁万戈编,翁以钧校订:《翁同龢日记》第六卷,中西书局 2012 年版,第 2801 页。
④《自订年谱》,翁万戈编,翁以钧校订:《翁同龢日记》第八卷,中西书局 2012 年版,第 3860 页。

这一案件,发生于两年半前的杭州府余杭县,主要案情是说民妇葛毕氏(小白菜)与举人杨乃武勾搭成奸,串谋毒死职业为豆腐坊伙计的亲夫葛品连。一年多前,该案已按大清例律规定的法定程序,经地方五级审理,以所谓事实清楚,证据确凿,一体裁决葛毕氏凌迟处死,杨乃武斩立决,以此作结案处理并上报刑部。后来,经过杨乃武与葛毕氏的翻供、杨家二次进京告御状等情况,加之申诉材料又经《申报》报道,一时间舆论大哗,议论纷纷,引起海内广泛关注。自 1875 年 11 月 15 日由御史边宝泉以"案情未确"①劾奏后,慈禧下旨将交刑部详细审理,由浙江学政胡瑞澜进一步查究。但对刑审案件并不在行的胡瑞澜,采用逼供严讯的做法,认定"原案定罪并无出入"后维持原判。

这时翁同龢刑部上任伊始,他就为此调阅了该案卷宗,很快发现可疑之处。随后的日记中,涉及此案内容达 15 处之多,在此引摘其中之一二:

> 11 月 16 日:索浙江司原奏不得,怒斥之,仅而得见。细核供招,历历如绘,虽皋陶听之无疑矣。然余意度之,葛品莲聘娶葛毕氏,用洋钱八十元、折筵六十元,品莲系豆腐店帮工,乌得有此巨款? 此一可疑也。葛品莲脚上患流火,葛毕氏买洋参、桂元,用制钱一千付伊母家买药,夫以贫家患皮毛之疾,竟用千钱买药,亦属不伦,此二可疑也。且京控称该县之子曾与葛毕氏往来(再查原控无此语,但云少爷索钱而已),今结案仅据皂役供本官之子早经回籍,并未取有该县亲供,亦属疏漏。②

> 11 月 17 日:饭后到署,细阅葛毕氏全案,供招与原揭异者四处,今供内情节互异者一条,可疑者二,疏漏者一,皆签出。③

显然,自 11 月 16 日起看过全部案卷后,翁同龢发现了案情的疑点和疏漏,并逐一加以检出。当时林则徐之子林拱枢分管浙江司刑狱,同

---

① 翁万戈编,翁以钧校订:《翁同龢日记》第三卷,中西书局 2012 年版,第 1200 页。
② 翁万戈编,翁以钧校订:《翁同龢日记》第三卷,中西书局 2012 年版,第 1201 页。
③ 翁万戈编,翁以钧校订:《翁同龢日记》第三卷,中西书局 2012 年版,第 1201 页。

样认为案情可疑,需要重新审讯,不宜轻率入奏。通过查阅卷宗、走访浙江籍官员、与部员讨论案情,翁同龢心头的疑窦越来越重,也与同值毓庆宫的张家襄、广寿,以及刑部左侍郎绍祺等人取得一致意见。而当时刑部尚书桑春荣认为该案审断明确,用不着再议。经过长时间的反复辩论,迫使桑春荣让步,然后共同署名上奏,就胡瑞澜的复审提出四点疑问,要求重审。与此同时,此案的审理也引起了浙江籍京官的关心,他们综合各方面的情况分析判断,认为这是一起冤案。翁同龢为此建议浙籍内阁中书罗学成联络地方同人联名向都察院提交呈状。迫于朝野舆论的巨大压力,慈禧批准此案交刑部重审的奏请,责令审慎处理。至此,案件的审理在几经曲折后出现峰回路转。在翁同龢调离刑部后,依旧通过侄儿翁曾桂继续关注此案进展。当得知开棺验尸结果后,他不由感叹:"甚矣! 折狱之难,而有司者之不可不审慎也。"[1]1877年3月30日,经过七次误判、长达三年之久的冤案终于得到平反昭雪。这一天的日记里,翁同龢写道:"是日刑部奏平反浙江杨乃武一案,余杭县知县刘锡彤发黑龙江……通饬各督府,嗣后承审案件,务当悉心研鞫,不得稍涉轻率。"[2]

刑部任上,翁同龢留职虽短,但能秉公执法,认真办案,为伸张正义、良心坚守,不怕开罪朝廷官员,避免了一场悲剧的发生。

假如说,在朝时体恤民生,是出于为官的一份责任。那么,晚年被贬居乡期间,翁同龢依旧关心民间疾苦,就更显见其可贵之处。

1898年初夏,常昭一地遭遇干旱,庄稼严重歉收,就是在如此灾荒面前,地方豪绅照常强征民租,极尽搜括之能事。西乡灾民为此不堪其苦,拒缴租税,抢劫大户。西乡抢粮事件发生后,常、昭两县请调淞沪水师前来弹压,将抓捕的许多抢粮农民关押和拷打。刚罢官回籍的翁同龢闻讯此事,顾不上自己的现实处境,很快向严心田、屈荫堂、叶茂如、冯月亭、俞钟銮等在籍官绅了解事件真相。知其原委后,又偕众乡绅与县令商讨解决对策。7月15日日记:"致书陆云孙,请

① 翁万戈编,翁以钧校订:《翁同龢日记》第三卷,中西书局2012年版,第1292页。
② 翁万戈编,翁以钧校订:《翁同龢日记》第三卷,中西书局2012年版,第1307页。

其与中丞言吾邑平粜事,并请拨米三千石。"①此系委托正居家养病的两江总督幕僚陆懋宗,带上自己的信函专程赶赴苏州和南京,请私谊交好的江苏巡抚奎俊、两江总督刘坤一设法赈济。奎、刘两人接信后表示遵嘱照办,并很快发放了三千石赈灾粮米。7月26日:"朱文川大令自省归来见,言抚军令致意,只购得米一万石,常、昭拨三千之说不食言,但须秘密,恐各处纷纷援请也。"随后,针对县令准备将赈灾粮交米行经手的做法,"因切告以西乡绅董来城久候,须即给示发照会,速查户造册。"②提议由清廉公正的官绅主持编查缺粮户册,负责开仓散赈,以免米行从中牟利。之后,因赈灾粮的归款一时无着,翁同龢又率先捐银五百两,其他官绅随之相继捐款。在他的多方努力下,先后赈济当地贫民二千九百多户,救助饥民二万多人,抢粮风波迅速得以平息。

翁同龢晚年的日记中处处体现了对农事的关心,尤其是对自然灾害影响农作物收成的深重忧虑。以1899年日记为例:③

　　6月23日:晨诣山,水长二尺余,几平堤。农夫插秧,睹沾途之苦,为之慨叹。

　　7月21日:风益大,山木皆亚,雨随之,竟日不止,凉而不爽,六月初伏气候如此,吁,可怕也。颇虑濒海处破圩,又虑江北早稻受伤,辗转不释。

　　8月6日:忽阴忽晴,竟日狂风,此风潮也,恐伤稼,天象可畏,风虽凉而气热。

　　8月7日:仍风,稍减于昨,阴云黯黯,晚稻未花,尚未大伤,所怕南风一起数旬耳,乡农但论目前咫尺,若棉若秈,则未敢知。

　　8月20日:雨向晚止,天色发黄,棉正花,必伤,稻则不知。今年江之吉安、浙之余姚皆蛟水,闽省风,鄂又旱,如何?

　　8月30日:微雨竟日,寒甚,气象萧瑟,农事可忧。

① 翁万戈编,翁以钧校订:《翁同龢日记》第七卷,中西书局 2012 年版,第 3191 页。
② 翁万戈编,翁以钧校订:《翁同龢日记》第七卷,中西书局 2012 年版,第 3193 页。
③ 此处引文,分别见翁万戈编,翁以钧校订:《翁同龢日记》第七卷,中西书局 2012 年版,第 3260、3264、3267、3267、3269、3271、3275 页。

9月17日：晨小雨，旋止，申刻乃潇潇矣。昨竟夜大风，今犹不止，恐稻花受伤。

常熟襟湖带江，每当黄梅季节，阴雨连绵。翁同龢眼看村民"扶犁戽水，农时正忙"，感念"近处插秧已遍，得雨稍免农劳"，便会祈望"此时不宜大雨，大雨则秧漂。"眼看天气晴热，又"盼雨甚切，秧新莳多焦。"有一次去福山尝鲜，面对盘中"三百青铜一尺银"的鲥鱼，却因系念"多少荒郊乞食人"①而深感愧对。就在去世前二个月，日记里还留下一笔："连雨，看此光景恐将发水，农事大可忧。"②不难看到，他对靠天吃饭的艰难民生始终有着忧心的关切。

## 第四节　取予有义

难能可贵的是，翁同龢既勤政又清廉，其为官之清、操守之洁的政治品格，已得到史学界好评。有学者认为："清末高官显贵，差不多人人有钱，除非是翁同龢这样不事苞苴的廉介之士，然而这样的人却太少了。"③

翁同龢为官之清廉，突出表现在两个方面：一是严于律己，公私分明，二是对待赠馈，取予有义。

在京居官的四十多年里，翁同龢曾先后四次回家葬亲或修墓。第一次是1868年（同治七年）护送其父、兄、妻柩回乡安葬。是年初秋，翁同龢奏请开缺回籍葬亲，准假三个月。两宫皇太后发圣旨赏其三个月的假期，并声明毋庸开缺。同时责成"沿途地方官妥为照料，以示笃念耆臣至意。"④有了这道圣旨，从昌平起灵到常熟安葬，沿途地方官自是遵旨安排迎送、设祭，派船派人一路护送；更何况翁氏家族显赫，其父门生，其兄旧部，以及翁同龢自己的同年、同僚，亲朋好友遍及南北，兼有

① 《前调食鲥》，朱育礼、朱汝稷校点：《翁同龢诗集》，上海古籍出版社2009年版，第404页。
② 翁万戈编，翁以钧校订：《翁同龢日记》第七卷，中西书局2012年版，第3566页。
③ 庄练著：《中国近代史上的关键人物》（中册），中华书局1988年影印本，第127页。
④ 翁万戈编，翁以钧校订：《翁同龢日记》第二卷，中西书局2012年版，第656—657页。

帝师身份，不知多少官员欲借此机会示好，翁同龢完全可以冠冕堂皇地公费回家，若是一个贪墨者还可借此敛财。但是，翁同龢公私分明、自律甚严。

接圣旨第二天，翁同龢就托同邑门生庞鸿文到通州看船，几经往返后定下两条船。9月16日刚出北京过通州，就"托通州发差信，辞沿途酒席，不准索水脚。"这次回籍是家事，所有费用自付。9月21日到达天津，直隶总督崇厚派千总李万祥由陆路催夫，派把总张恩溶由水路护送。一周后舟至连镇，李鸿章派两炮船护行，千总两人，每船七人，另雇夫十四人，每人制钱四百。9月30日中秋到山东德州后，炮船武弁皆来贺，赏舟师每船一千（二舟），仆人每名一千（五人），"夜遣两弁归，每人十两、扇对，另给李弁（翁同书旧部）四两。"随之在德州定船二只，夫三十二名，每只每站十二吊。过临清时，"遣两炮船归，各酬以四金，先给各两千，另对子一。"途经聊城，总兵欲派马队送，辞之。10月11日自张秋到杨庄，雇太平船一只一百两；黄划子二只每只五十两。10月16日皖南总兵潘鼎立拨三炮船护行。10月19日"遣鼎营三炮艇归，各酬二金并扇对，水手每船三千。"第二天到台儿庄，"遣刘、郑二弁去，各酬十金并大钱千。"10月29日到镇江后，"遣华字营差官周其美、邵珍祺去，酬以六金、扇对。渠等从此溯江还长沙也。"①至11月4日回常熟，两邑令前来吊唁，设祭。二天之后以执事夫价付两县，每夫官价七十文，共五百四十七名，夫头八人倍给，马三十三匹，每匹二百。出殡杠夫一百二十人，每人二百八十。执事夫四百人，每人一百二十或一百四十。定饭菜五簋一汤，客来以此款之，每桌九百，请陪宾及账房诸君。从以上记载可知，这次回籍葬亲，翁同龢不仅自己雇船雇人，自掏腰包，官府派出的炮船、差官也是由他付费，有的还赠予扇联。

此次葬亲，翁同龢一路收受赠赙也极有分寸，赠送奠仪是礼，礼有名分，礼尚往来，所收多为互通往来的前辈、亲属、乡友、同年和门生。9月27日，舟过南皮（隶天津府），"途遇李宫保，未敢通款也。……夜分

---

① 翁万戈编，翁以钧校订《翁同龢日记》第二卷，中西书局2012年版，第659、664、666、671、675页。

李宫保遣弁……以书至,送百金为赙,秉烛答之。留其弁于船,天明去。"①李鸿章座师是翁心存门生,翁心存也就是李鸿章的太师,李鸿章权高位重,不能不受。10月8日到山东聊城,同知周鹍"送奠仪、祭幛及席,均受之。"②周鹍是1861年(咸丰十一年)翁心存充任顺天乡试副总裁所取之士,翁同龢称其"世兄",与翁家关系亲近。四年后翁同龢扶母柩回家守孝,时任苏州知县的周鹍还到常熟祭奠。有"山东第一能吏"之称的东昌知府程绳武,江苏常州人,是翁氏亲密乡友,此次从北京出发后,翁同龢就事先写信于他,托其照料。10月9日程绳武送来百金,"受之,同乡故也。"③翁同龢本家镜湖叔(翁心鉴)在东昌府当吏,就经常得到程绳武的接济。另一位傅心泉是翁氏外家许氏亲戚,既送奠敬又送菜。山东藩台潘鼎新是许氏女婿,知道翁氏拮据,10月15日以三百金见借,留其一,退其二。10月22日至宿迁,时任河道总督张之万前辈行礼致赙。10月28日到扬州,前扬州府孙恩寿也是辛亥世兄,"送幛奠分,廿四。受之。"④

非亲非故的地方官送奠敬,翁同龢则一概"却之"。比如,9月26日交河县朱绍穀"送奠敬,却之。"⑤10月份,就分别婉谢了州牧陶绍绪、清平县令桂昌、聊城县令王世荣、山东侍卫提督陈国瑞、常镇道蔡世俊等所送数目不等的礼金。

要说当时翁同龢的手头并不宽裕。当年11月3日到苏州,岳丈汤修赶来设奠,翁同龢从他那里借了百元银两。回常熟当天,又致信岳丈追借百两,最后将丧事办妥。

1889年8月,翁同龢请假两月由海道回籍修墓。在动身回北京前的九月初,时任两江总督的曾国荃来函并致路费,由在两江总督府办事的邑人杨沂孙长子杨思赞送来。自1875年(光绪元年)4月初和曾国荃在京首次见面长谈,翁同龢对"学有根底"的曾国荃一直敬佩有加,视之

① 翁万戈编,翁以钧校订:《翁同龢日记》第二卷,中西书局2012年版,第662—663页。
② 翁万戈编,翁以钧校订:《翁同龢日记》第二卷,中西书局2012年版,第667页。
③ 翁万戈编,翁以钧校订:《翁同龢日记》第二卷,中西书局2012年版,第667页。
④ 翁万戈编,翁以钧校订:《翁同龢日记》第二卷,中西书局2012年版,第674页。
⑤ 翁万戈编,翁以钧校订:《翁同龢日记》第二卷,中西书局2012年版,第662页。

为"畏友",两人关系亲密,彼此互有赠馈。当年曾国荃出任陕西巡抚,"留别五十金,受之。"①1884 年元月曾国荃前来送礼,受其鼻烟二瓶。1888 年 7 月中旬,翁同龢以吉林参五枚、舍利甬二件寄赠曾国荃。此次翁氏回籍修墓,曾国荃致以路费之举,体现了对帝师的尊重,但修墓是家事,路费是公款,翁同龢为此仍委托杨思赞退还。

公是公,私是私,翁同龢之公私分明如是。

孔子在《论语·子路》里有"行己有耻"一说,意指辞受、取予之间有"义"和"不义"之分,也即"应该"或"不应该"的问题。中国向有重人情的传统,朋友、亲属、师生、同僚间的礼尚往来是正常的,借别敬、炭敬、岁敬等陋规敛财则是不应该的。翁同龢在京城为官,难免各种推不去、躲不开的应酬,就像他在 1891 年的一封家书中感叹:"数年中风气大变,应酬十倍于昔,我廉于取而丰于予,实不能支。至于一幛一联皆须由肝肠抽出,苦哉!"②为此,翁同龢一般的做法是,前辈、权重位高者,不能却,俟机回敬;亲密的同年同僚,互通往来,其赠馈或受或辞,或受其物却其金,或受其少却其丰;一般的同僚或下级,则一律却之;对于有特殊动机的赠馈,则"峻拒之"③。遇怜贫济困者,则量力相助。

在此,结合 1878 年(光绪四年)至 1883 年(光绪九年)日记的有关记录,可以见证出翁同龢的慎独践行。

1878 年 4 月 21 日,南赣镇总兵王永胜前来拜访,"未晡,赠五十金,却之。"4 月 23 日,以三百金助公善堂,以百金助浙江留养处。5 月 4 日,同年黎召民赠《十三经注疏》,"受之,别敬还之。"6 月 23 日,惊悉老友吴观礼病故,"为之呜咽,赠以五十金"。10 月 8 日,送同年赵佑宸,"所赠别敬还之"。10 月 27 日,亡儿曾翰的生前友人、苏州徐炳烈去世,"助以十二金"④。

1879 年 4 月 8 日,以百金托人南归送二姐端恩处。二姐夫钱振伦

---

① 翁万戈编,翁以钧校订:《翁同龢日记》第三卷,中西书局 2012 年版,第 1161 页。

②《致翁曾荣函》(1891 年 11 月 10 日),原件藏常熟市博物馆。

③ 翁万戈编,翁以钧校订:《翁同龢日记》第四卷,中西书局 2012 年版,第 1525 页。

④ 此处引文,分别见翁万戈编,翁以钧校订:《翁同龢日记》第三卷,中西书局 2012 年版,第 1388、1390、1398、1415、1419 页。

过世后,二姐回常熟住章家角,翁同龢每年都寄银寄物加以接济。8月29日,署理安陆县的山西门生张鹏翯寄赠百金,托其子希仲带到。这是门生孝敬座师。二年后的春夏时节,张鹏翯因在江西安福县任上被参革职,来京谋求复职。翁氏当面退还了所赠百金,受葛布两端。此后,张鹏翯又几次三番前来商请出处,翁同龢不胜其烦之下,邀约数人请张鹏翯小集,以尽师生之谊。11月20日,惊闻岳母不久前离世,为之凄怆,即日写信慰问,并由阜康汇银百两。时至12月6日,感念严冬袭来,特制棉衣百副分送贫寒者。

1880年春,翁氏门生朱肯夫自湖南学政任上期满来京,“有赠,却之。”6月4日(农历四月廿七日)是翁同龢的生日,追念父母兄长凄楚,“来祝者一概谢却,送礼者尽却之”。6月23日,因乘坐海晏号海轮而结识的账房李沧桥遣其弟来送枇杷、佳酒、新茶,第二天翁同龢即以靴一双、宫烛一对、葛布纱各一、药丸四色回赠;又以扇对、食物酬谢来人,并断然拒绝了对方“欲求上海夷场查货事”。6月27日,“得长葛县通家王仲蕃锡晋函,即复之,桃花潭水深矣。”7月16日,仲蕃又信来,“即复讫,兼还其赠。”王仲蕃是同治三年翁氏的山西门生,长期任河南长葛县令,师生关系亲密如桃花潭水之深,但仍还其赠。前辈庞省三是翁心存的门生,咸丰进士。同月18日来长谈,“有赠受之。”成都守徐肖坡是翁氏换帖兄弟、同为光绪帝师孙家鼐之弟,8月25日有赠,受之。9月20日,备五十金赙赠同乡友人吏部主事赵林。12月4日,淮军将领刘铭传以《虢季子盘》打本并诗一册相赠,时隔一周又有赠,“力却之。”[①]

1881年3月18日,山西通家、门生张海峤由贵州学政告假省亲,以百金赠恩师。5月12日,河南巡抚涂宗瀛前辈到京请安,有赠,受之。5月19日,退还下级工部主事延昌送上的祝敬百金。

1882年3月15日,委托前来辞行的邑人徐雯青给二姐捎去五十两。4月24日时任云南布政使刚毅有赠,却之。5月25日谢绝了广东布政使蒯德标所赠百金。7月4日浙江提督欧阳健飞有赠,却之。9月

---

① 此处引文,分别见翁万戈编,翁以钧校订:《翁同龢日记》第四卷,中西书局2012年版,第1516、1521、1525、1525、1528、1529、1563页。

21日门生鲍建屏从保定来访,为其说项,写刚毅信,送四十金,却之。10月10日,来京会试的原翁家西席周子京落第南归,翁赠以袍褂料,又赠廿金、诗扇一。11月15日,陕西布政使王思沂赠五十金,受之;甘肃布政使杨昌濬有赠,却之,受赠《慎思录》二部、绒垫二个、藏香一匣、甘杞一匣。

1883年1月2日,广西桂平道庆爱送礼,却之。1月18日,邑人、门生庞鸿文来晤,赠十六两,受之。1月24日,江西巡抚李文敏(捷峰)为少詹周德润劾奏,事下左宗棠查讯得实,以原品休致,有书诉左相护其亲戚,并赠五十金,作书答之,谢绝其赠。2月21日,驻德大使李凤苞来长谈,"赠物受,赠金却之。粤海崇光君有赠,却之。"7月16日,听说同僚、围棋高手刘绪饥不能出门,致书宗室瑞联,拟集资相赠。8月间,台湾台南道刘璈因与巡抚刘铭传争权,让儿子刘浤拜见翁同龢,"出禀稿见示,语次出一封为赠,乃正色诘责之"①。11月17日,刑部旧识、后外任藩司和巡抚的同年张煦有赠,"却其半"②。12月25日,饶州府恒裕来谈,次日送瓷器,受其水碗十六种。

1889年光绪帝亲政,各路来京晋见的军事将领,都想和身为文臣之首的帝师建立感情,为此纷纷拜会送礼,翁同龢又如何处置呢?

科举时代,"门生"的名分马虎不得。时任镇定镇总兵、提督徐邦道敬重翁同龢。是年八月翁同龢南归修墓途经天津时,徐邦道来访,"欲持贽拜门,峻却之,抵暮始去。"1890年2月28日,徐邦道送礼金,却之,受赠酒、腿、海参、鱼翅。二天后翁同龢遣人送上八匣食物并书赠对屏。6月15日,得徐邦道函,送海味。3月18日,直隶提督叶志超送礼,受皮护书一、洋茶食二瓶。3月30日,四川提督宋庆有赠,却之,受线缎袍褂料、银耳两匣。次日归写大条、折扇回赠。4月1日,裕寿山、李鸿章分别有赠,两位大员不能拒,"受之"。4月5日,通永镇吴育仁提督送礼,受茶叶、青菜干。10月7日,湖北提督程文炳送礼,"受笔墨,余却

---

① 1884年秋,刘璈又以"馈节"为名寄银四十两,遭翁同龢回绝。1885年刘璈第三次向他馈赠,翁同龢专门派人把刘浤请来,当面将他父亲寄赠的巨款退还。

② 此处引文,分别见翁万戈编,翁以钧校订:《翁同龢日记》第四卷,中西书局2012年版,第1525、1805、1823页。

之"。11月22日,天津带盛字营提督卫汝贵送米十六石半,素昧平生,致函婉谢。11月28日,福建总兵罗大春之子是翁氏门生,"送别敬,受之,赠以扇一条四。"①

当时的这些高级将领,都想和帝师结交,若断然拒之,岂非藐视武人,也不合情理。翁氏受其物、拒其金,受其轻,拒其重,并书赠条、屏、扇还礼,或邀其小集,或送其食物,合理合情,这就是取予之义。看似三言两语的日记笔录,生动体现了翁同龢为官清廉的志节与操守。

后世认为翁同龢有钱收集古籍和书画,因此不能把他视为清廉的典范。这是对"清廉"概念的理解偏差,以为"清"必和"贫"相联。清官中贫者有之,如清初官员俸禄极低,甚至养不起全家。康熙年间第一廉吏于成龙调往福建时,装了一船萝卜,每天以萝卜充饥;江苏巡抚汤斌每天中饭的菜肴只能吃豆腐。翁同龢祖父翁咸封在海州当学政,乃最低级的官员,每年只有两次祭拜孔子时才有肉吃,常年过着"豆麦杂麸皮,饘粥伴野菜"的生活。这样的清官在贫困中依旧坚持操守洁,令人肃然起敬,但不能也不应作为样板推广。孔子认为:"富与贵,是人之所欲也,不以其道,得之不处也。贫与贱,是人之所恶也,不以其道,得之不去也"(《论语·里仁》)。这才是对"清"的全面理解,官员"清廉"的内涵当是"不以权谋私"。翁同龢身为一品大员,俸禄是最高的,又担任多种差使,如当帝师、任乡试、会试主考官,任军机大臣、总署大臣等都有津贴,每年年底还有饭银(相当于奖金),虽然他全家在京城,开销很大,但每年都有积余,不在家乡置田买屋,而是用来收藏古籍、书画、碑帖等珍品,以文化传家,并且流传至今。

翁同龢一生爱古籍、爱书画、碑帖成癖,遇到"惊心动魄"、"摩挲不忍释手"的精品,即便倾囊也在所不惜,但决不夺人所爱,义不苟取。

1860年(咸丰十年)英法联军攻入北京,咸丰帝出奔热河。留在京城的翁同龢,"无所适",便在各书店搜检旧书。有一天,与满族官员宝珣在隆福寺三槐堂书坊,见有清初泰州收藏家季振宜手校宋版《通鉴》,

---

① 此处引文,分别见翁万戈编,翁以钧校订:《翁同龢日记》第五卷,中西书局 2012 年版,第 2341、2392、2436、2448 页。

两人都"剧爱之",宝珣是长辈,翁同龢礼让道:"公不能独有也,必假余遍读乃可。"①宝丈笑着答应,约定一月读两函,月底换一次。后来宝丈出任山海关总兵,又回京任兵部右侍郎,翁同龢则为书房授读忙碌,竟未践约。此后翁同龢在任户部尚书,宝珣之子绍彝为在部郎官,偶尔谈及往事。据日记载录,赶在1893年(光绪十九年)翁同龢65岁生日前夕,绍君以《通鉴》十六函作寿礼送上,"余岂肯夺人[入]遗书者哉,看毕当还之"②。随后,因职事烦琐而忙不间歇,他就请堂吏抄录先用朱圈移写毕,自己利用上下朝坐在轿中时校勘一过,边翻边读,一字不漏,历经十个月完成,写下跋语后将书奉还。

浙江湖州陆心源,咸丰举人,光绪年间官至福建盐运使。藏书极富,刻《十万卷楼丛书》,著《皕宋楼藏书志》;又收藏书画,有《穰梨馆过眼录》。陆心源之子陆纯伯视翁同龢为太师,是翁氏门生陆鼎1889年任浙江乡试副考官的门生,1892年8月27日,陆纯伯以其父所刻240册书籍见赠。1893年5月14日,陆心源登门送礼,其中有清初著名肖像画家禹之鼎绘制、王原祁补景的《汪陛交小像》,有沈周画、徐有贞题《有竹庄图卷》,均为佳品。翁同龢生平最爱王原祁、沈周画作,不惜出巨金收藏,但和陆氏只是雅交,如此贵重的名画不能受,而受其廿二匣刻书、著书。5月16日翁同龢回拜答谢,陆心源告知正续编《宋诗纪事》,不久刻成,答应寄赠一部。24日翁氏特意设宴,邀陆心源和爱好书画的同僚钱子密、徐小云、徐郙、汪鸣銮、洪文卿,还有同是湖州籍的原苏州知府、收藏家吴云之子吴广安,一起畅饮剧谈。6月10日,陆心源再以字画见贻,还之。6月16日又送字画,再却;送别敬,亦却之;送侄孙翁斌孙别敬,亦却之。次日写团扇二柄送陆心源。8月13日,受赠陆心源所寄《湖州丛书》。翁同龢的交友之道、取予之义,于此可见。

以撰写揭露官场腐败的小说《老残游记》而名世的刘鹗,1895年为争取翁同龢支持他在山西营办铁路,不惜以五万两银子和数十件字画古董进京,作敲门砖疏通关节。这一明显的行贿,被翁同龢斥为"邪蒿"

① 《题季沧苇先生手校〈通鉴〉》,翁同龢著,翁之熹整理:《瓶庐丛稿》卷三,商务印书馆1935刊本。
② 翁万戈编,翁以钧校订:《翁同龢日记》第六卷,中西书局2012年版,第2650页。

之举而遭拒绝。翁氏后裔所藏字据为证:"刘鹗者,镇江同乡,屡次在督办处递说帖。携银五万,至京打点,营办铁路。昨竟敢托人以字画数十件餂余,记之以为邪蒿之据。乙未五月廿一灯下。"[1]此举,足以看出翁同龢不为重金所动的高风亮节。

翁同龢家书信封

　　细微之处见精神。1878年11月12日,翁同龢通过华洋书信馆,将一封亲笔家书由京城寄往常熟。信封正面写有:内安要家言/烦贵局即带上海由航船经寄常熟南门内/左都御史翁平安家信/思永堂本宅查收勿误/信资酌给/均斋手缄。"均斋"是翁同龢为其书斋所起名字。从信封所书"信资酌给"的字样,可知翁同龢自己花钱寄信一事,事虽小,也能说明他为政的清廉。

　　如上事例不一而足。官至一品的翁同龢居官清正,不徇私情,秉公办事,拒受贿赂,这在吏治败坏、贪污成风的晚清社会,实为难得。

　　如前所及,为偿还甲午战争的对日赔款,清政府先后有过三次巨额借款:先是1895年的俄法借款;继则1896年的英德借款;最后是1898年的英德续借款。也正是在第三次借款中,发生了轰动一时的枢府重

---

① 字据原件藏翁同龢博物馆。

臣纳贿丑闻。前述当年 5 月 29 日御史王鹏运参劾翁同龢与张荫桓"朋谋纳贿"。以致后世不少论者认为,"朋谋纳贿"成为戊戌年翁同龢开缺回籍的直接原因之一。及至翁氏开缺之后,仍有官员继续抓住此事不放。对此,已有专家研究后断定,此事完全是由总理衙门大臣张荫桓与满户部尚书敬信背着翁同龢,暗中与英方达成借款交易,翁同龢并不知内情。翁同龢既未接受俄国人的贿赂,也不可能接受英国人的贿赂。受贿的绝不是翁同龢,而是张荫桓、敬信等人。通过对这次借款"朋谋纳贿"案的考察,不仅证明他与此案毫无牵连,而且还证实了他一直信守的居官要讲操守的诺言。① 白璧蒙尘,无损其洁。

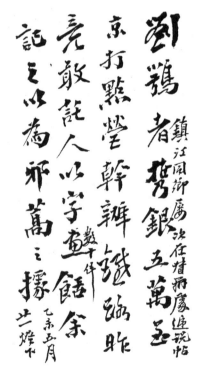

拒受刘鹗打点字据

　　在此值得一辨的是,据说当时有一副广泛流传于民间的对联:"宰

---

① 详见戚其章:《翁同龢"朋谋纳贿"辩诬》,翁同龢纪念馆编:《二十世纪翁同龢研究》,苏州大学出版社 2004 年版,第 468—478 页。

相合肥天下瘦,司农常熟世间荒。"①联语将李鸿章、翁同龢各自的官职、籍贯嵌入,以一"瘦"一"荒"之辞,嘲讽两人在晚清帝后党争中因势同水火而置民生于不顾的为官态度。长期以来,围绕翁李之关系,不少近代史论著就此援引清人野史笔乘,多有翁、李私怨交恶的说法。②但近些年来,这一观点遭到了学界越来越多的质疑。有专家通过研究翁氏家藏甲午战后的外交、借款等珍贵文献后证实:"清人和近人之笔记中多有翁李交恶以至相倾之说,后人治史者引以为据,俨然已成定论。其实,此说所据大都来自道听途说,或捕风捉影,或张冠李戴,与真实的历史是有相当距离的。"③

诚然,翁同龢与李鸿章作为中国近代史上举足轻重的关键人物,都是晚清政坛上位高权重的老臣,由于各自性格品行、处事方式的不同,难免存在着政见的不同,证诸于两人在甲午战争到戊戌变法时期的具体表现,诸如对日和战、户部用款、外交格局以及对人才使用等有关国运的一系列重大问题上,就不乏明显的分歧。但有学者认为,考察翁、李关系,需要在对立中看见统一,"非如此,不能做到对纷纭复杂的历史现象做出实事求是、合乎情理的分析和解释,也断不能恢复历史的本来面貌。"④结合对牵涉翁李关系的《中俄密约》、德占胶澳、英德续借款等三个重要事件的分析,从个人品格的角度看,涉及行贿受贿之事,翁同龢可说绝不会有,李鸿章是难保必有。但身为户部尚书、且亲身参与了借款的翁同龢,对部属的贪赃枉法负有一定的责任。进一步说,翁李二人都是对国事负责任的政治家,他们对某些问题因政见不同发生争执乃至大龃龉,是正常现象。从现存资料看,两人绝没有闹到非此即彼、誓不两立的地步。更何况作为政治家,他们的人际关系决非仅仅两个人之间的事,而往往要受国内外形势、舆论导向、最高统治者的意志、集

---

① 《宰相合肥司农常熟》,徐珂编撰:《清稗类钞》第四册,中华书局 2010 年版,第 1813 页。

② 参见萧公权著:《翁同龢与戊戌维新》,台湾联经出版事业公司 1983 年版;高阳著:《翁同龢传》,黄山书社 2008 年版。

③ 戚其章:《从〈翁同龢文献〉看晚清外交》,《历史教学》2003 年第 9 期。

④ 参见翁飞:《翁李关系探源》,常熟市人民政府、中国史学会合编:《甲午战争与翁同龢》,中国人民大学出版社 1995 年版,第 224 页。

团派系利益,以及穿插在两者之间活动的相关人物等多重因素的影响。① 还有论者指出:不管翁、李之间有多深的个人恩怨与多大的政见分歧,为了国家、民族的利益,都能捐弃前嫌,都能在各自所处的历史条件下,经过主观努力作出了应有的贡献。②

笔者以为,这才是客观、公允的历史评价,民间演绎的掌故说辞不足为信。

翁同龢为官勤政、清廉自律的思想品格之形成,主要来自以下几方面的因素。

一是深厚的传统文化素养。

孟子说:"羞恶之心,义之端也"。义者宜也,就是应该做什么,不应该做什么。明末清初思想家顾炎武倡导"博学于文"、"行己有耻",前者讲为学,后者讲做人,就是知耻则有所不为。翁同龢从小饱读经史,深受传统儒家文化的熏陶。在早年的读书生涯、为官道路上,儒家经典一直是他研习的重要书籍,"仁"、"义"、"信"、"中庸"等道德伦理,"百官为治"、"利天下之民者,莫大于治"的从政理念,陶冶了翁同龢的思想情操,"静以修身俭养廉"在翁同龢的心里深深扎下了根,成了他安身立命之本、道德修养之基。范仲淹、黄宗羲、顾炎武、王夫之等成了他崇拜的对象;历史上的贤君良相、清廉名臣,成了他不断鞭策自己的榜样,成为处世待人和追求人格自我完善的圭臬。由此,以"修身、齐家、治国、平天下"为己任,以个体的内心修炼达到儒家伦理要求的道德准则,成为翁同龢的人生目标,并在实际生活中得以体现。

二是良好的家庭教育。

常熟翁氏耕读起家,清正廉洁是家族保持的优良传统。翁家前辈对子弟提出的清正、廉洁、孝悌要求,是把儒家的忠、孝、仁、义思想化为自己的人生理想后一种必然的行动。八世祖翁长庸及其长子翁大中,以自身清廉的官风率先垂范。至祖父翁咸封官卑而绩显、身为三朝元

248

---

① 参见翁飞:《乙未至戊戌年间的翁同龢与李鸿章》,常熟市人民政府、中国史学会合编:《戊戌变法与翁同龢》,中央文献出版社2000年版,第176、148—149页。
② 参见朱育礼:《翁李交谊与政见异同》,常熟市人民政府、中国史学会合编:《甲午战争与翁同龢》,中国人民大学出版社1995年版,第238页。

老的父亲翁心存又有"清廉传四海"之誉,从小生活在这样的家庭,翁同龢耳濡目染,潜移默化,接受着前辈的言传身教,为自己树立了从政为官的清廉作风和品格。状元及第后,父亲告诫他不忘家族曾经的艰难困苦,矢忠尽孝,报效国家。在清白家风的熏陶下,步入官场后的翁同龢,牢记父亲"家风清白守仪型"的教诲。在他看来,勤政、廉洁,出之自然,毫无矫饰。家族前辈为官为人的操守精神,很大程度上影响了翁同龢的一生。

三是忧国忧民的从政胸怀。

翁同龢之所以能勤政为国、清廉正直,还源于他忧国忧民的政治胸怀。面对鸦片战争以来列强入侵、国势衰落的空前民族危机,翁同龢殚精竭虑地参与中枢决策,认为"吾济身为朝廷重臣,稍有心性,岂能对此无动于衷!"体现了匡时济世的爱国抱负。以民为本,体恤民众,是翁同龢的人生基调,贯穿了他积极入世的一生。担任户部尚书 13 年期间,翁同龢关注农事收成,关心民生疾苦。直到晚年身处逆境之下,还致函地方官,一次次为民请命,伸张正义。这种忧国忧民的从政胸怀,与"以正心诚意、修身、立德立行为本"的传统儒家精神、与"先天下之忧而忧,后天下之乐而乐"、"天下兴亡,匹夫有责"的爱国精神一脉相承。

四是自我反省和总结。

"吾日三省吾身"是中国传统的修身美德,也是翁同龢保持廉政的重要原因。在翁同龢数十年如一日的日记中,有关自我反省的记录比比皆是。1861 年生日之际,日记里写道:"龢生日,自问德不修,业不进,悠悠忽忽,髯见二毛矣。"[1]1864 年 2 月 8 日记:"自念华发垂颠,修名未立,自今以始,当以著诚去妄为第一事,日夕自勉而已。"[2]1867 年 2 月 4 日记:"综计一年中德业不进,意气日浮,良用自愧。"[3]1869 年 6 月 7 日记:"是日龢四十初度,回念三十岁时,感怆终日,真微生如草木耳。"[4]1873 年 1 月 28 日记:"日月不居,已期年矣,生不能尽养,没不能

---

① 翁万戈编,翁以钧校订:《翁同龢日记》第一卷,中西书局 2012 年版,第 145 页。
② 翁万戈编,翁以钧校订:《翁同龢日记》第一卷,中西书局 2012 年版,第 338 页。
③ 翁万戈编,翁以钧校订:《翁同龢日记》第二卷,中西书局 2012 年版,第 537 页。
④ 翁万戈编,翁以钧校订:《翁同龢日记》第二卷,中西书局 2012 年版,第 722—723 页。

致哀,沉痛追悔,天地罔极。又恨名德不立,志气日颓,恐为先人羞,揽涕自艾,虚生人世矣。"①1875 年 2 月 5 日记:"缟衣静坐,万感入心,君亲已往,此身如浮沤,非勉自策厉,何以为人。"②可以说,这些话绝不是自欺欺人,而是在检讨自己言行中的切实感受和认真反思,是翁同龢告诫自己进德修业、勤勉自励的习惯养成。

历史可以镜鉴。翁同龢清廉勤政的宝贵精神财富,值得后人认真地加以总结和传承。

---

① 翁万戈编,翁以钧校订:《翁同龢日记》第二卷,中西书局 2012 年版,第 989 页。
② 翁万戈编,翁以钧校订:《翁同龢日记》第三卷,中西书局 2012 年版,第 1129 页。

# 第十章　丹青翰墨

## 第一节　收藏撷珍

科举时代的官员,首先是束发就学,矻矻穷年的书生、文人,为的就是"金榜题名",踏上仕途。大而言之,实现治国平天下的抱负,报效朝廷,传承文化;小而言之,荣宗耀祖,出人头地。这是古代读书人的"正事"。然而一踏上仕途,又失却了自身的自由,且不说官场中的倾轧、党争,即便繁忙的公务、案牍也会扼杀人的灵性。能给自己保留的心灵自由园地,就是被视为文人"余事"的翰墨丹青了。中国绘画表现的是与天(无限的自然)体合一的精神,启示的境界是悠然意远、怡然自足的宁静。中国书法既表现人格,又创造意境,传达着内心秩序与宇宙秩序碰撞、协奏的生命之歌。书法艺术是自由的象征,在书画审美中摆脱世俗烦恼,净化心灵,成为古代文人追求精神解放的家园守望。

翁同龢出身官宦文化世家,祖父踏上仕途后,父、兄和自己都是朝廷大员。从父亲翁心存开始收藏古籍书画,以文化传家,父亲的"富贵不足保,而诗书忠厚之泽可及于无穷"成为家训。以身兼官僚与文人的双重身份,翁同龢在"正事"上以济世为己任,尽心尽力,成为晚清重要政治家;又能"忙中偷闲",在"余事"上取得杰出的成就,成为清末著名书画鉴赏家、金石家、收藏家,也是第一流的书法家和文人画家。

爱画、爱帖、爱碑,成为翁同龢一生从未改变的癖好。

在京居官,身处高位,翁同龢见多识广,有大量的机会接触到历代

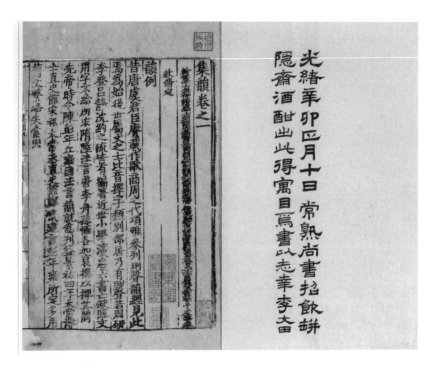

**翁同龢藏古籍《集韵》**

名画、书法、碑帖。作为两朝帝师，他在宫内有幸见过懋勤殿藏宋元画、所藏米帖；皇上还特别赏赐他看过慎德堂藏宋拓《皇甫碑》、宫廷画师徐扬所绘《乾隆南巡图》十二卷，更有三希堂所藏王羲之《快雪时晴帖》册、王献之《中秋帖》卷、王珣《伯远帖》卷真迹三种等等稀世之宝。与翁同龢同时代的官宦之家或书香门第，都有或多或少的文物收藏，同僚中不乏相互切磋的书画、金石好友。在相互拜访过从中，彼此出其所藏欣赏，交流收藏心得，成为生活中必不可少的内容。借助这种机会，翁同龢鉴赏到了私人收藏的不少精品佳作。在虞山派画家、大学士张之万家里，就见到不少宋元名画，如宋高宗竹雀、元高房山《云山卷》、钱选画瓜、王蒙为画家马文璧画卷，还有王石谷、恽寿平的无上妙品，让他饱览之下余味不尽。在协办大学士李鸿藻家，见到陆机《平复帖》和一大批元、明、清书法绘画作品；大学士麟书也曾以赵松雪《天山围猎》卷等见示过。据他日记记载，《松雪绝交论》墨迹卷、王时敏《溪山胜趣》长卷、吴历画册、宋拓《房公碑》、褚遂良《圣教序》、董其昌的《青弁山图》轴、宋拓《婆罗树碑》、柯九思墨竹轴、王原祁仿黄公望轴、北宋本《老子》及《传灯录》手迹等佳作,均是在朋友处亲眼一睹。同治状元徐郙及女婿费念慈都是翁同龢过往密切的书画收藏家,徐郙的藏品有李唐《大禹治水卷》,精妙奇绝的王石谷画册、王鉴画轴、吴历长卷。费念慈收藏诸多名碑,有坛山刻石、泰山廿九字刻石册,颖井《黄庭》《兰亭》,皆为上乘极品。门生王懿荣收藏无一不精,有唐人写《转轮经》、被刘墉称为最秘不示人的《残字两段》、五代写经册,还有"元四家"①画卷……

　　这些因缘际会,大大丰富了翁同龢的收藏经历,有助于开阔眼界,磨砺眼力,也为他的文物收藏提供了更多的参照和借鉴。

　　清代乾隆之后,地处宣武门外西南角的北京琉璃厂是闻名海内的文化街市,各地流通的书画,通过各种渠道流向这里,商贾经营以书铺最多,其次是古玩字画、笔墨纸砚等,坊肆林立,典藏丰富,形成了浓郁的文化氛围,吸引着文人雅士经常到此光顾。翁同龢京城的家在南横街,和琉璃厂相近,漫游琉璃厂几乎成了他习以为常的事,面对琳琅满目的书画天地,抑不住"穷子入宝山"②的心动。常去的古董店有博古斋、论古斋、英古斋、茹古斋、永宝斋、德宝斋、鸿宝斋、德珍斋、宝珍斋等十几家。其中的茹古斋、尊汉阁法帖铺、宝古斋文玩铺、赏奇斋古玩铺、秀文斋南纸店,还是由他题写匾额。清末社会动荡,藏品流转周期极短。许多官员生前将积余钱款购藏书画鉴赏;身后萧条,子孙又将藏品抵押给了琉璃厂书摊。翁氏同僚、内阁学士景其濬过世三年后,景氏藏品就流落琉璃厂店家,如元代马文璧画、董其昌书法、白描《明妃出塞》等。体仁阁大学士周祖培1867年(同治六年)去世,其曾孙二十年后就将所藏《阁帖》十册抵押于此,索金三千。因此,北京琉璃厂古董店林林总总,货源不断。这一情形,也让翁同龢别有一番"旧家零落"的悲叹。

　　循翁氏日记所载,当时流传坊间的董其昌《嵩山草堂图》《澄清堂贴》、唐人写《观音经卷》、唐人写《法华经卷》,唐寅《洛中九老图》、祝枝

---

① "元四家"是元代四位山水画代表画家的合称。有二说:一是赵孟頫、吴镇、黄公望、王蒙四人。二是黄公望、王蒙、倪瓒、吴镇四人。以第二说流行较广。画风各有特点,主要都从五代董源、北宋巨然的基础上发展而来,重笔墨,尚意趣,并结合书法诗文,把中国山水画发展到了一个新阶段,对明清两代影响很大。

② 翁万戈编,翁以钧校订:《翁同龢日记》第四卷,中西书局2012年版,第1557页。

山《九老图序》、罗聘《钟进士》、翁方纲《秘阁联吟诗》,张照泥金小字《普门六经册》、王石谷仿黄公望《富春山长卷》、元版《五音韵谱》、燕文贵画卷,《张迁碑》、张瑞图《溪山话旧》、宋拓《九成宫碑》、赵孟頫书《金刚经》等名迹,翁同龢都是在琉璃厂得以一饱眼福。有翁同龢这样的贵客光顾,店家自是特别优待。很多时候,不少古董商会不时地把书画名迹、珍稀碑帖送到翁氏府上,也可以让他先将书画带回家去细细品赏,看中了再论价。借此机会,翁同龢鉴赏到了宋本《花间集》、石涛书《道德经》、《谢宣城集》、唐人写经、《韩敕》、《史晨》、《前后孔宙》、《孔彪》、《韩仁》、《曹全》、《魏受禅》、明拓《梁彦通碑》、宋拓智永《千文》、宋拓《黄庭》等许多文物精品。

翁同龢藏王翚《长江万里图》(局部)

以当时的经济实力而论,翁氏也有能力购买自己"不忍释手"的书画精品。作为在朝一品大员,翁同龢俸禄可观,又有许多差使带来的丰厚津贴。虽然家在京城,开销很大,但每年都有盈余。一部分逐年积蓄要将租住在东单牌楼二条胡同黄氏屋买下来,每年留下几百两银子收藏古籍和书画碑帖,继承先辈以文化传家的传统。正是这一执着的文化情怀,最终成就了翁同龢在近代收藏界的声望和地位。

## 第二节 画道正脉

遵循儒家平正中和的风格,翁同龢提倡画道正脉,体现儒家仁爱治世的心音。在晚年一首题贾淞山水画诗中,他说:"老夫论画如论史,欲观沧海先原泉。时和物遂性情正,元气亭育秋毫颠。苦瓜(石涛)蝶叟

（蓝瑛）非不好，惜哉凿破鸿濛天。"①石涛、蓝瑛作品并非不好，但翁同龢不喜欢这类颠覆性的作品。

气韵生动的山水画兼有丘壑美、心境美、笔墨美，可望可行，可游可居，可卧可游，能满足士大夫的林泉之志。清六家②最为翁同龢所倾心，其中尤为推崇王原祁（麓台）和王石谷（耕烟）。1882 年早春的一首题诗称：

> 耕烟与麓台，同时相回翔。麓台简而古，耕烟密而苍。我重麓台画，笔势中锋藏。亦颇爱耕烟，精思入微茫。③

王石谷、王原祁的山水画，便是翁同龢收藏中最上乘的宝物。1875年（光绪元年）买下石谷《长江万里图》，堪称翁氏绘画收藏的第一大手笔。

据日记载，当年 5 月 1 日："排闷到厂肆，得见石谷仿江贯道《长江万里图》卷，长六丈余，高尺许，天下奇观也，索千金。"5 月 23 日："午前博古斋以石谷《长江万里图》送看，凡五丈，真妙迹也。营造尺高一尺二寸，长五丈二尺。……晴窗展玩，凡数十卷舒，惜乎无力购致耳。"5 月24 日："出城，过厂肆，论画卷价，予以三百犹未首肯，亦太甚矣！"5 月 26日："贾人持石谷卷去，非四百金不售也，为之悒怏"。5 月 27 日："重见《长江图》，以旧藏四卷对看，目前一乐也。"5 月 28 日："晨访杨振甫（按：邵松年岳父、前辈收藏家杨庆麟）京尹，问曾见石谷《长江万里图》否，则亦击节诧为奇宝，以为兼揽宋、元之长也。"6 月 8 日："还博古斋账，竟以白金四百易《长江万里》。"④兴奋之余，他在藏匣上题诗铭志：⑤

① 《贾右湄山水卷子，和林吉人韵，为沈石友题》，《瓶庐诗钞》卷四。1901 年 8 月 3 日日记："晨题贾淞山水小卷，为沈公周"，翁万戈编，翁以钧校订：《翁同龢日记》第七卷，中西书局 2012 年版，第3390 页。

② 清初山水画家王时敏、王鉴、王石谷、王原祁、吴历、恽寿平六人的合称，也称"四王、吴、恽"。他们继明代董其昌之后，领导画坛，享有盛名，被当时目为"正统"。

③ 《题程乐庵水部所藏石谷画卷》，朱育礼、朱汝稷校点：《翁同龢诗集》，上海古籍出版社 2009 年版，第105 页。

④ 以上引文，分别见翁万戈编，翁以钧校订：《翁同龢日记》第三卷，中西书局 2012 年版，第 1160、1164—1165、1165、1165、1165、1165、1165—1166、1168 页。

⑤ 《题石谷〈长江万里图〉卷匣端》，朱育礼、朱汝稷校点：《翁同龢诗集》，上海古籍出版社 2009 年版，第74 页。

长江之图如有神，

翁子得之忘其贫。

典屋买画今几人，

约不出门客莫嗔。

因为动用了准备买屋的钱，诗称"典屋买画"。从此，石谷《长江图》和家传《娄寿碑》成为翁氏收藏的极品，倍加珍惜，只有知己、同好雅集时才会展卷共赏。

据王石谷自题，1669年（康熙八年）到金陵拜访周亮工时看到燕文贵《长江图》，惊心骇目。从此，三十多年南来北往，一直萦怀在心。1698年（康熙三十七年）离京还乡，途中以巨然、王蒙两家笔法追摹其意，历时七个多月而成。燕文贵善作江山林峦、楼观殿宇，多写平远景物，画面清丽秀媚、苍茫深朴，观者如临其境，画史上称"燕家景致"。王石谷用巨、王之笔法写燕家景致，合南北为一手，展现长江恢宏气势，成为其晚年山水画的代表作。1898年归田后，翁同龢有卷后题跋：

余藏此画三十年，未敢亵以一字，遇通人逸士辄引同看，黄金横带者虽固请未以示也。今年四月，蒙恩放还，假装之顷，有贵游欲以巨金相易。余曰他物皆可，唯此画与麓台巨幅此生未忍弃也。比归里门，人事纷纭，资用空乏，暑郁蠚雷几不可耐，每就北窗明处时一展卷，清风拂人，尘虑都净，世间神明固应尔耶。抑劳逸顿殊，身世两不相收，致然也。赵子固云：性命可轻，至宝是保，余尝目知为愚，若余者其愚耶？否耶？既自笑因书于后。光绪戊戌六月晦快雨初晴，病起手战，松禅居士同龢记。[1]

遭严谴后，翁同龢蒙冤受屈，难免胸有郁结。每每心存郁闷，就开卷解忧，《长江图》成了他分外珍爱的精神慰藉。

常熟唐市许家与翁家为世甥舅，翁心存岳父许奭，堂兄翁心传岳父是许奭之兄许金照。许奭兄弟的曾祖父许天锦是王石谷的晚年密友，

---

[1] 中华世纪坛世界艺术馆编：《传承与守望——翁同龢家藏书画珍品》，文物出版社2008年版，第31页。

1698 年（康熙三十七年）两人同客北京，许天锦先世号秋江，沈周曾为绘《秋江图》；许天锦号芳洲，就请石谷绘《芳洲图》长卷，寄寓"高语京华久游者，莫忘水云乡里之仙都"的画意。1708 年（康熙四十七年）许天锦儿辈欲广其意，属石谷写悬轴以娱晨夕，石谷又作青绿山水《芳洲图》立轴。后因许氏衰落，长卷先失，立轴也在咸丰年间太平军攻占常熟后散落。

许氏旧物一直是翁同龢梦寐以求的收藏目标。1889 年回籍修墓，9 月初秋从苏州归家，见有人持石谷《芳洲图》轴出售，但因售价太高且疑是临本，没有买下。不过，这是翁同龢的冷处理策略，"疑是临本"只是推托之辞。如当时买下，必出高价。来者深知翁同龢心思，也只有他才肯出高价收藏。由于急着回京，翁同龢没有时间讨价还价，为此关照常熟的侄儿曾荣（菉卿）和售家再磨，价格适中时买下。果然，就在第二年的春天，来京参加会试的邑人周维之带来菉侄信并《芳洲图》立轴，翁同龢不禁大喜过望，晚年还有句吟："耕烟妙迹渺难求，万里长江一箧收。却忆鸽峰新雨后，兼金论价买芳洲。"①

到了清末，王石谷的声望如日中天，达官贵人、富商大贾之有力者，往往不惜巨资，以求片缣尺幅为幸，其价值乃至超宋元诸家之上。每次在琉璃厂见到众多的石谷精品，翁同龢只能挑最精的购藏。1883 年，他在博古斋见到王石谷 1674 年（康熙十三年）于扬州为恩师王时敏所作仿古册，画册十页，附王时敏二页。四十年后，83 岁的王石谷到太仓祭拜恩师祠堂，王时敏之孙王遵宬请以重题，见证了石谷与王氏三世的笔墨之缘。见此精品，翁同龢怦然心动，但索金三百，只能一饱眼福而已，想把画带回家细细品赏，店家却说明日将携卷前往天津。日记中没有买下的记录，但一定是经过一番艰苦的讨价还价，最终才将石谷"极平生之力"绘制的佳作如愿到手。

至此，王石谷的长卷、大轴、册页精品，翁同龢均有所藏。笔者统计，在《翁同龢日记》中提及王石谷的次数不下 130 次之多，这样的频率

---

① 《题王石谷画潇湘八景小册》，朱育礼、朱汝稷校点：《翁同龢诗集》，上海古籍出版社 2009 年版，第 289 页。

不仅远远超过一般画家,即使在翁同龢最欣赏的"四王"中也是无出其右,可见他对于这位同乡画家作品的重视与珍爱。

身为业余的文人画家,翁同龢学的是与王石谷齐名的娄东派王原祁。气韵高旷是娄东派的风格,王原祁一生追踪黄公望(大痴),笔端有金刚杵,笔性好,气息高,由他提出的"气韵生于笔墨"之说,正切合了翁同龢的审美趣味。翁氏平生谈画以麓台为宗,因此在收藏麓台画上下的功夫更多。

1885 年 7 月 27 日记:"得见王麓台画卷,仿大痴《写春图》,吾邑鹿樵先生所藏也,索七百金。"①这幅由王原祁仿大痴《富春山居图》的画卷,虽为仿作,但构图造境与原作全然不同,其缜密苍郁得"元四家"中王蒙之气骨,浑厚雄放得"元四家"吴镇之神韵,而清隽冲和、天机流动则仍是大痴精神。翁同龢见此精彩大卷,心动不已,可惜索价太高,不得不放手。半个月后再去议价,店主称有人愿以六百金购买麓台画卷并石谷两册。情急之余,翁同龢难以舍弃,几天过后又去杀价,"再看麓台卷,贾人挟为奇货。"②至 8 月 24 日,侄孙翁斌孙以二百八十金为他购得,梦牵魂绕的翁同龢喜不自禁,随即有《题王麓台画〈富春山图〉卷次张鹿樵丈韵》诗作,句云:③

> 我生爱书兼爱画,
> 不惜倾囊与倒囷。
> 亦曾随俗说三王,
> 终以司农作标准。

1886 年早春,翁同龢又在永宝斋见到麓台《湖山清晓》和石谷《访道图》卷,叹为"惊心动魄之奇作"④,但无力买下。1887 年 2 月 17 日:"再看麓台《西山春霭》卷,价虽高,拟留之。"⑤2 月 22 日:"以巨金买麓

① 翁万戈编,翁以钧校订:《翁同龢日记》第五卷,中西书局 2012 年版,第 1989 页。
② 翁万戈编,翁以钧校订:《翁同龢日记》第五卷,中西书局 2012 年版,第 1995 页。
③ 朱育礼、朱汝稷校点:《翁同龢诗集》,上海古籍出版社 2009 年版,第 134 页。
④ 翁万戈编,翁以钧校订:《翁同龢日记》第五卷,中西书局 2012 年版,第 2034 页。
⑤ 翁万戈编,翁以钧校订:《翁同龢日记》第五卷,中西书局 2012 年版,第 2126 页。

台画卷,贾人索钱,怒斥之,已而悔之。"①2月28日:"以二百金买麓台卷,吾之过也。"②当年7月22日,又在茹古斋见麓台以杜甫"雷声忽送千峰雨,花期浑如百龢春"之句所画长幅一丈,但见近处长松积翠,菡萏初绽,板桥通幽,矮屋面水;隔岸岗峦叠起,层岭逶迤;岭上崇楼杰阁,与谷底村舍相遥望,山中飞湍急泻,烟云涌动;雨后远峰如洗,千嶂犹湿。幅式巨大,构图繁复,色墨苍润,气象雄伟。店内另有董其昌仿梅道人册、清初徽派画家戴本孝画册,也是精妙之作。询问书商售价,麓台画索四百金,董、戴画册一百六。如此精品大轴,翁同龢不惜倾囊而出,经过几天论价,原本五百六十金的售价,最后以三百金成交。尽管留下了"好画成癖,犯多欲之戒"③的自责,但他的书画收藏之"癖"依然不改。1890年3月31日记:"麓台《匡庐图》轴,王新之为余购得,从上海寄来,如在小楼听雨时也。"④在当时的收藏家中,翁同龢所藏的麓台精品算得上是第一流了。

几经辗转,宝卷归藏。从此,翁同龢将石谷《长江图》和麓台巨幅视若生命,倍加珍爱。

常熟的吴历、武进的恽寿平,与王石谷、王原祁并列"清六家"。他们的精品也是翁同龢热心收藏的对象。吴历,字渔山,号墨井道人,作品流传极少。1877年夏秋之交,翁同龢回乡修墓,继又安葬五兄同爵,至十月底启程返京。途经上海一家书画舫时,曾以廿二元(一两银子二元)购得吴历小幅佳作;第二年秋又买到了吴历仿南宗之祖董源巨卷一幅。1878年10月31日记:"昨见渔山仿董巨卷,极佳,跋称石老云云,当是指耕烟散人。"⑤此卷不仅是艺术佳作,还包含了许多重要的历史信息:卷上有吴历跋文一篇,表述了晚年的画学思想;款中以"石老"尊称友人王石谷,也是吴历与王石谷一生友谊的重要物证。恽寿平的没骨花卉,并不为翁同龢所欣赏,他更喜欢高古、奇崛如陈洪绶、金冬心的风

① 翁万戈编,翁以钧校订:《翁同龢日记》第五卷,中西书局2012年版,第2127页。
② 翁万戈编,翁以钧校订:《翁同龢日记》第五卷,中西书局2012年版,第2128页。
③ 翁万戈编,翁以钧校订:《翁同龢日记》第五卷,中西书局2012年版,第2164页。
④ 翁万戈编,翁以钧校订:《翁同龢日记》第五卷,中西书局2012年版,第2391页。
⑤ 翁万戈编,翁以钧校订:《翁同龢日记》第三卷,中西书局2012年版,第1420页。

格,但对恽氏山水却是情有独钟。1891 年秋日,从斌孙带回的书画中看到了恽寿平的《东园墨戏图册》,翁同龢一时摩挲,不忍释手。恽氏山水画秀色可餐,超逸高妙,不染纤尘,直觉得如天仙化人。之后秋夜篝灯,翁同龢品鉴画卷,于空灵简远的册页中,但觉清芬拂拂,从纸间出,洗尽尘滓,意味难尽。

太仓王时敏(烟客)、王鉴(圆照)是"清六家"中的师长画家。与五兄翁同爵一样,翁同龢非常倾慕并喜欢收藏两位大师的精品。

王鉴山水画以精诣见长,格无不备,用笔秀丽,皴染精到,滋润浑厚。与他人愈老用笔愈苍老简率的常态迥然不同,晚年王鉴用笔更为尖细严密,干笔松秀,气韵苍莽。1879 年 8 月 24 日记:"见王圆照仿古十页,精妙,无力收之。"8 月 28 日:"有以王圆照画册来者,索百金,遂还之。"①画册青绿重彩,书卷气盎然纸墨间。品赏后,翁同龢深感精妙却无力收藏,只得奉还,但不久后还是将画册购藏入室。《鹊华秋色图》是元代文人画领袖赵孟頫(松雪)的名作。1893 年初春,翁同龢又在德珍斋"见到了王圆照仿《鹊华秋色卷》,极佳"②。王鉴是摹古高手,其仿本光彩四射,为赵孟頫重开生面,翁同龢将画携归后,"访晤王莲生(按:即王懿荣),示以圆照画卷,相与叹赏"③,苦因索价奇昂不售。时隔十来天后日记一笔:"斌从德珍斋携得书画,快赏之,内十洲(按:即仇英)一卷,乃剧迹也。德珍方以廉州画勒重价,若佐以实父,正相偿矣。"④翁同龢见斌孙带回的一批书画中有"明四家"之列的仇英一卷,因索价不高,觉得商家以王鉴画勒重价,不如将两幅画一并买下收藏,高低价位也就两相抵消了。1903 年 7 月,翁同龢还有题《圆照设色画卷》一文,称赞王鉴之作"运笔灵活,设色古厚,当与松雪《鹊华秋色》并峙人间。"⑤

王时敏是王原祁的祖父,明末董其昌画学思想的传人,清初画坛盟主。毕生倾心大痴作品,用笔松秀温敦,墨法精微,气韵苍润。1889 年

---

① 翁万戈编,翁以钧校订:《翁同龢日记》第四卷,中西书局 2012 年版,第 1473 页。
② 翁万戈编,翁以钧校订:《翁同龢日记》第六卷,中西书局 2012 年版,第 2635 页。
③ 翁万戈编,翁以钧校订:《翁同龢日记》第六卷,中西书局 2012 年版,第 2636 页。
④ 翁万戈编,翁以钧校订:《翁同龢日记》第六卷,中西书局 2012 年版,第 2638 页。
⑤《圆照设色画卷》,翁同龢著,翁之憙整理:《瓶庐丛稿》卷四,商务印书馆 1935 刊本。

1月16日,在好友徐郙出示的字画中,"内有烟客长卷"①,为王时敏45岁所作。长卷写叠嶂重岭,烟水接天,一片江南景观。王时敏极少画手卷,如此画卷尤为难睹。二年后的冬天,翁同龢又见王时敏仿大痴长卷精品,书商先让他携卷回家欣赏,二天后商家前来索回,翁同龢正巧不在家,得知后连忙赶去,惜因议价不成,只得怅然而返。1895年的夏天,翁同龢又在那里看到了王时敏69岁所作画册,还是常熟屈氏旧物,却被告以千金售价,令他震惊不已。携回观赏两天后,因为无力买下,只得作罢。爱画着迷、迷而无力购得的窘态,于此跃然可见。

明代江南画派纷呈,最有名的有吴门画派②和松江画派③,其中沈周(石田)、董其昌(玄宰、香光)的作品,也是翁同龢收藏的重点。

沈周,江苏吴县(治今苏州)相城人,吴派领袖。山水师法董源、巨然和"元四家",画风老辣苍润,笔墨刚毅沉着,浑厚隽朗。1877年11月借道上海返京途中,翁同龢应邀拜望了海派画家、古董商张熊,在此看中了其中两幅画,一幅是沈周绘制、文征明补成的长卷,另一幅是石谷《江乡渔乐卷》。第二天再度观赏,"大略沈多文少,文跋称格局已具,特加点缀耳,真是剧迹。"④心动之下,翁同龢愿出二百五十元买下,结果议价不成,怅然回京,行前只得托友人代为斡旋。两年后,长卷终于辗转到手,翁同龢"展之而喜"。史传沈周生前每作一画,很快就有他人临本、仿本,沈周传世之作因此真赝难辨。翁同龢收藏的沈氏《游张公洞图》就遭遇过类似尴尬。此画原是沈周游览宜兴张公洞后的绘作,画后有五言古诗一首及千言诗引。早在1883年12月,锦州副都统维庆曾给翁同龢送来几件书画,其中就有这一图卷,但被他全部退还了。1888年1月11日日记:"见沈石田游张公洞画卷,题诗并序凡千余言,奇迹

① 翁万戈编,翁以钧校订:《翁同龢日记》第五卷,中西书局2012年版,第2286页。
② 吴门画派,亦称吴派。自明中叶以后,以江南苏州为中心,大为活跃,逐渐取代宫廷绘画和浙派的地位。代表人物有沈周、文徵明、唐寅、仇英等四大家,在画史上合称"明四家"。他们较全面地继承了宋元以来的优秀传统,并形成各自的独特风格,开创一代新风,取代院体和浙派而占据画坛主位,历时150多年。
③ 明代松江,是当时全国工商业比较发达的城市,各地文人学士过往,文化艺术兴盛。顾正谊、孙克弘、董其昌、沈士充、陈继儒、赵左、莫是龙、蒋蔼等人分别创立了华亭派、云间派、松江派,统称为松江画派。其中,以董其昌成就最高,影响最大,执画坛之牛耳。
④ 翁万戈编,翁以钧校订:《翁同龢日记》第三卷,中西书局2012年版,中西书局2012年版,第1359页。

也,索八十金,便拟买之矣,为之破颜。"①无独有偶,好友吴大澂时隔五年后来京到访,也带来了一幅同样的画卷,尽管翁氏不无自谦地说"始睹真虎,相与叹赞。"其实,赝品充斥、鱼目混珠的艺术市场,孰真孰假,确实难以鉴别,于是提醒了翁同龢需要格外留心。

翁同龢之所以癖好沈画,一是钦佩沈周的画品和人品。晚年题旧藏沈周《苏台纪胜画册》有句:"相城有布衣,遁世秉高节。平生忠孝心,耿耿一腔热。"②可见他不仅欣赏沈周人品,更看重其画品。二是翁心存和翁同书、翁同爵都酷爱沈画,摩挲沈周书画,能勾起翁同龢对父、兄的追思之情。三是南明忠烈、乡先贤瞿式耜也最爱沈周画,曾筑耕石斋藏其书画。四是翁氏始祖景阳公来自苏州相城,与沈周有同乡之谊。

1881年3月28日记:"是日见沈石田画吴中山水册,十六开,尤物也。"③《吴中山水册》又称《苏台纪胜图》,是沈周花甲之后的作品,写江南景色,以画配诗,一页写一景,其中两页,一写虞山,一写尚湖,冈峦苍茫,水天空阔,画面如新,堪称绝品。当年三兄同书在世时,曾欣喜地跟他说起在友人家里看到沈周《吴中山水册》。如今不期而遇,叹为尤物,购置后反复把玩。1903年12月25日是父亲翁心存的忌日,侄孙熙孙、寅臣(顺孙)等一起前来祭奠,祭拜之余,老少"共读此画",翁同龢还为此题写了跋文,垂暮之年依旧浸透着借画以忠孝诗书传家的拳拳之心。之于翁同龢来说,沈周画不失为审美和亲情、乡情、忠孝之心的兼容并包。

至于吴派其他大家的书画作品,翁同龢只能拾漏而藏,据日记所录,包括仇英的《独乐园图》和《后赤壁卷》、唐寅的《峡口大江图》、祝枝山的《夷坚丁志》抄本,还有文征明家书卷九通等。

明末董其昌作为开风气的大书法家、大画家、大理论家,对有清三百年影响深远。他的书法为清朝历代皇帝顶礼膜拜,他的"南北宗"论更是主宰清朝画坛。董其昌的山水画天机溢发,笔致清秀中和,恬静疏旷,用墨清而亮,明洁隽朗,温敦淡荡,气韵浑厚,青绿设色古朴典雅,为

---

① 翁万戈编,翁以钧校订:《翁同龢日记》第五卷,第2203页。
② 朱育礼、朱汝稷校点:《翁同龢诗集》,上海古籍出版社2009年版,第330页。
③ 翁万戈编,翁以钧校订:《翁同龢日记》第四卷,中西书局2012年版,第1590页。

松江画派的杰出代表。翁同龢既爱其画，也爱其书法。在给苏州过云楼所藏董其昌《山水小册》的题跋中，翁同龢评其画"直从两宋溯三唐"[①]，评其书法"证承十三行(王献之的《洛神赋》)笔法"。当时，琉璃厂的董其昌书画并不罕见，限于财力，翁同龢只能看准价廉物美的收藏。比如，1876年以十两购得董氏所书长吉诗卷，1877年以八金得其所画同邑友人陈继儒书卷，1878年又以二十金买下董画四叶，1885年以卅两得其仿倪云林《松亭秋色图》轴，1891年又得所书小楷《千字文》，等等。

面对售价"奇昂"的董其昌精品，只有走过看过的无奈了。不过也有例外，兹举一例：1876年(光绪二年)5月5日记："挈安孙过厂肆看红录，时犹早，徘徊卖古董家，永宝斋。得见董文敏仿小米(按：米芾儿子米友仁)潇湘图立轴，王麓台仿古十二帧，极精极妙，以为远胜登科记矣。"[②]当日立夏，翁同龢携长孙翁安孙赶早去琉璃厂看会试张榜名单，就近看画，被董其昌的画作所吸住。一周后再去赏玩细看，惊为"绝品"，画上录有小米自题："山中宰相有仙骨，坐爱岭头生白云。壁张此画定惊倒，拟请倩人扶著君。"[③]小米自信地认为，观看此画必惊倒，得请女婿把你扶住。米芾、米友仁父子创造了重在墨法的"米氏云山"新范式，而董其昌的审美理想偏爱于"云烟变化"的"暗"的意境，笔墨见长，以董巨之湿和元人之干相互化解，画面呈现苍茫秀润的气韵，墨法之妙，令人叹为观止。如此"极精极妙"之作，价格自是不菲，但好画又岂能错过？翁同龢随即将《潇湘图》买下。

从江南走出的翁同龢，通过收藏这些同乡先贤尽情泼墨的江南山水，既与心仪的文人墨客相遇相知，也是循着氤氲江南的一山一水且行且看，满目风景，湿润着内心深处的故乡情感。

国画中的花卉、人物画，翁同龢最欣赏明末陈洪绶(字章侯，号老

---

① 《为徐翰卿题董香光〈山水小册〉》，朱育礼、朱汝稷校点：《翁同龢诗集》，上海古籍出版社2009年版，第323页。

② 翁万戈编，翁以钧校订：《翁同龢日记》第三卷，中西书局2012年版，第1237页。

③ 翁万戈编，翁以钧校订：《翁同龢日记》第三卷，中西书局2012年版，第1239页。

第十章　丹青翰墨

263

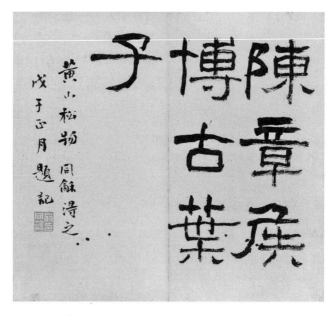

翁同龢藏陈洪绶《陈章侯博古叶子》题记

翁同龢藏陈洪绶《三处士图》

莲)的作品,收藏精品甚多。1873年(同治十二年)他在《恽南花卉册书后》中称:"余于近人中最爱陈老莲画,以谓用笔沉著,得唐宋遗意,而南田之诗若画,非所嗜也。"①至于人物画,更推老莲画为近人中第一,也是全家的收藏爱好。父亲翁心存就藏有陈章侯的《三友图》和《博古叶子》等精品。《三友图》,又称《三处士图》,是陈洪绶为其晚辈友人姜廷干赴扬州的赠别之作,写梅、菊、水仙,皆凌寒傲霜,孤高清绝之品,自勉勉人。水仙以尖笔劲勾轻染,画法出自宋末赵子固;梅菊稍朴茂,折衷陈白阳、周之冕,更益以装饰趣味,而高古倔强的气息则越诸家之上。此

① 《恽南田花卉册书后》,翁同龢著,翁之憙整理:《瓶庐丛稿》卷二,商务印书馆1935刊本。

卷翁同龢一题再题,1891 年《题陈章侯〈三友图〉》诗曰:"我于近人画,最爱陈章侯。衣绡带劲气,士女多长头。铁色眼有棱,俨似河朔酋。次者写花鸟,不以院体出。愈拙愈简古,逸气真旁流。"①他喜欢老莲人物造型奇特、躯干伟岸、行笔圆劲宕逸、高古拙朴而典雅的风致。

扬州八怪之一的金农(冬心)作品,同样为翁同龢所喜爱。1878 年 10 月 15 日记:"见金冬心画册(按:《龙梭妙画》)八叶,不觉心醉,弄墨摹得一幅。"16 日记:"看冬心画,又摹两幅,颇清劲。"②1894 年 2 月归看斌孙携归字画,以金冬心画册为佳。次年冬天,以三金得冬心花卉十二开。金农绘画,归于文人游戏笔墨,但因学养富、胸次高,出笔便迥出时流,奇古清逸,得生拙古雅之气,主状物抒情,扬州诸家均难与比肩。翁同龢是业余文人画家,追踪麓台笔墨,画品又极似金农,画多小品,有感而发,风格淳朴、拙雅,不落前人窠臼。

唐宋元绘画是有实力的收藏家追逐的藏品,翁同龢往往心有余而力不足。1886 年 12 月 27 日记:"过厂肆,得黄子久(按:即黄大痴)画一卷,奇绝,价重不能买也。"时隔一周记:"前日得见大痴为仲和作山水卷,予百金不售,拟还之矣。"③1875 年 12 月 20 日买下《宋元人画集》锦册:"宋元册极有精神,决非苏州片,索直卅金,拟得之矣。"④第二年春又廉价购得倪云林小幅,年冬又觅得了南唐赵干画《灵台图》。1897 年 10 月 28 记:"沪客持书画来售,有梁楷白描天尊,松雪(按:赵孟頫)书《黄庭经》合装卷子。"⑤此图为道家经折扉画,清初吴其贞著录时称为《黄庭经神像》,画笔细谨,线描精准,造型诚实而有古意,构图繁杂而疏密有致,曾经明代安国及清初石谷知己笪重光等收藏。翁同龢细玩之下,觉得赵孟頫的字是摹本,梁楷画题与《黄庭经》毫无关系。翁氏买下的这幅稀世之宝,成为收藏中唯一的宋画,也是世上唯一的早年梁楷工笔白描真迹。

① 朱育礼、朱汝稷校点:《翁同龢诗集》,上海古籍出版社 2009 年版,第 172 页。
② 翁万戈编,翁以钧校订:《翁同龢日记》第三卷,中西书局 2012 年版,第 1417 页。
③ 翁万戈编,翁以钧校订:《翁同龢日记》第五卷,中西书局 2012 年版,第 2112、2113 页。
④ 翁万戈编,翁以钧校订:《翁同龢日记》第三卷,中西书局 2012 年版,第 1208 页。
⑤ 翁万戈编,翁以钧校订:《翁同龢日记》第七卷,中西书局 2012 年版,第 3099 页。

意兩指麾不顧駞秩之高下不論文武之左右苟以取悅軍容為心曾不顧百寮之側目何異清畫攫金之士哉甚

非謂也君子愛人以禮不聞姑息僕射得不深念之乎

壬寅三月眉病未瘳潦潦 松禅翁同龢

翁同龢"翁体"书法《临争座位》

## 第三节　古墨摩挲

翁同龢是晚清著名书家。他从幼年起习欧阳询、赵孟頫、董其昌，中年用力于颜真卿，并将赵、董之笔意用到颜字上，再通以"平画宽结"的汉隶、北碑，冶古今碑帖于一炉，开创了苍老遒劲、刚健浑穆、含蓄朴实、雍容大气的"翁体"，纵意所适，不受羁缚，无意求工而超逸更甚。其书法气度非凡，堂宇宽博，有庙堂之风，被后人推为"同光间天下第一"、"乾、嘉以后一人"。

自清代道光、咸丰以来，碑学益昌，论书之尚北碑而贬南帖，渐成一时风气。在此前后，从阮元著《南北书派论》率先提倡碑学，到后来包世臣著《艺舟双楫》、康有为著《广艺舟双楫》，提倡碑学，攻击帖学，其风大盛。翁同龢的书法思想，重碑学，又不轻帖学，推崇碑帖兼容并重。

翁同龢一家善书，父、兄均有不少古碑帖的收藏。其中最有名的《娄寿碑》，全称《汉玄儒先生娄寿碑》，刻于 174 年（东汉熹平三年），原碑在湖北襄阳，明中叶佚失。翁家所藏《娄寿碑》为海内孤本，和石谷《长江图》是收藏中的极品。此外，还有唐人写《六甲灵飞经》、唐人林佶人所藏《定武兰亭》复本、宋《修内司》帖等等家藏。在京数十年，翁同龢有机会见到大批名刻。但在当时的书画市场上，古碑帖价格贵得出奇。比如周祖培所藏宋拓《阁帖》十册，明代复本，索三千金；宋拓《阁帖》六、七、八三册，索一千二百，宋拓王《圣教序》，索六百，颜真卿《麻姑坛记》，索三百金……。如此价位，当然承受不起。

虽说翁同龢对古碑帖有癖好，但他收藏时不无理性，便宜的买下，一、二种价高而心爱难释的碑帖，努力买下；不敢问价的碑帖，就借回家和家藏比较、校订、临摹，甚至用油素勾勒成摹本。

先说见到名刻力不从心的无奈。1878 年 5 月 14 日记："贾人以宋拓《黄庭帖》（按：王羲之小楷）来，尚佳，索重价。"15 日："归已晚矣，看

《黄庭帖》。"18日:"《黄庭》可爱,议价不合,取去矣。"①接连几天,翁同龢越看越好,却因议价不成而索回。当年10月9日,见到的宋拓颜真卿行草书《争座位帖》②,翁同龢是写颜字的,见此"精神迥出"③的好帖,先是携回和家藏校阅,再与店主议价不成,望而却步。1897年6月28日记:"祁公(按:祁寯藻)《大观帖》博古贾人持来,欲质一千四百金,谢以六百金,不愿而去。"④

当然,也有以便宜价买到名刻。比如1876年买下的翁外家族祖许谷旧藏之物、旧拓王羲之《十七帖》;1877年以八十金收下旧拓《阁帖》十册;1882年花三十金买得数册《孔庙碑》(唐刻石,虞世南撰并书)旧本和傅山诗残稿手卷;1889年又在上海凌云阁以七十元买宋拓《宝晋帖》(按:北宋米芾所刻历代汇帖)残帖。

期间,每有几经努力而得的心爱之物,翁同龢总有掩饰不住的喜悦。

《淳化阁帖》是中国第一部汇集各家书法墨迹的法帖⑤,共10卷,收录了先秦至隋唐一千多年的书法墨迹,包括帝王、臣子和著名书法家等一百多人的420篇作品,被后世誉为中国"法帖之祖",影响后世深远。自公元992年(淳化三年)摹刻勒石后,原版已毁,历代不断辗转翻刻,每况愈下,宋拓本为珍贵的善本。翁同龢在京多次接触到《淳化阁帖》的不同版本。1876年晤访李鸿藻时,就见过道光内阁学士吴式芬所藏、翁方纲所题的南宋刻阁帖右军父子书二卷。1882年过访山左会馆,又见李姓卖画者所藏《阁帖》十本,不过明初拓本,竟索重价,让他不觉可笑。1887年在茹古斋见有上海玉泓馆顾从义所藏《阁帖》八本,细看过后并不中意。这时,想起浙江归安籍的同僚沈仲复有家藏《阁帖》,翁同龢随即致函,并准备专程过访商借,未想与沈仲复在路途相遇了。原来,沈氏所藏明代大收藏家项子京的《阁帖》十卷,是完好的宋拓本,

---

① 翁万戈编,翁以钧校订:《翁同龢日记》第三卷,中西书局2012年版,第1392—1393页。
② 与《兰亭》合称"双璧"。
③ 翁万戈编,翁以钧校订:《翁同龢日记》第三卷,中西书局2012年版,第1416页。
④ 翁万戈编,翁以钧校订:《翁同龢日记》第七卷,中西书局2012年版,第3060页。
⑤ 法帖,是指将古代著名书法家墨迹经双钩描摹后,刻在石板或木板上,再拓印装订成帖。

"古厚如宋旧出，钟繇书皆如篆籀，"因此格外珍惜，不肯付人代送而亲自送来。翁同龢随之以家藏本对看，过后将《阁帖》郑重归还，沈氏阁帖就此一直萦怀于他的心底。时过十余年后的1898年初秋，被黜回籍的翁同龢赴江西南昌探亲，在上海丛古斋偶尔又见沈仲复所藏项氏《千金阁帖》，要价五百金。见到心爱旧物，有如遇故人之慨。9月4日记："贾人忽以《鹤铭》①、《阁帖》并售，非千金不可，且索帖甚坚，令缉（按：熙孙）、寅（按：顺孙）与谈，往返四五次，颇厌苦之，即如其价以给，仍不肯，乃留帖再商而散。借赵恩银三百，本欲买帖，无用乃还之。"②好在侄孙善解心意，继续和贾人议价，最终将《阁帖》买下。当年12月9日，翁同龢有项氏阁帖题跋并赋诗三首，有句云："憔悴江潭老逐臣，摩挲古墨寓天真。"

翁同龢"一笔虎"书法

---

① 《瘗鹤铭》，梁陶弘景书，石原在镇江焦山，北宋时坠入江中。
② 翁万戈编，翁以钧校订：《翁同龢日记》第七卷，中西书局2012年版，第3203页。

**翁同龢硃笔虎字扇页金笺**

何以解忧,唯有古墨。此种情景,饱含着何等痴心的精神向度。

再说金农旧藏《礼器碑》。《礼器碑》全称《汉鲁相韩敕造孔庙礼器碑》,故又称《韩敕碑》,公元156年(东汉桓帝永寿二年)刻于曲阜。《礼器碑》书法端庄、典雅,笔意修美、蕴藉,儒者风范,庙堂气象,为汉碑中的经典之作。1899年早春二月,翁同龢借入城之际,在本家翁印若托售的碑板书画中,见到了沈钧初所藏《礼器碑》,顿有"贫窭岂能办此,聊以慰目"的感言。虽说借看二天后即奉还,却让他悟得"古拓之瘦润"①。之后,翁同龢心有不甘地想法收藏这一心爱之物。3月17日记:"以旧藏《礼器碑》贴二百元沈钧初藏本,交叕(按:翁斌孙)与印若成之。"②此举终遂其愿。有趣的是,得此宋拓《礼器碑》后,翁同龢护惜过甚,又老病荒忽,一度记不得置放何处,后在城中借住侄曾荣南泾堂寓所的破书箱中找到,时在1902年。为此,他在此碑题记中回顾了失而复得的经过,题记称:

> 余于古碑刻有偏嗜,服官数十年,未尝得一名刻。今乃于归田后割朝夕之需,以博眼福,不益悖乎?然竟不能释也。甚矣,离欲之难也。③

透过不无自责的文字,活画出了一个"嗜碑成癖"的长者心影。

---

① 翁万戈编,翁以钧校订:《翁同龢日记》第七卷,中西书局2012年版,第3240页。
② 翁万戈编,翁以钧校订:《翁同龢日记》第七卷,中西书局2012年版,第3243页。
③《宋拓韩敕碑》,翁同龢著,翁之熹整理:《瓶庐丛稿》卷四,商务印书馆1935刊本。

至于墨迹,翁同龢主要收藏近人作品,比如乾嘉时刘墉(石庵)、翁方纲(苏斋)的书法。刘墉书法出于赵孟頫、董其昌,又变赵、董之灵峭为浑朴,骨力坚凝,神味渊和,是唯一能以沉厚古淡见长的帖学书家。大学士翁方纲书学欧阳询、颜真卿、苏轼,其真书工整厚实,精赏鉴,尤善考证。翁氏1880年11月9日记:"过厂肆,得见黄山谷(按:即黄庭坚)书小卷,极爱之。"①11日记:"晚到厂肆欲购黄字卷未得,转购得刘石庵册,可怪可怪"②。"诸城笔势近钟虞(按:钟繇、虞世南),六十年来抗手无"③之句,足见他对刘墉书法的钟爱。翁方纲写字认真,所摹《化度寺》碑(唐刻石,欧阳询书),摹本一点一拂细批。翁同龢深为感动,一度发愿照此效仿摹写,想不到纸昏墨敝,目力皆竭,入夜未休,却仅有其十分之一二,从中也让他体会到了老辈致力之勤。名臣钱沣(南园)、前辈何绍基(蝯叟)从颜真卿问津,是翁同龢推崇借鉴的书家。钱沣还是一位直臣,和珅用事,疏摘其奸,直声震天下,翁同龢既重其书品,又重其人品。何绍基也是援碑入帖,是翁同龢称颂最多的清代书家,有诗云:"近来蝯叟继清臣,收敛神锋健绝伦。我服松窗(按:何绍基钤印)老居士,冲和平淡得天真。"④"蝯叟篆势天下奇,如藤如铁如蛟螭。直将古意变斯凝,仄结绳而上追皇羲。"⑤并且认为何书《洞庭春色赋》超越了苏轼原作:"坡公守骏还如跛,蝯臂腾空更出奇。同是一般矜慎意,此中真际问谁知?"⑥至于钱沣信札、何绍基诗稿,一样为他所喜好。这些近人书画作品毕竟不贵,所以一有机会都要留意收藏。

　　如今入选首批国家珍贵古籍名录的元写本《楞严经》,更是传递着翁氏收藏的一段人文佳话。

① 翁万戈编,翁以钧校订:《翁同龢日记》第四卷,中西书局2012年版,第1557页。

② 翁万戈编,翁以钧校订:《翁同龢日记》第四卷,中西书局2012年版,第1557页。

③《题言卓林藏刘文清楷书百家姓册》,朱育礼、朱汝稷校点:《翁同龢诗集》,上海古籍出版社2009年版,第7页。

④《题胡息存临争座位遗迹》,朱育礼、朱汝稷校点:《翁同龢诗集》,上海古籍出版社2009年版,第156页。

⑤《题何子贞篆册为赵生仲举》,朱育礼、朱汝稷校点:《翁同龢诗集》,上海古籍出版社2009年版,第261页。

⑥《题何蝯叟书〈洞庭春色赋〉》,朱育礼、朱汝稷校点:《翁同龢诗集》,上海古籍出版社2009年版,第262页。

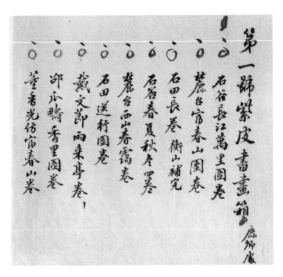

**翁同龢归籍清单**

　　《楞严经》全称《大佛如来密因修证了义诸菩萨万行首楞严经》,共十卷,由唐代高僧般刺密谛、弥伽释迦译,元代吴江永兴忏院比丘世殊泥银写本,卷尾有元僧、常熟人清珙手书偈语,以及清代苏州诗僧祖观和嘉定胡澂题跋,此经清末流落到北京琉璃厂。1883 年早春的一天,翁同龢在琉璃厂书摊上发现了这部《楞严经》,银字暗淡,字学褚遂良。①经文六卷,篇幅虽多,书写遒劲、秀美,一字一句,一丝不苟,如胡澂跋文所赞:“峻削超旷,得晋、唐诸贤神力,而不抱守其规者。”翁同龢一样推崇其艺术价值,认为“山僧笔势妙翩翩,定于吴兴证墨禅。……此唐人写经正轨,参以鸥波笔法,遂尔洒然。”此外,册后有元僧清珙题句。清珙,字石屋,号福源,江苏常熟人,生于宋咸淳间(1265—1274),20 岁出家后卓锡云雾山,后为:嘉兴福原寺方丈,亦名石室上人,著《石屋语录》二卷、《山居诗》一卷。翁同龢见此和乡邦有关的文物,欣然买下。1887年 10 月:“夜题元僧磨银写《楞严》,将以藏诸兴福寺,因册尾有至正十年清珙题记,清珙常熟人,所谓石屋禅师也,葼偓有其诗集。”②十年后,他将此册寄家乡密友赵宗建,嘱送兴福,恰因兴福主僧化去,此经暂留

---

① 翁万戈编,翁以钧校订:《翁同龢日记》第四卷,中西书局 2012 年版,第 1759 页。

② 翁万戈编,翁以钧校订:《翁同龢日记》第五卷,中西书局 2012 年版,第 2180 页。

赵家旧山楼,直至 1901 年初春宗建之子赵坡生将此经送还。不久,翁同龢将家藏《楞严经》六卷、补书四册送到三峰寺药龛方丈室。此册现藏常熟博物馆,成为镇馆之宝。

翁同龢立朝四十年,公务繁忙,应酬无数。忙碌之余收藏的大批字画,无疑成了他忙中求乐、烦中求静的精神食粮,他的业余时间几乎都在品赏、摩挲书画中度过。看一张帖、读一幅画,如喝清凉饮料,驱除人世烦恼,令人身心陶醉。品画论书,又是他和同好、同僚雅集时最快乐的事。1879 年 1 月 25 日,翁同龢邀约祁世长、张之洞、张家骧、徐郙等到家里一聚,出示家藏《长江图》、《娄寿碑》一起品评鉴赏,日记写道:"客甚乐,而余病亦遂霍然,盖心气于是一舒,两年来无此乐矣"①。1888 年 7 月,腹泄头眩的老毛病又犯,他命人洒扫东厅,挂上王原祁的大幅画轴,坐卧其下,顿觉神清气爽了不少,疾病一下子好了七八成。外人看来,这种感觉未免夸大其词,但沉醉在不断丰富、充实的书画世界里,个中滋味绝不是一般人能亲身体会的。

对于家藏和倾数十年心血收藏的书画精品,翁同龢万分珍惜,不时检点,以防遗失。在摹挲书画时,兴之所至,题识数语,以留鸿爪。戊戌归田时,他将北京家中的古籍、书画、碑帖和少许瓷铜玉石、纸墨笔砚装箱打包托运到家乡,随后逐箱检点,自造清单目录,用毛边纸缮写,装订成册。目录共计页 115 页,详细手录了翁氏所藏书画、书籍、碑帖,计书画约 360 件,书籍约 125 种,碑帖约 123 种。书画中董其昌有 21 件,清六家 42 件,其中王石谷有 24 件。碑帖种类繁多,述及陈老莲三处士图、王石谷长江万里图、宋拓娄寿碑、茅山碑、大观残本、玉枕兰亭等无上精品。书籍版本涉及经史子集、医学金石、地理、考证、家乘,还有许多手抄孤本、善本。②

翁同龢过世后,翁氏家藏传承六代,期间既历改朝换代的动荡,中经抗日战争的战火纷飞,后有颠沛反复的政局风云。虽是沧桑百年,几

---

① 翁万戈编,翁以钧校订:《翁同龢日记》第四卷,中西书局 2012 年版,第 1436 页。
② 翁宗庆:《新发现松禅老人珍藏书画碑帖目录》,参阅常熟市翁同龢研究会、常熟市历史文化研究会编:《翁同龢研究》第二期(内部资料),第 104—106 页。

**翁同龢藏王原祁《杜甫诗意图轴》**

经辗转,但有玄孙翁万戈①将这批文物带往美国,精心呵护,一直得以完好地保存。

2008 年 12 月,北京举办《翁同龢家藏书画珍品展》,展出了 53 件翁

---

① 翁万戈(1918—2020),原名翁兴庆,翁之熹第三子,翁同龢五世孙,美籍华人,著名华人社会活动家、收藏家、书画鉴赏家。曾就读于上海交通大学,后赴美留学,从事绘画、摄影工作,并专心致志整理高祖所传书画。曾任华美协进社社长、宋庆龄基金会理事。

氏所藏的中国书画精品,其中 41 件为自宋至清的书画,其余为古籍善本及杂项。展品以明清文人书画作品为主,包括沈周、文征明、董其昌、项圣谟、陈洪绶、朱耷、清代"四王"、恽寿平、华岩、金农等名家墨宝。这些历代著名的碑帖、书法及绘画,大多是翁同龢在京为官期间去琉璃厂寻购所得。展品的背后,让人看到了作为两朝帝师的翁同龢集政治家、书法家、收藏家于一身的丰富立体形象。

翁万戈长期致力于传承翁氏文化,是翁氏藏书与翁氏文献的重要传承者。1990 年代表翁氏后人将翁氏祖居綵衣堂捐赠故乡,2000 年将翁氏藏书 80 种 542 册转让上海图书馆,2010 年将明代画家吴彬《勺园祓褉图》捐赠北京大学,2015 年将《翁同龢日记》手稿本及《翁同龢文献丛编》手稿捐赠上海图书馆,2016 年将梁楷《道君像》转让上海博物馆。2019 年将沈周《临戴进谢安东山图》和王原祁《杜甫诗意画巨轴》捐赠上海博物馆。除将家藏最重要藏品留在中国外,2018 年又将一批家藏的书画文物捐赠波士顿艺术博物馆。这些珍贵藏品的对外传播,引发了世人对中华优秀传统文化的关注。

翁氏家藏书画,不仅保留了中国艺术史研究的珍贵资料;介于历史两端的"藏"与"守"之间,也鲜活地见证着一部家族收藏史,凝聚着翁氏后代钟爱文化、痴情艺术的历史责任感,内蕴着一个名门世家的文脉传递。

时光流逝,翰墨犹香。一个文化世家,经六代人 160 年间的守望,翁氏家藏得以完整保存、绵延并且传承至今,这是中国文化史上的奇迹。

# 第十一章　息影山林

## 第一节　归无所居

　　1898 年(光绪二十四年)7 月 2 日,翁同龢取道天津,坐招商局"新裕"轮南下,7 月 5 日抵达上海,二天后返回常熟。《申报》当日报道:"户部尚书协办大学士翁叔平协揆奉旨开缺回籍,由天津附招商局新裕轮船南下。昨晨七点钟抵埠,即换坐官舫移泊苏州河观音阁码头。江海关道宪蔡观察以下文武,日委各员咸诣舟次呈递手版,协揆一概挡驾,当日即常熟珂乡。"①

　　次日清晨,翁同龢冒雨去了西门外鹁鸽峰,为翁氏墓园上坟祭祖,那里安葬着他的祖母、父母和兄嫂等亲人。当日心迹有日记为证:"伏哭毕,默省获保首领从先人于地下幸矣,又省所以靖献吾君者皆尧舜之道,无觟觚之辞,尚不致贻羞先人也。"②遭遇了开缺回籍,难免落魄之伤感,但在庆幸能保全性命回先祖墓前侍奉之余,翁同龢相信,自己恪守忠君报国的言行并没有辱没祖宗世德。

　　眼下,该为自己安顿个栖身之所了。翁家巷门的祖宅綵衣堂,照例不是不能居住。大概顾及宅院内孙辈各房家眷众多,俗事纷如;加之自身开缺的身份,翁同龢不得不有意避喧,暂时托身于侄子翁曾荣所在南

①《学士归田》,《申报》,1898 年 7 月 7 日。
② 翁万戈编,翁以钧校订:《翁同龢日记》第七卷,中西书局 2012 年版,第 3189 页。

泾堂住处(今南泾堂 48 号)。翁曾荣(1836—1903)是翁同爵次子。翁同龢在京期间,经常在他身边相伴,叔侄感情至深至厚。如今叔父境遇患难,身为晚辈的曾荣自是随行而归,倾力相助。南泾堂位于城内报本街南侧,东起县南街,向西经粉皮街、南市里至书院街,小河流淌,小巷幽静,与綵衣堂所在的翁家巷门相距不过百米之遥,也便于叔父每天就近走走。但怕拖累贤侄,翁同龢又不无踌躇,权宜之下,随后继续物色居所。

如果说翁同龢仕京期间从未在籍置办家产,倒也未必。出自罢归后一句"家无薄田输官租,又无一椽安厥居"①的诗作,多半也是他从庙堂之高跌落到开缺回籍的困窘自嘲。十年前,翁同龢委托曾荣在西门外晒麦场买下十几亩地,建了西城草堂数间,就是为了养老之用。起初考虑在此卜居,7 月 12 日实地看过,"惜未修理,窗户皆无,树石亦荒",只得作罢。随后,乡里好友及侄孙先后陪他在城内四处看房,又颇费周折。循其日记记载,7 月 15 日:"赵次侯来长谈,为余看燕园屋情意殷殷。"7 月 17 日:"看老圃堂新屋十间,阔敞坚固,深喜缉夫之能。"7 月 29 日:"晨携鼎臣侄孙诣鸽峰叩头,兼看方向,退至丙舍看徐屋墓,相度良久,拟于此造屋定居矣。"8 月 1 日:"至学前,两棺在室,稚女牵衣,举止凄断,看屋似第三层可住,惟太窄耳。"8 月 6 日:"茂如约余同往塔前徐氏屋,甚轩爽,可租住。"8 月 19 日:"屈荫棠来长谈,谓西仓前屋可售,价约万千,惟大厅宜重盖,冒雨去。"8 月 21 日:"午后偕荫堂看西仓前屈氏屋,八十余间而破碎,庭院极窄,不能住。"几经考量后,8 月 23 日租下塔前街张炳华一套平房,每月租金廿元。② "自我归田庐,田庐无可归;赁屋方塔下,闭户聊息机"③的诗句,道出了当时真实的尴尬处境。

10 月 10 日入住张宅,翁同龢写有一篇《安宅记》:

> 戊戌八月归自西江,乃赁屋于塔前,为栖泊之所,国事方殷,忧怀如捣,遑敢作身家计。然亲戚往来,见闻杂遝,不可弗记也,故书

① 《自嘲》,朱育礼、朱汝稷校点:《翁同龢诗集》,上海古籍出版社 2009 年版,第 264 页。
② 以上引文,分别见翁万戈,翁以钧校订:《翁同龢日记》第七卷,中西书局 2012 年版,第 3190、3191、
　3194、3195、3196、3199、3199 页。
③ 《题杨西亭〈东塔图〉》,朱育礼、朱汝稷校点:《翁同龢诗集》,上海古籍出版社 2009 年版,第 277 页。

第十一章　息影山林

277

此册,庶几焚香告天之意。①

与此前久居京城寓所宽敞舒展的厅堂庭院相比,虽说张宅屋宇轩爽,日常生活家用一应俱全,只是江南砖地平房,地气潮湿,不得不将厅房一间铺设了地板。因为担心他不能适应南方水土,侄孙翁之廉还从北京寄来了一包黄土。南归后,或随身携带、或托人陆续送到的书箱一时塞满庭宇,租住处已经没有存放的空间,只得将书箧暂存他处。日记8月26日:"是日检字画归原箧,凡六箱。一、二两箱寄鹿卿处,余送学前。"12月11日:"以书箧寄金门处。"12月13日:"以书画两箧交宽斋,令其售去。惟先人遗书当敬守。以八箧送綵衣堂。又日记等两匣及二支室杂件一箧,交陈湘渔收之。"时近深秋,寒风萧萧,"乍归颇苦,八窗透风",不得不"以书架隔断小室",以纸糊窗,用炉火取暖。②

临时租住的塔前张宅,绝非久居之所,翁同龢为此又往花园弄庞氏、学前街李氏、忠圣巷管氏、小塔前杨氏等几处看过,依旧未能满意。好在,曾荣"意极恳至"地张罗,为他在南泾堂住所西头新辟三间。就此,至1899年5月25日将租屋交还,翁同龢重新搬住回去,塔前张宅前后也就租住了七个月。

期间,三兄翁同书的夫人钱氏,随时任江西布政使的儿子翁曾桂住在一起。久违二十年了,翁同龢决定前往南昌省嫂视侄。当年9月坐船经苏州始发,先去阊门察院场的师竹斋、共赏斋等古董商铺观购碑帖,也和门生老友汪鸣銮见了一面。转往上海登岸,又去城隍庙喝茶,又去棋盘街书铺走走;还因看上了一家"丛古斋"所藏《鹤铭》《淳化阁帖》等名帖,跟店主讨价还价。后搭乘英国太古轮船公司"江宽"号启程,一路沿江游览,郁结百转的心情稍稍舒解。行旅途中,只见落日映红,江轮逆水而上,有感于人事沧桑之变,翁同龢兴之所至,行吟《将之江右视筱珊侄》二首,句云:③

① 翁万戈编,翁以钧校订:《翁同龢日记》第七卷,中西书局2012年版,第3213—3214页。

② 以上引文,分别见翁万戈编,翁以钧校订:《翁同龢日记》第七卷,中西书局2012年版,第3200、3226、3227、3223页。

③ 朱育礼、朱汝稷校点:《翁同龢诗集》,上海古籍出版社2009年版,第213页。

海程行过复江城，无限苍凉北望情。

传语蛟龙莫作剧，老夫惯听怒涛声。

船至江西湖口鄱阳湖，翁同龢有石钟山一游。饶有兴味的是，在山脚处的湘军昭忠祠杨泗庙里，与一位88岁的老僧相遇而坐，围石对谈之间，翁同龢告以"厌见时事"之语，却不知老僧似有暗示地告诉他："尔欲闲恐天下不放尔闲，尔名利中人也。"翁同龢虽然报之"我在名利外"，一笑而已。① 但这一不无意味的禅机隐语，也是参透了他难以掩饰的"家国之感"。翁同龢似乎坚信着，自己终有还朝再起、官复原职的一天。

何曾料想，此时风云又骤变。9月21日戊戌政变发生，慈禧宣布再度临朝训政。二天后的清晨，当翁同龢在南昌看到电传谕旨，顿感"臣身在江湖，心依魏阙，益战栗罔知所措也。"② 同日谕旨下达江西，令翁曾桂缉拿已革学士文廷式，眼看自己的门生遭此厄运，翁同龢如雷轰顶，几乎昏厥。9月30日记："默坐未能入辞，辗转百端，此怀莫可喻也。"③ 原本此行初冬回程，但如此严重的事态，翁同龢深恐自己再遭追究，不得不中途折归了。一周后船至上海，闻讯来访的姻亲恽心耘告知了京城近况：光绪帝被幽禁瀛台，谭嗣同等"六君子"遇难，康有为、梁启超遭通缉的消息传来，一个个触目惊心的事件，让他"真堪痛哭，心悸头眩几至投地。"④ 随之赶紧雇用了民船，于10月10日返回常熟，静观时变。

不出所料，顽固派对维新党人所展开的围剿，大有置之死地而后快的架势。放逐还乡的翁同龢，同样没有被放过。就在戊戌政变的当天，军机大臣刚毅奏称："翁同龢曾经面保康有为，谓其才胜臣百倍。此而不严惩，何以服牵连获咎诸臣？"⑤ 顽固派对他恨之入骨的心态依旧跃然可见。一个月后，传来慈禧懿旨：

翁同龢授读以来，辅导无方，从未以经史大义，剀切敷陈。但

① 翁万戈编，翁以钧校订:《翁同龢日记》第七卷，中西书局2012年版，第3205页。
② 翁万戈编，翁以钧校订:《翁同龢日记》第七卷，中西书局2012年版，第3208页。
③ 翁万戈编，翁以钧校订:《翁同龢日记》第七卷，中西书局2012年版，第3210页。
④ 翁万戈编，翁以钧校订:《翁同龢日记》第七卷，中西书局2012年版，第3213页。
⑤ 陈夔龙著:《梦蕉亭杂记》，中国近代史资料丛刊，《戊戌变法》第一册，第483页。

以怡情适性之书画古玩等物,不时陈说,往往巧借事端,刺探朕意。自甲午年中东之役,主战主和,甚至议及迁避,信口侈陈,任意怂恿,办理诸务,种种乖谬,以致不可收拾。今春力陈变法,密保康有为,谓其才胜伊百倍,意在举国以听。朕以时局艰难,亟图自强,于变法一事,不惮屈己以从。乃康有为乘变法之际,阴行其悖逆之谋,是翁同龢滥保匪人,已属罪无可逭。其余陈奏重大事件,朕间有驳诘,翁同龢辄怫然不悦,恫吓要挟,无所不至。词色甚为狂悖,其任性跋扈情形,事后追维,殊堪痛恨。前令其开缺回籍,实不足以蔽辜。翁同龢着即行革职,永不叙用,交地方官严加管束,不准滋生事端,以为大臣居心险诈者戒。钦此。①

10 月 21 日的这份懿旨,变本加厉地罗织了翁同龢的所谓种种罪状,将其授读光绪帝及从政生涯的所有业绩一概抹杀。如此雪上加霜、心狠手辣的处置,等于宣判了翁同龢政治生命的就此终结。12 月 23 日记:

《新闻报》纪十八日谕旨,严拿康、梁二逆,并及康逆为翁同龢极荐,有其才百倍于臣之语。伏读悚惕。窃念康逆进身之日已微臣去国之后,且屡陈此人居心叵测,不敢与往来,上索其书至再至三,卒传旨由张荫桓转索,送至军机处,同僚公封递上,不知书中所言何如也。厥后臣若在列,必不任此逆猖狂至此,而转因此获罪,惟有自艾而已。②

据说,该谕旨其实出于刚毅笔下。"协揆奉严旨后,始知夏间获谴,系由刚相构成。"③与翁同龢结怨已久的刚毅,甚至进言要将翁同龢戍边或诛杀,后因光绪帝的庇护和其他大臣的反对,此举未能得逞。当年年

---

① 中国第一历史档案馆编:朱寿朋等编:《光绪朝上谕档》,第 24 册,广西师范大学出版社 1996 年版。
② 翁万戈编,翁以钧校订:《翁同龢日记》第七卷,中西书局 2012 年版,第 3292 页。
③《梦蕉亭杂记》,中国史学会主编:中国近代史资料丛刊,《戊戌变法》第一册,神州国光社 1953 年版,第 483 页。另,据翁同龢侄孙翁斌孙 1914 年为清史馆所拟翁氏传稿中认为:"戊戌十月之旨出大学士刚毅手,先一日,刚毅独对,褫职编管皆其所请。尚书王文韶于述旨时争之曰:'朝廷进退大臣以礼,编管奚为?'刚毅谬ци说,曰'慈圣意也'。"王崇烈撰《清史稿·翁同龢》传后:"十月,再奉编管之谕,是日系刚独对后入朝房传旨,使非有授德宗读一层,几罹不测矣。"参见谢俊美:《有关翁同龢开缺革职的三件史料》,《近代史研究》1992 年第 3 期。

末,刚毅以查办"康逆罪迹"和练兵筹饷为名巡行江南,一度派人搜查翁氏住所,图谋加害。

1899年,原翰林院编修沈鹏(1870—1909)上疏清廷,弹劾荣禄、刚毅、李莲英"三凶"并请慈禧太后归政,不久天津《国闻报》刊登了沈鹏的言论,一时轰动朝野。事发后,刚毅一伙既把沈鹏逮捕监禁,又将常熟在京官员先后罢斥,更怀疑沈鹏此举为翁同龢所指使,声称追查幕后策划人,企图嫁祸于他。据徐兆玮12月25日日记载:"沈北山折未上,旋刊之于《国闻报》。刚子良相国阅而大怒,谓出常熟所嗾也。时有旨严拿康、梁,中牵涉叔平师荐康有为才胜臣十倍语,盖欲附会逆案以兴大狱,其心殊叵测也。此事虽与北山无涉,而适际刊折之后,迁怒不为无因云。"①据维新派人士宋恕在给友人的信里披露:"刚毅见此稿大怒,曰:'此必翁同龢主使,吾必先杀翁同龢,再杀此人。'自有此折,翁师傅之性命盖危于累卵矣。自去年八月以后,翁公日居破山寺,非僧人不敢接见,然犹密旨再三著督抚严密查看,幸两江督抚尚肯保全正类耳。"②看来,每次幸亏有刘坤一等友好居间保护,才使翁同龢化险为夷。

瓶隐庐(摄于1915年)

所谓交地方"严加管束","办法是每月到翁宅看望一次,见面晤谈,茶南别,然后以蒋某并未生事上闻,习为故事。时翁居墓庐,每月必回故宅以候传见,可见慈禧对这位放归林下的大学士还是念念不忘。"③实

① 徐兆玮著,李向东、包岐峰、苏醒标点:《徐兆玮日记》(一),黄山书社2013年版,第135页。
②《致孙仲恺书》,1899年12月30日,胡珠生编:《宋恕集》,中华书局1993年版,第693页。
③ 黄裳:《掌上烟云》,江苏凤凰文艺出版社2018年版,第168页。

际上，当年的苏州知府、常昭两县县令，多为翁同龢曾经的下属或门生，对他无不敬重和礼待。每当翁同龢到县衙"听训"，县令往往避而不见，反倒一次次登门叩拜，让他难以挡驾。不仅于此，每逢年节来临，县令还以门生之礼叩贺相敬；每遇地方要事，还主动与他咨询商讨。念及于此，翁同龢既心存感激，亦不无当时"所在编管如囚拘"①的惶恐。他深知，以自己被贬革职的处境，今后的言行举止需要格外的谨小慎微，免得连累他人，又授人以口实。有关他回籍后的行踪，已经成了上海《新闻报》《申报》等媒体关注的新闻，还不时编造一些谣言。1898 年 12 月 28 日记："前数日《新闻报》妄议余事，今又云住鹁峰，干卿甚事而评点不已耶？"1899 年 11 月 14 日记："报馆往往纪余事，昨又称余广收古镜，皆风影无踪事。"1900 年 1 月 9 日记："是日《申报》又有妄论"。1 月 16 日："始见十三日《新闻报》妄论。"面对谣言四起，翁同龢深感可恨，又不得不"一笑置之"。②

起初赁屋城内，常有亲朋故旧来叙，日子倒亦并不寂寞。不过，出入公众场所，又难免引来众人异样的围观。1899 年 8 月 29 日："晨步至寺前，于书肆略坐，而观者凑集，乃归。"9 月 25 日："晚泛舟大义桥小泊，观者塞岸，遂归。"11 月 25 日："夜携灯入市买糖，观者塞途，遂归舟。"恰有后来所吟"灯市繁华常避影，酒场热恼早抽身"③之句，翁同龢不得不离群索居，想法找一处"此去闭关空谷里，会须读易更言诗"④的归宿。

## 第二节　筑室瓶庐

位居虞山鹁鸽峰下谢家浜的翁氏丙舍，是翁同龢当时最看好的去处。丙舍由他和五兄翁同爵建于 1873 年（同治十二年），毗邻翁氏家族

---

① 《自嘲》，朱育礼、朱汝稷校点：《翁同龢诗集》，上海古籍出版社 2009 年版，第 264 页。
② 以上引文，分别见翁万戈编，翁以钧校订：《翁同龢日记》第七卷，中西书局 2012 年版，第 3229、3286、3295、3296、3304 页。
③ 《再和金门》，朱育礼、朱汝稷校点：《翁同龢诗集》，上海古籍出版社 2009 年版，第 306 页。
④ 《春申舟次偶成》，朱育礼、朱汝稷校点：《翁同龢诗集》，上海古籍出版社 2009 年版，第 215 页。

墓地，背山面湖，松荫蔽日，颇擅山林之胜、旷野之趣。

经翁同龢相度丙舍地势，并出资与邻居徐姓商议原址搬迁后，1898年7月开始在此造屋，10月动工，至年底落成，前后花费水木工700元。第二年元月正式移居山庐。翁同龢在京仕宦数十年，地位显赫，薪俸不薄，也该有些可观的积蓄。但处吏治败坏的官场，他能洁身自好，拒受贿赂，加之平时怜贫济困，乐善好施，又酷爱书画收藏，回籍时带回的银元二千多两，既为添置生活必需，又为接济族中孤寡，还为赈济西乡饥荒捐银五百、垫银五百，早已所剩无几了。所以，造房费用主要是变卖了自己珍藏的一些字画古董，也有不少侄孙亲友的接济相助。

新居以简朴的仿京式格局，分前后两厅，前厅为书斋和卧室，后厅则是客厅与仆人住处。年轻时，翁同龢有"缘何唤作瓶居士，不贮膏油只贮愁"[①]之句自勉。墓庐生活后，他给新居起名"瓶庐"，自号瓶庐居士，寄寓"守口如瓶"之意；又取号松禅，或许与当年昌平山下相茔地时见八里庄恩济庄庙有"松柏禅心静，幽情化日长"的御书联额有关。此外，大门上还贴了自订的五规：不赴宴会、不管闲事、不应笔墨、不作荐书、不见生客僧道，自称"五不居士"[②]。随后的日子里，因为自备小舟一叶，翁同龢经常往来于城内与瓶庐之间，"在山时多，入城时少，虽亦策杖听田水，而意在云栖灵隐间。"[③]

院内有一墙分隔东西，墙间有月洞门相接，翁同龢自题"瓶隐庐"三字镌刻门框之上，并亲撰"原思环堵，泄柳闭门"的八字门联一幅。联语用典古雅，分别援引《庄子》《孟子》所述典故。上联"原思"、下联"泄柳"，均为春秋时师从孔门的鲁国人，原思清介不苟，又兼性厌繁华，居茅檐草舍之中，终日安贫乐道，读书自乐，或鼓琴而坐，或抱书而眠；泄

---

① 《通州和壁间韵》，朱育礼、朱汝稷校点：《翁同龢诗集》，上海古籍出版社2009年版，第80页。

② 据刘声木《苌楚斋随笔》卷二《翁同龢五不居士》记："常熟翁文恭公同龢，自光绪二十四年四月，获遣家居后，自号五不居士，并谓一不穿公服，二不会客，三不写字，四方不入城，五不写信，有欧阳文忠公六一居士之遗风。"此说概为讹传。此据《常熟掌故》所述。另：1901年2月，日本诗人山根立庵往游常熟，曾与丁祖荫、季亮时等友人提出能否会晤翁同龢，季亮时告知："自罢相归来，退居西山之鹁峰，专以文字为娱，有自警语六，不见生客，其一也。"参阅（日）福田忠之：《〈立庵遗稿〉：清末中日文人往来的珍贵资料》，见载《文献季刊》2010年第4期。

③ 《致汪鸣銮函》，1902年4月11日，李红英著：《翁同龢书札系年考》，黄山书社2014年版，第359—360页。

柳有贤名,史载鲁缪公推崇其为人,特登门拜访,泄柳却闭门不接。翁同龢所作的这幅山居门联,借先贤清高之美名,抒一己退隐之心志。在他晚年的书法作品中,就有摘录《礼记·儒行》句所写的四屏条幅:

> 儒有一亩之宫,环堵之室,筚门圭窬,蓬户瓮牖;易衣而出,并日而食,上答之,不敢以疑,上不(答)不敢以诎。儒有今人与居,古人与稽;今世行之,后世以为楷;适弗逢世,上弗援,下弗推。

随意挥洒的笔墨,也挥洒着殷忧国事、清贫坚守的自勉自励。

瓶隐庐内前厅正中,置有一块专作叩头所用的方形石板,称为叩石。此后,每逢同治帝忌辰、光绪帝生辰、慈禧太后万寿节,翁同龢会在此双膝跪石,面北遥叩,以表忠臣之心。

1900年早春,墓庐进一步整修,铺上了船式房地板,墙外种桃,后圃植桂。第二年又竖架砌墙,陆续盖起三间新楼,又在园圃建茅亭一座,题额"乾坤一草亭",亭侧置顽石数方,亭前凿池塘一方,与谢家浜相通,池内栽荷养鱼,池边养鸭种菜,四周竹篱环绕,别是一派乡野农家景观。1903年12月19日小楼完工。环顾桃柳相间的庭院,有楼藏书,有池映月,有室围炉,有桥有畦有篱落。想起当年父亲愿景中的游息终老之所,竟在自己获遣返乡得以如愿,翁同龢感叹不已。

此后,伴松风明月,听晨钟暮鼓,山中即事,田家即景,翁同龢不时留下了《偶题》《偶吟》之句。

> 不厌粗衣与菜羹,老夫即此足平生。未知世上风波恶,但觉山中草树荣。得句已忘还自喜,逢人无语亦多情。近来笔砚都抛却,添得松风流水声。(《山中即事》)[1]

> 岂是高人宅,居然竹树幽。家贫千卷在,野阔一窗收。山卉秾如锦,湖船静似鸥。莫言腰脚胜,近已怯登楼。(《山居即事》)[2]

---

[1] 朱育礼、朱汝稷校点:《翁同龢诗集》,上海古籍出版社2009年版,第312页。
[2] 朱育礼、朱汝稷校点:《翁同龢诗集》,上海古籍出版社2009年版,第313页。

小小茅亭短短篱,摊书行饭总相宜。厌看细字新闻报,怕作连篇和韵诗。野老颇知晴雨候,山禽亦识后先时。西湖柳色津门树,日暮江乡有所思。(《山居偶成》)①

　　偶因放逐得安闲,总计平生仕隐间。老不废书聊识字,贫犹筑屋为看山。芒鞋竹杖常行乐,社酒村歌一破颜。愿祝太平今日始,近来朝报满人寰。(《山居偶吟》)②

　　息影山林,扫却柴门,看似过起了远离宦海、日与鱼鸟相亲的田园生活。辟屋山中后,翁同龢经常身着玄色长袍,脚穿团头蒲鞋,手执竹筇地来墓地走走,循着蜿蜒小路,踏着青苔石阶,或低回徘徊,或伫立良久,寄托对故人的追思与缅怀。更多的时候,闲翻书卷,读经研碑,闲弄笔墨,绘画作诗。累了步入园圃,还和仆人一起剪叶修竹,为花木荷锄培土。

　　山居后的翁同龢,虽然大部分时间留居城外,但也绝非足不出户。迹其行踪,出门的次数并不见少。除去凭吊石梅翁氏祠堂或兴福、顶山祖坟(翁颖封、翁咸封等墓地)之外,湖光山色、烟雨楼台、摩崖石刻、幽洞飞瀑的虞山胜景,几乎处处都有他驻足的身影。

　　有时,月夜下泛舟湖濒,一饱"湖光冥濛,山亦如睡"的美景,遥想八百多年前苏东坡赤壁之游,未免顿生苍茫之叹;有时,于落日余霞徒步田间,听"群飞集庭树,鸣声清婉",看"堤柳如藏雾,篱花尚带春",间与左右乡邻叙叙农事收成。甚至还在凌晨登临鸽峰之巅,巨石层累,长风浩浩,一览"若堂若隆,若云若华"的奇秀;饭后泛舟至菱荡,呼舆径登剑门,入严祠饮茶。有时,夏至午后去宝岩看杨梅,出小东门去长江边的福山观潮、买鲥鱼。1901 年 5 月 12 日:"坐独轮车至江上,对江狼山郎朗可见,风樯上下,一畅胸臆。"③三峰、兴福、宝岩、维摩、藏海等寺院,更是他与友人经常相偕参访的场所。每次入城或暂住城内,清晨去南门

---

① 朱育礼、朱汝稷校点:《翁同龢诗集》,上海古籍出版社 2009 年版,第 315 页。
② 朱育礼、朱汝稷校点:《翁同龢诗集》,上海古籍出版社 2009 年版,第 328—329 页。
③ 翁万戈编,翁以钧校订:《翁同龢日记》第七卷,中西书局 2012 年版,第 3376 页。

三层楼品茗、过北门四照楼吃面,遇上"寂无一人"的时候,最是暗自欣慰。翁同龢爱吃的家乡鲥鱼,与刀鱼、凤尾鱼并称长江水产三鲜,素有"鱼中之王"之誉。早年在京为官,就有不少乡友特意给他捎去品尝。削职后的几年里,每到清明季节鲥鱼上市,不仅有亲朋好友不时馈赠,自己也多次去江边亲自买上一些。1900 年 5 月 8、9 日的日记,就记录了自备小舟去福山,泊僻静处,饱餐过后又买回家的情景。收入翁同龢诗集的《十月望泛湖看月》《从梅里至浒浦口号》《舟诣河阳山》《舟中即事》《三月望舟中》《张帆过王庄》《支溪》《白茆新市》等诗题,无不留下了他春秋两季游山涉水、踏访乡村的踪迹。

最高兴的,莫过于和三五好友看书画碑帖,相互借阅共赏,题诗作跋。这一氛围,无疑和古城里巷众多乡绅的志趣追求不无关系。

"士大夫居乡者为绅"。乡绅作为传统社会的地方精英,多半经历了少年进学为官、中年游宦他乡、晚年息影归里的人生轨迹。其中,或因病、或告老、或革职回乡,归隐致仕的角色转变,并不影响归隐后的他们以良好的文化修养和公益精神继续服务桑梓,有的主讲书院,教课授徒;有的坐拥书斋,老而不辍,兼济与独善中获得地方社会的尊重,成为乡村社会与文化生活的主导者与组织者。明清以来,温温润润的江南常熟一直是充满文化气场的水土,这里就生活着一批工诗善文、以金石书画自娱的乡绅。其中未必都是告别宦海之人,但更添怡情养性的本真雅趣。

与晚年翁同龢相伴的乡里人事交往圈中,可以发现一组志趣相投的文化人群生像。这些人中,除 1872 年丁忧回乡后雅集半亩园的赵宗建、赵宗德、吴鸿纶、姚福奎之外,还有邵松年、俞钟颖、俞钟銮、俞钟燮、叶茂如、庞鸿文、陆懋宗、庞鸿书等人。回籍终老的他和乡里友人接陈续新,更多了诗文唱和、艺事切磋、品茗赏菊中增进友谊的机会。

每次入城或城居,去旧山楼与赵宗建切磋书画,找吴鸿纶诗酒闲谈,就近西泾岸俞家外甥处品题话旧,几乎是翁同龢必不可少的行事。老友们也一样,携画备诗地串门晤访,问候频仍,刮风下雨,也阻挡不了他们醇厚淡泊的书生情怀。仅以 1900 年夏秋为例,8 月 20 日:"饭后儒卿来笔谈。"9 月 3 日:"晚儒卿来笔谈。"9 月 8 日:"画扇送儒卿,儒卿索

翁同龢书法《太华菩提》联

书，因赋一诗，感慨不已。"9月14日："儒卿病泄，以参、术赠之。"9月28日："问儒卿疾，虽起未痊愈。"10月13日："儒卿送米五斗。"10月28日："晚儒卿来，值写字，未晤，遂诣之，久坐笔谈。"11月28日"儒卿以余腹疾抄药方来。"12月6日："晚访晤儒卿。"①1901年翁同龢还有题诗二首：

> 一叙寻常耳，流传百卅年。魂归大江水，梦断小湖田。款款真交谊，忽忽况别筵。从知性情厚，自不落言诠。

> 三世楹书在，曾孙九十翁。携笻来市上，挟筴过墙东。属我题

---

① 以上引文，分别见翁万戈编，翁以钧校订《翁同龢日记》第七卷，中西书局2012年版，第3332、3334、3335、3336、3339、3341、3343、3348、3349页。

诗句,因之识古风。碑阴先友记,敢说柳州穷。①

期间,与方外之交、三峰寺住持药龛和尚的往来,尤其令人注目。

药龛(1825—1909),名昭尘,号煮石头陀,俗姓赵,常熟人,少小投三峰清凉寺披剃,后任该寺住持,为三峰名僧硕揆禅师九代法嗣,精研大乘,旁及子史百家,工诗善画,尤喜收藏,戒行著称于江南。药龛早年曾从翁同龢大姐丈俞大文习诗,与大文之子俞钟銮等邑中名士过从密切,常有诗文唱和。两人之交往,始于翁同龢请假南归的1868年(同治七年),当时他还以杜诗意书赠"世尊尘埃,龙象无力;斯人空谷,黄绮同游"②联语一幅。乡居之后,"老去襟怀渐近禅,岩扉寂静谢尘缘。"③每天早起,翁同龢月读《法华经》,耽于禅悦,以静居心,与药龛因此多有互访。在他的日记里,常有独自或偕同友人门生往访三峰、留饭僧寺的记录,也有药龛入山探望,书画共赏的记录。1901年春,还以家藏元僧世殊银字《楞严经》送三峰寺收藏。

翁同龢70岁那年,药龛有诗致意:"宦海风波五十年,有缘天放许归田。禅门境远须知定,浊世名高未是贤。两袖清风聊自慰,一腔热血有谁怜? 到今且束旋乾手,濯足西湖伴石眠。"④字抒发了对友人高洁品行与不平遭际的感慨。1903年,翁同龢应药龛之请,还为邑人王伊新修《三峰寺志》撰写序文一篇,对药龛"佛性逾明,禅观不息。祖庭之训,偕灵塔齐修;山寺之规,共慧田俱廓"⑤的戒行高德给予了高度评价。当年重阳节药龛八十寿辰,他又书赠"太华峰头重九节,菩提树下八千秋"⑥的对联,将太华三峰暗切虞山三峰,以"重九节"和"八千秋"切合药龛生辰。十天后又邀药龛到山斋一起欣赏石谷画册。直到1904年翁同龢谢世前的4月28日,得知老友卧病山中,药龛又来看望他,送来了新茶和黄笋,数十年的笃深友谊可谓终其一生。

---

① 《吾友吴儒卿鸿纶,竹桥先生之曾孙也。一日得范公东叔赠先生叙,装卷命题,敬赋二首》,朱育礼、朱汝稷校点:《翁同龢诗集》,上海古籍出版社2009年版,260—261页。
② 翁万戈编,翁以钧校订:《翁同龢日记》第二卷,中西书局2012年版,第681页。
③ 《题顾谔一〈鹤庐图〉》,朱育礼、朱汝稷校点:《翁同龢诗集》,上海古籍出版社2009年版,第367页。
④ 《赠松禅居士》,释照尘撰、丁祖荫编订:《药龛集》,1922年常熟清凉禅寺印行,第11页。
⑤ 翁同龢:《重修三峰清凉寺志叙》,见王伊撰:《三峰清凉寺志》,1941年排印本,第1页。
⑥ 翁万戈编,翁以钧校订:《翁同龢日记》第七卷,中西书局2012年版,第3524页。

同时,来自家乡真才实学的年轻新锐,如1860年代出生的宗舜年、赵宽、赵古泥、曾朴、沈汝瑾、金兰升、赵仲举、张鸿、萧蜕、瞿启甲、蒋志范、丁国钧、金鹤冲等,无论旧交还是新识,多是他相从甚密的忘年之交。

如1858年出生城区的沈汝瑾,工于诗词,家藏金石书画,尤多古砚,有"笛在月明楼"为庋砚之所。1901年11月27日有《题沈石友〈西泠觅句图〉》句:"客从城中来,示我石友诗。石友洵奇士,妙句偶得之。诗人贵成名,岂屑流俗知? 安得杨铁崖,为编竹枝词。"①翁同龢对新友之作赞赏有加,从此乐与交往。1901年春应邀前往月明楼,归后书赠"斜阳怜暮秀,微雨湿花阴"的大篆五言联;1903年初春沈汝瑾又有观百年山茶之约,翁同龢欣然赴约,与俞钟彦、俞钟銮、胡鹤年、萧蜕等看画看碑,登楼远眺,极畅怀之乐。至于甲午年在京任职的曾朴,也是出入翁府的常客,曾朴以所著《补〈后汉书·艺文志〉一卷并考证》十卷相赠,被翁同龢叹为"著书博赡,异才也。"②返乡后,曾朴又随岳丈汪鸣銮多次来山居拜望,更有1903年因接续创作小说《孽海花》,以小说的书写方式聚焦当代生活,表现了同治光两朝发生的一系列重大历史事件,且所涉先辈友人轶事,就包括了翁同龢在内的时贤名流。

别有兴味的是,因为家藏王石谷的传世名画《长江万里图》,翁同龢经常乐此不疲地邀友人欢聚共赏。1899年7月17日,他约了赵宗建、吴鸿纶、姚福奎、药龛来山居小聚,开卷展看,赏画吟诗,心情格外愉悦,事后感叹:"五人综计三百六十四岁矣,谁欤画五老图耶?"③有诗记之:

> 悠悠魂梦依先垄,草草生涯筑此堂。
> 何意残年得栖隐,尚随诸老共徜徉。
> 长愁敢说江湖乐,暂聚应分星宿光。
> 溇港渐淤纱布贱,吾侪何以济穷乡?④

---

① 朱育礼、朱汝稷校点:《翁同龢诗集》,上海古籍出版社2009年版,第278页。
② 翁万戈编,翁以钧校订:《翁同龢日记》第六卷,中西书局2012年版,第2945页。
③ 翁万戈编,翁以钧校订:《翁同龢日记》第七卷,中西书局2012年版,第3264页。
④《吴儒卿、释玉峰、姚湘渔、赵次公同过山斋,次公有诗依韵奉答》,朱育礼、朱汝稷校点:《翁同龢诗集》,上海古籍出版社2009年版,第221页。

五叟聚会山中,可称世出世间,儒释并集①。是年暑热将去的一天,陆懋宗、赵宗建午前先后到访,宗舜年、赵宽也随之而来,翁同龢再次将藏品示以同好鉴赏,墨缘共话,直到下午三四点后才依依散去。

彼此出其所藏去,携示拓本来,平淡之中见精神。毫不夸张地说,翁同龢所在瓶隐庐、赵宗建所在半亩园,药龛所在三峰寺,几乎成了当时常熟的文化吐纳、聚合、交流场所。想起1899年8月京城旧友豫师托人带来书信一札,勖以讲学,唯以戴罪之身,除了让他心有所感,又何来可能?② 不过,赖以和同辈相互激赏、更有提携后辈的文化艺术交游,既成了翁同龢垂暮的生命岁月里重要的精神支撑,又助推了家乡千古文脉的薪火延续。

## 第三节　专心致志

说起翁同龢回籍后的生活,除前述体恤民生,为协助平息西乡抢粮风波竭尽其力外,必须述及他参与编纂《常昭合志》之事。为了家乡的文化公益事业,晚年翁同龢自觉担当了一个文化人的责任。

中国古代地方志书,素以"存史、资政、教化"的功能得到社会重视,堪为珍贵的地方文化资源。人文荟萃的常熟有着修志的悠久传统。现存最早的常熟县志,首推南宋庆元二年(1196年)孙应时所修《琴川志》。后经多次增益,至元至正年间(1363年)卢镇纂《重修琴川志》(15卷)。有明一代,常熟公私纂修县志有宣德间(1434年)张洪的《琴川新志》(8卷)、弘治中(1499年)桑瑜所修《常熟县志》(4卷)、嘉靖间(1539年)邓韨修《常熟县志》(13卷)、万历间(1605年)管一德《皇明常熟文献志》(18卷)、姚宗仪的《常熟县私志》(20卷)、崇祯间陈三恪的《海虞别

---

① 药龛有《己亥六月十日,松禅居士招同赵次公、吴儒卿、姚湘渔与余,小聚西山墓庐,用次公韵》:"空山寂守性真常,儒帽僧衣合一堂。竹径迎风来阮籍,藤床卧月到羲皇。山中尽许容时相,世外何须礼法王。裂破人间名利网,湖山住处任徜徉。"释照尘撰,丁祖荫编订:《药龛集》,1922年常熟清凉禅寺印行,第11页。

② 翁万戈编,翁以钧校订:《翁同龢日记》第七卷,中西书局2012年版,第3271页。

乘》(24卷)、龚立本的《常熟县志》(15卷)等等。清代,有康熙年间钱陆灿的《常熟县志》(26卷)、曾倬的《常熟县志》(8卷),雍正间陶正靖的《常熟县志》、陈祖范的《昭文县志》,还有私人撰述的《虞邑先民传略》、《常熟志略》等。乾隆间言如泗主持纂修《常昭合志》(12卷)。其后陈揆、黄廷鉴分别撰成《琴川志注草续注草续志草补》(24卷)、《琴川三志补记》(10卷、续8卷)。另有邓琳的《虞乡志略》(12卷)等等。此后,因战乱纷等原因,中经数十年间,县志从未续修增补。至同治年间,邑人杨泗孙提议纂修县志,惜未成书,仅存《常昭合志采访录》稿本。戊戌年后,不少常昭籍京官同样被革职归里。两县令为此会同邵松年、陆懋宗、俞钟颖、庞鸿文等人商议再续,1900年3月设馆海虞试院内正式编纂,庞鸿文出任领衔。

以翁同龢的资望,更有日常搜罗、校雠各类古籍版本的功力,以及刻意旁求地方文献、多有家藏善本的痴心热情,他被一致推为助审志稿的重要人选。

1900年初,翁同龢从俞钟銮长子、弥甥俞承莱那里,借得《海角遗编》《笔梦》《过墟志感》《邑稗杂钞》等记述邑中遗事的佚名之作。[1] 受托后开始通过各种途经,亲自搜访乡邦志书。当年2月觅得虞山味经书屋主人张芙川的"琴川卢志"钞本;1901年1月,俞钟銮送阅《皇明常熟文献志》,日记点评:"凡六册,共四百五十页有奇。其书极简,非志体也。"[2]又从吴鸿纶那里借来《海虞诗苑》。6月初县令送来邑志稿,他又写道:"凡卅八本,大约至同治末年止,犹未备也。"[3]7月向友人借得邓釴修《常熟县志》6本;8月先后借单学傅所纂乡里志《钓渚小志》、陈祖范修《昭文县志》4本、曾倬修《常熟县志》10本,9月借龚立本修《常熟县志》12本,10月借桑瑜修《常熟县志》。此外还借来了"苏州新志前十册",另有龚立本的《松窗快笔》、毛晋的《虞乡杂记》、金鹤冲的《牧斋年谱》、徐复祚的《三家村老委谈》、陶贞撰《虞邑先民传》等邑中杂记,甚至还借阅了道光朝秦锡淳修《锡金志》。尽管在1901年7月致汪鸣銮的

---

① 翁万戈编,翁以钧校订:《翁同龢日记》第七卷,中西书局2012年版,第3298页。
② 翁万戈编,翁以钧校订:《翁同龢日记》第七卷,中西书局2012年版,第3354页。
③ 翁万戈编,翁以钧校订:《翁同龢日记》第七卷,中西书局2012年版,第3380页。

信中他不无自谦地说:"邑中正议修志,庞、邵两君主之,此事大难,非衰庸所能参与矣。"①但借助其日记、书信资料,可以大体还原翁同龢专心致"志",终日"伏案矻矻"的真实情形,8月11日:"拟邑人传略数则,自叹见闻陋而文字弱也。"②8月18日:"看《虞山书院志》,摘录之,手眼皆乏矣。"③8月22日:"看邑志,并摘钞一二,眼花手僵不能胜。"④

随后,汪鸣銮托人从苏州送来明卢熊所纂《苏州府志》10册,从9月1日起每天抄阅数卷,9月14日:"看卢志,竟日愦愦,目力大减也。"⑤历时二十日抄完之后,他又致函汪鸣銮:"《常熟县志》有明初张洪、桑瑜两本,皆经刊刻,而此间遍不得,未审郡中旧家尚有藏者否?愿乞博雅一咨询焉。"⑥桑志抄毕后接看龚志,至11月初勉力完成,又是近一个月。此间寄翁斌孙信中说:"日来正看龚志,毕竟通人之作。"⑦10月4日:"归看桑志,此书在张志后、邓志前,所取甚约,杂议论于记载中,亦拟稍摘数条。"⑧10月21日:"竟日抄龚志,何啻数千言。"⑨浏览龚志后认为:"其叙邑正凛凛有声气,钱志剸尚取大略,言志则笔弱矣。"⑩

暑去秋又来,翁同龢顶着溽热的天气,目倦手疲,抱病从事。由他指导编撰县志的手迹一页至今遗存,上有"石城沙田册"、"赵清常、钱牧斋、毛子晋藏书可详记,嗣是二张、一陈、一瞿,宜汇入"、"六科案牍何处可求"、"撰述当择著其目。金石宜断至宋元止"、"乡饮虽废,宜溯其本。田赋改制宜详"、"循吏事实、名人事实"等字样⑪,寥寥数行,却足见他为志书编纂倾注的心血。

查阅存世的有关志书,由翁同龢题跋的批校本有7种:一是《琴川

① 《致汪鸣銮》(1901年7月13日),《翁松禅墨迹》第一集,商务印书馆1917影印本。

② 翁万戈编,翁以钧校订:《翁同龢日记》第七卷,中西书局2012年版,第3391页。

③ 翁万戈编,翁以钧校订:《翁同龢日记》第七卷,中西书局2012年版,第3392页。

④ 翁万戈编,翁以钧校订:《翁同龢日记》第七卷,中西书局2012年版,第3393页。

⑤ 翁万戈编,翁以钧校订:《翁同龢日记》第七卷,中西书局2012年版,第3396页。

⑥ 《致汪鸣銮》(1901年9月23日),《翁松禅墨迹》第一集,商务印书馆1917年影印本。

⑦ 《致翁斌孙函》(1901年9月26日),李红英著:《翁同龢书札系年考》,黄山书社2014年版,第151页。

⑧ 翁万戈编,翁以钧校订:《翁同龢日记》第七卷,中西书局2012年版,第3399页。

⑨ 翁万戈编,翁以钧校订:《翁同龢日记》第七卷,中西书局2012年版,第3401页。

⑩ 翁万戈编,翁以钧校订:《翁同龢日记》第七卷,中西书局2012年版,第3400页。

⑪ 《石城沙田册》,翁同龢著,翁之憙整理:《瓶庐丛稿》卷二,商务印书馆1935刊本。

志》15 卷,清抄本;二是《皇明常熟文献志》(不分卷),明万历刻本;三是《海虞别乘》不分卷,清赵氏旧山楼抄本;四是《常昭合志》12 卷首 1 卷,清嘉庆二年刻本;五是《常熟县志》13 卷,明嘉靖十八年刻本,有翁批并抄录冯复京事略一则;六是《常熟私志》(存 3 卷),旧抄本;七是康熙本的《常熟县志》。资料披露,现存哈佛大学哈佛燕京图书馆的康熙朝《常熟县志》刻本 10 册,留下了翁同龢当年以崇祯龚志为底本的批校墨迹。志书的每册封面上,均有他以纵意所适的小楷手书的书名及页卷内容,如第一册为"常熟县志一。共十本。康熙二十五年修。钱湘灵编辑。建置沿革、分野、祥异、疆域、山、水、城池、官署、学校、祠祀。"每册书根也为手书,书中又钤有"常熟翁同龢藏本"之印。凡例第一条,批有"大略取龚志为多。"卷 15 宦迹有曾慎传,文中有"又按伯广记慎初名构,字叔重,清源人。而各志俱称慎或曾改名,或传写误也。"翁氏有按语云:"龢按:是避高宗讳而改耳。"在多处书眉处,批有"墨点者以龚志校。"卷 14 第宅"副使杨仪宅在迎恩桥东北,有万卷楼"下,翁书有"楼凡三楹,旁有菖蒲房。"陵墓"言偃墓,《史记·吴世家》注:子游墓与仲雍冢并列。今封树在影娥川北岭上,为邑令杨子器所筑。"此条"北岭上",翁批"相传即半山亭址。"又"所筑"改为"所设",并批"此设字有关系。"等等。

　　此间,负责编纂志书的庞鸿文、邵松年、俞钟颖等多次来山居与他面谈,就志书体例条目交换编修意见。1901 年 7 月 31 日记:"连日看借钱绥卿所辑邑志底稿,大抵人物一门犹未全也。"[1]8 月 2 日记:"晚访金门,与荫北(按:屈荫堂)谈邑志,……"[2]至 1903 年县志部分初稿写成,翁同龢又认真加以审阅,发现问题后及时修正,如"拙撰《赵志》,书阳舍一役于邑城降附之前实误,须改。"等县志全部完成,考虑自己革职编管之身,也就没在纂修人员的名单中如实具名。1904 年,《常昭合志稿》48 卷(附首末卷)活字本行世,该志在广征博采的基础上,补前志不足,并接以后事,严密考证,去伪求真。可惜,翁同龢当年七月去世,未能一睹新志。

① 翁万戈编,翁以钧校订:《翁同龢日记》第七卷,中西书局 2012 年版,第 3389 页。
② 翁万戈编,翁以钧校订:《翁同龢日记》第七卷,中西书局 2012 年版,第 3390 页。

## 第四节 门墙桃李

开缺后的几年里,翁同龢不仅因政治上的黯淡而落寞,生活上也陷于不无困顿尴尬的境地,既要应付家里的日常开支,又因衰病日侵,时时抓药治病,手头因此多有拮据。1902年2月初,在汪鸣銮送来年礼后的回谢信中,翁同龢坦言:"岁暮米盐,凌杂逼人,平生未尝此境。"①为养家糊口,他只得变卖自己收藏的部分字画,以此维持生计。

值得慰藉的是,来自昔日门生的频频致意,成为翁同龢归隐生活中格外显眼的一道风景。如果将他逐日所记的人事往来次第梳理,随处可见各地学生趋候慰问的踪影。

翁氏门生遍天下。如前所示,自翁同龢识拔南通张謇状元及第,在随后的甲午战争、戊戌变法中,两人为抗击外侮、改革弊政而声气相求,缔结了一段心志共勉的忘年交。对罢官孤苦的翁同龢而言,来自一江之隔的张謇不断托人捎来的书信问候,赠银两、送食物的生活帮助,更有一次次不顾忙碌的远道来访,最是知心的精神安慰。

事实上,惊闻翁师开缺后一周,张謇就有七律诗送行:"兰陵旧望汉廷尊,保傅艰危海内论。潜绝孤怀成众谤,去将微罪报殊恩。青山居士初裁服,白发中书未有园。烟水江南好相见,七年前约故应温。"②张謇自注该诗系"引朱子答廖子晦语,劝公速行。"③不久,张謇便借丧父告假匆匆离京,回到家乡南通,开始致力于创办大生纱厂,实现富国强民的宏愿,就此跳出了翻云覆雨的政治漩涡,闯出了实业救国道路。

一江隔两岸,相知更相重。揆诸两人此后的日记及诗文,这对座师与门生,有着更多的心灵感应。回籍后的翁同龢,一直牵挂在弟子的心头。1898年8月,张謇有诗一首:"楼台无地相公归,借住三峰接翠微。济胜客输腰脚健,忧时僧识鬓毛非。尚湖鱼鸟堪寻侣,大泽龙蛇未息

①《致汪鸣銮》(1902年2月2日),《翁松禅墨迹》第一集,商务印书馆1917年影印本。

②《奉送松禅老人归虞山》,1898年6月18日,张謇研究中心、南通图书馆编:《张謇全集》第五卷,江苏古籍出版社1994年版,第108页。

③张謇研究中心、南通图书馆编:《张謇全集》第六卷,江苏古籍出版社1994年版,第410页。

机。正可斋心观物变,蒲团饱吃北山薇。"①劝慰恩师享受归隐幽趣,静观时局。

1899 年 3 月 19 日,张謇自通州来常熟看望恩师,"长谈抵夜,留饭而去。"②次日游览了虞山、兴福寺、联珠洞、三峰寺等胜景,晚间围炉而坐,彻夜交谈。当年五月大生纱厂开工出纱,翁同龢应请写书联祝贺:"枢机之发动乎天地,衣被所及遍我东南。"③上联语出《易·系辞》,认为君子以言行感动天地,应谨言慎行④;下联借《道德经》"衣披万物"之语,对于纱厂开拓创新、惠泽民生的实业追求寄寓了厚望。12 月 9 日张謇又遣人送来海鲜等食物八种,并邀往南通狼山一游。厚谊可感,翁同龢次日回信:

> 柴门扫轨,与鱼鸟相亲。昨以祀事入城,适专使至,辱书并海错山蔬多品,不特餍饫,兼可疗疾,知足下犹以老病为念也,感激感激。厂事有成,具见坚定之力,由是推之各海疆、各行省,为儒者经理商务之第一实事,其要领全在左右得人,出入有纪,钦佩之至。……紫琅之约,殆成虚愿,无事尚腾口语,矧扁舟出游耶! 乍寒,千万珍重。⑤

身处"编管"之境,为免招人口实,也出于保护学生不致牵累,南通之行被他谢辞。此前,张謇请人为自己绘有一幅《张季子荷锄图》,一睹画中的弟子身袭长袍,脚着布鞋,头戴竹笠,左手荷锄,右手撩衣。翁同龢欣然应请题五律诗一首:"平生张季子,忠孝本诗书。每饭常忧国,无言亦起予。才高还缜密,志远转迂疏。一水分南北,劳君独荷锄。"诗后附小注:"余与有耦耕之约,今不能践。"⑥念及师生"相见于江南烟水之

---

① 《呈松禅老人》,1898 年 8 月 20 日,张謇研究中心、南通图书馆编:《张謇全集》第五卷,江苏古籍出版社 1994 年版,第 110—111 页。
② 翁万戈编,翁以钧校订:《翁同龢日记》第七卷,中西书局 2012 年版,第 3243 页。
③ 张孝若撰:《南通张季直先生传记》。
④ 《易·系辞上》:"言行,君子之枢机。枢机之发,荣辱之主也。言行,君子之所以动天地也,可不慎乎?"
⑤ 《致张謇函》(1899 年 12 月 10 日),张氏扶海陀藏辑:《翁松禅致张啬庵手书》,上海有正书局 1926 年影印本。
⑥ 《简张季直》,1899 年 12 月 10 日,朱育礼、朱汝稷校点:《翁同龢诗集》,上海古籍出版社 2009 年版,322—323 页。

**翁同龢为张謇大生纱厂题联**

间"的有约在先,而此刻自身因失去自由而难以为助,翁同龢的旧事重温,更是对弟子忧国情怀和发展实业给予精神上的支持。

1900年10月25日,张謇又一次托人捎来书信,通报了开办纱厂及开发地方事业的情况,并送来百岁酒、椒鸡、百合、山药等食品,翁同龢当即回信写道:

> 数月来,日在嗟咤沈痗中。以我之悬悬于足下,知足下思我无已时也。病状无足谈,寒战愈剧,时事奈何?纱厂、土税两事,在足下为小试,而以贞固成之,民赖以福,余事愿尽力推行。百岁酒正思配制,承惠,适如所欲。椒鸡异味,平生未尝。山药、百合,此间所产,迥不如江北,得之可以卒岁。珍感不尽。①

---

① 《致张謇函》(1900年10月25日),张氏扶海咤藏辑:《翁松禅致张啬庵手书》,上海有正书局1926年影印本。

1902 年 1 月 9 日:"张季直寄藕豆、薏米、山药、百合,皆寅携归。"①
11 月 30 日:"得张季直函。白面四袋、小米一袋。每袋五十斤。山药一
篓、百合一篓、苡仁一包、白布二匹、花布二匹、洋手巾四打、香稻一
袋。"②1903 年,张謇应邀赴日本参观劝业博览会并考察实业教育,回国
后整理刊刻了一册《东游日记》。当年 10 月 15 日,请人把书送到常熟,
同时送来"银饼二百,米粟各一袋,鱼干、百合各一筐。"③受此厚礼,缓解
了生活上的燃眉之急,翁同龢病中不由感叹:"悠悠四海,惟真相知者,
知我空贫耳!"他让来者捎去复函一件,对《东游日记》给予了高度评价:

> 南北辽隔,相思不见。使者来,得手书并《东游日记》。凡所咨
> 度,步步踏实,所记皆综其大端而切要,可仿者其凿井、牧牛二事
> 乎? 近人细字书,每不欲观,观足下所著,则娓娓不倦,何也?④

无疑,看过学生矢志于振兴国家的实业规划,翁同龢心头有了无限
的欣慰。此后在给外甥俞钟銮的信中,他就不无瞩望地说:

> 《东游日记》一册,通州张生所著,异于寻常谈瀛者流,此事自
> 关学识也。张生方事垦牧,创学校,冀他日江淮间成一都会。⑤

当时,侨寓苏州王洗马巷和桃花坞的汪鸣銮、费念慈,也是翁同龢
晚年频频过从的弟子。汪鸣銮(1839—1907),字柳门,号郋亭,浙江杭
州人,同治进士,历任学政、乡试副考官、内阁学士、总理各国事务衙门
行走,又调吏部侍郎并兼刑部。1895 年因支持光绪帝筹谋新政,反对
后党掣肘而被弹劾革差,后归杭州书院教席,精说文,能篆书。费念慈
(1855—1905),字屺怀,号西蠡,江苏常州人,光绪进士,授编修,后任浙
江乡试副主考时因事被劾,自此寄居苏州,擅鉴赏,工书法。那几年的
翁同龢日记,两人经常独自或相约前来墓庐探视,看画谈碑,彼此书信、

① 翁万戈编,翁以钧校订:《翁同龢日记》第七卷,中西书局 2012 年版,第 3414 页。

② 翁万戈编,翁以钧校订:《翁同龢日记》第七卷,中西书局 2012 年版,第 3466 页。

③ 翁万戈编,翁以钧校订:《翁同龢日记》第七卷,中西书局 2012 年版,第 3524—3525 页。

④《致张謇函》(1903 年 10 月 15 日),张氏扶海垞藏辑:《翁松禅致张嗇庵手书》,上海有正书局 1926 年
   影印本。

⑤ 赵平笺释:《翁同龢书信笺释》,中西书局 2014 年版,第 413 页。

来访总计不下数十次之多，"政教艺事、收藏考订，盖无所不谈矣。"①每次既有书画呈示，也馈赠果品酒馔。1901年11月9日致汪鸣銮一札说："豆粉佳制出自新裁，宜于软嚼，茶肘赵鸭非乡曲所有，珍感不尽。"②与汪鸣銮、费念慈保持的频频书信，也让翁同龢能及时探得外界时局。

与张謇交好的沈曾植、丁立钧，也是翁同龢的门生。沈曾植（1850—1922），字子培，号巽斋，别号乙盦，浙江嘉兴人，光绪进士。1898年的深秋，沈曾植有寄函问候并呈《寄上虞山相国师》诗一首："江上穷愁十日霖，摇摇孤愤结微音。松高独受寒风厄，凤老甘当众鸟侵。睢盱一夫成世变，是非千载在公心。言妖舌毒纷无纪，吞炭聊为豫子喑。"③诗句将无尽的忧思寄托于绵绵细雨，以经受风雨摧折与欺侮的苍松、老凤，寄勉老师身处世事剧变、纷乱无纪的时代里，不妨将个人的是非功过交由历史做公正的判决。1900年5月初由嘉兴赴上海时取道苏州来访，师生蔬饭而别。丁立钧（1854—1902），字叔衡，号恒斋，江苏东台人，光绪进士，历官翰林院庶吉士、编修、山东沂州知府。1899年任江阴南菁书院山长，1901年南菁书院改学堂后继任总教习。当年4月底与费念慈来访一叙，辞行后，翁同龢赋词代简奉答：

> 送春归，春未去，春去雨声里。老我荒江，懒访破山寺。似闻古佛前头，牡丹花落，依旧是密笼浓翠。大堤路，祇此百里邮签，愁风又愁水。君自扁舟，我自系离思。劝君莫向横山，横山何处？恐妨了饱餐酣睡。④

与陕西门生陆襄钺的师生交谊更是久远。

陆襄钺（1833—1905），字吾山，陕西孝义人，自1858年（咸丰八年）翁同龢典试陕西时得中副榜，就任直隶州州判，后在河南开封、卫辉、彰德各州府就职，性直好施，见义勇为，兴教养、设义渡、清冤狱、赈济黄河决口灾民。继任山东蓬莱、安徽合肥知县、河南长葛知县。1901年授

① 翁万戈编，翁以钧校订：《翁同龢日记》第七卷，中西书局2012年版，第3375页。
②《致汪鸣銮函》，《翁松禅墨迹》第一集，商务印书馆1917年影印本。
③ 许全胜撰：《沈曾植年谱长编》，中华书局2007年版，第209页。
④《祝英台近（答丁叔衡）》，朱育礼、朱汝稷校点：《翁同龢诗集》，上海古籍出版社2009年版，第404页。

浙江督粮道,在任三年考察漕务,清除积弊,扩建码头,以廉直名于时,民生多受其益。1901 年夏至日,由河南赴任浙江的陆襄钺便道来访。老师生见面,均已七十开外,霜鬓已白,但精神不错,一起游览了剑门、三峰寺等胜景,盘桓二日,"剧谈四十年前事,真如梦寐矣。"①当陆襄钺汇报了在修筑堤工、南漕北运等政务处理上的做法,翁同龢为弟子节省国家财力着想而赋诗赞许。此后两人书信不断,陆襄钺不时有粮食衣物和银两遣人送去。

借陆襄钺的远道而来,翁同龢得知了山西门生王仲蕃已由长葛县令升任河南邓州。1898 年 10 月 26 日记,王仲蕃"函馈百金,受之,四十年老门生,意可感矣。"②半年后又函示长葛当地士民诗,翁同龢曾以"小诗非颂祷,望治意殷殷"③寄勉。1903 年 2 月,获悉王仲蕃准备明春专程到访,弟子"不以出处易情"的厚谊让他感喟无已。4 月 26 日,"得王仲蕃锡晋函并百金"④。当年秋天,王仲蕃因"失察过路洋人失物"被撤任后来信请援,翁同龢为自己"无从为力"⑤而惜叹。

时任淮扬河务兵备道的沈瑜庆(1858—1918),福建侯官(治今福州)人,前两江总督沈葆桢之子。1901 年 1 月 16 日,和沈曾植之弟沈曾桐等友人结伴来访,冷风寒雨中赠以钱款接济。欣奋之余,翁同龢出示了所藏宋版古籍,纵谈古今,相聚甚欢,感叹"数年无此乐矣。"⑥1902 年 3 月 3 日:"得沈生瑜庆函件并诗"⑦。1903 年 4 月 13 日:"得沈生瑜庆书,以百金饷。"⑧,他又感慨回复:"仆交游遍海内,求始终不渝者,不过三数人,而足下其一也。"⑨对这份"朝夕之需,深赖惠济"的至情厚谊,心底至为感激。

---

① 翁万戈编,翁以钧校订:《翁同龢日记》第七卷,中西书局 2012 年版,第 3384 页。
② 翁万戈编,翁以钧校订:《翁同龢日记》第七卷,中西书局 2012 年版,第 3217 页。
③《门人王仲蕃锡晋以寄长葛士民诗见示,次韵奉答》,朱育礼、朱汝稷校点:《翁同龢诗集》,上海古籍出版社 2009 年版,第 219 页。
④ 翁万戈编,翁以钧校订:《翁同龢日记》第七卷,中西书局 2012 年版,第 3496 页。
⑤ 翁万戈编,翁以钧校订:《翁同龢日记》第七卷,中西书局 2012 年版,第 3529 页。
⑥ 翁万戈编,翁以钧校订:《翁同龢日记》第七卷,中西书局 2012 年版,第 3356 页。
⑦ 翁万戈编,翁以钧校订:《翁同龢日记》第七卷,中西书局 2012 年版,第 3424 页。
⑧ 翁万戈编,翁以钧校订:《翁同龢日记》第七卷,中西书局 2012 年版,第 3493 页。
⑨ 沈瑜庆著:《涛园集》,沈云龙主编:《近代中国史料丛刊》第 6 辑,台湾文海出版社 1973 年影印本,第 67—68 页。

1902年9月27日,时任江苏候补道台的蒯光典以百元寄赠恩师。蒯光典(1857—1910),字礼卿,安徽合肥人,光绪进士,授检讨,充会典馆图绘总纂,后聘为两湖书院监督,后以道员发江南,创办江宁高等学堂。1902年9月27日记:"门人蒯礼卿光典赠百元⋯⋯情谊可感"①。日后回信致谢:"足下惠然分俸见赠,是足下闵其贫而恤之也,抑亦知其贫且苦,而不以流俗以待我也,且足下何尝不贫而又惜我之贫也。"接着又写道:"朝廷设学堂以收天下士,而江南尤人物渊薮,足下褒然总其成,学徒之秀而文者不难致,第恐儇巧傲悖,貌华而志夸耳!"②对弟子筹建新学的努力多有规勉告诫之意。

除上述弟子外,据日记粗略缕列,不下数十人之多。其中,既有近在常熟的张蓬仙,有太仓的唐文治、松江的顾香远、江阴的夏孙桐、嘉定的徐鄂、苏州的吴荫培、无锡的杨道霖、常州的刘可毅和刘树屏、江宁的邓邦述等弟子;还有广东新会的陈昭常、东莞的陈子砺、新宁的邝兆雷、福建闽侯的许贞干、方嘉澍、四川犍为的罗迪楚、浙江嘉兴的钱新甫、桐庐的袁昶、黄岩的王咏霓,湖南茶陵的尹铭绶、安徽太湖的王少谷、山东章丘的刘元亮、东阿的陈宗妫、河北遵化的史恩培、宛平的陆钟琦、海城的尚会臣、辽阳(汉军正黄旗)的杨钟羲;还有药龛弟子、镇江金山寺监院乌目山僧、两江总督张人骏长子、时任大清银行总办的张允言,等等。另外,曾国藩女婿、浙江臬使③聂缉椝、驻外公使伍廷芳和杨儒等人也曾有礼物寄赠或致函问候。

无论是署任知府、县令,还是在职学政、考官,无论放归在野,还是出世入世,有的投函送物,有的便道来访,有的专程趋候,诸凡不一,可圈可点,均在日记里留下了他们的身影踪迹。

当然,每次遇弟子前来看望,投诗赠物,求字求题,翁同龢多有条幅或扇对书赠,也有回赠礼品以示谢忱。1903年6月,曾经的乡里门生、嵊县县令徐印如遣人再次前来送礼,翁同龢除受枣、虎爪笋、枇杷等物

---

① 翁万戈编,翁以钧校订:《翁同龢日记》第七卷,中西书局2012年版,第3458页。
②《致蒯光典函》(1902年11月18日),翁同龢著,翁之憙整理:《瓶庐丛稿》卷五,商务印书馆1935年刊本。
③ 臬使,即按察使。

外,退回了绸缎、龙须席、长锋羊毫等贵重物品。1904年3月,陆襄钺在送去的厚礼被退还后,改天又责成儿子来访并执意厚赠,盛情难却之下,翁同龢"以陆赠还茂如,十分受其一。"①期间,还不乏有自称门弟子前来套近乎的,翁同龢则一概辞而不见。

门墙桃李情,润物细无声。各地门生的来访来函,还有困境中馈赠银两食物,既宽慰着翁同龢窘困的处境和心境,给了他难能可贵的接济和帮助,更是凸显出了礼尊座师的拳拳之心。

当然,在翁同龢生命的最后几年里,一批故旧老友,如刘坤一、任道镕、程文炳、钱应溥等人的关心,在此值得插叙一笔。刘坤一(1830—1902),字岘庄,湖南新宁(治今邵阳)人,官至广西布政使、江西巡抚、两广总督、南洋通商大臣、两江总督等要职。在翁同龢回籍一个月后,刘坤一就委派专人捎来诚挚问候;不久又在郑孝胥面前惜叹:"今国家于两朝师傅恩薄如此,天下有不寒心者乎!"②为翁同龢被革职之事多有不平之鸣。此后又以《江南留别诗》四册寄赠慰勉。任道镕(1823—1906),字筱沅,江苏宜兴人,累官浙江、直隶布政使以及山东、浙江巡抚,卸职后归寓苏州铁瓶巷,夫人吴兰畹为常熟人,夫妻工于诗词,相与唱和,引为佳话。查翁氏1898年12月29日日记:"得筱沅书,即复之,此公于我厚矣。"③1901年8月2日:"得任筱沅函并厚赠,四海交游止此君耳,可感可感。"④时任浙江巡抚任道镕年近八旬,寄赠五百元,让他深感交义之隆,复函中感言:"弟服官数十年,故旧门生几半天下,至今而拳拳垂恤者,唯阁下一人。"⑤在此前后,其侄任锡汾也多次送来食物慰问。程文炳(1833—1910),字从周,安徽阜阳人,时任长江水师提督,与其在任浙江候补道的儿子程恩培等,也和翁同龢有着深厚交谊。1901年10月25日至1903年8月7日之间,日记中有九处记述了他们书信往来,馈赠物品并互有答谢的交往。钱应溥(1824—1902),字子

① 翁万戈编,翁以钧校订:《翁同龢日记》第七卷,中西书局2012年版,第3560页。
② 中国历史博物馆编,劳祖德整理:《郑孝胥日记》第二册,中华书局1993年版,第705页。
③ 翁万戈编,翁以钧校订:《翁同龢日记》第七卷,中西书局2012年版,第3229页。
④ 翁万戈编,翁以钧校订:《翁同龢日记》第七卷,中西书局2012年版,第3390页。
⑤《致任道镕函》(1901年8月4日),翁同龢著,翁之憙整理:《瓶庐丛稿》卷五,商务印书馆1935刊本。

密,浙江嘉兴人,著名学者钱泰吉之子,曾任礼部侍郎,后入直军机处兼工部尚书。1899 年赶在翁同龢生日前夕寄送缎幛祝贺,期间又多有致意。此外,致函问候并赠送礼物的还有吏部尚书张百熙、户部左侍郎松寿、外务大臣那桐等。

1901 年 5 月,翁同龢在致丁立钧的词作中感言:"余虽老病,江山友朋之意,森然在抱。"①对于来自门生、故旧从无间断的关心和眷念,他都形之于笔地记取着,默然会心地收藏了……

---

① 《祝英台近(答丁叔衡)》,朱育礼、朱汝穆校点:《翁同龢诗集》,上海古籍出版社 2009 年版,第 404 页。

# 第十二章　饮恨长逝

## 第一节　如履薄冰

戊戌(1898年)放归之后,翁同龢看似习惯了乡居生活,身心悠然随意,与周边湖山已然融为一体。

> 山斋雨坐漫焚香,几净窗明竹树凉。
>
> 午睡起来无一事,自磨残墨写潇湘。[1]

但有1899年秋外甥俞钟銮以《壶天风月图》见示,他又诗怀感叹:"少壮婴利禄,晚年获幽居。忧时浩无涯,自适乃有余。……触事一感喟,身世两踌躇。不敢与物忘,亦不随俗趋。"[2]究其内心,与山居岁月相伴而生的,是抑不住的事君不终之慨、种松守墓之嗟、江湖魏阙之思、哀怨悲愤之情。

身处寂静岭,心如临深渊。遭了革职编管的打击,回京复出的自信已然渺茫。面对后党分子一次次的谋害,翁同龢犹恐再次被祸,不得不将自己的日记到处转藏。

作为日常化、个体化的叙事文本,翁同龢日记起自1858年7月31

---

① 《题旧藏盛伯羲祭酒赠文和州卷,用卷中韵》,朱育礼、朱汝稷校点:《翁同龢诗集》,上海古籍出版社2009年版,第322页。

② 《调卿甥以〈壶天风月图〉见示,感慨题之》,朱育礼、朱汝稷校点:《翁同龢诗集》,上海古籍出版社2009年版,第224页。

日（咸丰八年六月二十一日）赴任陕甘学政，迄于 1904 年 6 月 27 日（光绪三十年五月十四日），每天坚持记述，前后四十六年间从无中断，直到逝世前六天绝笔。时间跨度之大，记载内容之广泛，涉及晚清政治、经济、军事、外交、社会生活及思想风潮等许多重大事件、重要人物和典章制度，诸如朋僚交游、宫廷内幕、科场轶闻、山川风物，乃至读书心得、书画品评、家庭生活、情感流露等等，几乎巨细无遗，无所不包，大多是他亲身经历、参与、熟悉的当时记录，既是个人思想活动的存盘，更堪称研究近代社会的第一手重要文献，与李慈铭《越缦堂日记》、王闿运《湘绮楼日记》、叶昌炽《缘督庐日记》并称晚清四大日记。数十年的日记，不失为传统书生人文情趣与生活方式的坚守。但以翁同龢饱经风霜的人生履历，个人日常的言行记忆，更是看取一段历史的最好佐证资料，存载着一个时代多面相、多层次的社会生活。

入山后的 1900 年早春，翁同龢开始翻检日记并加以整理。眼前堆满的这些日记，鲜活的历史透迤而来，现实的处境又是那般如履薄冰，感时伤怀，旧绪重温，让他不无讳饰之心。一日检一本，重温甲午年日记，难免"怅触多感"。至当年 10 月 20 日："看从前日记粗毕，恍然一梦。"① 持续大半年自感"甚闷"、"甚烦"，"颇不耐也"的整理，于是心有顾忌地将自己参与戊戌维新活动的记录，特别是与康、梁等维新派人士往来的文字悄悄地作了改削。专家通过比对翁氏后人所藏日记手稿本，发现了其中被删改的隐秘细节。除前述翁同龢举荐康有为一事已揭示的几处之外，还有 1896 年 6 月 4 日条提及谭嗣同，称"通洋务，高视阔步，世家子弟中桀骜者也。"原字应是"傑出"。6 月 21 日条："任筱沅书来索写件，遍寻不得。"这里的"任筱沅"也是挖去原字后贴补的。6 月 27 日："倦甚，屡卧屡起，盖肝热也。""盖肝热也"四字，是将原字挖去后补上的。翁同龢以此否认自己的荐康之举，其隐讳心迹，可谓良苦之至。不过需要明确的是，经专家细心考证日记抠贴痕迹，被翁同龢自行改削的地方不多，前后删改仅有七处。② 因此，总体而言并不影响日记

---

① 翁万戈编，翁以钧校订：《翁同龢日记》第七卷，中西书局 2012 年版，第 3342 页。
② 详见翁万戈编，翁以钧校订：《翁同龢日记》第 8 卷，中西书局 2012 年版，第 3880—3882 页，附录：《删改真相》。参见孔祥吉著《清人日记研究》，广东人民出版社 2008 年版，第 21—24 页。

原稿的真实史料价值。

整理日记之余,翁同龢还为自己编订了一本《松禅年谱》。1900 年2 月 9 日日记:"连日看从前日记,拟自撰年谱也。"①9 月 30 日记:"看从前日记,欲订年谱而辄作恶,此事亦付诸后生也。"②心里虽这么想,但始于道光十年(1830)四月、迄于光绪二十四年(1898)五月,前后跨度 69年的年谱,最终勉力而成。现存年谱手稿本共 5 卷,每卷 1 册,约 8 万字,后为其侄曾孙翁之熹藏于天津寓所。年谱部分内容取自《日记》,也有为《日记》所缺失的资料,不失为研究晚清社会与翁氏思想的珍贵文本。


## 第二节　草野孤臣

在退隐山林后的几年里,翁同龢一如既往地保持着阅读经史名著的习惯。

根据日记的粗略梳理,这一时期所涉读本,既有《庄子》《淮南子》《韩非子》等先秦元典的阅读和钞补,也有《五代史》《南史》《后汉书》《史记》《左传》等史籍的有序浏览;还有南朝刘宋宗室刘义庆著《世说新语》、东汉赵晔撰《吴越春秋》等小说类著作。1900 年内,翁同龢就把桐城派中坚代表姚鼐的《姚惜抱集》及该派奠基者戴名世的《南山集》先后读过。他如北宋朱长文撰《吴郡图经续记》、王令撰《广陵集》,更有清初以来著名学者的文集,包括顾炎武的《亭林全集》和《日知录》、王士禛的《居易录》、全祖望的《鲒埼亭集》、罗有高的《尊闻居士集》、翁方纲的《复初斋文集》、包世臣的《安吴四种》等等。此外,还有孙承泽编撰《畿辅人物略》、卢见曾编纂《山左诗钞》、周亮工评选《赖古堂名贤尺牍新钞》、彭定求编《儒门法语》、段玉裁著《说文解字注》,以及钱谦益的《初学集》、吴蔚光的《素修堂诗集》、钱曾的《读书敏求记》等邑人著述,均纳入了他

---

① 翁万戈编,翁以钧校订:《翁同龢日记》第七卷,中西书局 2012 年版,第 3301 页。
② 翁万戈编,翁以钧校订:《翁同龢日记》第七卷,中西书局 2012 年版,第 3339 页。

广泛的阅读视野。

1903 年元宵前夕,翁同龢即兴和诗:"开卷古贤时晤对,闭门世事日翻新。"①4 月看《日知录》后感慨:"不知亭林先生处今日当遵何道?"②浸淫于这些熟悉的史书,重新把晤作者的诗文实践和思想感悟,随处激荡着翁同龢切近当下的默然心会。书窗外的风声雨声,交织了他恩怨并集的精神敏感,诉说着他关注朝局、忧心时势的孤怀幽情。

当时,翁同龢联通外界的渠道主要来自书信和报纸。就在他回乡的 1898 年,常熟县城设立了邮政局;第二年开通了轮船航运,"沪轮由东塘市经昆山,苏轮由元和塘过吴塔出境。"③1901 年始通电报。近代化的通信设施与交通工具,使常熟原本与上海相距近百公里的空间距离大大缩短,也增强了上海与周边城镇互生相伴的辐射效应。当时,常熟城内既有以士绅官场为读者对象、日销数达三百多份的《新闻报》,也有各销二、三十份不等的《中外日报》《申报》《同文报》等日报,读者对象或为官场士绅,或为学界中人。④ 借亲友故旧从不间断的书信交流,更有《申报》《新闻报》《中外日报》的阅读,翁同龢随时了解并关注着外界的时局变幻。

从庚子(1900)到辛丑(1901)的世纪之交,晚清政局发生的一系列重大变故,清楚地表明了中国社会已陷入岌岌乎不可终日的地步。

1898 年戊戌政变不久,慈禧立端王载漪子溥儁为大阿哥,借以废黜光绪皇帝,因遭到各国公使和社会各界的反对,被迫搁置废立计划。转入 1900 年,顽固派在新一轮的政府人事变动中得以抬头,其仇洋排外心理与慈禧对各国支持光绪的怨愤忌恨心理相结合,终于导致了统治集团利用朴素而自发的义和团民众盲目排外的闹剧。6 月 10 日八国联军由天津进犯北京,20 日义和团和部分清兵围攻东交民巷使馆区,21 日清政府颁发对外宣战谕旨,8 月 14 日八国联军攻占北京,慈禧挟持光绪帝仓皇

① 《上元前一日次金门甥韵》,朱育礼、朱汝稷校点:《翁同龢诗集》,上海古籍出版社 2009 年版,第 306 页。
② 翁万戈编,翁以钧校订:《翁同龢日记》第七卷,中西书局 2012 年版,第 3495 页。
③ 常熟市地方志编纂委员会办公室标校:《重修常昭合志》(上)卷三,建置志,上海社会科学院出版社 2002 年版,第 105 页。
④ 参阅沈潜著:《出世入世间:黄宗仰传论》,上海人民出版社 2008 年版,第 107 页。

江苏历代文化名人传·翁同龢

306

远逃西安,9月7日下令"痛剿"义和团,随后命奕劻、李鸿章作为全权代表与各国议和,12月27日与十一国公使正式签订《辛丑条约》。

庚子国变,始有八国侵犯,两宫出逃;继则京师喋血,城下逼盟。待至和约甫成,銮舆回程,终成割地赔款、丧权辱国的败局。所有这一切,对于曾身为安邦定国的社稷之臣的翁同龢来说,该是何等地忧心如焚!与如此惊心动魄的局势相呼相应,日记不仅留下了对自然界阴晴冷暖的格外敏感,更有此间频频读报并寄往京津、沪杭等地的一封封书信,一次次探听着京中消息。日记里,有关笔录俯拾皆是:

1900年6月1日:"报载谕旨,义和团匪戕武员,拆铁路、毁电杆,饬相机剿办。"8日:"《申报》拳匪日炽,烧(狼)[廊]房[坊]车栈,杀比国工匠,又云夷兵陆续入京保护使馆。此可忧事,如何如何。"12日:"昨梦益奇,盖神驰魏阙也。"17日:"拳匪烧教堂未戕,而各报讹言烦兴。"18日:"北方事棘,京津电线断,谣言益多。"20日:"报传大沽炮台为各国所占。"21日:"得寅信,发寅信。占大沽,前门插英旗。召李相。"23日:"见宗子戴函,知大沽炮台廿一为各国所占情形。"29日:"报纸有十七、十九日谕旨,严拿戕日本书记官之犯,又宣布拳民在涿州等处具结毁棚,又严九门之禁,有昨夜仍有喊杀焚抢之语,则京师之乱可知矣,阅之头眩心悸不可支,奈何奈何。"①

7月2日:"报纸北事稍定,可知昨闻之虚,郡中谣言最甚也。"3日:"外夷凭陵,普天同愤,憾不为厉鬼杀贼也。"4日:"报纸皆谣言,官场禁传北事,不可解也。"7日:"曾孟朴自郡回,云初三津兵胜,初六败,洋兵北指,此确信,余骇听者不足信。"11日:"新报载:卅日、初三廷寄驻洋使臣,告以保护教堂。沪报载卅日宣战,明发及奖团旨。"20日:"天津城于十八日失守,聂士成阵亡,山海关洋兵上岸,皆报纸所传,然惊心动魄矣。"22日:"万寿节,敬望阙九叩首,又九叩以申慈宁朝贺,盖未知圣驾在西苑抑园居也。……报传廿一日谕,申禁焚杀教堂教民,并严捕戕日本书记及德使之犯。"29日:"见廿八日廷寄,有各使馆均给蔬果食物

① 以上引文,分别见翁万戈编,翁以钧校订:《翁同龢日记》第七卷,中西书局2012年版,第3321、3322、3323、3324、3324、3324、3325、3325页。

语,令疆臣保护各口岸商教。"①

8月7日:"见派荣禄饬兵护送各使赴津谕,又教民不抗拒官兵者一体保护谕。"8日:"《申报》谓许、袁奏请剿拳匪,为匪所戕,至陈桂生则因惊而死也。"15日:"见初四日许景澄、袁昶正法之谕,谓其语多离间,有不忍言者。又报传洋兵扑杨村,裕禄阵亡,十四日事,未知确否。"19日:"报传西兵于廿一入京师,虽未确,然惊魂飞越,我两宫圣驾如何,羁臣无状,憾不执戈扞揫也。竟夕不寐。"21日:"报传洋人廿二由东直门入,庆王出城迓之,为攻城。又云两宫于十六日西巡五台。消息纷传,中怀如捣。"26日:"报传銮舆还京,疑信参半,苦不得确音。"28日:"日报传两宫将幸陕西,长途炎热,六飞在道,如何如何。"②

9月5日:"见七月廿七日上谕,因移跸下罪己诏,读之陨涕。报传慈驾安抵太原,以抚署为行宫;又传派荣禄全权,偕李鸿章与各国议和。"7日:"见七月廿七日求言语责己诏书,自侯马驿电来。甚痛切。"10日:"报纸传李相便宜行事谕旨。"12日:"始见报纸所传日记,不胜愤懑,姑录于此。"将报载联军进入北京直至占领的事略详细抄录下来。15日:"报传两宫驻大同,中秋后二三日可抵太原。又见催李相赴京议和廷寄,有已派庆亲王、荣禄会同办理,并有此举不特安危所系,并存亡所系之语。"16日:"终日伏案,头眩未已也。李相以廿一日由海北行,此时正在海中。廿五抵津,闰八月八日接印后入都。"18日:"得缉夫函,知圣驾十七日安抵太原。廿一日出都。是日吐血一口。"19日:"报传痛剿拳匪之谕,八月初十。并留京大臣名,又留署各堂官名,其余悉赴行在。"23日:"见廿四日抚教民散拳民谕。"26日:"报传崇公绮自尽于保定,有恤典,为之怆戚,此吾故人讲学者也;李秉衡军败自尽,亦蒙恤。"③30日的日记,又摘录了被朝廷革职或停俸查办的成员名单。

10月2日:"日报刊某大臣于扈从出都日记,其真伪莫知,然于六飞

---

① 以上引文,分别见翁万戈编,翁以钧校订:《翁同龢日记》第七卷,中西书局 2012 年版,第 3326、3326、3326、3326、3327、3328、3328—3329、3330 页。

② 以上引文,分别见翁万戈编,翁以钧校订:《日记》第七卷,中西书局 2012 年版,第 3331、3331、3332、3332、3333、3333、3334 页。

③ 以上引文,分别见翁万戈编,翁以钧校订:《翁同龢日记》第七卷,中西书局 2012 年版,第 3335、3335、3335、3336、3337、3337、3337、3337、3338、3338 页。

在途情形亦甚详备,自恨羁囚,不能奔赴,饮泣而已。"4 日:"报传闰月初八日启跸幸西安。……既停战议和矣,而报传北塘、芦台为俄、德所攻陷,并榆关有失守之信,令人愤懑欲绝。"13 日:"报传唐[塘]沽、芦台先后为联兵所占。"17 日:"报传山海关为各国所占,此前数日事也,今又传廿日连[联]军入保定城,地方官迎以入。"30 日:"报传两宫于月之四日安抵西安,下怀稍定。"①

……

翁同龢蛰居山林"看日记"之时,正当北方烽烟纷起之时。"昨梦益奇,盖神驰魏阙也"、"于北事茫然也,终日忽忽如失"、"回瞻北斗,不胜依依"、"胸中梗塞,竟夕不寐"、"幽忧如结"、"登临北望,慨然而涕"、"夜梦至帝所"之句,将日记中的此类文字串起来,浸着老人当年为君国命运所熬过的无数个不眠之夜。1900 年 7 月 11 日,他为此前题跋的《王注苏诗》补写一段文字:

> 庚子六月,北方有警,讹言纷然。回望神京,魂神飞越。此岂吾读书时耶?然舍读书又何为也。嗟乎,嗟乎!以庸流参大计,以华士谈读书,以沾沾格律绳古仙之奇作,同一憾事!②

忧愤之心于此跃然可见。溽热的夏夜里,翁同龢看家藏《灵飞经》帖本,遥想都中图书金石遭联军破坏殆尽,此经真迹却因随身南归而免于劫难,庆幸之余又不无自责,以为士子立身"不能济天下之变,徒以苟免为幸,亦可耻矣。"③多少次翘首北望,庭院徘徊;多少次孤灯难寐,中夜更衣。听雨枯坐,作画而怅,遣愁不能,消愁不去。日记载,有个名叫虞怀的无锡人中秋前几天竟然写信给他,责备他为何不去带兵勤王,如此不明事理的痴狂言辞,实在让他欲哭无泪。这年除夕夜的日记写道:"此一年中国事如此,远瞻宸极,俯视乡间,百念交并,诸疾并作,近日耳鸣足软,甚矣,其衰也。"④之于翁同龢而言,一连迭起的战事所带来的

① 以上引文,分别见翁万戈编,翁以钧校订:《翁同龢日记》第七卷,中西书局 2012 年版,第 3339、3340、3341、3341、3343 页。
② 黄裳著:《榆下说书》,安徽教育出版社 2006 年版,第 26—27 页。
③《题家藏灵飞经真迹》,朱育礼、朱汝稷校点:《翁同龢诗集》,上海古籍出版社 2009 年版,第 234 页。
④ 翁万戈编,翁以钧校订:《翁同龢日记》第七卷,中西书局 2012 年版,第 3362 页。

焦虑与哀愁，时时煎熬着他的身心。

当然，也绝非一无所为。据史料披露，此间东南封疆大吏成功招抚盘踞长江下游沿岸的盐枭徐宝山，就不乏翁同龢的协助之力。徐宝山，字怀礼，1866 年生于江苏丹徒，早年闯荡江湖，人称"徐老虎"，以贩运两淮往江南的私盐为业，获取暴利。徐宝山武艺超群，性情豪爽，开山立堂，招兵买马，1899 年后发展为拥有 10 万人、700 余号私船的武装，声势遍及运河南北及长江中下游。义和团起事后，徐宝山曾有假借光绪密诏率人马会师江淮、取道北上的计划。与此相应，为了避免北方动乱殃及东南，张謇与沈瑜庆、汤寿潜等弟子正极力策动两江总督刘坤一酝酿"东南互保"方略，1900 年 6 月张謇写信给刘坤一建议招抚，最终成功将他收编为缉私营，消除了妨碍东南半壁的不安定因素。当年夏天，常昭两县官绅集议招募团练百人以求守备时，翁同龢还交了十元团费。此后，徐宝山极力帮助清政府维持地方治安，对其他帮会势力大加剿杀。但在江阴、常熟、崇明等沿江一带，仍有以曾国璋为头目的帮会集团各踞地段，肆行抢劫。翁同龢对此密切关注，1900 年入秋后多次在日记里记述了盐枭吴林保在港口、祝塘等地寻衅扰民的伤人事件。[①] 至1903 年徐宝山先在通州击溃曾国璋部，随后进驻常昭杀了其捕获在押的两名手下。此举不合律例，昭文县令将案件禀报上呈前商请翁同龢作了审改。

历史表明，经过庚子国难的重创，清政府已被交相煎迫的内忧外患逼到了山穷水尽的末路。两年前慈禧极力阻挠维新事业、扑杀维新党人，此时一反常态地唱起了改弦更张的高调，始自 1900 年 12 月 1 日发布上谕，令臣下条陈改革朝政、吏治、民生、科举、兵政诸项事宜，1901年 1 月 29 日正式宣布实行新政，拉开了一场姗姗来迟的社会变革。

有感于此，翁同龢在庚子年末有诗题咏："呜呼帝王都，烽火莽驰逐。图书一大厄，扫地鬼夜哭。多难足兴邦，悔祸必获福。"[②]希望当政者悔过自新，力挽狂澜。随后，包括教育、经济、司法、政治等领域的一

---

① 翁万戈编，翁以钧校订：《翁同龢日记》第七卷，中西书局 2012 年版，第 3337、3340 页。

②《姚古愚狎鸥馆校书图为张景韩题》，朱育礼、朱汝稷校点：《翁同龢诗集》，上海古籍出版社 2009 年版，第 239 页。

系列改革措施纷纷相继出台,显然让他感到了莫大的鼓舞。2月11日记:"连日得见催行新政、保护外人谕旨。"①16日:"荆门以本月廿五六日惩治肇祸诸人谕旨见示,读之感慨流涕。诸人不足惜,其如国事何?"②4月26日:"报传派大臣设督办政务大臣,催行新政。"恰值张謇当天"自常州来访,情意拳拳"。③ 据张謇同一天的日记:"巳初三刻谒松禅师,感慨时事,诵念圣皇,时时呜咽。午正共饭,酉初二谒退。"张謇此行必定谈及了为实行立宪改革主张撰写的《变法平议》,"师与危坐三十三刻之久,口无复言,体无倦容。"④8月4日给好友任道镕的信里,翁同龢又认为:"国事勿论,即如两浙,先困于养兵,继困于洋务,今复困于赔款,困于水灾,非阁下所能任之。弟之在山中(放废之人),所呼吁天者,多出贤人撑此危局耳!"⑤此间有诗与门生陆襄钺唱和:⑥

　　　力国民为本,匡时政在人。大才当出世,直道岂谋身。我相三千士,惟君一个臣。区区稻粱事,夙志未云伸。

　　　卧疾江湖大,长贫天地知。上楼嗤脚软,照井觉颜衰。诗好愁来处,书酣墨缺时。老夫多倔强,肯与世人期!

　　五律二首,前在励人,后为自怨,既表达对弟子忧国情怀的赞赏,也流露出自己落寞中对时政的殷殷期许。

　　1901年10月6日,慈禧率文武百官自西安启程返京。翁同龢闻讯后随时关注着动态。11月3日日记:"报传跸路十七日抵河南府,驻五日。"11月14日:"报传初二日圣驾安抵开封,下怀稍释。"12月5日:"报传十一月初四日由开封启跸回京"。12月14日:"今日是开封启跸之期,默祝天气暄和,道途坦荡。"12月17日:"昨报知初四日自开封回銮,从柳园渡黄河。"12月22日:"未知銮舆行次何处?"至1902年1月6日:"恭闻廿四日圣驾御火车安抵保定,停三日,廿八日入宫。恭闻玉

① 翁万戈编,翁以钧校订:《翁同龢日记》第七卷,中西书局2012年版,第3361页。
② 翁万戈编,翁以钧校订:《翁同龢日记》第七卷,中西书局2012年版,第3361页。
③ 翁万戈编,翁以钧校订:《翁同龢日记》第七卷,中西书局2012年版,第3374页。
④ 张謇研究中心、南通图书馆编:《张謇全集》第六卷,江苏古籍出版社1994年版,第451页。
⑤《致任道镕函》(1901年8月4日),翁同龢著,翁之憙整理:《瓶庐丛稿》卷五,商务印书馆1935刊本。
⑥《门人陆吾山襄钺观察浙江,便道见访,赋诗见赠,次韵答之》,朱育礼、朱汝稷校点:《翁同龢诗集》,上海古籍出版社2009年版,第261页。

音,四海额手。"7 日两宫回京,"是日翠华旋都,遥望舳艫,神情飞越。"1月 9 日:"恭闻廿八日京师风日晴明,皇上于午刻安抵马家堡,未刻入都,系恋之怀至此少慰,旋乾转坤,四海蒙福矣。"4 月 13 日又记:"是日銮舆启行谒陵,草莽孤臣不胜遥睇。"①

当此之时,为呼应朝廷"详议更法事宜"的诏令,友人费念慈、孙诒让、文廷式以资治救世之心合撰新作《周礼政要》一书,阐发了以《周礼》政教之法为本,融合西政之合者,以成一体的革新主张。随后几天,翁同龢阅读并摘录了这本"盖比附周官而行新法之言"的著作,读后却不免有"缘装饰经术,搜剔利孔"之感。质言之,以《周官》比附西政,跟以经术作政论如出一辙,翁同龢感觉"不甚惬意"。② 不过稍后一首《上巳有感》诗作,依旧对新政寄予了一份怅望与祈祷:"今日修禊辰,祓除应更新。欣欣菜麦秀,浩浩江南春。江南虽云乐,奈此燕晋秦。辗转尺一书,迤遭属车尘。皇天覆万物,煦妪无不仁。会当敷大泽,苏彼孑遗民。世运有回斡,时政毋逡巡。颓然一钓叟,饮泣西湖滨。"③身在贬官归里的苦境中,翁同龢无奈中寄望朝廷以切实更新的措施,力挽国事危局,"从此海宇澄清,一心一德,草莽孤臣将持杖而观德化。"④

紧接着的 1903 年,俄国借义和团事件为由,派兵入侵东三省,历久不撤,引起日俄纠纷。从报上获此消息,翁同龢一样心忧所系,5 月 23 日记:"一月来报纸谓俄占东三省,要约百端,日将与战,英助之,美亦执言,至是始少戢。"⑤11 月 6 日,为报传俄兵踞奉天并有监禁将军之说,愤懑之至。8 日记:"俄人奉天之信似确,中夜不寐,将奈何哉。"⑥22 日记:"看报,辽事未了,烦闷之极。"⑦月内,有人请翁同龢为邑人朱藻(兰洲)《枫岭碧血图》题诗,由即将开战的日俄战争联想到碧血图,赋七言诗感兴,诗句起首云:

---

① 以上引文,分别见翁万戈编,翁以钧校订:《翁同龢日记》第七卷,中西书局 2012 年版,第 3403、3405、3408、3409、3409、3409、3413、3413、3413、3431 页。
② 翁万戈编,翁以钧校订:《翁同龢日记》第七卷,中西书局 2012 年版,第 3415 页。
③ 朱育礼、朱汝稷校点:《翁同龢诗集》,上海古籍出版社 2009 年版,第 250 页。
④《题〈列代十贤后妃图〉》,翁同龢著、翁之熹整理:《瓶庐丛稿》卷四,商务印书馆 1935 刊本。
⑤ 翁万戈编,翁以钧校订:《翁同龢日记》第七卷,中西书局 2012 年版,第 3501 页。
⑥ 翁万戈编,翁以钧校订:《翁同龢日记》第七卷,中西书局 2012 年版,第 3529 页。
⑦ 翁万戈编,翁以钧校订:《翁同龢日记》第七卷,中西书局 2012 年版,第 3532 页。

昨日喧传警电至,沈阳城头屯敌骑。

中原致死岂无人? 草野孤臣空涕泪。[①]

笔下直抒对列强侵犯中国领土和主权的愤慨,也表达了自己徒以草野孤臣之身而报国无门的遗憾。当年除夕借题明末清初书画家陈洪绶《博古图牌》刻本赋诗:"一剑雄驱十万夫,莫将三岛玩倭奴。绝秦诅楚吾何与? 忍弃龙兴旧版图。"句下有注:"时日本与俄罗斯大战,欲侵我东三省主权。"[②]1904 年 2 月 8 日,日本舰队袭击旅顺,争夺中国东北的日俄战争爆发。11 日记:"俄日决裂,即将宣战,仰怀京国,近验江乡,为之危虑,盖数日不寐,匪缘私计也。"[③]此间,翁同龢数月不得安睡,在致汪鸣銮信中自叹"正如庚子夏秋景况,因此饮食又减。"因日俄战事而滋生的焦忧之心跃然见诸于笔端。

日俄战争以日本战胜俄国结束,由此给了清廷上下极大的震动。朝野上下普遍将这场战争胜负与国家政体联系在一起,认为日本之所以胜,以立宪而胜,俄国之所以败,因专制而败。数月间,立宪之议遍于国内,改革的呼声逐渐汇成立宪的浪潮。6 月 30 至 7 月 1 日,张謇前来南泾堂探视翁师,两人在病榻前就立宪问题多次交换意见。事后张謇提及两次谈话,"颇及宪法,老人极赞,亦以为非此不可救亡也……原动力须加火以热之,有何妙策?"[④]还瞩望将《宪法义解》等书速为传播。此时此地,翁同龢已有倾向立宪救国的政治主张,因此赞同张謇旨在借鉴日本明治维新推动中国宪政改革的思想。

此后,一批仇洋排外的顽固派官僚先后被处置,不少因戊戌变法而获罪的帝党官员又相继复出,新政继续施行。这让翁同龢心存解除编管、官复原职的希望再度热切起来。

当然,事实终非如翁同龢所幻想的那样。

①《题同里朱兰洲藻〈枫岭碧血图〉》,朱育礼、朱汝稷校点:《翁同龢诗集》,上海古籍出版社 2009 年版,第 325 页。
②《次韵题章侯博古牌刻本》,朱育礼、朱汝稷校点:《翁同龢诗集》,上海古籍出版社 2009 年版,第 332 页。
③ 翁万戈编,翁以钧校订:《翁同龢日记》第七卷,中西书局 2012 年版,第 3547 页。
④ 张謇:《致赵凤昌函》,载《张謇存稿》,上海人民出版社 1987 年版,第 8 页。

## 第三节 伤心盖棺

1902 年 9 月 12 日，最为亲近和倚重的侄儿翁曾荣因病去世，显然给翁同龢的精神上带来了无以名状的打击。据翁氏世系所示，翁同龢三兄翁同书有曾文、曾源和曾桂三子，五兄翁同爵有曾纯、曾荣和曾翰三子。其中，曾文 1853 年不幸早逝；曾源（仲渊）1887 年病死，有子斌孙（翁曾文嗣子）、熙孙、顺孙、康孙；翁曾纯（子祥）纳赀捐中书，官至衢州知府，1895 年过世，有子奎孙。翁曾翰（海珊）作为翁同龢的嗣子，1858 年中举，官内阁中书、内阁侍读，1878 年 6 月过世时年仅 42 岁，有安孙、椿孙（德孙）二子，不幸的是两人先后于 1881 年、1890 年离开人世。遭此接连的家庭变故，翁同龢仰天悲叹："回首前尘，恍如一梦，日月逾迈，余之生世，何为也！"[①]此后，斌孙次子之廉为安孙嗣子，熙孙次子之循为椿孙嗣子。

由此，晚年翁同龢的家庭生活，日常嘘寒问暖的，主要是在世的曾荣、曾桂两侄及其子孙辈，包括侄孙斌孙、奎孙、康孙、顺孙、缉夫、咏春，曾孙之嘉、之缮、之廉等。此外，还有外甥俞钟诒、俞钟銮，弥甥俞承莱、俞敬臣等。

对翁同龢来说，尽管一生没有亲生子女而心存隐痛，但有重亲情、重家教的良好家风传承，与兄姊之间结下了超乎寻常的手足情谊。所以，翁同龢对诸侄后辈，始终有着胜同己出的感情：无论是经史文化的教育，还是书画艺术的熏陶；无论是修身进德的规勉，还是从政立业的扶植；也无论是在外出行的平安叮咛，还是居家添衣保暖的呵护关照，与众晚辈难以计数的家书信札往来，凝聚着他备极周至的关切。还乡后，即便晚辈稍有发热发寒的病状，也少不了他一次次的延医诊脉。作为长辈的他对侄辈、侄孙辈呵护有加，严格管教，瞩望着他们的一路成长。

---

[①]《题咸丰庚申临苏斋老人肃府阁帖评本》，朱育礼、朱汝稷校点：《翁同龢诗集》，上海古籍出版社 2009 年版，第 377 页。

兹以侄孙斌孙为例。翁斌孙(1860—1922),字弢夫,又作弢甫,号笏斋,翁曾源长子,后过继给翁同书长子翁曾文为嗣。1877年进士及第,以侍讲衔任翰林院检讨,任国史馆、方略馆、会典馆纂修等、历官大同知府、冀宁道、直隶提法使。嗜读书、金石考证,长于掌故。随叔祖翁同龢长期生活在京,祖孙之感情笃深。1876年11月得知斌孙乡试中式,翁同龢"狂喜"①之余连夜作函告诫:"汝以弱龄即获科第,此皆先世积德……此后第一去一矜字,其次守一静字,□□力行之,方是吾家好子弟"②,寄望他去骄守静,力行修德,不收馈赠不开贺,不忘先世艰辛苦节和忠厚之泽。此后接连数函致意:"国恩何以报?祖德何以承?立身为学,何以日进而不坠?轻何以矫?矜何以除?病何以去?此皆切近之事,勉之哉!"③再三嘱咐他"勿学官体,勿问外事,勿以科第自矜,勿谈时事,尽孝友,博经史,至嘱,至嘱。"④其用心所系,一如与五兄信中所言:"斌孙得隽为数年第一快事,特虑其身体太弱,得名太早,曾两次谕以去矜自克,与兄所谕略同。"⑤学者研究统计,现藏国家图书馆的《常熟翁氏家书》七函24册,内有翁同龢家书一函五册,总计二百多通,其中致翁斌孙就达191通之多。⑥

再举侄曾孙翁之缮为例,之缮是翁奎孙之子,16岁入京随侍曾叔祖,以正一品荫生,可以循例应顺天乡试,但屡次因翁同龢任主考官,堂叔翁斌孙任同考官,不得不屡次避嫌而不能入场应考。后攻读外文,成为翁同龢的府内秘书,协助机要译务。1896年经太岳丈杨宗濂推荐为清廷驻英大使罗逢禄的随员之一。翁同龢最初并不知情,见到随员名单列有之缮名字,12月3日记:"余从不以私干人,矧吾家子弟而吾何不

① 翁万戈编,翁以钧校订:《翁同龢日记》第三卷,中西书局2012年版,第1277页。
② 《致翁斌孙函》(1876年11月11日),李红英著:《翁同龢书札系年考》,黄山书社2014年版,第46页。
③ 《致翁斌孙函》(1876年11月19日),李红英著:《翁同龢书札系年考》,黄山书社2014年版,第47—48页。
④ 《致翁斌孙函》(1876年12月21日),李红英著:《翁同龢书札系年考》,黄山书社2014年版,第50页。
⑤ 《致翁同爵函》(1876年11月28日),见赵平整理:《翁同龢家书诠释》,凤凰出版社2017年版,第36页。
⑥ 李红英著:《翁同龢书札系年考》前言,黄山书社2014年版,第2页。

知耶？当严究之。"次日从罗逢禄处了解事情原委后,不免责言:"余云忝在政地,以子弟属人可乎,且何以不令其家长知也?"①回去痛斥后责令之缮递折辞差,又有"少年试吏非易事,先定血气立脚跟"②之句题付慰勉。晚年借题先兄翁同爵旧藏《西庐画册》,还告诫之缮"立身要强勉,不独守遗编。"③1901 年 8 月 20 日日记,有赠勉曾荣的一席话:"为人须有根蒂,根蒂者心也性也,不此致务,则文章、经济、才华皆飘飘荡荡耳。"④不久,侄孙炯孙远放四川为官,翁同龢又以"事事当从实,言言悉有根"、"一钱不妄取,彝训是官常"之句赠勉。⑤

对老人的衣食住行,晚辈们同样有着贴心的关心和照顾。就说之缮,当初因翁同龢秉公办事而失却从事外交活动,后捐官得道台衔,出任直隶候补道。任上得知曾叔祖还山后患舌僵,旋即返乡随伺左右,日记里亲切地直呼之缮的乳名"大保",感情之深厚,可见诸从不间断的家书往来。⑥ 就说当初盖房筑屋、修缮祠堂墓园等工程,多为奎孙悉心致力,竣工后又循俗谢红(按:做道场,地方俗语),留守鸽峰搭篷过夜。

怕老人操心劳累,在这期间的日常族务料理,如先人祭祀或岁时习俗活动,晚辈多代为殷勤执事。子姓不间断的常来常叙,朝夕往还,绕膝承欢,给城憩乡居的翁同龢驱散了不少忧愁,也带来了不少欢乐。其中,年龄相差六七岁的隶侄曾荣、筱侄曾桂,最是老人亲上加亲的依靠了。翁曾荣 1836 年生,字隶卿,号昧幻,1861 年赐举人,为户部郎中,常年在京与叔父同住。翁曾桂生于 1837 年,字筱珊,小名松儿,同治间荫生,补为刑部郎中调派浙江司,明于庶狱,娴于吏事,余杭杨乃武与小白菜案得以平反,就有他在此案复审中听断明决之功。后在湖南衡州府为官七年,整顿漕赋,创建书院,赢得士民称誉。1894 年擢任江西按察使,以培植寒畯、开通风气为己任,遇灾筹济唯恐不力。任上还邀开缺

① 翁万戈编,翁以钧校订:《翁同龢日记》第六卷,中西书局 2012 年版,第 3001 页。

② 《迁伯公别茶小像题付侄曾孙之善》,朱育礼、朱汝稷校点:《翁同龢诗集》,上海古籍出版社 2009 年版,第 205 页。

③ 《为侄曾孙之缮题〈西庐画册〉》,朱育礼、朱汝稷校点:《翁同龢诗集》,上海古籍出版社 2009 年版,第 240 页。

④ 翁万戈编,翁以钧校订:《翁同龢日记》第七卷,中西书局 2012 年版,第 3393 页。

⑤ 《送侄孙炯孙之官四川》,朱育礼、朱汝稷校点:《翁同龢诗集》,上海古籍出版社 2009 年版,第 282 页。

⑥ 上海翁宗庆先生(翁之缮之子)家藏翁同龢致翁之缮手札 134 页,计函或便条 124 通。

不久的叔父去江西休养。不过,曾桂外放南昌,官务在身,叔侄聚少离多。因此,更多的时候还是曾荣就近三天两头进山探望,留宿小住山居,陪叔父一起倚栏看落霞,露坐看残荷,或畅怀对谈,或出游湖山……

9 月初起,曾荣病情加重,翁同龢几天不能入眠。至 9 月 12 日病逝,不由心生"吾老岂堪此伤痛哉"的悲叹,有挽联云:"临别遗言,只问山中有修竹;半生学佛,原知世上是空花"[1]中秋设奠,更有"顾影孑然,半月之中人事如此"的哀愁。[2] 追忆前二年的农历除夕,诸侄诸孙照例少不了前来团坐,备鱼菽之奠后合家相聚,叔侄对饮为乐。转眼又是辞旧迎新时,叔侄相依为靠的情景依稀在目,翁同龢不禁孤坐伤怀,点点落墨:

> 频年与两侄相依,颇足慰意。今秋荣侄弃吾而去,最伤老怀。筱侄蒙恩简近省,然究非聚处之乐。剪灯默坐,如枯禅,如旅客。[3]

一段时间内,翁同龢多以山居为主,每次回城仍住南泾堂报本寓所。至 1902 年前后,他还心存着迁居之想。7 月 31 日:"看西庄贾氏空屋十余间,惜太小耳"[4];8 月 4 日:"又至西庄看徐氏屋三间,甚轩敞,惜太小耳。"[5]曾荣过世后的几天,只得临时借东邻当铺的二间屋堆书。9 月 20 日:"晨看定仓厅屋,破碎不能住,东邻所借二间略以破窗隔断,有卧石扶起之,可贮书数架。"[6]10 月 1 日:"晨到彩衣堂[7]看双桂轩,此先公及先三兄所居也,又至思永堂后看柏古轩,此先五兄所居,及余携安孙、斌孙所居也。顾澹凄然,难以为喻,欲寄此身无可寄矣。"[8]居无定所的无奈心境难以掩饰。

在此前后,故旧老友作古的噩耗又接连传来,晓风残月伤离别,翁

---

[1] 据徐兆玮 1903 年 10 月 20 日记:"瓶师挽荣卿云:临别遗言,只问山中有修竹;半生学佛,原知世上是空花。闻荣卿之殁也,瓶师哭之恸,现尚病,莫能兴。盖荣卿与瓶师鸽原之谊素笃也。"徐兆玮著、李向东、包岐峰、苏醒标点:《徐兆玮日记》(一),黄山书社 2013 年版,第 392 页。
[2] 翁万戈编,翁以钧校订:《翁同龢日记》第七卷,中西书局 2012 年版,第 3456 页。
[3] 翁万戈编,翁以钧校订:《翁同龢日记》第七卷,中西书局 2012 年版,第 3478 页。
[4] 翁万戈编,翁以钧校订:《翁同龢日记》第七卷,中西书局 2012 年版,第 3448 页。
[5] 翁万戈编,翁以钧校订:《翁同龢日记》第七卷,中西书局 2012 年版,第 3449 页。
[6] 翁万戈编,翁以钧校订:《翁同龢日记》第七卷,中西书局 2012 年版,第 3457 页。
[7] 彩衣堂,应写作綵衣堂。《翁同龢日记》所涉之处,均写为彩衣堂,此处沿旧。
[8] 翁万戈编,翁以钧校订:《翁同龢日记》第七卷,中西书局 2012 年版,第 3459 页。

同龢不能不一一哀挽致意:

1900年6月22日,赵宗建病逝。志节磊落、不逐时趋的旧山楼主,一直是他尤为敬重的乡友。开吊当日,怕离别伤情,翁同龢没敢登门吊丧,且代曾荣挽诗一首祭奠哀思,有句曰:"故人不可见,见此金石心。月落山乌啼,何处寻知音?"①

1900年9月8日,屈荫堂病逝。翁同龢挽以"今夕是何年,仙梦忽随明月去;斯人不可作,政声空与大江流"②之句。从安徽知县任上告归的屈荫堂,也是他晚年交往甚密的乡绅,1899年书赠的行楷四屏巨制,有"今之循吏也,政声在江南北"的落款,就是对友人维护地方秩序的充分肯定。

1902年3月30日,吴鸿纶去世。当晚日记云:"归过儒老门,知已化矣,归不能食,怆绝也。"③回想年前应邀为自己39岁的手卷《听松图》题咏,吴鸿纶留下了这样的文字:"叔平老弟天性淡泊,归田后结庐太保公墓旁,枕山临湖,境极清旷。早起省墓毕,静无事,莳花插竹,仅以群书笔研自随。有时叶舟还城,旋入山,唯亲旧得见。萧然庐外,若未曾台鼎也者。皦皦白云,舒卷自如,盖天许之也。"④只有相交数十年的挚友,才有如此知心的了解。老友卧不能起后,翁同龢不时问医送药,极尽关切之情。此去一别,翁同龢联语惜叹:"身世总超然,九十年中经百变;朋侪都尽矣,两三人外剩孤踪。"⑤

痛别身边故旧之外,紧接着又是外地友人的离世。3月,68岁的吴大澂在苏州病逝。4月,79岁高龄的工部尚书钱应溥在嘉兴去世;8月,年近五十的丁立钧病逝于东台;10月两江总督刘坤一去世。自春徂秋的一个个讣告,让他一次次哽塞泪落。

1903年10月5日,原军机处同僚廖寿恒在嘉定病逝。当年初夏,老友不辞年迈地从嘉定来访,还以竹杖、竹笔筒、提笔以及嘉定四先生①墨刻见赠。两位垂白晤谈，畅饮一叙，虽于时事未置一语，心照不宣，拳拳友情可感，未料就此永诀。翁同龢为之送上了"垂白相逢，与我同挥家国泪；汗青已就，羡君能续父兄书"②的挽语。

回念平生好友的寥落殆尽，让老迈病弱的翁同龢平添了"惟剩此孤身"的感慨。1904年1月11日，陪伴40多年的姜陆氏逝于城内报本居所。那一刻，悲从中来的他"中肠为之碎裂。"③

要说翁同龢鳏居两年多后纳陆氏为妾，还是依从了汤夫人生前遗愿。1860年6月11日记："是日纳妾陆氏。妾太仓人，寓常熟已久。丁巳（按：1857年）之秋，荣侄回南，吾妻嘱其置一女子，病中悬盼万状，比至京而吾妻死矣。此女貌殊陋，而操作尚勤，以吾妻故纳之。"④陆氏1843年出生，太仓陆凤池之女，与翁同龢相差13岁。因亡妻之故，翁同龢对陆氏也多有尊重爱护。1866年秋的一天，为了一些家庭琐事，姜氏与他不无抵牾情绪，遭了翁同龢一番怒斥，事后想起《孝经》"治家者不敬，失于臣妾"的齐家之规，"良用自悔"⑤。回籍后因翁同龢多半住在瓶庐，城内和山居的祭祀俗务多由陆氏费心操持。为了照顾其日常生活起居，还要时常入山去，叙叙家常，闲谈竟日，有时留住几天，更多早出晚归。翁同龢也一样多示关心，每次病了及时延医诊治，日记多次提到"妾氏病暑久矣"、"妾氏昨夜寒热交作"、"延王医为妾氏诊，夜不寐也"、"妾氏稍得睡"、"妾氏病未痊愈，畏寒殊甚"等记录。如给之缮家书中所言："姨太事吾数十年，可谓斋庄孝谨。吾性情与之不相中，而大端颇敬之。"⑥丧事料理后，他把妾氏病危后几天的症状，在日记里作了详细的补写，之后又悬小像设茶香祭拜。

癸卯年除夕，翁同龢在亡妾遗箱里检旧画题诗，留下了"叹息无家老逐臣，祇余两膝拄孤身"⑦的饮泣之痛。1904年4月1日的日记有

① 明末居住在嘉定的程嘉燧、唐时升、李流芳、娄坚四人，以诗文书画名闻遐迩，被人尊为"嘉定四先生"。
② 翁万戈编，翁以钧校订：《翁同龢日记》第七卷，中西书局2012年版，第3528页。
③ 翁万戈编，翁以钧校订：《翁同龢日记》第七卷，中西书局2012年版，第3542页。
④ 翁万戈编，翁以钧校订：《翁同龢日记》第一卷，中西书局2012年版，第83页。
⑤ 翁万戈编，翁以钧校订：《翁同龢日记》第二卷，中西书局2012年版，第523页。
⑥ 《致翁之缮》，见赵平整理：《翁同龢家书诠释》，凤凰出版社2017年版，第305页。
⑦ 《次韵题章侯博古牌刻本》，1904年2月15日，朱育礼、朱汝稷校点：《翁同龢诗集》，上海古籍出版社2009年版，第332页。

"写正、副室墓碑字付刻,投笔慨然"①的笔录,两块墓碑虽未能启用,但留存至今,碑身大小不一,均以隶属阴文镌刻,碑上由他亲笔题写"清削籍大臣翁君妻一品夫人汤氏墓"、"翁君副室陆淑人附葬之墓"的字样②。石碑为证,见出了翁同龢一生忠贞的爱情观。

曾荣和陆氏的相继离去,让翁同龢泊然无依,深感"米盐琐屑集于一身,最为苦事。"③之后只能多半寄寓城内,似如枯禅,形同旅客,不时剪灯孤坐。家书里说:

> 吾尚支撑,揽镜知瘦。出无所诣,归无所谋。索衣则僮仆不知,览画则筐懒检。此境非曾经,悼亡者不知也。④

1903 年初春,翁同龢再度考虑将城内居所迁往綵衣堂,为此开通了綵衣堂与思永堂的围墙圆门。3 月 27 日,书斋及后穿堂先后竣工,8 月 14 日记:"是日将先公遗书八筐于景子处移至报本,数年未得尺寸之地,今者乃前此之屋也,可怜可怜。"⑤1904 年 1 月 24 日在给京中之缮的信中告知:"余三迁而无栖止之所。今定居双桂轩,由后门出入,而开通旧园以达柏古轩,藏书籍向晚扃之,不燃烛,不置杂物也。"⑥几番筹备,却因"实无精力",决定"暂不移居"⑦。最后,经侄孙寅臣(曾荣嗣子)夫妇坚请挽留,并将原来堆柴用的一间增设为书房,确保叔祖的插架藏书。至此,他在城内也算有了相对独立的安身之所⑧。

初春三月,春雨滋润后是蔓延的新绿,翁同龢也想借踏青排遣一下内心郁闷,坐船去苏州游览二天,沿七里山塘一路游览了虎丘胜景;又去报恩寺晤访了古琴名家云闲长老,听他操缦《梅花三弄》,并获赠琴谱一册。5 月中旬又有福山观海之行,登堤俯大江,望狼山,翁同龢感觉

---

① 翁万戈编,翁以钧校订:《翁同龢日记》第七卷,中西书局 2012 年版,第 3558 页。
② 墓碑现藏翁氏故居第三进綵衣堂东侧。
③《致徐元绶函》,上海图书馆编:《上海图书馆藏翁同龢未刊手稿》,上海科学技术文献出版社 2010 年版,第 205 页。
④《致翁之缮》(1904 年 3 月 14 日),赵平整理:《翁同龢家书诠释》,凤凰出版社 2017 年版,第 308 页。
⑤ 翁万戈编,翁以钧校订:《翁同龢日记》第七卷,中西书局 2012 年版,第 3514 页。
⑥《致翁之缮》(1904 年 1 月 24 日),赵平整理:《翁同龢家书诠释》,凤凰出版社 2017 年版,第 306 页。
⑦《致翁之缮》(1904 年 4 月 25 日),赵平整理:《翁同龢家书诠释》,凤凰出版社 2017 年版,第 309 页。
⑧ 今常熟报本街 23 号内。

"胸次一开"①。随后又去无锡,观赏以"天下第二泉"著称的惠山,并游览了寄畅园,还往古运河中心的小岛黄埠墩登览远眺,临行不忘购了茶壶又往书肆买旧书。6月上旬,时任浙江布政使的筱侄翁曾桂又邀他去杭州住了几天。舟次苏州,他去阊门外龙寿山房,查看元代善继和尚刺血抄写的81卷《华严经》,先仓促翻阅了前20卷,也去扫叶山房看了古籍刻本。在杭州,既与曾桂、惠夫共此难得的灯烛团聚,又赖以友人叶茂如的悉心安排与全程陪同,瞻拜岳王庙,参观灵隐寺,登临孤山巢居阁,又领略了三潭印月等西湖美景;还观赏了飞来峰的石壁佛像,就近冷泉亭坐石听泉,此外参访了龙井寺、理安寺等寺院道场。折返苏州时,又赶往龙寿山房把余下的血经卷帙悉数过目。

对年过七旬的老人来说,杭州之行来去匆匆,却是如此兴致勃勃。要说翁同龢身体确实累了倦了,但在寄情山水、摩挲珍本中,郁闷已久的垂暮心境似有难得的舒展,书生清趣愈是弥老弥久了。

一川烟草,满城风絮。苏杭归来后,天气忽凉忽热,转眼又到黄梅雨季。

1904年6月21日,慈禧为缓和社会矛盾,宣布"以今年万寿庆典,凡戊戌案内革职人员皆开复原官,监禁交地方管束者概行释放,着该部该省查奏。"见得报载的这一消息,翁同龢无疑喜不自禁,这正是他期盼已久的心愿:"逋臣如得邀此宽典,虽一息当伏谒君门也。"②但他清楚,这道恩谕不过通案,以自己的被贬身份,不能一例对待,当另有特旨开复原衔。

> 策蹇何人向日边?归来满箧载云烟。
> 谁知瓶隐庐中客,别有江湖浩荡天。③

五年前的这首遣兴之作,真切地表达了翁同龢挥不去的忧国之情,割不断的忠君之思。如今一次次望眼欲穿的等待,到头来换来了一次次梦断京华的失望。一病不起的翁同龢已自感来日无多,他的心真得

---

① 翁万戈编,翁以钧校订:《翁同龢日记》第七卷,中西书局2012年版,第3567页。
② 翁万戈编,翁以钧校订:《翁同龢日记》第七卷,中西书局2012年版,第3576页。
③ 《己亥中秋,见王敬哉为树老作送行图,诗画后有姜学在山水,因戏摹之,并缀一诗。余不解画,秋雨困人,遣兴而已》,朱育礼、朱汝稷校点:《翁同龢诗集》,上海古籍出版社2009年版,第225页。

绝望了。6月25日:"发热、遍身疼,胸痞常卧,晚益甚,得汗不解,呻吟彻晓。"6月26日乘舟入城,延医来诊,"云尽是湿热,用芳香泄浊,然于肝疾似未及也。"6月27日:"先公诞日,设坐叩头,竟不能起。"①重病缠身的翁同龢已自感生命即将走到尽头,持续四十多年的日记就此绝笔。

翁同龢讣告

1904年7月4日,在那个溽热烦闷的江南夏夜,在古城南泾堂后门报本街居所,弥留之际的翁同龢,向守候病榻前的亲属口占一绝:

> 六十年中事,伤心到盖棺;
> 不将两行泪,轻与汝曹弹。②

又以《论语》集句,口占自挽联一副:

> 朝闻道夕死可矣,
> 今而后予知免夫。③

随后口授遗疏一份,托付张謇代书呈奏:

> 已革协办大学士、户部尚书翁同龢跪奏:为天恩未报,臣病垂危,伏枕哀鸣,仰祈圣鉴事。窃臣早年通籍,荐蒙先朝优遇,屡司文柄,兼侍讲帷,忝陟班联,叠膺简任,祇以奉职无状,负罪当诛,犹蒙恩予以保全,放归田里,交地方官管束,俾尽天年。臣自知咎戾,深悔难追,夙夜彷徨,浸成老病,兹已气息绵惙,无望偷生。伏念负疚如臣,固已言无足取,不敢复有所陈述,第恩隆未答,盛世长辞,感悚之余,难可瞑目,所愿励精图治,驯至富强,四海苍生,咏歌圣德。

① 以上引文,均见翁万戈编,翁以钧校订:《翁同龢日记》第七卷,中西书局2012年版,第3576页。
② 《疾亟口占》,朱育礼、朱汝稷校点:《翁同龢诗集》,上海古籍出版社2009年版,第348页。
③ 张謇研究中心、南通图书馆编:《张謇全集》第六卷,江苏古籍出版社1994年版,第530页。

臣虽死之日,犹生之年,谨口授遗疏,不胜呜咽依恋之至。伏乞皇太后、皇上圣鉴。谨奏。①

当晚深夜子时,在遗命丧事从简、不得铺张之后,翁同龢饮恨长逝,享年75岁。一代爱国老臣抱着无尽的幽怨和孤愤,走完了人生的最后一段旅程,从此长眠于故乡的虞山尚湖之间。

## 第四节　传承守望

岁月流转,师恩绵长。

翁同龢谢世后,最是他的高足张謇,内心掩不去的是缅怀恩师之情。1911年(宣统三年)2月,为立宪赴京奔走的张謇,公务之余前往东单二条胡同的翁同龢故居凭吊,追寻遗踪,庭院徘徊,遥想当年亦师亦友的笃深情谊。此后又多次前往常熟瞻拜翁氏墓地,拾级而上,苔痕斑驳,回首往事,哀思不尽。

"悲人海之波涛,感师门之风仪"。1921年1月扫墓回程后,张謇特意在南通黄泥山上修筑"虞楼"并树碑立像,题联语一幅:"山根拟改丹砂井,江上唯瞻白鸽峰。"隔江眺望处,绵绵是思念,又有《虞山谒松禅师墓》诗一首:②

> 淹回积岁心,一决向虞麓。
>
> 晨暾彻郭西,寒翠散岩壑。
>
> 夹道坟几何,鸽峰注吾嘱。
>
> 停舆入墓庐,空庭冷花竹。
>
> 巫趋墓前拜,眦楚泪频蓄。
>
> 凄惶病榻语,万古重丘岳。
>
> 抵死保傅忠,都忘编管辱。
>
> 尊骀贡大义,凝欷手牢握。

---

① 俞自强录:《翁同龢遗折》,《逸经》第27期,1937年4月。

② 张謇研究中心、南通图书馆编:《张謇全集》第五卷,江苏古籍出版社1994年版,第269页。

宁知三日别，侍坐更不续。

期许敢或忘，文字尚负托。

平心感遇处，一一缭心曲；

缅想立朝姿，松风凛犹谡；

九原石台前，随武不可作。

辞行后不久，张謇给翁氏后人寄去 500 元以资瓶庐修葺之用。

1904 年，远在瑞典流亡的康有为惊悉翁同龢去世的消息，悲恸之余作哀词十四章。[①]《哀词》第一章写道：

中国维新业，谁为第一人？

王明资旧学，变法出元臣。

密勿谋帏幄，艰难救国民。

峨峨常熟泪，凿空辟乾坤。

诗作洋洋洒洒，追述自己与翁同龢之间非同寻常的交谊，《哀词》自序中高度评价了翁同龢在戊戌变法中的功绩，认为：

> 戊戌为中国维新第一大变，翁公为中国维新第一导师，关系至重，恐人间不详，故详咏之。此虽诗也，以为翁公之传，以为新旧政变之史，皆可也。

除《哀词》外，康有为又作《哭常熟三章》，其中有句云："海上凄断冷风酸，忽听山颓最痛辛；萧何过举登坛将，王猛曾为入幕宾；岂料七年悲党锢，竟成千古痛维新。"[②]表达内心的无限悲伤。自辛亥革命后流亡回国，康有为还偕同陈三立、王聘三等人专程前来常熟祭奠翁同龢，并将翁墓碑文改为金字碑文，以示敬仰。1918 年，门生俞明震前来祭拜后吟诗一首："鹁鸪峰前墓草黄，眼中不是旧春光。百年乔木柯条改，半亩空园栋宇荒。并世悠悠孰功罪，沉忧悄悄到沧桑。一身结束关朝运，北望崇陵事可伤。"[③]

---

① 沈云龙著：《康有为评传》，台北传记文学出版社 1969 年版，第 76—77 页。
② 梁启超：《饮冰室诗话》，人民文学出版社 1959 年版，第 119—121 页。
③《止翁氏墓庐谒常熟师墓》，载《东方杂志》第 15 卷，1918 年第 8 期。

后之视今，犹如今之视昔。

作为晚清著名的爱国政治家，翁同龢自咸丰朝状元及第，历任刑部、工部、户部尚书，协办大学士，军机大臣兼总理各国事务衙门大臣等要职，先后担任两朝帝师，在朝40多年，参与了洋务运动、中法战争、中日甲午战争和戊戌变法等晚清政坛的一系列重大事件，以帝师之尊，枢臣之重，成为中国近代史上产生过重大影响、有着重要地位的历史人物。翁同龢的人生历程，当可摄取近代中国历史进程的某种缩影或投影。

身处近代中国社会急剧大变动的历史时代，面对鸦片战争以来列强入侵、国势衰落的空前民族危机，翁同龢以天下为己任，站在风云变幻的时代前列，殚精竭虑地参与中枢决策，充分表现了匡时济世的爱国精神和维新进步的革新勇气。中法、中日战争中，他为捍卫国家主权和领土完整，积极主张抗击外来侵略，反对妥协求和，力主保卫疆土，维护祖国统一。戊戌变法期间，他举荐贤才，不避艰险，力助光绪帝变法自强，推动维新运动的开展。

这一切，无疑代表了争取民族独立，谋求社会进步的时代潮流，反映了近代中国的仁人志士为拯救国家危亡而艰辛探索的优良品格。他为国家和民族作出的有益贡献，留下的宝贵精神财富，在历史上烙下了不可磨灭的印记，永远值得后世敬仰和称颂。

回望百年，故事已然遥远，但过去的人和事，有助于后人从中汲取鲜活而生动的历史回味。

自翁同龢去世迄今一百多年来，包括文集、日记、奏稿、信函、公文档案、书画等翁氏文献资料，陆续整理出版。翁同龢研究一直是海内外学界日趋关注的话题，先后出版了多种专著、传记读物。1994年和1998年，由常熟市人民政府和中国史学会先后在翁氏家乡举办了"甲午战争与翁同龢"、"戊戌变法与翁同龢"两次学术研讨会。会后出版了专题论文集。2004年纪念翁同龢逝世100周年之际，江苏省文化厅和常熟市人民政府联合举办学术讨论会，当年出版的《二十世纪翁同龢研究》汇集了翁氏逝世后一百年间的代表性研究论文，涉及翁氏的政治思想、外交方略、与维新变法的关系，及其教育观、人才观和人际交往等等，大体反映了百年来学术界的有关学术成果。

令人欣喜的是，近些年来，史学界通过研究范式的转变与方法的更新，开拓新视野、采用新方法、坐实新材料，将翁同龢研究由政治史向社会史、文化史等研究领域逐渐渗透与扩展，取得了众所瞩目的新进展。研究翁氏家族何以精英辈出、翁氏家教家风何以传承不息，围绕翁同龢政治、思想、文化、艺术、收藏等方面，以及文献资料研究，并扩大到其家族研究，给予了更加综合、立体的透视。

为此，翁同龢纪念馆以学术和文化立馆，努力开创翁氏研究的新局面。从 2014 年起，翁同龢纪念馆推出以翁同龢为字号的文化品牌项目，开设同和讲堂，新辟松禅书院。同和讲堂以"经典、传统、学术"为主旨，开展城市文化、书香城市、江南文化等沙龙式讲座活动，邀请各地专家学者在此谈文论道，开展学术交流。"松禅书院"则是翁氏家族研究和地方文献的集聚场所，旨在打造翁氏文献研究中心，收藏各种图书文献 1000 余册，实现资源流通共享。在此基础上创办的学术专刊《翁同龢研究》，既立足"疆界"又超越"疆界"，通过集聚专家学者的共同参与，由点及面地推动翁氏家族史、区域史、近代史研究。这些举措，为海内外同仁搭建交流平台，提供研究资料，也为翁馆发展开拓了新空间。

翁同龢及其家族成员留存丰富的"翁氏文献"，是中国近代史研究不可多得的珍贵史料。为此，纪念馆积极调动和发挥翁氏家族后人、学术界、出版界等多方合力，切实重视挖掘翁氏家族未刊史料的整理，通过广泛收集、释读、著录、校勘和编辑，使翁氏家藏的文献整理和出版开启了新的历程。目前，除了《翁同龢瓶庐丛稿》《翁同龢文献丛编》《翁心存诗文集》以及《翁同龢日记》《翁心存日记》《翁曾翰日记》《翁斌孙日记》《入蒙与旅欧》(翁之憙日记)等五部家族日记，还有《翁同龢书信笺释》《翁同龢书札系年考》《翁同爵家书系年考》等翁氏家族书札相继面世，总计出版翁氏研究文献 130 多种 320 多册。"翁氏文献"逐渐形成的数量和规模，引来学界瞩目，也将凝练为一个值得开掘的学术符号。

在当今书香世家缺失、浓郁书香缺乏的社会现象下，"翁氏文献"的整理出版，无疑是"书香之家"文化传承的鲜活事例，传统世家的文化精神也将得以新生绵延、传承弘扬。

翁氏故居鸟瞰

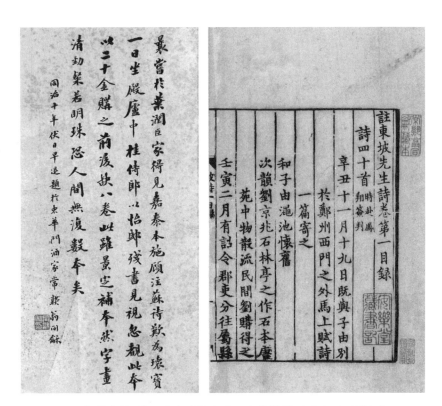

翁同龢藏古籍《施顾注东坡先生诗》,宋苏轼撰,宋施元之、顾禧注

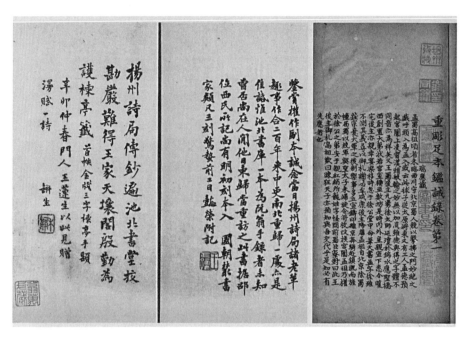

翁同龢藏古籍《重雕足本鉴诫录》，五代何光远撰

叔平

同龢印

虞山翁同龢印

臣翁同龢

臣翁同龢

長生安樂翁同龢印

翁同龢藏书印鉴（一）

松禪墨緣

同龢所藏

松禪老人

二支室

寶瓠齋藏書

均齋秘篋

均齋收藏

退思補過

翁同龢校定經籍之記

翁同龢藏书印鉴（二）

 叔平珍藏

 松禪居士

 均齋秘笈

 同龢讀過

 南沙翁季子同龢章

 常熟翁同龢藏本

翁同龢藏书印鉴（三）

笙篰室圖書印

救虎閣主

文端文勤兩世手澤同龢敬守

文端公遺書

虞山翁氏長瓶廬

翁同龢藏书印鉴（四）

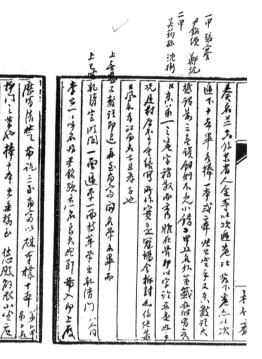

翁同龢殿试读卷记

翁同龢家书:致翁曾荣——廉洁自律,克己奉公

像 歲 一 十 七 人 老 廬 瓶

翁同龢七十一岁遗像

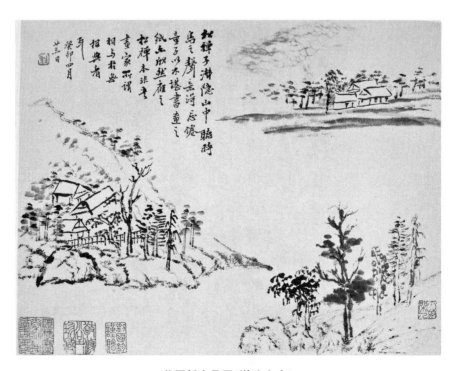

翁同龢小品画《潜隐山中》

翁同龢小品画《双忠遗迹》

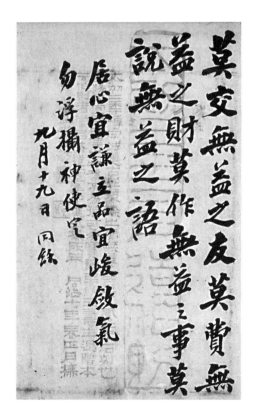

翁同龢修身读书语录

翁同龢修身读书语录

翁同龢修身读书语录

翁同龢修身读书语录

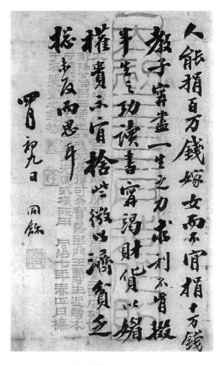

翁同龢修身读书语录

翁同龢遗像

# 附录一　翁同龢年事简表

**道光十年(1830)　1 岁**

四月二十七日(1830 年 5 月 19 日)，生于北京石驸马大街罗圈胡同寓所。

**道光十三年(1833)　4 岁**

正月，父亲翁心存赴江西学政任上。九月，随祖母张太夫人由京城回家乡常熟定居。

是年，父亲积俸银在常熟购"綵衣堂"屋。

**道光十三年(1834)　5 岁**

三月，随母亲许氏及兄翁同书、姊翁寿珠和翁璇华赴江西南昌官署。十二月，随母归里。

**道光十五年(1835)　6 岁**

入私塾读书，从表伯朱启宇，接受四书五经及古文启蒙教育。

**道光十七年(1837)　8 岁**

十一月，与萧山汤金钊孙女汤松联姻定亲。

**道光十八年(1838)　9 岁**

六月，父亲以祖母年届八十，允准回籍孝养。学业自此亲炙父亲教诲。

## 道光十九年(1839)　10 岁

是年,父亲辟藏书楼"知止斋"一室,著书自娱,期间随侍左右听讲,并与言朝标、许廷诰、陶贵鉴、黄廷鉴、庞大堃、邵渊耀等父执乡儒相识交接。

## 道光二十年(1840)　11 岁

六月,英军侵犯浙江、吴淞,民心惊恐。随家人往苏州木渎蒋氏丙舍、阊门吉庆寺弄避难。

## 道光二十一年(1841)　12 岁

从塾师李元瑛课读,学习作诗。

## 道光二十二年(1842)　13 岁

五月,英军侵犯长江,随祖母避居常熟西南钓渚渡卫浜村,租住卫氏诵芬堂近四月。

是年,学作试帖诗,诗有佳句,屡为父兄所称赏。

## 道光二十三年(1843)　14 岁

二月,学写八股文。九月应县试,名列二十外。十二月,赴苏州应府试,因大姊寿珠病逝而归。

## 道光二十四年(1844)　15 岁

是年,应院试不取。父亲应聘主讲游文书院。

## 道光二十五年(1845)　16 岁

五月,应府试,名列第三。六月,祖母病故。八月,应院试,中秀才,拔入府学紫阳书院就读,十一月送入泮。

### 道光二十六年（1846） 17 岁

入常熟游文书院修学读书。赴金陵应乡试不取。

### 道光二十七年（1847） 18 岁

九月，参加岁试，列一等第七名，正场列二等十三名。

是年，与兄长协助父亲校刊祖父翁咸封《潜虚文钞》《潜虚诗钞》等文集。

### 道光二十八年（1848） 19 岁

江苏学政举行江南乡试选拔考试，列名第一。参加选拔试，得第一（拔贡）。

### 道光二十九年（1849） 20 岁

三月，翁心存奉召回京，随父定居北京。四月，娶汤松为妻。十月，应江南乡试不取。

### 道光三十年（1850） 21 岁

六月，应朝考，列一等第五，复试擢第一，经吏部引见以七品小京官用，分刑部江西司行走。十二月，充实录馆详校官。

### 咸丰二年（1852） 23 岁

八月，应顺天乡试，考中举人，名列第二十七名。

### 咸丰五年（1855） 26 岁

是年，继续供职刑部实录馆详校官，每天赴馆赴署，几不暇给。公务之余温习书卷。

### 咸丰六年（1856） 27 岁

三月，会试中式，名列六十三名。复试一等第二名，殿试一甲第一名，考中状元。充实录馆协修，署纂修官。

## 咸丰八年（1858）　29 岁

三月十八日，妻汤松病故。六月，派充陕西乡试副考官，典试陕西；八月，命为陕甘学政，巡学陕西。九月，为刘子谦题《奎星图》，是为鉴藏题赞最早记录。十二月，因足疾奏请开缺调理。

是年起坚持写日记。

## 咸丰九年（1859）　30 岁

正月，在陕西三原督学。四月，由陕西告病回京。九月，户部"五宇奏销案"起，父亲以革职留任论处。时为父亲缮抄奏折，亦访师友，游琉璃厂观字画。

## 咸丰十年（1860）　31 岁

四月，遵夫人汤松遗嘱，纳太仓籍陆氏为妾。八月，英法联军攻陷北京，咸丰帝出逃。九月，奉父母避居房山暂住，并往来于京城与房山之间省亲探望。十月，充文渊阁校理。

## 咸丰十一年（1861 年）　32 岁

五月，与御史董研秋为京城报国寺内顾炎武祠值年，偕张祥河、王宪成、潘祖荫等致祭。六月，偕翰林院清秘堂诸人检点宝善亭所藏书籍。

## 同治元年（1862 年）　33 岁

正月，六次游访厂肆，鉴藏碑帖书画。二月，父亲命值弘德殿授读同治帝。三月，充会试同考官，补詹事府右赞善；七月，充山西乡试正考官。十月，充日讲起居注官。十一月，父亲去世，入祀贤良祠。

是年初，兄同书遭两江总督兼督办江南军务曾国藩奏劾革职，三月判斩监候，随后屡赴刑部北监探视。

## 同治二年（1863 年）　34 岁

丁父忧。因太平军围攻常熟，父柩不能归葬常熟，权厝于昌平东十

附录一　翁同龢年事简表

341

四月，兄同书次子翁曾源中进士一甲第一名，翁家叔侄联魁，海内传为佳话。

### 同治四年（1865年）　36岁

二月，服阕起复。三月，补右赞善。五月，充日讲起注官。六月转左赞善，迁右中允，官阶正六品。十月，兄同书病逝于甘肃花马池军营。十一月，奉旨在弘德殿行走，授读同治帝，并为两宫皇太后进讲《治平宝鉴》。

### 同治五年（1866年）　37岁

二月，擢翰林院侍讲，官阶从五品。始授同治帝临书法，进讲《帝鉴图说》《庭训格言》等。

是年三月至六月，恭阅、整理《文宗显皇帝圣训》《文宗显皇帝实录》等。

### 同治六年（1867年）　38岁

二月，与倭仁、徐桐联衔奏请同治帝停止巡幸王府。三月，懿旨命倭仁在总理衙门行走，与徐桐等人协助倭仁修改辞折。

是年，编录《列朝圣训》《清朝开国方略》等，每日进讲。

### 同治七年（1868年）　39岁

七月，疏请开缺回籍葬亲，允假三个月。八月，奉父、兄、妻灵柩回常熟，归葬虞山鹁鸽峰祖墓。十一月返京，擢国子监祭酒，官阶从四品，入值如故。

### 同治八年（1869年）　40岁

四月，与丁日昌过从长谈，往来频繁。六月，因武英殿失火，具疏请停宫禁一切工程，罢外省传办物件，并饬廷臣言政事得失，得旨采纳。

## 同治九年（1870 年）  41 岁

四月,为同治帝授生书,兼讲《礼记》、接读《周易》等。六月,迁太仆寺卿,官阶从三品。是月天津教案事发,召对时稍有论列。

## 同治十年（1871 年）  42 岁

七月,擢内阁学士,官阶从二品。十月,奉母移居内城东华门。十一月,因母病请假三次。十二月,疏请开缺侍养,赏假两个月,毋庸开缺,是月二十四日母亲病故。

## 同治十一年（1872 年）  43 岁

四月,与兄同爵扶母柩南归故里,丁忧守制。翁同爵买"緑衣堂"隔壁仲氏屋,命为"思永堂"。十一月,手书《法华经》七卷。期间与兄同爵建翁氏丙舍,重建石梅翁氏世恩祠,编订先父文集及缕述眷属事略,修辑《海虞翁氏族谱》并刊印。

## 同治十二年（1873 年）  44 岁

二月,赴浙江萧山探亲,并先后游览绍兴、杭州、嘉兴和上海。

七月,拜访古里瞿氏敦裕堂藏书楼。

是年,与赵宗德、赵宗建、吴鸿纶、杨沂孙、庞钟璐等家乡在籍官绅友人以及三峰寺药龛和尚多有文化雅集,相与诗文唱和、艺事切磋。

## 同治十三年（1874 年）  45 岁

正月,偕兄同爵和庞钟璐、赵宗建往游苏州邓尉山。三月,服丧期满。六月回北京,仍在弘德殿授读同治帝。七月,王大臣联名具疏,请停圆明园修复工程,御前召对,具陈民生之艰苦。十二月,同治帝因患天花崩逝,慈禧以醇亲王奕譞之子载湉入承大统,建言"必应书为嗣皇帝",得旨定议。

## 光绪元年（1875 年）  46 岁

正月,与醇亲王、荣禄等承修同治帝葬地惠陵工程,与醇亲王多有唱和之作。五月,购藏清初画家、虞山画派创始人王翚长卷《长江万里图》。八月,署刑部右侍郎,以浙江"杨乃武与小白菜案"存有可疑处,力持平反。十二月,懿旨命偕夏同善在毓庆宫授读光绪帝,固辞不许,流涕受命。

### 光绪二年(1876 年)  47 岁

正月,始授读光绪帝。调补户部右侍郎,兼管钱法堂事务,官阶正二品。八月,署兵部右侍郎。十二月,充经筵讲官,官阶正二品。

### 光绪三年(1877 年)  48 岁

七月,请假两月回常熟修墓。八月,兄同爵病逝于湖北巡抚任上,遂赴武昌奉兄柩归葬常熟。十月返京,授书如故。

### 光绪四年(1878 年)  49 岁

正月,因河南请裁漕米赈灾,单衔疏请准行,有旨依议。五月,嗣子翁曾翰因病去世。授职都察院左都御史,首居六部堂官之列,官阶从一品。

### 光绪五年(1879 年)  50 岁

授书如故。正月,授刑部尚书。闰三月,吏部主事吴可读以同治帝嗣子未定,遗疏死谏。四月,与徐桐、潘祖荫联衔奏折,建言"将来绍膺大统者,即承嗣穆宗毅皇帝之子",得旨允行。旋调工部尚书。

### 光绪六年(1880 年)  51 岁

授书如故。三月,派充会试副总裁,同邑庞鸿书、杨崇伊皆中。五月,会商中俄伊犁交涉及崇厚罪名,与潘祖荫联衔陈折,建议备战、遣使,重开谈判。九月,奉派与惇亲王、恭亲王、醇亲王、潘祖荫等在南书房阅看内外诸臣折件及电函等。十月,移居东单牌楼二条胡同新屋。

## 光绪七年(1881年) 52岁

正月,奉派管理国子监事务。与潘祖荫联衔进呈陈奂《毛诗传疏》。二月,与军机大臣左宗棠会面初识。三月,奉旨恭理慈安太后丧仪。九月,奉派管理火药局。是月以恭理事毕,赏加太子少保衔。

## 光绪八年(1882年) 53岁

四月,奏陈国子监官学情形折。六月,会同宝鋆、李鸿藻、徐桐、麟书筹议整顿八旗官学事。八月,督修紫禁城城墙,派管户部三库事务,审理"云南报销案"。十一月,命在军机大臣上行走,首入军机,参与决策中、法越南问题交涉事宜。

## 光绪九年(1883年) 54岁

三月,军机集议中法越南交涉事,力主红江口岸各国通商不得入云南境内。六月,吏部奏结云南报销案,罚俸九个月,因办案有功准其抵销。七月,查勘国子监南学学舍修建工程。八月,进呈工部新修则例。

## 光绪十年(1884年) 55岁

三月,军机处全班人员因奉职无状而罢免,著加恩革职留任,退出军机处,仍在毓庆宫行走。十月,开复革留处分。十一月,工部就山东黄河分流、疏瀹、筑堤等议奏之件皆出其手。

## 光绪十一年(1885年) 56岁

七月,侄孙翁斌孙为其购得清初画家、太仓娄东派创始人王原祁仿黄公望《富春山居图》卷轴。八月,充顺天乡试副考官。十一月,与潘祖荫、孙家鼐等联衔奏请将黄宗羲、顾炎武从祀文庙。是月调补户部尚书。

## 光绪十二年(1886年) 57岁

二月,皇太后、光绪帝恭谒东陵,派同惇亲王、大学士恩承等留京办事。四月,奉派顺天会试殿试读卷大臣。六月,懿旨以皇帝典学有成,宣示明年正月归政,与伯王、醇亲王等联衔奏请太后暂缓归政。七月,户部遵旨议复制钱事。十月,派充会典馆副总裁。

### 光绪十三年(1887 年)　58 岁

正月,以京师制钱一时难铸,奉旨诘责,著交部议处,革职留任。二月,皇太后召见,力陈各省民力凋敝,虽洋药税厘并征,然不足弥补海军之缺。三月,光绪帝奉皇太后谒西陵,随扈行礼,旨派偕醇亲王等前往九龙峪相度吉地;光绪帝于丰泽园举行耕藉典礼,奉派从耕。四月,派修雍和宫工程。七月,侄翁曾源病逝。八月,与潘祖荫联衔上奏《黄河南决恳饬速筹堵塞并设法补救折》,提出速筹引水疏导入海对策。九月,领衔奏陈河工筹款办法。

是年户部任上,为郑州黄河决口、光绪帝大婚筹办款项。

### 光绪十四年(1888 年)　59 岁

二月,与福锟、孙诒经等联衔奏请提洋药厘金以备弥补部库之用。八月,奉派顺天乡试正考官。十月,康有为上书敦促变法并求见,拒之;国子监祭酒盛昱以康有为封事请为上奏,未予代递,将《第一书》内容详加摘抄。十二月,偕孙燮臣联衔奏请津通铁路暂缓修筑事宜。

### 光绪十五年(1889 年)　60 岁

正月,以冯桂芬著《校邠庐抗议》进呈光绪帝。二月,派阅各省举人补复试卷。三月,阅宗室复试卷。四月,光绪帝遣使祝贺六十岁生日,蒙赐匾额、对联。阅贡士朝考卷。七月,请假回籍修墓,订翁氏义庄条规。九月返京。十月,江南水灾,偕同乡京官具折请赈,捐一千银两。

### 光绪十六年(1890 年)　61 岁

正月,初一寅时书“虎”字数十幅,因生于庚寅年,属“虎”。闰二月,阅直省举人复试卷。三月,阅宗室复试卷。四月,派殿试读卷官,阅贡士朝考卷。八月,以经义、治事两大端策励国子监南学诸生,并捐俸修南学房屋。九月,奉旨查圆明园八旗营房工程。十月,知交潘祖荫病逝。十一月,醇亲王奕譞去世,会同御前大臣、军机大臣办理丧礼。十二月,内务府为修颐和园工程请拨部款三十五万,虽力持不可,仍奉旨照拨。

## 光绪十七年(1891 年) 62 岁

二月,出使日本大臣黎庶昌来访,论日本兵政、商务、议院事。三月,以吉林铁路将办,命户部提款一百廿万。奉派阅考试汉荫生及翰林院孔目卷。四月,抖晾乾清宫所藏实录。五月,每考到录科必到,严肃录取场规。九月,阅顺天乡试复试卷;礼部议复翁氏义庄,奉旨赏给御书匾额。十月,以康熙分府及十三排各省地图进讲,凡沿海要隘皆手画以进。

## 光绪十八年壬辰(1892 年) 63 岁

三月,派充会试正总裁官。四月,派殿试读卷官。闰六月,派充会典馆正总裁。九月,派武殿试读卷官。十二月,派为总办皇太后六旬万寿庆典大臣。

## 光绪十九年(1893 年) 64 岁

二月,常熟西乡旱荒,寄银二百两助赈。五月,派修西直门至颐和园石路工程。六月,京师及顺、直州县暴雨成灾,与徐桐、李鸿藻联名捐办急赈。八月,派充顺天乡试正考官。十二月,派充国史馆副总裁;是月拟在八世祖翁长庸所葺"老圃堂"基础上重建翁氏家塾,惜经费无着。

## 光绪二十年(1894 年) 65 岁

四月,奉派殿试读卷官,识拔南通张謇,列一甲一名,状元及第。六月,奉派列席军机会议,会商中日朝鲜争端事宜,力主添兵赴朝主战。九月,衔旨赴津与李鸿章面晤,就联俄以谋和局事传述商议。十月,命恭亲王奕䜣督办军务,庆亲王奕劻帮办军务,偕李鸿藻、荣禄、长麟会同商办。旋与李鸿藻、刚毅均补授军机大臣。是月奏请德国军官汉纳根练兵事。十一月,派充方略馆总裁。

### 光绪二十一年(1895年)　66岁

正月,北洋海军全军覆没。二月,与李鸿章晤谈割地事,力主"台湾万无议及之理"。三月,力筹部款五十万济台。廷议割让台湾事,力持不可。派署吏部尚书。是月廿三日《马关条约》签订。四月,奉派贡士复试阅卷,以陈炽著《庸书》、汤寿潜著《危言》进呈光绪帝。闰五月,康有为来访长谈。六月,命与李鸿藻在总理衙门行走。七月,派充管理同文馆事。九月,与英国传教士李提摩太面谈政事,与英国公使欧格纳话别。十月,吏部侍郎汪鸣銮、户部侍郎长麟革职永不叙用。

### 光绪二十二年(1896年)　67岁

正月,懿旨传撤弘德殿书房。二月,文廷式革职,永不叙用。五月,拜晤天津海关税务司德璀琳请教理财策略。九月,奉旨命询盛宣怀借洋债、集股票事,阅其有关练兵、理财、求材条陈稿。十月,就德国拒黄遵宪驻使事,与德使海靖交涉。侄曾孙翁之缮列名驻英大使罗逢禄随员,以"忝在政地,以子弟属人可乎"责言,后令递折辞差。

### 光绪二十三年(1897年)　68岁

八月,懿旨以户部尚书授协办大学士。十一月,奉旨偕张荫桓就"胶澳事件"与德国交涉。是月康有为因上书未达,意欲南归,前往南海会馆挽留。十二月二十四日与军机大臣等议事时,"从内政根本起"的变法主张。

### 光绪二十四年(1898年)　69岁

正月,奉命与李鸿章、荣禄、廖寿恒、张荫桓在总理衙门就有关变法事宜询问康有为。二月,奉派与李鸿章同德国签订《胶澳租借条约》。闰三月,先后遭安徽布政使于荫霖、御史王鹏运参劾。四月二十三日,手拟《定国是》诏,光绪帝推行维新变法。四月二十七日,恭奉硃谕开缺回籍。五月,整理所藏古籍、书画、碑帖,十三日启程南归,十八日回常熟,赁屋塔前张姓家。时常熟因遭遇久旱,发生西乡抢粮事件,致函江苏巡抚奎俊请拨赈灾粮米,并捐银五百两。七月,赴江西南昌探视三嫂,留住半月。八月,慈禧发动"戊戌政变"。十月,遭严遣革职,永不叙用,交地方官严加管束。十二月,移居虞山鹁鸪峰翁氏丙舍,并筑新屋"瓶隐庐"作安身之所。

## 光绪二十五年(1899年)　70岁

四月,张謇在南通创办大生纱厂,书赠"枢机之发动乎天地,衣被所及遍我东南"联语一副志贺。

十一月,门生沈鹏《劾三凶疏》刊于天津《国闻报》,称荣禄、刚毅、李莲英为"三凶",刚毅疑其主使而追究,几为株连。

## 光绪二十六年(1900年)　71岁

正月,整理从前日记并撰《自订年谱》。五月,见报载北方义和团事起;七月,八国联军攻占北京,慈禧挟光绪帝逃往西安,为之幽忧如结,竟夕不寐。张謇、盛宣怀等筹议"东南互保",因国破君狩、北方百姓遭战祸而忧伤。十二月,清廷发布"变法上谕"。

## 光绪二十七年(1901年)　72岁

二月,以家藏元僧世殊银字《楞严经》六册、补书四册赠三峰寺。三月,清廷设督办政务处统筹变法事宜,张謇携《变法平议》来访,商谈稳健变法事宜。

是年,庞鸿文出任邑志总纂,自此搜求抄校元明清以来各部邑志,为志书编纂倾注心力。瓶隐庐造新屋三间,筑"乾坤一草亭",叠山理水,莳花种竹,读书吟诗其间。

## 光绪二十八年(1902年)　73岁

八月,侄翁曾荣病故。十一月,为张謇书通州师范学堂长联一副。十二月,侄翁曾桂简任浙江布政使。是年,旧友吴大澂、吴鸿纶、钱应溥相继病逝,分撰哀挽之作。

### 光绪二十九年（1903 年）　74 岁

五月,军机处同僚廖寿恒从嘉定来访。八月,张謇赠食物、银元二百及所著《东游日记》,读之不倦。九月,报载日俄战争中国东北开战,闻之危虑无已。十一月,妾陆氏病故。

### 光绪三十年（1904 年）　75 岁

三月,游苏州、杭州。五月,慈禧因庆典解除党禁,"戊戌"案内革职人员皆开复原官,监禁交地方管束者一概释放。五月十四日,卧病不起。十七、十八日张謇前来探视,谈及立宪,极表赞许。

五月二十一日,自知不起,有《疾亟口占》诗,又集《四书》句自拟挽联一副,并口授《遗疏》,嘱张謇代为陈奏。是日子时,于城内南泾堂寓所逝世。

# 附录二  翁同龢职官差使年表

| 编号 | 职官 | 时间 | 备注 |
|---|---|---|---|
| 1 | 小京官,刑部江西司行走 | 道光三十年六月(1850),二十一岁 | |
| 2 | 实录馆详校官 | 道光三十年十二月(1851),二十三岁 | |
| 3 | 捐铜局额外主事 | 咸丰三年六月(1853),二十四岁 | |
| 4 | 实录馆协修,署纂修官 | 咸丰六年三月(1856),二十七岁 | 从六品 |
| 5 | 陕西乡试副考官,提督陕甘学政 | 咸丰八年六月(1858),二十九岁 | |
| 6 | 文渊阁校理 | 咸丰十年十月(1860),三十一岁 | |
| 7 | 会试同考官,山西乡试正考官, | 同治元年三月(1862),三十三岁 | |
| 8 | 日讲起居注官 | 同治元年十月(1862),三十三岁 | |
| 9 | 右赞善,分教庶吉士 | 同治四年三月(1865),三十六岁 | 从六品 |
| 10 | 左赞善,实录馆总校官 | 同治四年四月(1865),三十六岁 | 从六品 |
| 11 | 右中允 | 同治四年六月(1865),三十六岁 | 正六品 |
| 12 | 弘德殿行走 | 同治四年十一月(1865),三十六岁 | 授读同治帝 |
| 13 | 翰林院侍讲 | 同治五年二月(1866),三十七岁 | 从五品 |
| 14 | 詹事府右庶子 | 同治六年十二月(1867),三十八岁 | 正五品 |

| 编号 | 职官 | 时间 | 备注 |
|---|---|---|---|
| 15 | 国子监祭酒 | 同治七年十一月（1868），三十九岁 | 从四品 |
| 16 | 太仆寺卿 | 同治九年六月（1870），四十一岁 | 从三品 |
| 17 | 内阁学士 | 同治十年七月（1871），四十二岁 | 从二品 |
| 18 | 刑部右侍郎，文渊阁直阁事 | 光绪元年七月（1875），四十六岁 | 正二品 |
| 19 | 顺天武乡试正考官 | 光绪元年十月（1875），四十六岁 | |
| 20 | 毓庆宫行走 | 光绪元年十二月（1875），四十六岁 | 授读光绪帝 |
| 21 | 户部右侍郎 | 光绪二年正月（1876），四十七岁 | 正二品 |
| 22 | 兵部右侍郎 | 光绪二年八月（1876），四十七岁 | 正二品 |
| 23 | 经筵讲官 | 光绪二年十二月（1876），四十七岁 | |
| 24 | 都察院左都御史 | 光绪四年五月（1878），四十九岁 | 从一品 |
| 25 | 刑部尚书 | 光绪五年正月（1879），五十岁 | 从一品 |
| 26 | 工部尚书 | 光绪五年四月（1879），五十岁 | 从一品 |
| 27 | 会试副考官 | 光绪六年三月（1880），五十一岁 | |
| 28 | 管理国子监事务 | 光绪七年正月（1881），五十二岁 | |
| 29 | 管理火药局,管理沟渠河道差 | 光绪七年九月（1881），五十二岁 | |
| 30 | 军机大臣,兼管户部三库事务 | 光绪八年十一月（1882），五十三岁 | 首入军机 |
| 31 | 顺天乡试副考官 | 光绪十一年八月（1885），五十六岁 | |
| 32 | 户部尚书 | 光绪十一年十一月（1885），五十六岁 | 从一品 |
| 33 | 会典馆副总裁 | 光绪十二年十月（1886），五十七岁 | |

| 编号 | 职官 | 时间 | 备注 |
|------|------|------|------|
| 34 | 顺天乡试正考官 | 光绪十四年八月（1888），五十九岁 | |
| 35 | 会试正总裁官 | 光绪十八年三月（1892），六十三岁 | |
| 36 | 会典馆正总裁 | 光绪十八年六月（1892），六十三岁 | |
| 37 | 顺天乡试正考官 | 光绪十九年八月（1893），六十四岁 | |
| 38 | 国史馆副总裁 | 光绪十九年十二月（1893），六十四岁 | |
| 39 | 殿试读卷官 | 光绪二十年四月（1894），六十五岁 | |
| 40 | 军机大臣 | 光绪二十年十月（1894），六十五岁 | 二入军机 |
| 41 | 方略馆总裁 | 光绪二十年十一月（1894），六十五岁 | |
| 42 | 署吏部尚书 | 光绪二十一年三月（1895），六十六岁 | |
| 43 | 总理各国事务衙门大臣 | 光绪二十一年六月（1895），六十六岁 | |
| 44 | 管理同文馆 | 光绪二十一年七月（1895），六十六岁 | |
| 45 | 协办大学士 | 光绪二十三年八月（1897），六十八岁 | 从一品 |

注：根据《翁同龢自订年谱》、《翁同龢日记》、中国第一历史档案馆档案资料整理

# 附录三　主要参考书目

## 一、资料

翁万戈编、翁以钧校订:《翁同龢日记》1—8卷,中西书局2012年版。

陈义杰整理:《翁同龢日记》1—6册,中华书局2006年版。

张剑整理:《翁心存日记》1—5册,中华书局2011年版。

张剑辑校:《翁心存诗文集》2册,凤凰出版社2013年版。

翁咸封著,翁心存编校:《潜虚文钞四卷、诗钞三卷》,清道光二十七年(1847)刻本,常熟市图书馆藏。

翁心存编订、翁同龢、翁同爵重修:《海虞翁氏族谱》,清同治十三年(1874)刊本,常熟市图书馆藏。

翁同龢著:《瓶庐丛稿》(10卷),上海商务印书馆1935年版。

翁同龢著,翁斌孙辑:《翁同龢瓶庐丛稿》5册,上海远东出版社2014年版。

翁万戈辑:《翁同龢文献丛编》(6种8册),上海远东出版社2014年版。

朱育礼、朱汝稷校点:《翁同龢诗集》,上海古籍出版社2009年版。

翁同龢著,李红英点校:《笙华书屋试帖稿》,广陵书社2020年版。

任青、马忠文整理:《张荫桓日记》,上海书店出版社2004年版。

张謇研究中心、南通市图书馆编:《张謇全集》第五、六卷,江苏古籍出版社1994年版。

中国史学会主编：中国近代史资料丛刊本，《洋务运动》，上海人民出版社 1961 年版。

中国史学会主编：中国近代史资料丛刊本，《戊戌变法》，神州国光社 1953 年版。

常熟市地方志编纂委员会办公室标校：《重修常昭合志》（上、下），上海社会科学院出版社 2002 年版。

《常熟市志》（修订本），江苏省常熟市地方志编纂委员会办公室编，上海辞书出版社 2006 年版。

沈秋农等主编：《常熟乡镇旧志集成》，广陵书社 2007 年版。

谭钟麟辑录：《春及草庐藏翁帖墨迹》，上海商务印书馆 1909 年版。

张氏扶海咤藏辑：《翁松禅致张啬庵手书》，上海商务印书馆 1938 年版。

《翁松禅家书》，商务印书馆 1939 年影印本。

朱寿朋编，张静庐等校点：《光绪朝东华录》，中华书局 1958 年版。

上海书画出版社编：《近现代名家丛帖：翁同龢家书卷》，上海书画出版社 2000 年版。

上海图书馆编：《上海图书馆藏翁同龢未刊手稿》（上、下册），上海科学技术文献出版社 2010 年版。

朱新华、陈丹点校：《海虞翁氏女诗人集三种》，广陵书社 2020 年版。

## 二、编著

高阳著：《翁同龢传》，黄山书社 2008 年版。

谢俊美著：《翁同龢传》，中华书局 2000 年版。

翁同龢纪念馆编：《二十世纪翁同龢研究》，苏州大学出版社 2004 年版。

常熟市人民政府、中国史学会编：《甲午战争与翁同龢》，中国人民大学出版社 1995 年版。

常熟市人民政府、中国史学会编：《戊戌变法与翁同龢》，中央文献出版社 2000 年版。

李红英著:《翁同龢书札系年考》,黄山书社 2014 年版。

李红英著:《翁同爵家书系年考》,凤凰出版社 2015 年版。

赵平笺释:《翁同龢书信笺释》,中西书局 2014 年版。

赵平著:《翁同龢家书诠释》,凤凰出版社 2017 年版。

周立人等编著:《翁相府第》,上海文化出版社 2007 年版。

政协江苏省常熟市委员会、江苏省中国近现代史学会编:《翁同龢与戊戌变法:纪念戊戌维新运动 110 周年》,(内部资料)。

江庆柏著:《明清苏南望族文化研究》,南京师范大学出版社 1999 年版。

许全胜撰:《沈曾植年谱长编》,中华书局 2007 年版。

陈旭麓著:《近代中国社会的新陈代谢》,上海人民出版社 1992 年版。

汤志钧著:《戊戌变法史》(修订本),上海社会科学院出版社 2003 年版。

茅海建著:《戊戌变法史事考》,三联书店 2005 年版。

茅海建著:《从甲午到戊戌:康有为〈我史〉鉴注》,三联书店 2009 年版。

孔祥吉著:《清人日记研究》,广东人民出版社 2008 年版。

章开沅著:《张謇传》,中华工商联合出版社 2000 年版。

左步青主编:《清代皇帝传略》,知识出版社 2008 年版。

雷颐著:《历史的裂缝:近代中国与幽暗人性》,广西师范大学出版社 2007 年版。

李提摩太著:《亲历晚清四十年:李提摩太在华回忆录》,天津人民出版社 2005 年版。

王忠良主编:《翁同龢研究》(年刊,2014—2020 年),广陵书社 2014—2020 年版。

# 后 记

　　二十余万字的翁同龢传稿，在历经两年的辛苦煎熬之后终于勉力完成。这一刻，身在幽静的翁氏故居知止斋，心情顿有如释重负之感，却又增添了别一番况味。

　　作为古城常熟的文化名片，"两朝帝师"翁同龢无疑是家喻户晓的历史人物。对于长期生活、工作于斯的文史工作者来说，更是有着别样的感情。不过在此之前，我们也多半只知其人其事的大致历史投影，未必真能走近并切实理解翁同龢的内心世界。

　　2008年，因为工作的需要，我从常熟市图书馆调入翁同龢纪念馆。除了日常工作，不论寒暑假日，多半喜欢在翁氏故居知止斋里伏案阅读。临窗南望玉兰轩，雨打窗棂，玉兰清香，心也特别能安静下来。

　　从接受翁传写作任务起，相当一段时间里，借助翁氏父子日记、翁氏族谱等第一手资料，逐页逐行地认真通读、细读；借助中国近代史大量背景资料的梳理与阅览，尽可能地知人论世，以期在视域上、内容上有所开拓和挖掘。同时，也在不断筹思着如何吸纳已有研究成果，又能在特色上下点功夫。

　　历史风尘早已烟消云散，但打开那些沉淀了岁月沧桑、交织着错杂人事、凝聚了学问、散发着才情的文字，你会温情地发现，其实他们的故事、影像并不遥远。故事伴着书香，经久不散。

　　迄今一百多年的翁同龢研究，一直在众说纷纭、有容乃大的争鸣中得以传续和绵延。幸运的是，学界迄今为止在翁同龢研究领域取得了丰硕的成果，也整理了不少珍贵的文献资料。当代的翁同龢研究，也因此得益于众多丰富的研究成果和文献资料。

拿研究成果来说，既有高阳坐实史料真功夫后以文史兼容手法探幽发微的《翁同龢传》，也有谢俊美致力于翁氏系列的开拓性研究；就文献资料而言，中华书局最先整理出版的《翁同龢日记》，继有翁氏后裔翁万戈偕其侄翁以钧整理校订的新版《翁同龢日记》，后有翁之憙辑《翁同龢瓶庐丛稿》、翁万戈辑《翁同龢文献丛编》的面世；还有朱育礼等校点《翁同龢诗集》，张剑整理出版的《翁心存日记》《翁心存诗文集》，李红英著《翁同龢书札系年》，赵平著《翁同龢书信笺释》《翁同龢家书诠释》，等等，无疑为历史文本的阅读提供了便利，也使我们窥见了一些删隐的真实历史细节。

但是，事非经过不知难。落笔之艰难，远不是想像中那么简单，交稿日期因此一拖再拖。

历史上的翁同龢是一个集内外矛盾于一身的人物，一个颇有争议的人物。翁氏研究的纵深拓展，需要突破以往传统政治史、思想史研究的范式窠臼，注重历史人物的多重面向和日常生活。坐实翁氏日记后不难发现，翁同龢不仅是浮沉宦海的政治精英，更是充满书生秉性的文化大家。透过日记所摄纷繁错杂的社会生活和历史图景，始终洋溢着翁同龢自觉的文化痴情，也有伴随近代中国急遽的社会变迁而充满矛盾的思想演进脉络，内里交织了个体生命应时代之感召、由守旧到开新的心路转型。

可惜，在泛政治化语境的传统叙事框架下，历史人物形象多有演绎政治理念的功能及代码，难免了程式化、甚至脸谱化的倾向。伴随20世纪80年代研究范式的转变、方法的更新，研究视角逐渐由政治史向社会史、文化史等领域渗透与扩展，立足于整体史观的视野把握，寻求各因素之间的内在互动，并渐成细化和深化的趋势。作为翁同龢故乡的文史工作者，理应就地取材，充分挖掘丰富的历史文化资源。

将翁同龢置身于洋务运动、甲午战争、戊戌变法等重大历史事件中，结合学界历来存在的争议，未免心生困惑，须着墨三思。同时，翁同龢研究历经百年，文献研究硕果累累，该如何取舍内容突显地方特色？在尊重历史事实的基础上，如何定位翁同龢的形象、突破既定框架写出新意？种种难于把握的困难,挑战着写作的难度和广度。

虽然自感力所不逮,但我还是勉力做开去了。

本传之所以细加寻绎,尝试着写出翁同龢的乡情、亲情、友情,刻画他在矛盾纠结中传承并守望一生的家国情怀、文化情怀、民生情怀,用意所在,就是力求贴近翁同龢生动的、真实的内心表达,力求逼近一个更加有血有肉有温度的人物形象。在学界已有研究成果的基础上,本书假如能厘清一些事实、纠正一些疏误、丰富一些细节,乃至拓展一点视野、引发一点思考,未尝不是倾心所向的一份绵薄。

但愿,作者搦笔和墨的粗浅努力能成为翁氏研究新的起点。

应该说,翁同龢不仅是一位有着全国影响的历史人物,也是江南区域社会的一位标志性人物;翁氏家族又是著名的江南文化世家,内涵深、影响大、层次高,资料多、保存好。作为区域社会的代表性士绅,伴随不同时期的社会变迁,翁同龢及其家族的人生事业及其精神内涵,在多大程度上体现了与区域社会的双向互动,不失为考量社会变迁与士绅演化的典型个案文本。换句话说,研究翁同龢,不仅仅是一个人的历史,也不是一个家族的历史,而是整个中国近代以来历史流变的一个缩影。以翁同龢为视角和出发点,去研究翁氏家族在中国历史上的变迁,可以写出一部更全面、更透彻的中国近代政治生态和文化变迁的历史著作。应该说,这是今后翁同龢研究值得开拓的一个方向,希望今后能充分体现交叉互补的立体透视,获致更为多元并蓄的学术空间。

本书写作过程中,得到了各方面的关心与支持,得到了众多师友的帮助和鞭策。翁氏后裔翁宗庆先生在接受作者访谈时,热诚勉励梳理翁氏日记,尤其关注翁氏晚年的心迹。翁以钧先生每次来常熟与会,总会提供有价值的新资料、新线索。史家汤志钧先生赐函鼓励立足地域,写出个性特色,还特意抄录了早年与钱仲联先生就翁氏轶事交流的书信内容。前辈贤哲谦虚平和、奖掖后进的风范,令人肃然起敬。近几年来,孔祥吉、茅海建、马忠文、李红英等学者扎实厚重、翔实可查的研究成果,同样给予了很多有益的启发。在这期间,沈潜、赵平先生大力协助,为本书撰写了部分章节的初稿。钱文辉先生悉心校阅书稿,杨增麒、单嘉量、李政、解军等师友,也给予了不少帮助。在此,我向他们一并表示衷心的感谢。

　　岁月流转去,青灯孤影里。重要的不是结果,而是一路追寻的过程。我们相信,随着学术研究的范式转换与视角拓展,随着翁氏文献资料的不断开掘发现,翁同龢研究必将迎来更加广阔的天地。

　　由于作者学识有限,书中难免存在偏颇和疏漏之处,在此期待专家学者和广大读者的批评指正。

2020 年 12 月于常熟翁氏故居